尹韵公自选集

YIN YUNGONG ZIXUANJI

学习 理论文库

学习出版社

尹韵公

尹韵公，中国社会科学院新闻研究所所长、研究员。1956年生于重庆。1978年考入中国人民大学新闻系，先后获得学士、硕士、博士学位。1989年进入国务院研究室工作，历任副处长、处长、副司长等职。1997年调入中国社会科学院新闻与传播研究所，历任副所长、党委书记、所长，研究员，博士生导师。是国务院学位委员会新闻学科评议组成员兼召集人，国家社科基金新闻学科评审组评委，中央文宣系统"四个一批"人才工程首批入选人才，中央马克思主义理论研究与建设工程新闻学首席专家，中华全国新闻工作者协会常务理事，中国新闻史学会副会长，国务院应急办公室专家组成员，《中国大百科全书·新闻出版卷》副主编，北京大学、清华大学、上海交通大学、中国人民大学、武汉大学、厦门大学、暨南大学、四川大学、兰州大学等30余所大学兼职教授或客座研究员。主要著作有：《中国明代新闻传播史》、《孙权传》、《尹韵公纵论三国》。主要代表论文有：《赤壁之战辨》、《为什么不是范长江》、《三国时代的信息传播》、《论邓小平新闻思想的历史地位》等。

自　序

　　无论是在自然界，还是在人类社会，任何个体的生长，都离不开它的环境。环境的优劣，直接影响到每个个体生长的兴衰。一般而言，环境优美，则生态繁荣，万木争春，各自显彩；环境恶劣，则寒凝大地，一派肃杀，鬼哭狼嚎。从这个意义上讲，只有好的共性，才能决定好的个性。好的共性催生了好的个性，也铸就了好的个性。

　　我感谢这个伟大的时代。如果说，中国这个大的共性环境自1840年鸦片战争以来，一年不如一年的话，那么，自1949年新中国成立后，中国这个大的共性环境则是一天比一天好起来。再进一步细化，如果说，共和国初期我们的共性环境是蒸蒸日上，其中既有欢歌嘹亮也有曲折悲壮的话，那么，改革开放的共性环境则是欣欣向荣，一路奋力攀升，赢得举世惊叹，前景无限风光！

　　好的共性的前提是为每个个体提供了好的生长与发展机会，从而成为好的个性。我是在改革开放的春光里真正成长和成熟起来的，我的亲历告诉我，没有改革开放的共性，就没有我这个个性。

我于 1978 年秋以四川省当年高考文科最高分被中国人民大学新闻系荣幸录取。自此，我在这所著名高校苦读 10 年，先后获得了学士、硕士和博士学位。我非常热爱人大，是人大给了我知识力量，给了我思想武装，给了我学术榜样。尤其是大学 4 年，我真正体会到了"如饥似渴"的分量和含义。同学们个个都是知识营养不良患者，便发疯似的到所有阅读室抢座位，发疯似的抓住一切空隙学习，发疯似的啃书吃书，恨不得立刻变成知识的富有者。可惜的是，那个年代如此浓烈的学习氛围，以后再也见不到了。

在人大，我不但学到了不少知识，更重要的是学会了怎样建构自己的知识与逻辑框架。我相信，每位专家学者都有自己独特的知识与逻辑框架，这是一切学术成功的起点。不同的是专家学者有着不同的治学方法，虽然有的是可以相通的，但大部分是无法相通的，因为每个人的知识与逻辑框架是不同的。

从前读小学时，校门口立着一块高大的题词碑，上面是毛泽东主席写的 8 个大字："好好学习，天天向上。"我相信，全中国几亿小学生、几代小学生对这句殷切期待都不会感到陌生的。然而，我真正读懂和深刻领悟这 8 个字，还是在人大求学的 10 年。那时每天拼命似的读书，天天都有新的知识入脑，天天都有新的思考入心，天天都觉得有新的充实，真的是"天天向上"！我以为能找到"天天向上"的美妙感觉，没有相当的付出是达不到这个境界的！毛主席不愧为伟人，他在青少年时代的"天天向上"肯定不知超过我们多少倍。这8字真经，读起来随意，真正做到可不容易。虽然我现在依然每天看书写作，但是，似乎已然找不到当年的感觉了。我对自己的要求是：尽管体力和精力已不允许做到"天天向上"，但可以做到"周周向上"。也许再过10年8年，我能做到"月月向上"，恐怕就不错了。

　　学业完成后，即入中南海国务院研究室工作。一待就是9年。中南海的工作经历是宝贵的，也是难忘的。凝聚9年的感受，其中最深的：一是真正意识到中南海是世界上最宽广的海，也是世界上最智慧的海。二是高层机关强烈的国家意识、大局意识、人民意识感染了我、熏陶了我、激励了我、融化了我，这为我在以后的学术研究中淡化个人意识、淡泊名利意识，以及如何实现把为国谋事、为民筹利同个人的科研有机结合，情不自禁地起到了积极而主动的作用。在国务院研究室工作，最引为自豪的一件事就是，当时由我主笔，耗时一年多，数易其稿最终完成了为召开第四次世界妇女大会而向联合国妇女地位委员会提交的中国国家报告，报告全文两万字左右，人民日报发表时用了两个多整版。当晚7点的《新闻联播》播出这个报告的简介时，我边看边想：为国做事的感觉，真好！

从 1978 年上大学至今，31 年的学习、研究生涯中，如果要说做出了哪些值得一提的学术成果，我以为以下几项勉强可言：

其一，发表《赤壁之战辩》，提出了"赤壁之战是小战"的观点。此文是我积数年之心血，于大学二年级完成，《光明日报》1981 年 3 月刊登后，迅即在史学界引发一场大讨论，赞同者有之，反对者亦有之。直到现在，究竟是赤壁大战还是赤壁小战，网上仍然争论不休。此文的发表，与其说是惊世观点的亮相，不如说是学术勇气的锻炼和学术胆识的培植。

其二，完成 20 余万字博士论文《明代新闻传播史》，为整个古代中国新闻传播史研究作出了有益的贡献。

其三，对著名记者范长江早期思想活动和采访经历的研究，取得了重大突破。主要是推翻了两个核心观点：一是否定了范长江是"第一个公开如实报道了红军长征的记者"的观点；二是以史实为依据，认定范长江说的当年西北采访的目的之一是"研究红军北上以后中国的动向"的说法，是根本站不住脚的。

其四，出版了《尹韵公纵论三国》一书，推进了三国史的整体研究。三国历史及其人物因《三国演义》的广泛传播而普及率甚高。越是熟悉的东西，就越是难于突破；而一旦有突破，就必定出彩。我特别要感谢《光明日报·史学版》编辑，他们为我开了专栏，督促我不断地写，不停地发，最后结集成书。此书的许多观点，曾被广为引用。

我认为，对任何一位专家学者而言，真正可为传世之作的论著，一生中也只有那么几部，不可能篇篇都好得不得了，犹如一位歌唱家一生中可能就只有那么几首唱得特别好的歌曲，不可能首首歌曲都比别人唱得好一样；犹如一位作家一生中可能就只有那么几篇小说可以流传，不可能篇篇小说都比别人写得好一样。一个人的一生中只能有那么几段创作高峰、激情高峰，而不可能时时、处处都位于创作高峰、激情高峰。这个特征，决定了任何一位专家学者一生中只需作出几点小可贡献，就是相当不容易的了。所以，对我来说，行于当行之时，止于不行之所，君子安贫，达人知命；虚叹隙中驹、石中火、梦中身，闲对一张琴、一壶酒、一溪云。

最后，我的自选集能够入选"学习"理论文库，这是一种荣幸。我想把这种荣幸化做一股动力，推动我继续攀登学术高峰，作出更多的成绩，以报效国家和人民。

尹韵公

2009 年 6 月 30 日

目　录

一、新闻理论研究

二、新闻史研究

三、范长江与斯诺研究

四、三国史研究

五、中国历史研究及其他

一、新闻理论研究

XINWEN LILUN YANJIU

论胡锦涛新闻思想的时代特征*

　　胡锦涛总书记考察人民日报社工作，并发表重要讲话，这是新闻界政治生活的头等大事。细研讲话，详品精神，我们顿然感到：胡锦涛新闻思想已经形成和逐渐成熟；胡锦涛新闻思想不仅丰富和充实了马克思主义新闻观的思想内容，而且还发展和推进了中国特色社会主义新闻学的理论内涵。毫无疑问，胡锦涛新闻思想当是中国特色社会主义理论体系的重要组成部分。胡锦涛总书记的重要讲话既是开创新闻宣传工作新局面的纲领性文件，又是做好目前新闻宣传工作的强大思想武器，具有很强的思想性和政治性以及很强的现实指导意义。

一

　　如同邓小平新闻思想和江泽民新闻思想一样，胡锦涛

---

　　* 原载《新闻与传播研究》2008 年第 4 期。

新闻思想的形成和成熟，也是有着深刻的时代背景的。虽然它们都先后诞生于改革开放的历史大背景之中，然而，由于改革开放的步伐加速，社会变迁的周期缩短，因而不同环境的实践基础，赋予了邓小平新闻思想、江泽民新闻思想和胡锦涛新闻思想不同的时代品格及其不同的价值取向。正如胡锦涛总书记深刻指出的那样："当前，世界范围内各种思想文化交流、交融、交锋更加频繁，'西强我弱'的国际舆论格局还没有根本改变，新闻舆论领域的斗争更趋激烈，更趋复杂。在这样的情况下，新闻宣传工作任务更为艰巨、责任更加重大"。①

　　党的新闻宣传工作，从来都被认定为是党的全部工作的重要组成部分，这就决定了我党一代又一代的最高领导人从来都是非常重视和高度关注新闻宣传工作的。每一代最高领导层和每一任最高领导人，都会根据他们各自面临的新情况和新问题，亲临中央媒体视察，相应地对新闻宣传工作发出新指示，明确新方向，展现新姿态。可以说，这既是我党的优良传统，又是每一任最高领导人必做的"规定动作"。从这个角度审视胡锦涛总书记对人民日报社的视察，显然是题中应有之义。

　　自 2002 年 11 月党的十六大召开以来，胡锦涛总书记主政已近 6 年之久。其间，胡锦涛总书记曾多次就新闻宣传作过重要讲话。但是，利用人民日报这个中央第一大报

---

　　① 胡锦涛：《在人民日报社考察工作时的讲话》，《人民日报》2008 年 6 月 21日。

的平台，针对新闻宣传工作发表如此全面、集中、系统、丰富、深刻的公开讲话，这在胡锦涛的总书记生涯中，尚属首次。通常而言，"首次"可以而且能够显示出特别而重要的价值。然而，我们研究和分析问题，不但要厘清"首次"的意义，而且还要细析"首次"的时机选择。

胡锦涛总书记选择当前这个时机发表的重要讲话，应该体现出这样几层意思：其一，它对改革开放以来新闻宣传工作的地位、任务和功能进行了独具视角的阐述；其二，它对党的十六大以来新闻宣传工作的成绩和经验，作了深刻总结和科学概括；其三，它对落实党的十七大精神，提出了一系列新闻要求；其四，最宝贵之处在于，它是站在新的历史起点上，尤其是经历了年初南方罕见雨雪灾害、"3·14"涉藏严重暴力犯罪和汶川大地震抗灾等特大事件的洗礼之后，经过深思熟虑而提出了一些新的重大理论观点，令人为之一振。

由此可见，胡锦涛总书记的重要讲话，含义极其丰富，思想极其深刻，确实经过岁月的铸造和风雨的磨砺而成。如果从更广阔的视野看待，我们发现：胡锦涛新闻思想越来越展示出一种全球性把握即世界性意义。首先，这得益于我国综合实力的不断增强。自2003年以后，凭借邓小平时代和江泽民时代打下的良好基础，我国国民经济又好又快地向前发展，国内生产总值连创新高，经济总量先后超过意大利、法国、英国，与德国不相上下，成为全球第三大经济体。经济实力的增强，意味着传播权和话语权的增强，意味着中国向世界"喊话"的能力增强。其次，这得益于信息技术革命的成果享受。网络的全球联通，进一步推动了我国的对外开放程度，中国与世界各国之间的沟通与交流越来越便利。也就是说，信息全球化对胡锦涛新闻思想的形成和成熟，亦给予了积极而深刻的影响。以上两点是胡锦涛新闻思想的独特背景所在。而胡锦涛新闻思想的时代背景，又造就了胡锦涛新闻思想的时代特征。

二

　　一切思想流派都有继承性的特点。胡锦涛新闻思想的突出之处，是对自毛泽东新闻思想以来，邓小平新闻思想和江泽民新闻思想一以贯之坚持的党性原则，表现出继承的坚定性，他明确指出："必须坚持党性原则"。[①] 胡锦涛总书记的重要讲话中，对新闻宣传工作提出了"五个必须"，而头号必须就是"坚持党性原则"。可见，"党性原则"在胡锦涛新闻思想中，是根本性的和奠基性的重器。

　　在胡锦涛看来，媒体坚持党性原则，就是要"积极宣传党的理论和路线、方针、政策，积极宣传中央的重大决策部署，及时传播国内外各领域的信息，讴歌真善美，鞭挞假恶丑"；要"在打牢全党全国各族人民团结奋斗的共同思想基础方面发挥积极作用，在传播社会主义核心价值体系方面发挥积极作用，在为推进党和国家事业发展凝

[①] 胡锦涛：《在人民日报社考察工作时的讲话》，《人民日报》2008年6月21日。

聚强大精神力量方面发挥积极作用，在营造健康向上、丰富生动的主流舆论方面发挥积极作用，在促进社会和谐方面发挥积极作用。"①

坚持党性原则，必须以马克思主义作为精髓的中国特色社会主义理论体系为新闻宣传工作的行动指南。新闻舆论处在意识形态领域的前沿，而意识形态工作又是党的一项十分重要的工作。胡锦涛曾经指出："经验告诉我们，经济工作搞不好要出大问题，意识形态工作搞不好也要出大问题。"② 新闻舆论领域噪音杂音时有出现的事实说明，巩固马克思主义的指导地位和进一步树立中国特色社会主义共同理想的任务是十分繁重而艰巨的，需要我们不断提高党性修养，牢固树立政治意识、大局意识、责任意识和阵地意识，增强政治敏锐性和政治鉴别力，牢牢掌握新闻宣传工作的领导权和主动权。

新时期坚持党性原则，还要突出执政党意识。执政党能力建设方面的一个重要方向，就是要不断提高对新闻舆论能力的掌握和调控的熟练程度。在某种意义上讲，新闻宣传手段，实际上也是一种执政手段；新闻宣传机制，实际上也是一种执政机制；新闻宣传方式，实际上也是一种执政方式；新闻宣传艺术，实际上也是一种执政艺术。我们常说的读者、受众资源，实际上也是一种执政资源。坚

---

① 胡锦涛：《在人民日报社考察工作时的讲话》，《人民日报》2008 年 6 月 21 日。

② 《十六大以来重要文献选编》（下），中央文献出版社 2008 年 4 月版，第 684 页。

持党性原则的好坏与否，就看我们的新闻宣传工作是不是真正做到了有利于提高党的执政能力、巩固党的执政地位和完成党的执政使命。

三

如果说，江泽民同志曾经提出过著名的"福祸论"的话，即舆论导向正确，是党和人民之福；舆论导向错误，是党和人民之祸；那么，胡锦涛同志则在今天提出了著名的"利误论"，即舆论引导正确，利党利国利民；舆论引导错误，误党误国误民。①

从理论上讲，我们不能得出"福祸论"比"利误论"高明或者"利误论"比"福祸论"正确的结论。因为无论是"福祸论"还是"利误论"，其指向都是一种传播效果，所以"福祸论"不能替代"利误论"的传播效果，正如"利误论"不能替代"福祸论"的传播效果一样。从产生源头看，"福祸论"主要针对的对象是八九政治风波的新闻生态环境，因而话讲得重、讲得透，确实击中了要害；而"利误论"主要针对的对象是涉藏严重暴力犯罪事件和汶川大地震事件，因而话讲得准、讲得精，也点中了问题的穴位。如果要说有什么差别的话，可能前者具有一定的特殊性，后者具有一定的普遍性；前者强调的是

---

① 胡锦涛：《在人民日报社考察工作时的讲话》，《人民日报》2008 年 6 月 21 日。

特别状态，后者强调的是一般常态。

所以，综上所述，如果要说高明，"福祸论"和"利误论"都高明；如果要说正确，"福祸论"和"利误论"都正确。假如有人硬是要将二者比较出长短高低，那在政治上理论上都必定是错误的、有害的。

事实也正是如此。我们的媒体在报道纷繁而复杂的现实生活时，舆论正确，确实于党于国于民都有利；舆论错误，确实于党于国于民都不利。如果错误更多一些、更严重一些，那肯定是于党于国于民都有害甚至招灾了；反之亦然。

无论是"福祸论"还是"利误论"，它们都是一种提醒，更是一个警示，无非是要求媒体及其从业人员要郑重地审慎地对待每一则新闻和每一条报道，要自觉地加强责任感和使命感的培养。

如果说，"福祸论"是江泽民新闻思想的精彩之见，那么，"利误论"则是胡锦涛新闻思想的卓越之识。它们都为中国特色社会主义新闻学作出了重大而独特的贡献。

四

胡锦涛总书记在视察人民日报时，提出了一个非常重要的新判断，他说：做好党和国家工作必须统筹国内国际两个大局，"办报纸也必须统筹国内国际两个方面"①。可

---

① 胡锦涛：《在人民日报社考察工作时的讲话》，《人民日报》2008 年 6 月 21日。

以说，新闻宣传也要贯彻统筹思想，是胡锦涛新闻思想的重要创新。

强调新闻宣传的统筹思想，是时代的必然要求，也是当前形势予以新闻生态环境的规定动作。我国改革开放已经30年，我国与世界的联系越来越紧密；世界对中国的了解越来越多，中国对世界的认识也越来越深；国际问题国内化与国内问题国际化的趋势越来越明显。尤其是随着信息传播技术的快速发展，人们采集信息、摄取信息、传播信息的能力也大大提高。因此，我们的新闻宣传工作必须适应国内外形势的新变化，在报道国内问题时务必要注意国际因素，在报道国际问题时也务必要联系国内影响，以国家利益和民族大计来作为统筹国内国际两个方面的平衡支点。如果在报道国内问题时不考虑国际因素，或在报道国际问题时脱离国内实际，假如说这在以前还行得通的话，那么，在改革开放已经30年的今天，则是根本不可能了。因为在今天新闻宣传离开了统筹思想，那肯定是要犯错误的；弄得不好，是要摔大跤的。

强调新闻宣传的统筹思想，首先是要立足于社会主义初级阶段，立足于当今国情，既要有全球视野，又要有历史深邃；既要尊重人民的知情权、参与权，尊重新闻宣传规律，又要视具体情况而把握好不同地区与国家、不同事件、不同类别的新闻报道度。

总之，新闻宣传的统筹思想，是胡锦涛总书记提出的一个富有价值的创新概念，也是胡锦涛总书记给传媒界提出的一个重大课题。我们要认真领会、深刻分析，在学习中不断提高，在实践中逐步加深，真正把这一思想掌握好、运用好。

五

胡锦涛总书记在考察人民日报社工作时的惊世之举，就是在人民网上直接与网民进行在线交流。这是中国最高领导人首次在公开场合利用互联网络体察民意，回应民声，把握民情。实事求是地讲，我国党政最高领导人利用互联网络了解群众心声和意愿，在6年前的党的十六大以后就开始着手了。2007年"两会"期间，新华网就开通了"我有问题找总理"的网络专页；2008年"两会"期间，新华网又开通了直达温家宝总理的网络专页；党的十七大会议召开前夕，新华网开通了直达胡锦涛总书记的"捎句心里话给总书记"的网络专页。以上这些直接和间接与网民交流信息的事实说明，我党最高领导层是非常看重网络的，是非常重视网上舆情的，也是熟悉网络媒体的。正如胡锦涛总书记在视察人民日报时所说的"随着信息技术的快速发展，互联网已经成为人们获取信息的重要渠道，成为党和政府联系群众的重要纽带"①。

在信息化时代特色日趋强烈的今天，世界上大多数国家的舆论生态，实际上都形成了两个舆论场。一个是由报

---

① 胡锦涛：《在人民日报社考察工作时的讲话》，《人民日报》2008年6月21日。

纸、广播、电视、期刊等传统媒体形成的传统舆论场，一个是由互联网、手机等新兴媒体形成的新兴舆论场。在当前中国，这两个舆论场的势力都很强大。然而，我们注意到，这两个舆论场发出的声音，有的情况下能够基本一致，有的情况下却完全相反；有的时候相互争衡，有的时候相互竞高。按照我的理解，胡总书记提出的"形成舆论引导新格局"的思想其中包含这样几个意思：第一，在重大主张、重大事件、重大问题的新闻报道上，力争寻求传统媒体和新兴媒体的最佳公约数，尽可能地使两个舆论场的声音能够统一和协调起来，努力做到传播效果的最优化。第二，新兴媒体要主动、积极地配合传统媒体、主要是主流媒体的新闻宣传。譬如，主流媒体可以"演红脸"，而新兴媒体则可以"扮白脸"；主流媒体主要是"美声唱法"，而新兴媒体则可以是"通俗唱法"；主流媒体有时可以低调一点，而新兴媒体则不妨张扬一些；如此等等。第三，既要把握好主流媒体的"正音"，又要处理好新兴媒体的"杂音"。网络已然是思想文化信息的集散地和社会舆论的放大器。既然如此，网络出现杂音是正常的，不出现才是反常的。一般来说，封堵杂音在操作上是难以办到的，在现实中也容易引起误解甚至反感。网络杂音，是网络实践品格的体现。更何况，通过杂音，我们还可以了解到群众中间的真实想法和事件真相，汲取群众智慧，有助于领导层和决策者的正确执政和科学执政。当然，消灭杂音是不可能的，没有杂音也是不现实的；杂音没有不行，杂音太多也不行，杂音太大更不行，关键是如何正确引导杂音向正音靠拢。胡锦涛总书记说他平时上网，主要是想了解网民"关心些什么问题、有什么看法"，网民"对党和国家工作有些什么意见和建议"。对此，胡总书记坦率而真诚地说："网友们提出的一些意见、建议，我们是非常关注的。我们强调以人为本、执政为民，因此想问题、作决策、办事情都要广泛听取人民群众意见，集中人民群众智慧。通过互联网了解民情、汇聚民智，也是一个重要的渠道。"① 胡总书记的这些讲话，对如何形成舆论引导新格局，是很有启发意义的。

　　不言而喻，对传统媒体的建设、运用、管理，历经几十年的磨合，我们已经具有一整套比较全面、比较成熟、比较规范的思路、手段和方法，而对新兴媒体的建设、运用、管理，我们正在摸索和逐步成熟的过程之中，中国如此，外国亦如此。我们要看到，中国拥有世界上人数最多的网民和手机用户。2.3 亿网民和近 5 亿手机用户，是一支不可忽视、不可轻视、不可小视的舆论力量。它气势磅礴，排山倒海，啸傲天下。特别是在当前我国传播力量还比较弱的情况下，要形成强大的传播力和影响力，打破西方媒体垄断，更要高度重视网络，善于借用网民力量。这是胡锦涛总书记提出"舆论引导新格局"思想的重要现实基础，又是这一思想的历史逻辑起点。

　　由此可见，"舆论引导新格局"的概念，是胡锦涛新

---

　　① 胡锦涛：《在人民日报社考察工作时的讲话》，《人民日报》2008 年 6 月 21日。

闻思想的又一重要创新。它源于现实，又高于现实，是对党的十六大以来新闻传媒生态发生重大变化而提出的新概括、新判断、新方略。正如胡锦涛总书记在抗震救灾工作会议上所特别强调的，这些年来，我们在一些重大事件特别是这次抗震救灾的宣传报道上取得很好的效果、积累了重要经验，要认真总结、有效运用，充分发挥主流媒体的作用，重视发挥互联网、手机等新兴媒体的作用，注意调动国外媒体的积极性，努力增强奥运宣传工作的透明度和时效性，真正赢得话语权、掌握主动权。

六

胡总书记的重要讲话，第一次提出了两个统一起来的概念，即"把体现党的主张和反映人民心声统一起来，把坚持正确导向和通达社情民意统一起来"①，这是胡锦涛新闻思想的又一大创新。

胡锦涛总书记的这一新闻思想，有强烈的现实针对性。党的十六大胜利闭幕后不久，胡锦涛总书记在总结前人经验的基础上，对新闻界提出了"把体现党的主张和反映人民心声统一起来"的新要求。自此，这一提法，成为新闻界的标准版本和规范语言，成为新闻宣传工作的新规定动作。这一提法的内涵是，既要坚持党性原则，也

---

① 胡锦涛：《在人民日报社考察工作时的讲话》，《人民日报》2008年6月21日。

要坚持反映人民群众的意志和愿望；不能因过分强调党性原则而忽略人民群众的反映和要求，也不能打着党性原则的旗帜而压制、轻视人民群众的正当诉求。在这一思想和以人为本执政理念的指导下，以人民日报和中央电视台为首的主流媒体开始了新一轮的改版，加大了反映人民群众呼声和意见的文字量、信息量，从而提高了主流媒体的权威度和观赏性。民生新闻从此开始了在所有媒体上的风起云涌。

这次重要讲话，胡锦涛总书记增添了"把坚持正确导向和通达社情民意统一起来"的新内容。应该说，这一新内容，也是具有强烈的现实针对性的。这几年来，一些中央和地方媒体虽然在舆论导向的正确方面没有出现大的差错，但在"社会稳定"的借口下，实际上挤掉了不少反映人民群众正常想法的好新闻，一些本来可以做得好的舆论监督也常常落空，从而引起一些群众的失望、甚至强烈愤慨。一些地方和部门领导常常把坚持正确导向，同反映世情舆情民情对立起来，错误地认为要坚持正确导向就不能暴露问题、不能搞舆论监督，一味报喜不报忧，骨子里实际上是怕影响政绩和仕途、怕丢乌纱帽。这种做法的直接后果是，党和政府的形象受到重大损害，党的事业和国家全局工作受到重大损失，党的威信和执政能力双双下降，社会稳定实质上陷于恶性循环。由此我们可以看出，以胡锦涛为总书记的党中央是非常了解下情的，了解新闻宣传工作中的真正症结所在，故而有针对性地提出了"把坚持正确导向和通达社情民意统一起来"的思想。这就告诫我们：在当前改革开放的关键时期和攻坚阶段，仅仅靠正确导向是不够的，还必须正确处理和善于应对各种问题、各种挑战。出现问题和挑战并不可怕，可怕的是我们没有或缺乏正确应对的思路和手段而不敢直面、不善直面，到头来反而影响或破坏了社会稳定的大好局面。

胡锦涛总书记提出两个统一起来的思想，确实非常重要，是对所有媒体进行的一场能力考验。只要真正做到了两个统一起来，我们就能保证实现人民的知情权、参与权、表达权、监督权，达到化解矛盾，理顺情绪，统一认识，凝聚力量，引导人民群众团结奋进。

七

尽管"提高舆论引导能力"这个词这些年来在新闻传播界已是耳熟能详，但是，当胡锦涛总书记提出"要把提高舆论引导能力放在突出位置"[①] 时，我们仍然感到这个论断在胡锦涛新闻思想中的分量尤重。

强调"突出位置"，这与当前国内外的舆论生态环境有着很大的关联。从国际上看，随着我国经济总量的快速增长，我国的国际地位和国际影响明显提高，我国发展道路和发展模式得到越来越多国家的理解和认同，中华文化的作用和影响引起世界更大关注，国际社会更加重视我国

----

① 胡锦涛：《在人民日报社考察工作时的讲话》，《人民日报》2008 年 6 月 21 日。

的声音和作用。同时，西方敌对势力对我国实施西化、分化和弱化的战略活动从来就没有停止过，我们在新闻舆论方面同他们的斗争和较量将是长期的和复杂的，时而激烈时而缓和，时而分贝高时而调子低。无论是对内增强民族凝聚力和向心力，还是对外增强国家亲和力和影响力，都需要我们不断提高舆论引导能力，而且要"放在突出位置"。从国内情况看，随着经济体制深刻变革、社会结构深刻变化、利益格局深刻调整、思想观念深刻变化，人们思想活动的独立性、选择性、多变性、差异性明显增强。同时，一些腐朽落后思想文化沉渣泛起，拜金主义、享乐主义和极端个人主义有所滋长，部分社会成员思想道德失范，有些人世界观、人生观、价值观发生扭曲，化解社会矛盾的难度加大，如一些民生问题容易诱发人们情绪波动和思想困惑等等。这些现象的存在，更加显示出"把提高舆论引导能力放在突出位置"的重要性和紧迫性。

新闻舆论，头绪杂多；宣传引导，责任重大。要真正做到"把提高舆论引导能力放在突出位置"的工作，我认为以下几条是主要的：

首先，坚持为人民服务的宗旨。以人为本是做好新闻宣传工作的根本要求，这就决定了实现好、维护好、发展好最广大人民的根本利益必然是新闻宣传工作的出发点和落脚点。我们要坚持贴近实际、贴近生活和贴近群众的原则，尊重人民主体地位，发挥人民首创精神，多报道人民群众的工作生活，多反映人民群众的利益要求，多宣传人民群众中涌现的先进典型，保证人民群众的知情权、参与权、表达权和监督权。要正确面对和善于处理日益复杂的社会矛盾与多元多变的社会思潮，合理合法地引导群众的利益诉求。我们一定要更好地发挥媒体在宣传党的主张、弘扬社会正气、通达社情民意、引导社会热点、疏导公众情绪、搞好舆论监督等方面的重要作用，把我们所倡导的和群众所需要的紧密结合起来，从群众的关注点和兴奋点入手，把握好舆论引导的时机、节奏、力度。同时，又要注意，不能因为强调正确导向而强求一律、排斥多样，也不能因为尊重差异、包容多样而伤害甚至损毁社会稳定的大好局面。新闻宣传的最高境界是胡锦涛总书记所指出的那样，推动经济发展、引导人民思想、培育社会风尚、促进社会和谐。

其次，坚持改革创新精神。这就要求我们一定要坚持用时代眼光审视新闻宣传工作，按照新闻规律办事，创新观念、内容、形式、方法和手段，努力使新闻宣传工作体现时代性、把握规律性、富于创造性。胡锦涛总书记特别指出："要完善新闻发布制度，健全突发公共事件新闻报道机制，第一时间发布权威信息，提高时效性，增加透明度，牢牢掌握新闻宣传工作的主动权。"[①] 胡总书记表扬这次抗震救灾报道工作做得好，说它"赢得了广大干部群众高度评价，也得到了国际社会好评"。

在信息化时代的今天，传播格局深刻变化，人们获取

---

① 胡锦涛：《在人民日报社考察工作时的讲话》，《人民日报》2008 年 6 月 21 日。

信息渠道日益多样，如欲有效影响社会舆论，必须突出一个"快"字，争取第一时间发布。谁拿到了第一时间，谁就获得了话语权，赢得了主动权；如果反应迟缓，关键时刻失语，就会贻误时机，造成被动。我们要贯彻胡总书记的重要讲话精神，改变过去那种只处理不报道、先处理后报道或情况完全弄清后才报道的做法，健全信息发布机制，努力抢占先机，迅速回应，力争先入为主、先声夺人，挤压各种负面信息的传播空间。谣言止于公开，信任来自透明。经验和教训反复证明，凡遇重大突发事件，捂是捂不住的，盖也只能维持一时；报比不报好，早报比迟报好，主动报比被动报好。越是公开透明，开放有序，我们就越能取信于民，有利于抢占道义上和舆论上的制高点。

再者，坚持有效传播。提高舆论引导能力，不仅需要显著增强把握正确导向的自觉性，而且更需要显著提高舆论引导的有效性。传播必须是有效传播，否则是无效的。不要以为组织了多少家媒体、刊登了多少条消息、发表了多少篇稿件，就一定会有重大反响。如果你报道的与我无关，你关注的与我脱离，即使你连篇累牍、天天覆盖，也是没有用的，仍然是无效传播，甚至还有可能是逆向传播。

要做到有效传播，一定要及时报道重大信息，准确发布重要新闻，敢于和善于揭露时弊，关心百姓切身利益，主动设置重大社会议题等等。在增强注意力和吸引力的同时，媒体还要增强感染力和亲和力，不断改进文风，善于用事实说话、用典型说话、用数据说话，充分运用先进技术手段丰富新闻宣传的生产方式和表现方式，极大丰富新闻宣传的品种、类别、样式、载体、风格等，努力营造良好舆论环境，巩固积极健康向上的主流舆论，真正将我党所倡导的深入人脑，植入人心。

胡锦涛新闻思想极其丰富多彩，它是立足于新的历史起点的新闻思想，具有鲜明的时代特征。学习、领会、掌握胡锦涛新闻思想，是我们这些传媒工作者的必修课程，当然，更重要的是在实践中运用好和体现好胡锦涛新闻思想。

舆论导向　至关重要[*]

——学习江泽民新闻思想的体会

江泽民新闻思想是"三个代表"重要思想体系的重要组成部分。江泽民新闻思想由毛泽东、邓小平新闻思想一脉相承而来，但又与时俱进，它是在党的十三届四中全会以后的 13 年新闻实践基础上进行的科学总结。江泽民新闻思想深刻反映了我们党在新的历史条件下怎样做好新闻工作的创造性思考，尤其是关于舆论导向的论述，更是全面、系统、丰富，充满了历史主动精神，集中体现了江泽民新闻思想的精华所在。以舆论导向为轴心框架而展开全方位延伸论述的江泽民新闻思想，是马克思主义新闻学理论的新成果，它标志着马克思主义新闻学的中国化又有了新发展，显示出我们党对新闻宣传工作的规律性认识和成熟性把握达到了一个新水平。今天，认真学习江泽民新闻思想，对于我们坚持正确的舆论导向，凝聚人心，统一

＊ 原载《新闻战线》2006 年第 10 期。

力量，从而形成落实科学发展观和构建社会主义和谐社会的强大舆论氛围，具有十分重要的指导意义和实践价值。

一

在我党新闻宣传史上，江泽民同志首次创造性地提出了"舆论导向"的科学概念。早在1989年11月的一次重要会议上，江泽民在《关于党的新闻工作的几个问题》的讲话中指出：要"按照党和人民的意志、利益进行舆论导向"①。此后，江泽民同志不断地发表论述，以丰富、发展和完善他的舆论导向思想。在1994年1月24日召开的全国宣传思想工作会议上，江泽民强调指出："舆论导向正确，人心凝聚，精神振奋；舆论导向失误，后果严重。正反两方面的经验告诉我们，引导舆论，至关重要。"② 也就是在这次会议上，江泽民提出了予以新闻宣传战线影响至深的4句名言："我们的宣传思想工作，必须以科学的理论武装人，以正确的舆论引导人，以高尚的精神塑造人，以优秀的作品鼓舞人。"③ 两年后的1996年9月26日，江泽民在视察人民日报社时进一步强调舆论导向的利害关系，指出："历史经验反复证明，舆论导向正确与否，对于我们党的成长和壮大，对于人民政权的建

---

　　① 《十三大以来重要文献选编》（中），中央文献出版社1991年10月版，第767页。

　　② 《十四大以来重要文献选编》（上），人民出版社1996年2月版，第653页。

　　③ 《十四大以来重要文献选编》（上），人民出版社1996年2月版，第647页。

立和巩固，对于人民的团结和国家的繁荣富强，具有重要作用。舆论导向正确，是党和人民之福；舆论导向错误，是党和人民之祸。"① 一年后的 9 月 12 日，党的十五大报告指出："新闻宣传必须坚持党性原则，坚持实事求是，把握正确的舆论导向。"② 把"舆论导向"这个概念写进党的最高文件，这还是第一次。它表明，江泽民新闻思想已经成熟和完备，江泽民新闻思想的创造性成果已经得到全党的认可，江泽民新闻思想对马克思主义新闻理论的新贡献已经得到全党的肯定。

我们注意到，江泽民新闻思想最突出而显著的特征是，它以舆论导向为轴心和框架，紧紧围绕于此，就新闻工作的地位作用、功能性质、根本任务、发展动力、纪律保证、人才队伍等一系列基本问题展开方方面面的论述和阐释，从而形成了带有江泽民独特痕迹的舆论导向思想。

同时，我们还要看到，江泽民新闻思想的鲜明时代特征就在于，舆论导向这个重大课题，是由时代提出来的，又是由时代作出了最好的回应和满意的答复。在江泽民主政期间，有三个重大因素对舆论导向思想的产生和形成产生了不可低估的影响。一是 1989 年政治风波的深刻教训。正如江泽民指出的："舆论十分重要，千万不能忽视。在这方面，我们有成功的历史经验，也有过沉痛的教训。在一九八九年那场政治风波中，舆论引导上发生的严重失

① 《江泽民文选》第 1 卷，人民出版社 2006 年 8 月版，第 563－564 页。
② 《江泽民文选》第 2 卷，人民出版社 2006 年 8 月版，第 34 页。

误，给全党同志上了深刻的一课。"① 二是国际格局和世界形势出现了重大变化。苏联解体和东欧剧变的巨大教训之一，就是这些国家的媒体出现严重或完全失控，国际共产主义运动处于低潮。虽然冷战结束，但天下仍不太平，世界形势多极化的走向正在加强，而经济全球化的趋势也愈来愈烈。一方面，和平与发展的历史潮流主题，为我国的改革开放和现代化建设提供了有利机遇，但是，另一方面，西方敌对势力一刻也没有停止对我国实施西化、分化的政治图谋，我们同他们在渗透与反渗透、遏制与反遏制、分裂与反分裂、颠覆与反颠覆上的斗争，将是长期的、复杂的，有时甚至是很尖锐的。在开展对外经济与文化交流的同时，如何鉴别随之涌入的西方价值观念和政治意识的是非与优劣，也给我们的舆论导向增加了难度。三是国内经济与社会处于转型期。确定建立社会主义市场经济体制后，我国的社会经济成分及其组织形式、就业方式、利益关系和分配方式出现多样化，另一方面，鉴于市场经济本身的二重性，也诱发了诸如拜金主义、享乐主义和极端个人主义等负面效应以及一些消极腐败现象的滋长蔓延。由于利益关系和认识观念的不同，不同的社会群体、不同的社会阶层和不同的人们必然会有不同的看法，必然会出现不同的声音，其中难免会有一些杂音和噪音。90 年代中期后互联网的迅猛扩张，使人们了解社会和世界的渠道越来越多，因而人们尤其是青少年的思想和言论

---

① 《江泽民文选》第 1 卷，人民出版社 2006 年 8 月版，第 501 页。

的独立性、多变性、选择性、差异性也明显增强，不同声音及其杂音、噪音在互联网上的表现更为突出。以上种种因素，都给我们坚持正确的舆论导向，提出了更为严峻的挑战。

总之，通过对时代大背景的考察，加上进入新的历史时期新闻宣传工作的重要性、艰巨性和复杂性，使我们不得不钦佩江泽民同志的政治智慧：确立舆论导向思想，是当前从事新闻宣传工作的明智选择，是符合当前我国国情的正确选择。舍此，我们别无其他选择。

二

正确认识和理解江泽民新闻思想及其舆论导向思想，必须把握以下几个基本要求：

1. 准确判断舆论导向的科学内涵。舆论反映着国家的形象和社会的精神面貌，舆论引导是加强党的领导的一个十分重要的方面。正如江泽民在视察解放军报社时指出的，新闻作为一种意识形态，作为宣传、教育、动员人民群众的一种舆论形式，总是直接或间接地反映我们党和国家的政治立场、政治主张和政治观点。这就是说，舆论导向的内涵有两个指向：一是指新闻媒体自身的舆论导向要保持正确路径，作为党和人民的喉舌，新闻媒体要始终不走调、不变音，既要准确、鲜明、生动地宣传中央的精神，又要及时、如实、充分地反映人民的意愿。二是指新闻媒体的舆论导向要统率和指导社会舆论，主流媒体一定要有主流声音，形成舆论强势，唱响主旋律，打好主动仗。处于转型期的社会不同声音和不同舆论影响越来越大，就越来越需要加强舆论引导。正如江泽民所说的："党报、党刊、国家通讯社和电台、电视台都要积极宣传党的主张，在正确引导舆论中发挥主干作用。"①

2. 准确判断舆论导向正确与否的极端重要性。江泽民把舆论导向正确与否同党和人民的祸福直接连在一起，同党和国家的前途命运直接连在一起，既鲜明、新颖，又深刻、独到。无论是在我党新闻宣传史上，还是在马克思主义新闻学说史上，将舆论导向的重要性提升到这样高的高度和如此深的深度，是以往从未有过的，它有力表明我们党对共产党执政规律及其新闻宣传规律的认识达到了新的阶段。正是因为如此，我们才能把党的新闻事业同党的生命视为一体，正如江泽民指出的："党的新闻事业与党休戚与共，是党的生命的一部分。可以说，舆论工作就是思想政治工作，是党和国家的前途命运所系的工作。"②这个精辟论断，也是以往从未有过的。

3. 准确判断舆论导向的价值取向，坚持新闻真实性原则。江泽民明确规定了坚持正确舆论导向的价值取向，这就是著名的5条标准，他指出："坚持正确的舆论导向，就是要造成有利于进一步改革开放，建立社会主义市场经济体制，发展社会生产力的舆论；有利于加强社会主义精

---

① 《十四大以来重要文献选编》（上），人民出版社1996年2月版，第654页。
② 《江泽民文选》第1卷，人民出版社2006年8月版，第564页。

神文明建设和民主法制建设的舆论；有利于鼓舞和激励人们为国家富强、人民幸福和社会进步而艰苦创业、开拓创新的舆论；有利于人们分清是非，坚持真善美，抵制假恶丑的舆论；有利于国家统一、民族团结、人民心情舒畅、社会政治稳定的舆论。"① 这 5 条标准，全面而缜密，是新闻宣传战线必须着力把握的工作基点，也是衡量和检验新闻宣传工作成效的一个重要标志。一言蔽之，坚持正确的舆论导向，就是要为改革开放和现代化建设、为落实科学发展观和构建社会主义和谐社会提供强有力的思想保证和舆论支持。

保持正确的舆论导向态势，一定要坚持新闻的真实性原则。新闻的真实性，就是要在新闻工作中坚持党的一切从实际出发、实事求是的思想路线。中国的国情决定了这样一条原则，我们新闻工作的阶级性和党性同真实性是一致的。针对一些错误观点和糊涂认识，江泽民明确指出："现实生活是复杂的，要找几个事例来证明某个观点并不难。一叶障目，不见泰山，抓住一点，不及其余，尽管这一叶、这一点确实存在，但从总体上来看却背离了真实性。所以我们的新闻工作者要做到真实地反映生活，就要深入进行调查研究，不仅要做到所报道的单个事情的真实、准确，尤其要注意和善于从总体上、本质上以及发展趋势上去把握事物的真实性。"② 这个判断，是我们坚持

---

① 《十四大以来重要文献选编》（上），人民出版社 1996 年 2 月版，第 654 页。
② 《十三大以来重要文献选编》（中），人民出版社 1991 年 10 月版，第 776 页。

新闻真实性原则的总认识和总把握。

4. 把握舆论导向正确的关键在坚持党性原则。江泽民曾谆谆告诫从事新闻宣传的同志，必须讲政治，必须具有良好的政治素质，具有很强的政治鉴别力和政治敏锐性，必须树立高度的政治责任感。每个同志都要自觉地在思想上、政治上与党中央保持一致，在任何复杂多变的形势面前，都要保持清醒的头脑。这是坚持正确的办报方向，始终保持正确的舆论导向的关键所在。江泽民在视察人民日报社时也强调指出："新闻舆论单位一定要把坚定正确的政治方向放在一切工作的首位，坚持正确的舆论导向"，并希望新闻单位要"旗帜鲜明地坚持党性原则"。①在江泽民新闻思想里，坚持正确的舆论导向同坚持党性原则、坚持正确的政治方向，具有强烈的一致性。舆论导向正确，一定是党性原则强；舆论导向错误，一定是党性原则弱或者丧失了党性原则立场。江泽民还从放眼世界的角度，指出讲党性原则、讲政治方向的重要性和必要性，他说："不要以为西方国家不讲政治，他们讲政治得很。他们的政府、政党、宣传工具、学校、教会等，整天都在向人们灌输他们的价值观念。他们不遗余力地向世界各国输出他们的人权观、民主观、世界观。为什么？也是为了维护和巩固他们的社会制度、意识形态和国家利益。难道在西方允许自由自在、毫无拘束地宣传共产主义的意识形态

① 《江泽民文选》第 1 卷，人民出版社 2006 年 8 月版，第 564、565 页。

并组织力量去推翻他们现有的政权吗？"①

　　坚持党性原则和舆论导向的一致性，还必须划清同所谓"人民性"的界限。江泽民指出："我们党是工人阶级的先锋队，代表工人阶级和最广大人民群众的根本利益，除了工人阶级和人民群众的根本利益以外，没有自己的任何私利。坚持党性原则，也就是坚持工人阶级和人民群众的根本利益的原则，两者是完全一致的。提出'人民性'高于党性，实质就是要否定和摆脱党对新闻事业的领导。"② 这段论述振聋发聩，表现出江泽民新闻思想具有很强的原则性和坚定性。理论坚定是政治坚定的基础，有了理论上的坚定，政治上才能坚定。在坚持党性原则上，江泽民新闻思想不允许有任何的含糊和动摇。

　　坚持党性原则和舆论导向的一致性，还必须强调马克思主义在新闻宣传领域的指导地位。江泽民明确指出："只有坚持以马克思主义为指导，才能正确制定和宣传贯彻党的路线方针政策，才能发展先进思想、克服落后思想。如果放弃马克思主义的指导地位，在指导思想上搞多元化，势必导致人心大乱、天下大乱，给党和国家带来灾难。这是绝不允许的。"③ 应当看到，这些年来，社会上一些与马克思主义、社会主义相违背的思想言论时有出现：有的公开鼓吹"全盘西化"，在政治上主张西方式的多党制和议会民主，在经济上主张私有化，在思想文化上

---

① 《江泽民文选》第2卷，人民出版社2006年8月版，第113页。
② 《十三大以来重要文献选编》（中），人民出版社1991年10月版，第77页。
③ 《江泽民文选》第3卷，人民出版社2006年8月版，第86页。

主张取消马克思主义的指导地位，在价值观上主张极端个
人主义；有的歪曲党和人民的奋斗历史，诋毁马克思主
义，煽动对党和政府的不满；有的不负责任，生产格调低
下、宣扬色情暴力、迷信颓废的影视作品和书刊；有的对
改革开放持怀疑和否定的态度；甚至有的公然为资产阶级
自由化分子鸣冤叫屈，为 1989 年政治风波翻案。虽然这
些言论和观点不是主流，但它们干扰大局，搅乱人心，需
要引起我们高度警觉。对此，江泽民同志态度鲜明地指
出："在事关政治方向和根本原则的问题上，我们一定要
旗帜鲜明，理直气壮，毫不含糊。对于违反以经济建设为
中心、违反四项基本原则、违反改革开放政策的错误思想
政治观点，对于反马克思主义的挑战和攻击，必须进行积
极的思想斗争，不能听之任之。如果面对错误的思想政治
观点，不闻不问，不批评，不斗争，听任它们去搞乱人们
的思想、搞乱我们的意识形态，那是极其危险的，势必危
害整个国家和社会的安定团结。"① 他要求"全国的报刊、
通讯社、广播电台、电视台、出版社等，都要坚持正确的
舆论导向，注意把好关，加强正面教育、正面引导，增强
广大干部群众明辨是非的能力。"② 这就告诉我们，在大
的是非面前，新闻媒体单位一定要坚持党性原则和舆论导
向的相统一，提倡什么、允许什么、限制什么、反对什
么，必须旗帜鲜明，态度明确。坚持正确的舆论导向，一

---

① 《江泽民文选》第 3 卷，人民出版社 2006 年 8 月版，第 88 页。
② 《江泽民文选》第 1 卷，人民出版社 2006 年 8 月版，第 579 页。

定要有战斗性和斗争性，这也是党性原则的必然要求。

5. 正确的舆论导向还应当科学生动地宣传马克思主义，提高引导艺术。要把体现党的意志和反映人民心声有机地统一起来，不仅要有丰富的内容，而且还要有精彩的表达形式。江泽民同志指出："在坚持正确的舆论导向的前提下，要讲求宣传艺术，提高引导水平，努力使自己的宣传报道更加贴近生活、贴近读者，使广大读者喜闻乐见。"① 在解放军报社视察时，江泽民也谈到了内容与形式相统一的问题，他指出，强调讲政治，并不意味着简单地重复一些政治口号，搞一些空洞的东西。要讲究宣传艺术，增强吸引力、感召力和说服力，把报纸办得生动活泼，喜闻乐见。江泽民注意到不同的媒体有着不同的形式表达，因而主张不同的媒体要有不同的导向艺术，他说："我们强调正确引导舆论，同强调从事舆论宣传的部门和单位要创造性地工作是统一的。报刊、广播、电视等都要在坚持正确方向的前提下，勇于创新，努力形成各自的风格和特色。"② 确实，不讲究宣传艺术，不提高引导水平，正确的舆论导向也不会获得理想的传播效果。因此，为了增强吸引力、感召力和可读性，我们应当不断开拓新的报道领域，不断探索新的报道形式，不断采用新的报道手法，不断写出富有新意的优秀作品。

6. 正确的舆论导向还必须牢牢掌控媒体话语权，大

---

① 《江泽民文选》第 1 卷，人民出版社 2006 年 8 月版，第 565 页。
② 《十四大以来重要文献选编》（上），人民出版社 1996 年 2 月版，第 654 页。

力培养人才队伍。新闻事业能不能办好，关键在有没有一支高素质的新闻队伍；舆论导向正确与否，既有思想观点问题，也有人才队伍问题。江泽民意识到，能否坚持正确的舆论导向，最终还是要靠新闻舆论主体去落实，故此他特别强调："坚持正确的舆论导向，首先要把握好报刊、通讯社、广播电台、电视台、出版社的宣传方向，把这些阵地牢牢地掌握在我们党手里，掌握在马克思主义者手里。""要按照马克思主义新闻观，按照为人民服务、为社会主义服务、为全党全国工作大局服务的要求，加强对舆论宣传的指导、监督和管理。"① 牢牢掌控媒体话语权，是我们实现正确舆论导向的最基本保证。

由于新闻媒体在"武装人"、"引导人"、"塑造人"、"鼓舞人"这四个方面都可以发挥重要的作用，尤其在以正确的舆论引导人方面负有重大而光荣的使命，因此，江泽民殷切期望新闻战线的记者编辑们，要打好 5 个根底，即理论路线、政策法律纪律、群众观点、知识和新闻业务等；要培养 6 种作风，即敬业、实事求是、艰苦奋斗、清正廉洁、严谨细致、勇于创新等；尽快在政治上业务上成熟起来，努力做到政治强、业务精、纪律严、作风正。正如江泽民所要求的那样："为了更好地担负起以正确的舆论引导人的任务，新闻工作者，特别是共产党员和领导干部，必须努力提高自己的思想政治素质和业务素质。"②

---

① 《江泽民文选》第 1 卷，人民出版社 2006 年 8 月版，第 501—502、502 页。
② 《江泽民文选》第 1 卷，人民出版社 2006 年 8 月版，第 566 页。

　　江泽民的这些思想，对于培养新闻人才队伍，加强新闻队伍的思想作风建设，都有着很强的现实指导意义。

三

　　江泽民新闻思想及其舆论导向思想的富于时代性和体现创新性还在于，它始终站在时代前列，紧跟世界科技潮流，及时准确地抓住了信息网络化这一最新科技成果与传播手段，并将网络媒体纳入进舆论导向的体系之中。

　　江泽民目光敏锐，眼力深邃，视野开阔，纵览世界风云变化。早在1984年，时任国家电子工业部部长的江泽民就准确预料到，电子科技革命将给信息传播带来重大变化，他说："大量的瞬息变化的社会信息的传输和处理等，都要借助电子技术装备才能达到快速、灵敏、准确的要求。"① 江泽民判断，电子工业能为广播宣传提供多种多样的先进工具，促进新闻与文化的传播。

　　作为人类文明的最新优秀科技成果，互联网与通讯技术结合而成网络媒体在世界各国迅速发展。江泽民关注到这一变化，及时提醒有关部门要给予高度重视，他在1999年2月召开的全国对外宣传工作会议上强调指出，信息传播业正面临着一场深刻革命，以数字压缩技术和卫星通讯技术为主要标志的信息技术的发展，互联网的应用，使信息达到的范围、传播的速度与效果都有显著增大

---

① 《江泽民文选》第 1 卷，人民出版社 2006 年 8 月版，第 7 页。

和提高。世界各国争相运用现代化信息技术加强和改进对外传播手段。我们必须适应这一趋势，加强信息传播手段的更新和改造，积极掌握和运用现代传播手段。这是我党和国家最高领导人表示要积极利用网络传播新手段的首次公开报道，同时也表明了中国国家领导人的大气恢弘。

　　不可否认，信息网络化给舆论导向带来了新的严峻挑战。我们注意到，现实生活中实际存在着两个舆论场，一是报刊、广播、电视等传统媒体造就的舆论场，二是互联网和手机等新兴媒体造就的舆论场。一般来说，这两个舆论场发出的声音，在多数情况下是不尽相同的，有时甚至是完全相反的。更值得警惕的是，境内外敌对势力也利用信息网络对我进行思想文化渗透，散布政治谣言，企图搞乱人心，干扰大局。因此，如何将两个舆论场的舆论统一到一个正确的舆论导向之中，成为我们面临的新的重大课题。江泽民力主网络媒体也要注意和把握正确的舆论导向问题，他说："在一些小报小刊和互联网上，小道消息和政治谣言很多……。要牢牢把握正确的舆论宣传导向，全面、准确、深入地宣传党的路线方针政策。要加强对宣传思想文化领域的管理，包括切实加强对报刊特别是小报小刊、图书出版、电视电影、网络以及其他传媒阵地的管理。"① 加强对网络和其他传媒阵地的管理，正是为了使网络和其他传媒阵地有一个正确舆论导向的态势。

　　江泽民清楚地知道互联网的两面性特点，以及我们运

---

① 《江泽民文选》第2卷，人民出版社2006年8月版，第566页。

用网络媒体的目的。他说："互联网是开放的，信息庞杂多样，既有大量进步、健康、有益的信息，也有不少反动、迷信、黄色的内容。互联网已经成为思想政治工作一个新的重要阵地。国内外敌对势力正竭力利用它同我们党和政府争夺群众、争夺青年。我们要研究其特点，采取有力措施应对这种挑战。要主动出击，增强我们在网上的正面宣传和影响力。"① 他还说："大量事实证明，思想文化阵地，马克思主义、无产阶级的思想不去占领，各种非马克思主义、非无产阶级的思想甚至反马克思主义的思想就会去占领。从上到下的一切思想文化阵地，包括理论、新闻、出版、报刊、小说、诗歌、音乐、绘画、舞蹈、戏剧、电影、电视、广播、网络等，都应该成为我们宣传科学理论、传播先进文化、塑造美好心灵的阵地，决不能给违反四项基本原则、违反改革开放政策、违反党的方针政策的错误观点，以及危害人民特别是青少年身心健康的东西提供传播渠道。"② 这些论述，为我们在网上进行正确的舆论导向指明了方向和道路。

　　江泽民殚精竭虑，对我国信息网络的发展作了很深的战略思考。他要求全党"要高度重视信息网络化带来的严峻挑战。各地区各部门的领导干部，必须加紧学习信息网络化知识，高度重视网上斗争的问题。我们的党建工作、思想政治工作、组织工作、宣传工作、群众工作等，

---

① 《江泽民文选》第3卷，人民出版社2006年8月版，第94页。
② 《江泽民文选》第3卷，人民出版社2006年8月版，第97页。

都应该适应信息网络化的特点。"① 他指出："对信息网络安全的保障和管理工作做得好不好，关系到国家经济、政治、文化的发展，关系到国家的利益和安全。"② 他提出：要加强和完善信息网络立法，加强信息网络方面的执法和司法，积极参与国际信息网络方面规则的制定，加强信息网络管理人才的培养。譬如，"要建立和完善信息网络安全保障体系的法规以及有效防止有害信息通过网络传播的管理机制，制定通过信息网络实现政务公开和拓宽公民参政议政渠道的法律规范，形成通过信息网络引导和鼓励全社会弘扬中华优秀文化的有效机制，等等。"③

江泽民为信息网络化以及网络传播提出的判断、看法和观点，发人深省，不仅进一步增强了江泽民舆论导向思想的丰富性和独特性，而且还更加显示出江泽民新闻思想的博大精深，它必将鼓舞我们在以胡锦涛为总书记的党中央领导下，为继续开创马克思主义新闻学的新境界而努力奋斗。

---

① 《江泽民文选》第 3 卷，人民出版社 2006 年 8 月版，第 300 页。
② 《江泽民文选》第 3 卷，人民出版社 2006 年 8 月版，第 301 页。
③ 《江泽民文选》第 3 卷，人民出版社 2006 年 8 月版，第 302 页。

论邓小平新闻思想的历史方位[*]

　　任何思想都是时代的产物，都会烙印上时代的痕迹，因而任何思想都有它特别的历史方位。这种历史方位，必然要规定思想的时代风貌，确认思想的继承与发展、传统与创新的脉络关系，凸显思想的现实作为即提出、回答和解决了怎样的重大问题。本文试图从这个视角切入，对邓小平新闻思想作出新的阐释和新的解读。

一

　　邓小平新闻思想是邓小平理论的重要组成部分。

　　邓小平理论产生、形成和成熟于改革开放与现代化建设的社会大变动时期。从既往历史上看，社会大变动时期往往是出矛盾、出问题比较多的时期，但同时又是比较容易出思想、出理论的时期，正如歌德所说：巨匠在限制中

＊　原载《新闻与传播研究》2004 年第 3 期。

表现自己。建设中国特色社会主义是前无古人的伟大事业，它所遇到的问题复杂性、矛盾尖锐性和任务艰巨性同样也是前无古人的。壮观的实践当然需要杰出的思想支撑，宏伟的事业必然需要伟大的理论指导。面对着和平与发展成为时代主题的历史条件，面对着改革开放与现代化事业不断向历史的广度和深度逐步展开，面对着我国社会主义勋绩与挫折和国际共产主义运动兴衰成败的经验教训，针对新时期的不同阶段、任务和矛盾，邓小平言简意赅，提出了许多思想、观点和判断，而这些思想、观点和判断不仅成为破解当时工作难题的正确方针和正确政策，而且更重要的是，经过历史岁月的锤炼，它们升华成为有价值的规律性认识，并逐渐架构为中国特色社会主义理论的科学体系。这就是邓小平理论及其新闻思想产生的历史方位的时代背景。

虽然中国社会处于大变动时期，虽然改革开放使中国社会产生了突破性变化，但中国社会的本质并没有改变，中国社会的主流价值形态也没有改变。历史步伐的前进，从来就具有延续性和进步性相互纠缠的特点，因而邓小平理论是在继承和发展毛泽东思想的基础上，又获得了质的飞跃。所以，我们有理由认定，邓小平理论的时代风貌表现为，它是关于改革开放的马克思主义理论结晶，是当代中国的马克思主义，是马克思主义在中国重获生机活力的新阶段、新境界和新展示。自然地，邓小平理论的实践性和时代性品质，也会深深融入邓小平新闻思想之中。由于邓小平新闻思想拥有邓小平理论的全部时代特征，故此邓小平新闻思想同样是在毛泽东新闻思想基础上获得了新的丰富和发展。在马克思主义新闻学史上，邓小平新闻思想以它特有的风采，毫不犹豫地写下了新的篇章。这就是邓小平新闻思想形成和成熟的历史方位的理论背景。

从时代背景和理论背景来把握邓小平理论及其新闻思想，更有利于我们理解邓小平新闻思想的历史方位。

二

改革开放是决定中国命运的一招。

改革开放启动了建设有中国特色社会主义的新航程。然而，邓小平深知，改革开放国策的实施之初，必然会引起几个大的方面的反映：拨乱反正，清算"文革"错误，评价毛泽东的是非功过，会不会引起人们对党、对社会主义制度的怀疑和不满？实事求是、解放思想的路线当然是正确的，但会不会有意无意地给社会造成情绪不安和思想混乱？党的工作重心转移，突出经济建设为中心，会给人们的生活观念带来怎样的变化？等等。

邓小平同志具有非凡的政治直觉，善于高屋建瓴，从大处着手抓大局要害。他站在历史高度，对改革开放新格局的新闻宣传工作提出了一系列新要求和新方针：

其一，坚持以宣传四项基本原则为主线的党性原则。坚持四项基本原则，是邓小平理论中最富特色的创新话语之一。坚持四项基本原则的核心，是坚持党的领导。对于新时期的新闻事业而言，坚持党的领导，坚持四项基本原则，就是坚持党性原则的表现。而要坚持党性原则，新闻传媒就必须义不容辞地担负起宣传四项基本原则的重大任务。正如邓小平多次强调指出的"中央认为今天还是有很大的必要来强调宣传这四项基本原则"；"中央认为，今天必须反复强调坚持这四项基本原则，因为某些人（哪怕只是极少数人）企图动摇这些基本原则。这是决不许可的。每个共产党员，更不必说每个党的思想理论工作者，决不允许在这个根本立场上有丝毫动摇。"① 针对思想理论界存在的一些软弱、涣散状态，邓小平同志尖锐地指出："我们的宣传工作还存在严重缺点，主要是没有积极主动、理直气壮而又有说服力地宣传四项基本原则，对一些反对四项基本原则的严重错误思想没有进行有力的斗争。"② 邓小平殷切期待思想理论战线的同志们"要多写些从思想上、理论上论述坚持四项基本原则的文章"，③尽快拿出"一批有新内容、新思想、新语言的有分量的"④ 论文和专著，以"说服那些向今天的中国寻求真理的人们。"

按照邓小平新闻思想，坚持党性原则的生动而有力的证明，就是党领导下的报刊，一定要无条件地宣传党的主张。早在20世纪80年代初期，邓小平就明确指出"中央决定了的东西，党的组织决定了的东西，在没有改变以

---

① 《邓小平文选》，第 2 卷，人民出版社 1994 年 10 月版，第 165、173 页。
② 《邓小平文选》，第 2 卷，人民出版社 1994 年 10 月版，第 364 页。
③ 《邓小平文选》，第 2 卷，人民出版社 1994 年 10 月版，第 380 页。
④ 《邓小平文选》，第 2 卷，人民出版社 1994 年 10 月版，第 180 页。

前，必须服从，必须按照党的决定发表意见，不允许对党
中央的路线、方针、政策任意散布不信任、不满和反对的
意见。党报党刊一定要无条件地宣传党的主张。"① 这就
是说，党报党刊必须在思想上政治上行动上与党中央保持
一致，不允许讨价还价，不允许自行其是。强调宣传纪
律，并非扼杀个人意愿。邓小平进一步指出"对党的工
作中的缺点和错误，党员当然有权利进行批评，但是这种
批评应该是建设性的批评，应该提出积极的改进意见。现
在不是讲什么这样那样的问题可以讨论吗？可以讨论，但
是，在什么范围讨论，用什么形式讨论，要合乎党的原
则，遵守党的决定。否则，如果人人自行其是，不在行动
上执行中央的方针政策和决定，党就要涣散，就不可能统
一，不可能有战斗力。"② 邓小平同志的政治态度是既严
肃，又开明。一方面，他要求党报党刊一定要无条件地宣
传党的主张；另一方面，他又赞成和支持可以在一定范
围、用一定形式讨论和批评党在工作中出现的缺点和错
误，但这种批评应该是建设性的和积极的。对一些党员背
离党的思想路线和政治方向的做法，邓小平更是鲜明地反
对，他说"所有共产党员都要增强党性，遵守党的章程
和纪律。不管是什么专家、学者、作家、艺术家，只要是
党员，都不允许自视特殊，认为自己在政治上比党高明，

---

① 《邓小平文选》，第2卷，人民出版社1994年10月版，第272页。
② 《邓小平文选》，第2卷，人民出版社1994年10月版，第272页。

可以自行其是。"①"每个干部都要把党性放在第一位。"②

　　坚持党性原则，还必须反对所谓"人民性"的观点。自改革开放以来，对党性原则挑衅最甚的莫过于所谓"人民性"。新闻界曾有人说，党会犯错误，而人民不会犯错误，故人民性高于党性。党性与人民性之争，影响颇大，一些人深受其害，也曾给我们的事业造成很大的灾难。邓小平给予这种错误倾向以迎头痛击，他说：有人"在党性和人民性的问题上提出违反马克思主义的说法"。③邓小平还以"四五运动"为例，精辟地简述了党的领导与群众行为的关系，他说："在今天的中国，决不应该离开党的领导而歌颂群众的自发性。党的领导当然不会没有错误，而党如何才能密切联系群众，实施正确的和有效的领导，也还是一个必须认真考虑和努力解决的问题，但是这决不能成为要求削弱和取消党的领导的理由。我们党经历过多次错误，但是我们每一次都依靠党而不是离开党纠正了自己的错误。"④确实，我们党曾经多次经历错误，但自民国以来中国所有的政党中还没有任何政党具备了中国共产党这样优秀、成熟的品质：有决心正视自身错误，有信心改正自身缺点，有能力找到纠正自身不足的办法。这也是马克思主义政党同其他政党的显著区别。改革开放20多年来的巨大成绩，已经用铁的事实回答了

---

① 《邓小平文选》，第3卷，人民出版社1993年10月版，第46页。
② 《邓小平文选》，第2卷，人民出版社1994年10月版，第2页。
③ 《邓小平文选》，第3卷，人民出版社1993年10月版，第42页。
④ 《邓小平文选》，第2卷，人民出版社1994年10月版，第170页。

人们的疑问。

其二，坚持党的报刊要成为全国安定团结的思想上的中心。为了确保党的工作重心的顺利转移，为了排除"左"和右的干扰，特别是反对资产阶级自由化思潮，邓小平提出："要使我们党的报刊成为全国安定团结的思想上的中心。"[①] 保证政治稳定和社会安定，是改革开放与现代化建设事业的根本前提。所谓"安定团结的思想上的中心"，有两方面的含义：一是报刊要成为正确舆论的引导者，要把全国人民的思想统一起来，团结各族人民群众，为共同的事业和共同的目标而齐心奋斗；二是报刊要成为安定团结的促进者，"左"的东西和资产阶级自由化都是安定团结的破坏者，因此党的报刊一定要宣传改革、稳定、发展的正确关系，切实维护好安定团结的政治局面，没有稳定的局面，什么事情也干不成，因此稳定是压倒一切的任务。正如邓小平所说："我们希望报刊上对安定团结的必要性进行更多的思想理论上的解释，这就是说，要大力宣传社会主义的优越性，宣传马克思列宁主义、毛泽东思想的正确性，宣传党的领导、党和人民群众团结一致的威力，宣传社会主义中国的巨大成就和无限前途，宣传为社会主义中国的前途而奋斗是当代青年的最崇高的使命和荣誉。"[②] 宣传安定团结，是邓小平新闻思想中最重要，也是最珍贵的观点，它的指导意义不仅是当时

---

① 《邓小平文选》，第2卷，人民出版社1994年10月版，第255页。
② 《邓小平文选》，第2卷，人民出版社1994年10月版，第255页。

的，而且也是长远的。这一思想的提出是在 20 世纪 80 年代初，但直到现在，我们仍然需要遵循这一新闻思想。当时邓小平就指出："报刊、广播、电视都要把促进安定团结，提高青年的社会主义觉悟，作为自己的一项经常性的、基本的任务。"① 可以说，在当前和今后相当一段时期，宣传安定团结，仍然是党的媒体的经常性的基本任务。一切反对、妨碍我们走社会主义道路的东西都要排除，一切导致中国混乱甚至动乱的因素都要排除。党和政府的媒体需要经常"用这个道理教育人民，特别是青年学生"。②

其三，坚持精神产品以社会效益为最高准则。随着经济体制改革的不断深入，讲究经济效益，注重经济效益，追求经济效益，日益成为人们经济生活的目的。这种风气逐渐浸染到精神产品的领域，给后者造成了极为不好的负面影响。当这种风头起于青苹之末时，邓小平就敏锐地抓住了它，他说："要批判和反对崇拜资本主义、主张资产阶级自由化的倾向，批判和反对资产阶级损人利己、唯利是图、'一切向钱看'的腐朽思想，批判和反对无政府主义、极端个人主义。"③ 邓小平注意到：这种"一切向钱看"、把精神产品商品化的倾向，在精神生产的其他方面也有表现。更令人生气的是，这种宣扬"一切向钱看"的错误观点的文章，公然还能在报刊上发表，足见理论界的一部分同志思想混乱到什么程度。它不仅严重败坏了新

---

① 《邓小平文选》，第 2 卷，人民出版社 1994 年 10 月版，第 255 页。
② 《邓小平文选》，第 3 卷，人民出版社 1993 年 10 月版，第 212 页。
③ 《邓小平文选》，第 2 卷，人民出版社 1994 年 10 月版，第 368—369 页。

闻单位的声誉，而且还严重伤害了广大读者的权益。为
此，邓小平郑重提出："思想文化教育卫生部门，都要以
社会效益为一切活动的唯一准则，它们所属的企业也要以
社会效益为最高准则。思想文化界要多出好的精神产品，
要坚决制止坏产品的生产、进口和流传。资产阶级自由化的
宣传，也就是走资本主义道路的宣传，一定要坚决反对。"①

　　新闻宣传要以社会效益为唯一准则和最高准则，是邓
小平新闻思想中的又一亮点。它是邓小平根据改革开放与
现代化建设事业的实践中出现的新情况、新问题而给予的
科学回答。强调和突出社会效益，就是要求新闻宣传在任
何情况下都要坚持党性原则不动摇，都要始终不渝地坚持
为人民服务、为社会主义服务的方向。在当前低俗报道盛
行、媚俗新闻泛滥的情况下，邓小平的这一新闻思想，无
疑是我们手中最为有力、有效的反击武器。只有坚持精神
产品以社会效益为最高准则，新闻传播才能真正做到贴近
实际、贴近生活、贴近群众，增强可读性和感染力，从而
使新闻事业适应社会主义市场经济的发展要求，适应社会
主义精神文明和政治文明的发展要求，努力争取社会效益
和经济效益的双赢局面。

　　概而言之，邓小平的关于坚持宣传四项基本原则为主
线的党性原则、关于坚持党的报刊要成为全国安定团结的
思想上的中心、关于坚持精神产品以社会效益为最高准则
等新闻思想，是邓小平新闻理论的重要支撑，它们共同架

---

① 《邓小平文选》，第3卷，人民出版社1993年10月版，第145页。

构了邓小平新闻思想的历史方位。显而易见，这个历史方位，是由时代决定的。因为每一个时代都会有这个时代所特定的问题，而问题的回答也会烙印上这个时代所特有的痕迹。虽然问题的回答有些具有长远的意义，但针对性最强烈的仍然莫过于这个时代的回响。应当说，邓小平新闻思想的精彩亮点主要产生于改革开放前期的时代。作为伟大的政治家，邓小平出色地回答了他那个时代在新闻宣传领域内提出的问题和任务。正是由于邓小平的杰出贡献，其新闻思想的历史方位才会因时代的赋予而特别地鲜亮和生动。

三

除了以上三个重要方面，邓小平还在新闻事业的其他方面，也为马克思主义新闻学增添了新的内容，同时还为邓小平新闻思想的历史方位加大了时代的厚重感。

譬如，关于开发信息资源。邓小平始终关注着国外高科技和最新理论的发展，并注意使之尽快与中国国情结合起来。20世纪80年代中期，邓小平在为新华社《经济参考报》题词时，以卓越政治家的远见卓识写下了这样的句子："开发信息资源，服务四化建设。"这是我党最高领导人第一次向外界表明了承认和接受"信息"这个新概念，同时也表明了邓小平对世界前沿科技认识的不落后，是同步的。邓小平对信息时代的到来确实极为关注，他说："不要关起门来，我们最大的经验就是不要脱离世界，否则就会信息不灵，睡大觉，而世界技术革命却在蓬勃发展。"① 他还说过 "不搞市场，连世界上的信息都不知道，是自甘落后。"② 邓小平的这些话，实际上是勉励新闻媒体要扩大新闻传播功能，扩大媒体的信息量，要注意开发有用的大量信息，为四化建设服务。世界上有些事情能否办成，不完全是能力或资金等问题，而是看你是否掌握了信息。信息是干事的第一环，有了第一环，以后的事情就可以接着做下去，否则就办不成。邓小平关于"开发信息资源"的论断，是对应用新闻学的马克思主义新贡献。

又如，关于舆论监督。鉴于苏联斯大林的深刻教训，邓小平曾经态度坚定地指出："党要受监督，党员要受监督……如果我们不受监督，不注意扩大党和国家的民主生活，就一定要脱离群众，犯大错误。"③ 又鉴于"文革"的深刻教训，邓小平继续发挥他的监督思想，他说："我们要坚持共产党的领导，当然也要有监督，有制约。"④ 邓小平亲自主持制定的党的十三大报告写道：要运用现代化的新闻和宣传工具，增加对党务和政务活动的报道，发挥舆论监督的作用，支持群众批评工作中的缺点错误，反对官僚主义，同各种不正之风作斗争。自此，舆论监督这一概念走进人们的政治生活和精神活动之中。从过去的批

---

① 《邓小平文选》，第3卷，人民出版社1993年10月版，第290页。
② 《邓小平文选》，第3卷，人民出版社1993年10月版，第364页。
③ 《邓小平文选》，第1卷，人民出版社1994年10月版，第270页。
④ 《邓小平文选》，第3卷，人民出版社1993年10月版，第256页。

评与自我批评到现在的舆论监督，表明我们党对执政规律的认识有了新的升华。

再如，关于弱势阶段认识。邓小平认为："无产阶级作为一个新兴阶级夺取政权，建立社会主义，本身的力量在一个相当长时期内肯定弱于资本主义"①，这就决定了我国必须经过逐渐积累综合国力的社会主义初级阶段。这个由弱势国家逐渐走向强势国家的历史背景，决定了我国政府的执政理念和执政方式有着很大的特殊性。从这个角度审视我们的新闻传媒体制，可以得到很多启发，可以合情合理地解释许多事情。因为在强势国家眼中，弱势国家的许多做法肯定是"不合游戏规则"的。还需要指出的是，晚年邓小平关于弱势阶段的认识尚未引起学术理论界的足够重视。我认为，晚年邓小平的这个宝贵思想，无论对邓小平理论还是邓小平新闻理论，都是一个重大发展。

最后，关于笔杆子领导。早在新中国成立初期，邓小平就指出"拿笔杆是实行领导的主要方法。领导同志要学会拿笔杆"，"实现领导最广泛的方法是用笔杆子"。而在"拿笔杆子中，作用最广泛的是写文章登在报纸上和出小册子，再就是写好稿子到广播电台去广播。出报纸、办广播、出刊物和小册子，而又能做到密切联系实际，紧密结合中心任务，这在贯彻实现领导意图上，就比其他方法更有效、更广泛，作用大得多"②。小平同志的这

① 《邓小平文选》，第3卷，人民出版社1993年10月版，第365页。
② 《邓小平文选》，第1卷，人民出版社1994年10月版，第145页。

几段精辟论述，蕴涵着这么几层意思：第一，党的领导机关和各级领导干部要提高对拿笔杆子重要性和新闻工作重要性的认识，善于运用各种传播媒介，把党和政府的声音传播到社会各个阶层中去。第二，倡导领导干部拿笔杆子，有助于党"运用报纸，办好报纸"，有助于克服官僚主义，更有效地做好领导工作。第三，如果党的各级领导干部仅仅满足于召开各种会议、发布文件来实现领导，而把运用报纸进行宣传和指导仅仅看做是新闻工作者的事情，那么，这样的领导方式不仅无法适应时代和任务的要求，而且还等于在很大的范围里、很重要的战线上放松或放弃了党的领导，就等于党自己在削弱自己的力量；放松或放弃党对报纸的领导，不仅报纸本身会缺乏力量，失去舆论工具应有的作用，而且党的其他工作也会受到严重影响。

　　针对当时有些领导干部嫌"笔杆子太重"而不愿写、不会写的思想认识，邓小平反复阐述了拿笔杆子和新闻工作的重要性，他强调指出："不懂得用笔杆子，这个领导本身就是很有缺陷的"，因而也是难以胜任自己职责的。为了让各级领导干部能够真正担负起领导新闻工作和其他各项工作的重任，邓小平要求领导干部都要学会拿笔杆子，"凡不会写的要学会写，能写而不精的要慢慢地精"。只有"领导同志亲自写"，才能"逐步解决领导机关、领导同志运用报纸、领导报纸的问题"。① 邓小平的这一看

① 《邓小平文选》，第1卷，人民出版社1994年10月版，第146页。

法相当深刻，可以说是抓住了党对新闻事业进行领导的关键。这是因为，党的各级领导，尤其是主要领导，有着较高的马列主义修养，党性强，了解情况比较多，分析问题比较正确，掌握政策比较全面，有时甚至还直接参与和领导新闻工作，他们身体力行地撰写文章和社论，就更能高屋建瓴，发现问题，抓准要害，有效促进党的方针和政策落到实处；就可以从根本上保证党对新闻事业的领导，保证新闻工作的正确政治方向，保证新闻事业真正成为党、政府和人民的喉舌，推动革命和建设事业更健康地发展，更稳步地前进。

同时，领导干部动笔杆子，亲自撰写文章和社论，对提高自己的工作能力也是大有好处的。写作的过程，实际上是对客观事物进行再思索、再认识的过程。经过这一过程，可以使撰写者的思维更加缜密，逻辑更加严谨，理论素养更加扎实，才干进一步增强。领导干部特别是党的高级干部写社论，这是我们党报的优良传统。毛泽东曾说过："第一书记挂帅，动手修改一些最重要的社论，是必要的。"①毛泽东、周恩来、陈云、薄一波等老一辈革命家都为报纸写过许多重要社论。令人遗憾的是，自从20世纪60年代以后，我们很少见到省级负责干部撰写的社论了。唯愿今后有更多的省委书记拿起笔来，撰写社论，发表看法，指导工作。这不仅有利于发扬光大党报的优良传统，而且还有助于增强党报的战斗力，提高党报在广大

---

① 《毛泽东新闻工作文选》，新华出版社1983年12月版，第202页。

人民群众中的威信和声誉。可见，邓小平关于笔杆子领导的新闻思想非常深刻，既有历史价值，又有现实意义。

总之，邓小平新闻思想是丰富而深刻的，又是全面而系统的。它的历史方位在于：它有继承和发展毛泽东新闻思想的历史留痕，更主要有它立足于改革开放与现代化建设事业新时期伟大实践的创新认识和独特贡献；作为时代的风云人物，邓小平遇到的问题、矛盾和任务是前所未闻，后所未有的，而邓小平作出的回答和拿出的办法，其思想之深刻，政策之精妙，方针之宏远，谋略之独到，也是前所未闻，后所未有的；作为我党第二代领导集体的核心人物，邓小平始终站在时代前列，面对世纪风云变幻，以战略家的历史审视和世界眼光，为新时期新闻宣传工作作出了一系列重要而正确的指示和论断。这些指示和论断，时代性强，创新度深，历史感浓，过去是、现在是、将来也是我们必须坚定不移的遵循原则，成为社会主义初级阶段新闻工作的伟大指南。如同毛泽东新闻思想一样，邓小平新闻思想亦是马克思主义新闻理论宝库中不可多得的精神财富，必将对今后相当一段时期产生不可估量的深远影响。"沾溉后人，其泽甚远"。

释"集体"[*]

——学习列宁的一段重要论述

"报纸不仅是集体的宣传员和集体的鼓动员，而且是集体的组织者。"①

几乎所有的新闻工作者都非常熟悉列宁的这段表述。然而，几乎所有的新闻工作者又都忽视了对这段表述里引人注意的词语准确而完整的理解。这个引人注意的词语就是"集体"二字。报纸从来就是宣传者和鼓动者，对此谁也不曾怀疑过，马拉的《人民之友报》在法国大革命中不是突出地起过宣传鼓动作用吗？问题在于：列宁为什么要在前加上限制词"集体"呢？

通常人们是怎样理解"集体"一词的呢？

有人说，所谓集体就是指整个党组织而言。

——可是，当时的俄国社会民主党因沙皇专制政府的

* 原载《新闻广播电视研究》1984 年第 6 期。

① 《列宁选集》第 1 卷，人民出版社 1960 年 4 月版，第 464 页。

镇压，已名存实亡，党实际上不存在，而列宁正是想通过
《火星报》来重建政党。正如《联共党史简明教程》所指
出那样："只有这样的报纸，才能把分散的马克思主义组
织联成一体，为建立真正的政党做准备。"因此把"集
体"释为党组织是不贴切的。

　　也有人说，所谓集体是指中央机关报编辑部。

　　——可是，任何报纸的编辑部，不论它属于哪类党
派、哪个集体、哪种社会势力，都不会是单人组成的，都
是由一群人集体构成的。因此，这种说法既陷入了空洞乏
味的毫无内容的同义反复，又抹杀了列宁表述中的特定内
涵。

　　还有人说，"集体的宣传员和鼓动员"是指报纸是不
属于私人的，而是属于政党的；"集体的组织者"是指统
一思想，团结同志，建立无产阶级政党。

　　——可是，这样一来，同一地方使用的同一个词就有
两种不同解释的范围和内容，而这恰恰是违反了形式逻
辑，这在思维概念领域是不允许出现的，因为它是矛盾
的。因此，这种说法也值得商榷。

　　那么，列宁所说的"集体"究竟指的是何种对象呢？

　　存在决定意识。要正确理解列宁的论述，首先就得弄
清楚当时俄国的社会历史背景。我们知道，19 世纪 90 年
代起，马克思主义和社会民主主义思想在俄国以异常惊人
的速度传播，到处都出现了社会主义倾向的工人小组和知
识分子社会民主党人小组，革命的思想遍布于乌拉尔山脉
两侧的广大地区，它日益深入工人阶级，愈来愈引起社会

上的注意。但是，俄国革命运动一开始就有其致命弱点，这就是运动的分散状态和手工业方式。所谓运动的分散状态，就是地方小组的产生和活动相互间是没有联系的，甚至与同一中心一直在活动的小组也没有联系，孤军奋战；所谓手工业方式，就是革命工作规模狭小，崇拜自发性，在理论上同经济主义结成一伙。这两种状况，都是与正常的革命运动不相适应的。斯大林曾经尖锐地指出，手工业方式和小组习气从上到下腐蚀着革命。尽管俄国社会民主党于1898年在明斯克宣告成立，但是，没隔多久，由于沙皇专制政治的破坏，中央委员会领导成员被逮捕，党组织陷于瘫痪状态。因缺乏统一领导，各地的马克思主义小组仍然闭关自守，也就是说，俄国社会民主党并没有真正建立起来，因而俄国革命运动停滞不前，萎靡不振。

　　为了推动俄国革命运动的发展，把革命运动引入政治斗争的康庄大道，以便在斗争中重建真正的无产阶级政党，只有一条唯一可行的正确道路，那就是创办全俄的政治机关报。正如列宁所说："在现代的欧洲，没有政治机关报，就不可能有称得上政治运动的运动。没有政治机关报，就绝对不能实现我们的任务——把一切政治上不满和进行反抗的分子集合起来，用他们来壮大无产阶级的革命运动。"[1] 他还指出："除了利用全俄报纸以外，再没有别的办法可以培植起强有力的政治组织。"[2] 在这里，我们

----

[1] 《列宁全集》第5卷，人民出版社1986年10月版，第7页。
[2] 《列宁选集》第1卷，人民出版社1960年4月版，第461页。

必须强调说明，利用报纸来建党，把报纸的生命同党的生命紧紧地联在一起，这是列宁了不起的发现和卓越胆识，为无产阶级报刊思想增添了新内容。

为什么马克思、恩格斯以及第二国际的左派领袖李卜克内西等人没有提出通过报纸建党的思想呢？这是因为列宁和他们所处的社会历史条件不同，国情不同，由此产生的思想也就不同。西欧等国的资产阶级为了装潢门面，加上西欧各国无产阶级的不懈斗争和努力，他们那里的工人阶级享有一定的政治自由，可以合法地出版报纸，还有许多公开活动的形式和组织运动的方法，如议会活动、竞选鼓励、人民会议、参加地方社会团体、公开领导同业联合会（工会、行会）等等。正因为西欧各国工人阶级享有一定的政治自由，因此他们可以公开地进行政治活动，可以通过合法而正当的方式而不是通过报纸来建立自己的政党。他们办报的目的，主要是传播思想，进行政治教育和吸引政治同盟军。俄国的情况与之完全相反。俄国是一个专制极权的君主国，贪官污吏横行，人民没有言论自由和思想自由，没有丝毫的政治民主权利。俄国工人阶级受着双重压迫，他们受资本家和地主的抢劫和掠夺，为了使他们不能反抗，警察还把他们的手脚束缚起来，把他们的嘴堵住，对一起试图维护民权的人进行迫害。尽管如此，俄国革命的火种并没有熄灭。可是，敌人的力量是那样强大，革命的力量暂时还那样弱小，从何着手呢？列宁认为，要把分散的革命力量集聚起来，去战胜强大的敌人，俄国无产阶级没有条件、也不可能像西欧无产阶级那样，通过合法道路进行。而只有创办全俄政治机关报！列宁就是这样根据马克思主义的具体地分析具体问题的方法，天才地解决了俄国革命当时面临的重大而迫切的课题。

　　然而，这仅仅是朝着正确方向迈出的第一步，当然是关键性的一步。由于沙皇政府的迫害，俄国革命的领袖不得不流亡国外。列宁领导的《火星报》就是在国外秘密编辑出版的，报社仅有 6 名编辑，没有专职记者。但怎样才能把《火星报》的马克思主义"信息"传达给国内各地的工人小组，把他们从经济主义的泥淖中解放出来呢？又通过什么样的途径才能把处于国外的编辑部同国内的各地小组结成一体，争取从思想上达成统一呢？列宁说，我们一定要把机关报办得使它成为俄国运动的机关报，而绝对不是一个国外小组的机关报。请注意，列宁在这里强调的是"绝对不是一个国外小组的机关报"，这难道不是表明"集体"一词不是指中央机关报的编辑部吗？为此，列宁提出：必须建立起俄国的社会主义邮递工作。这个组织专门负责各个运动中心的联络工作，充分地和及时地传递有关运动的消息，正常地为俄国各地供应定期报刊；作为反馈，还要正常地供给报纸所需的各种材料，为让各地小组在报纸上发表自己的意见，介绍自己的经验，畅谈自己对运动的贡献和在运动中的收获，报道一切有关运动的消息，等等。只有建立起这种组织，党才能成为真正的事实，也才能结束不利于俄国革命运动发展的分散状态和手工业方式，从而形成强大的政治力量。这种组织就是列宁所说的"代办员网"。这些代办员决非普通意义上的那种邮递员，只管收收发发，他们是职业革命家、职业宣传家、职业组织家。依靠他们的努力和活动，通过报纸宣传的马克思主义思想将进一步深入到城市小市民，深入到乡村手工业者，深入到农民之中；他们彼此间还密切联系，了解全局情况，习惯于有条理地执行全国性工作中的各种零星任务，并组织某些革命行动，向反动派冲击。列宁对代办员网极为重视，因为没有他们，俄国革命的计划将全部落空。据克鲁普斯卡娅回忆，列宁时常和国内来的代办员彻夜交谈，有时还为某一代办员被捕或者同某一代办员的联系中断而叹息不止，甚至夜不能寐。不可否认，处在国外的《火星报》编辑部和国内的代办员网，共同为建立真正的无产阶级政党奠定了思想基础和干部条件。正如列宁所说："这个机关报将用实际的联系把所有的委员会联成一气，并真正培养出一个领导全部运动的领导者集团，而当这样一个由各委员会所培养的集团充分成长和巩固起来的时候，各委员会和党就能很容易把它变成为中央委员会了。"① 由此可见，所谓"集体的"，是说《火星报》既不为国外的马克思主义小组即该报编辑部所有，也不为国内的各地工人小组所有，而是属于该报编辑部和代办员网共同所有，共同组成，因而它是"集体的"。离开了其中的任何一方面，《火星报》就不能成为全俄运动的政治机关报。因为没有代办员网输送各种材料，《火星报》就无法正确指导国内的革命运动；没有《火星报》

---

① 《列宁选集》第1卷，人民出版社1960年4月版，第459页。

的宣传，代办员也无法向国内传递马克思主义的信息。这就是"集体"一词的全部内涵。我认为，只有这样理解，才算是正确而贴切地把握了列宁论述的原意。

让我们再来认真地完整地读一读列宁的原文，从而加深我们的领会吧。列宁在《从何着手》一文中说："报纸的作用并不限于传播思想、进行政治教育和吸引政治同盟军。报纸不仅是集体的宣传员和集体的鼓动员，而且是集体的组织者。"① 这段话划分了一般报纸同《火星报》的重大区别，一般报纸的作用同《火星报》以此作为建党的作用。接着又说："就后一点来说，可以把报纸比作脚手架，它搭在正在修筑的建筑物周围，显示出建筑物的轮廓，便利各个建筑工人之间的来往，帮助他们分配工作，和观察有组织的劳动所获得的总成绩。"② 列宁认为，这一句话才是全部问题的实质。把报纸比作脚手架，那么，显而易见地，国外马克思主义小组即《火星报》编辑部和通过代办员联络的国内各地的马克思主义小组，就是比作"各个建筑工人"，正在重建的党则是比作"建筑物"。列宁在另一篇文章《怎么办》里进一步指出："脚手架对于住房本身并不需要，它是用很差的材料搭起来的；它只用一个很短的时期，只要建筑大体完成，人们就会把脚手架拆掉当柴烧的。至于革命组织的建筑问题，那么经验证明，有时候即使没有脚手架，也能够把它建筑成功，——

---

① 《列宁全集》第5卷，人民出版社1986年10月版，第8页。
② 《列宁选集》第1卷，人民出版社1960年4月版，第464页。

七十年代的情形就是一个证明。但是现在，我们没有脚手架便根本不能建筑起我们所需要的房屋。"① 前一句话是说，一旦党组织重新建立起来，《火星报》的使命就得以完成，那种"集体所有制"的报纸关系也相应地随之结束。可见，列宁的"集体"含义只有特殊性，而没有普遍意义。后一句话是强调，尽管在过去、在别的国家，没有报纸，也能够建立起政党，但是在俄国的今天，没有《火星报》的作用，就根本不能建立起无产阶级政党。紧跟着，列宁进一步发挥道：

"依靠报纸和同报纸联系自然而然会形成一种固定的组织，这种组织不仅从事地方工作，而且从事经常的共同的工作，教育自己的成员密切注视政治事件，考虑这些事件的意义和它们对各个不同居民阶层的影响，拟定革命的党影响这些事件的适当措施。单是技术上的任务——保证正常地供给报纸以各种材料和正常地推销报纸——就迫使我们必须建立统一的党的地方代办员网，这些代办员彼此间要密切联系，了解总的情况，习惯于有条理地执行全国性工作中的各种零星任务，并组织某些革命行动，以检验自己的力量。……假如我们集中自己的一切力量来办共同的报纸，那末，这样的工作不仅可以培养和选拔出最能干的宣传员，而且可以培养和选拔出最熟练的组织者，最有天才的党的政治领袖，他们在必要的时候能够提出进行决

---

① 《列宁选集》第 1 卷，人民出版社 1960 年 4 月版，第 464 页。

战的口号并且领导这个决战。"① 列宁的这一大段论述，对我们正确理解和把握"集体的"含义是很重要的。"依靠报纸和同报纸联系自然而然会形成一种固定的组织"，在这句话中，"依靠报纸"是指国外小组，"同报纸联系"则是指通过代办员联系的国内各地小组，两者结合就形成一种"集体"的关系，从而形成一种固定的组织，这种组织带有向政党过渡的性质。正因为具有这种性质，所以列宁才如此准确地选用了"集体"一词，而不说报纸是党的宣传员、党的鼓动员、党的组织者，它恰好证明了列宁论述的科学性和严密性。接着，在下面的一句话里，"从事地方工作"显然又是指代办员网，"从事经常的共同的工作"显然又是指作为《火星报》编辑部的国外小组，再次表达了"集体的"含义。列宁又强调这种"集体"的重要性：不光是宣传、组织、鼓动等方面需要的原因，"单是技术上的任务"，就必须建立代办员网，这样才能使之与国外小组互相依存，互相辉映。也只有在这种"集体"的关系里进行工作，才能培养和选拔出列宁所说的"最能干的宣传员、最熟练的组织者、最有天才的党的政治领袖"。光是孤零零的国外小组，或者光是分散状态的国内各地小组，都不能达到这个目的，也就不能重建真正的马克思主义政党。

我们讨论的问题本来已经阐明，但情况不允许就此打住，还须进一步探索它的演化。十月革命胜利后，斯大林

---

① 《列宁选集》第5卷，人民出版社1986年10月版，第9—10页。

写了一篇题为《报刊是集体的组织者》的文章。当时布尔什维克党虽然已经掌握了政权，但是党和人民之间的联系还不像后期那样紧密，因此，斯大林又重新提出加强代办员网，召开由代办员主持的地区、市镇和乡的通讯员代表会议和俄国各地区的主要代办员代表会议，以加强"党和工人阶级之间、国家和我国最偏僻的角落之间的组织联系。"斯大林认为，这两种会议比"全俄的"和其他新闻工作者代表大会有更大的实际意义。他又强调："使报纸成为党和苏维埃政权的集体组织者，使报纸成为联系我国劳动群众并把他们团结在党和苏维埃政权周围的工具，——这就是目前报刊的迫切任务。"从斯大林的论述分析，"集体的"含义有两种可能，一是指党和代办员网的合二为一，二是指党和苏维埃政权的合二为一。不管怎样，斯大林的表述已经大大异于列宁的原意了。

　　1942年9月22日，延安《解放日报》发表社论《党与党报》，文章说："所谓集体宣传者集体组织者，决不是指报馆同人那样的'集体'，而是指整个党的组织而言的集体。"很明显，这里的"集体"就等于党组织，就是党的特称或代名词。"集体"一词至此完成了它的全部演化过程。必须指出，这种演化不是朝着消极方面，而是向着积极方向进行运动的。中国共产党不是生吞活剥地对待马列主义的某个论述，而是根据本国的历史条件、环境状况和本党特点给"集体"一词赋予了新的内容，贯注了新的活力，使其以特定的内涵变为普遍的意义。我们没有任何理由去指责这种"修正"，当然，这种情况也并不妨碍我们从理论上考察和探讨"集体"一词的原意和来龙去脉，从而使我们对马列的整个报刊思想发展有新的微观的认识。未知当否？

　　此为释。

20 世纪中国新闻传媒事业的
发展及其全球背景[*]

　　中国的发展与进步绝然离不开世界的总趋势，世界的发展与进步必然给予中国积极的影响。倘若离开全球背景的种种因素来谈论中国的一切变化，在 19 世纪上半叶或许可行，在 19 世纪下半叶已不再允许，在 20 世纪则更是不可能。在 20 世纪，对任何一个国家来说，空间和时间已经显得越来越没有意义，世界大潮已把所有国家和地区纳入到它的冲击范围。

　　因此，我们要以全球背景为认识起点，审视和考量 20 世纪中国及其在新闻传播事业上的发展。

一

　　毫无疑问，对人类社会而言，20 世纪是最伟大的世

---

　　* 原载《新闻与传播研究》2001 年第 1 期。

纪、最辉煌的世纪。人类在 20 世纪所展示出的征服自然的能力之强、手段之高，人类社会在 20 世纪所获得的发展之快、进步之大、成绩之巨，不但是以往任何一个世纪所不及，而且是以往任何世纪加起来的总和亦所不及。

在 1900 年，全世界的人口总数大约为 16.8 亿人，全球总产值不到 2 万亿美元；而在 2000 年，全世界人口总数已突破 60 亿人，全球总产值接近 30 万亿美元。一位美国学者写道："在欧洲，1700 年以前的一千多年间，人均收入的年增长率仅为 0.11%，也就是说，大约每 630 年才翻一番。而从第一次产业革命到第三次产业革命，即从 1820 年至 1990 年，增长速度英国提高到 10 倍，法国 15 倍，美国 18 倍，日本 25 倍。"① 不用说，增长部分主要在 20 世纪。显而易见，国民财富的增加和个人收入的提高，有利于政党、社会团体、利益集团和个人从事、参与新闻传媒事业的活动，也有利于人们真正成为新闻媒体的受众。

在 20 世纪，人类社会的善的一面，得到了淋漓尽致的发挥，然而，我们也要看到，人类社会的恶的一面，也得到了相当充分的表演。两次史无前例的世界大战爆发，使世界各国的伤亡人数超过了 9 位数，仅中国在第二次世界大战中死亡的人数就达到了 3500 万。战争的丑行还给人类增加了一个新名词，叫"种族灭绝"。犹太民族——

---

① ［美］托马斯 K. 麦克劳：《资本主义世纪》，内蒙古文化出版社 1998 年 10 月版，第 546 页。

这个命运最悲惨的无辜者，被纳粹德国屠杀了600多万生灵。一位犹太作家伤心地写道："在历史上，人类的任何一部分都从来没有遇到过如此惨无人道的待遇。"除了"热战"，人类还经历了一次持续40多年的冷战。战争推动了武器装备的开发，冷战带来了空前的军备竞赛，这二者成为人类科研进步的强劲动力。我们注意到，在20世纪，人类的科技发现和发明不仅超过以往科技发现和发明的总和，而且科技的进展无论就其范围、速度和应用而言，都远远超过了以往所有的世纪。科学技术的迅猛发展，以前所未有的速度和规模改变着世界，改变着我们的生存方式，改变着我们的日常生活和思想习惯，甚至改变着人类文明的整个面貌。一位专家指出：与过去几千年相比，人类在20世纪的通信速度提高了10^7倍，交通速度提高了10^2倍，数字处理速度提高了10^6倍，能源提高了10^3倍，武器威力提高了10^6倍，控制疾病能力提高了10^2倍，人口增长速度提高了10^3倍。1946年2月14日，在美国费城开始运行的世界第一台电子计算机每秒仅能进行5000次加法运算，而在2000年6月28日，美国国际商用机器公司宣布，他们已研制出每秒能进行12.3万亿次运算的超级计算机。从掌握能够毁灭人类和地球的原子弹，到能够克隆人的生物技术，这一切表明：人类有史以来第一次成为决定自己命运的主宰。

　　科学技术的发展是整体性发展、结合性发展。虽然各个学科各具特点，各有规律，然而它们总是互相协调、互为动力，总体上齐头并进。往往一个学科的突破，经常带来其他学科的普遍受益。从这个角度审视，科学技术的大踏步前进，肯定也给 20 世纪新闻传播事业的发展带来了福音。

首先，一些科学技术把自己的主要功能定位在新闻信息传播方面。意大利科学家马可尼在 19 世纪末期发明了无线电报，并于 1897 年在伦敦开设了第一家商用无线电公司。然而，人们很快发现无线电在新闻信息传播方面具有巨大的潜能，英国报纸和美国《纽约先驱报》最初用无线电报道体育消息。随着无线电技术的提高，无线电讯号于 1907 年 12 月成功地从英国传送到大西洋彼岸的纽芬兰，于是，《纽约时报》在 1907 年作了这样一条报道："无线电把两个世界联结了起来。马可尼横跨大西洋电报业务向《纽约时报》发了一条电讯，正式开张。"①

从此，无线电的通讯功能成为报纸、广播、杂志等新闻媒体的强大而有力的锐器，它在这方面发挥的作用，远远胜过个人与个人之间、社会团体与社会团体之间、商务与商务之间、个人与社会团体或商务之间的信息传递功能。

无线电与广播的结合，又产生了无线广播。1906 年，美国人李·德福雷斯特博士改进了真空管，使之能够进行口语广播。先是广播音乐，很快又广播新闻。1916 年美国威尔逊和休斯在总统选举中的得票数，就是利用《纽

---

① ［美］埃德温·埃默尔等：《美国新闻史》，新华出版社 1982 年 12 月版，第 378 页。

约美国人报》提供的简讯向社会广播的。但是，无线电广播作为一种普遍范围的新媒体，直到 1920 年才最终诞生。该年 8 月 20 日，由《底特律新闻》资助的电台 8MK 开始天天广播。自此，电讯和电台走遍全世界。

互联网的产生，最早起源于美国 20 世纪 60 年代末军备竞赛的部分计划。不久，人们发现互联网在信息传递方面，有着独特的优势，互联网便从狭窄的军事樊笼，步入商务、教育、社交、娱乐、新闻等更大空间，并成为一种全新的媒体。尽管互联网的法力无边，但是，人们主要看好的是它的快捷而方便的信息传递能力。

其次，新闻媒体的种类越来越多，其信息传播速度也越来越快。19 世纪，新闻媒体的种类主要是报纸和杂志；20 世纪，又增加了广播、电视（第一次向公众传播是在 1936 年的英国）和互联网。20 世纪诞生的新媒体，较之旧媒体，优势更加突出。它们不仅扩张了信息交流的更大范围，而且也加快了信息沟通的频率，还增加了数倍于前的受众人数，即扩张性更强，包容量更大，快捷性更高，受众数更多。也就是说，大众传播媒介的内涵，20 世纪比 19 世纪更加丰富。以美国为例：据统计，美国报纸和杂志的读者总数约为 1.63 亿人，占全美人口总数的近 60%；而全美广播听众家庭户为 9440 万户，占家庭户总数 9699 万户的 97%；电视用户则达 98%。这是很自然的，报纸和杂志需要有一定文化知识的人才能阅读，而广播和电视不同，即便是一字不识的人，只要耳聪或目明，就能成为受众，接受信息。

　　第三，有力推动了媒体内部的技术改造。技术的突破，使报纸和杂志更愿意用图片和图表替代文字，用彩色印刷替代黑白印刷。最早实施彩色印刷的是《今日美国报》，它大胆创新，采用彩印，读者为之一振，成为报刊历史上的一个里程碑。计算机技术进入印刷领域，大大提高了自动化程度；电脑编辑代替了拣字工；激光照排使许多印刷工人下岗；高速轮式印刷机 1 个小时内可印刷 60 万至 80 万份报纸；远程通信网络可使一些著名大报在世界各地的几个印刷点同时开印。1962 年 7 月 10 日，美国电话电报公司通过卫星，成功地实现了美国与欧洲之间的第一次实况图像传输。卫星传输，使《华尔街日报》不用 3 分钟就可将版面从纽约传到香港。现在，全球共有 40 多颗同步通信卫星，担负着向世界各国传输电视、互联网、电信等方面的通信任务。卫星上天，导致电视直播产生，从而大大改善了世界的视听环境；而直播领域的技术交会和数字技术的引入，又使世界电视进入了一个全新时代。

　　是的，作为第一生产力的科学技术，对于新闻传媒事业的发展的确起到了直接因素的重要作用，但它并不是唯一因素。事实上，任何一国的新闻传播事业的发展与进步，都离不开其他重要因素的支撑，诸如工业化程度、现代化水准、市场化和都市化状况、国民教育及其识字率高低等。1997 年 9 月 8 日，联合国教科文组织在国际扫盲日的报告中说：全球文盲率已从 50 年前的 45％下降到今天的 23％。全球文盲率的普遍下降，当然跟新闻传播事业的规模扩张有着直接的关联。它证明了这一原则：知识是人们使用大众传播媒介的关键要素。我们以非洲为例：据统计，1995 年全球有 19 个国家的文盲率仍达到 70%，甚至更高，而其中 14 个属于非洲国家。正是由于非洲广大地区尚未脱盲，所以，拥有 3000 多万平方公里、6 亿多人口、56 个国家的整个非洲大陆，才只有 125 种日报，而在美国，日报达 1800 种。正如一位美国学者所说的："无论在任何国家，随着可供人们使用的传媒数量的不同，以及人们使用传媒的能力的不同，各个国家中能够及时获知各种新闻与信息的人的比率也有着很大的不同。"[1] 对许多尚未完全脱贫、脱盲的发展中国家来说，西方发达国家耳熟能详的"信息社会"仍然是遥远的梦想。

粗略考察 20 世纪美国的历史和现状，可以进一步强化本文的基本观点：新闻传播事业的发展是一个国家全部事业发展的重要组成部分；作为主观性很强的新闻传播业，不可能成为国家的龙头行业或产业，而是依附于其他产业身上，它特别依赖于国家的人口规模、工业化、都市化、通讯网、国民教育和生活水平等重要因素的发展而发展。1900 年，美国的人口从 1800 年的 530 万达到 7600 万，2000 年全美人口已达到 2.814 亿。1900 年美国国民财富为 880 亿美元，到 2000 年美国国内生产总值接近 9 万亿美元，全球第一强国的实力地位贯穿整个 20 世纪。

---

① ［美］威廉·哈森：《世界新闻多棱镜》，新华出版社 2000 年 1 月版，第 11 页。

1900 年美国劳动力的 38% 在农场，2000 年下降为 2%。1900 年全美每百人中有一部电话，2000 年全美电话普及率已达到 98%。1900 年全美城市人口比重为 32.9%，2000 年上升到 80% 以上。1900 年全美文盲率为 10.7%，2000 年几乎为零；1900 年全美大学毕业生人数为 5600 人，比当年增加到 6000 所的大学数目还少。1900 年，全美铁路总长为 19.3 万英里，加上遍及全国的电报线路，已形成全国邮政通讯网；2000 年全美电子邮件收发量早在几年前就超过了普通邮寄信件。在这样的物质和技术基础上，美国的新闻传媒业显得早熟而快速，1900 年全美有报纸 1967 种，杂志 1.2 万余种，2000 年报纸种数下降到 1570 种，杂志种数大致未变，但发行数量却大大增加，全美日报总销量从 1900 年的 150 万份，上升到 2000 年的 6000 万份。发明于 20 世纪 20 年代的电视，50 年代又进步为彩色电视，随着技术改进和成本下降，彩电才由奢侈品变为普通家电，1976 年进入美国 77% 的家庭，如今全美已有 98% 的家庭拥有一台彩电，74% 的家庭有 2 台以上；全美人口与收音机之比是 1:2，即人均拥有 2 台收音机。虽然美国是因特网故乡和电脑强国，但它的家庭电脑拥有量为 55%，不及瑞典的 70%。

数字的变化是事物变化的反映，它仿佛让人倾听到历史前进的回声。数字既是单个的，又是联系的和富有逻辑的，揭示着不同事物之间的内在关系。虽然它不能完全忠实地折射出客观世界的丰富多样，但它在证明理性的某些观点时，却是强有力的。

以上，是我们解读 20 世纪中国新闻传媒事业发展的铺垫。同时，也要看到，国际新闻传播媒体在科技上的进步，势必影响到国内的发展。

二

中华民族是背负着巨大的耻辱和惨痛，拖着蹒跚的步子，进入 20 世纪的。据英国《曼彻斯特卫报》1901 年 1 月 1 日报道：身体状况很糟糕的李鸿章，早晨被人用椅子抬入庆亲王的居室，两人就与八国联军签订条约问题进行了长时间的交谈。同一天，美国《纽约时报》以无比喜悦的心情报道了纽约为迎接 20 世纪而举行的狂欢庆典：灯光骤亮，众人欢唱，汽笛长鸣，钟声响亮，炮声如雷，火箭闪着火光冲上天空，新世纪胜利降临。前者是处于衰落下风的国家，后者是正在上升势头的国家，它们各自的心境是何等的落差！

其实，中国过去并不是这样。法国著名历史学家布罗代尔曾写道：在 1800 年，人均国民收入，美国为 260 美元，西欧为 213 美元，印度为 180 美元，中国为 228 美元。[①] 这说明，当时中国人的生活水平略低于美国，略高于西欧，高于印度。美国著名学者保罗·肯尼迪在名作《大国的兴衰》中指出：在全球制造业的份额中，1800 年

---

① 布罗代尔：《15 至 18 世纪的物质文明、经济和资本主义》，三联书店 1993 年 4 月版，第 618 页。

中国占 33.3%，整个欧洲占 28.1%，美国占 0.8%，日本占 3.5%；1900 年，中国占 6.2%，整个欧洲占 62%，美国占 23.6%，日本占 2.4%。我认为，以上事实至少说明了三个问题：第一，中国在 19 世纪初期仍然是世界强国之一，以后国力急剧下降到惨不忍睹的地步；第二，海洋文明并非始终优于大陆文明，鼓噪一时的电视政论片《河殇》的基本论点确实荒唐可笑，恰恰相反，大陆文明曾长时期地领先于海洋文明；第三，20 世纪初，中国的所有发展都肇始于一个很低的起点。

对于中华民族来说，在 7000 年的文明史中，20 世纪是最值得记忆的 100 年。在这 100 年里，中华民族还从来没有经历过如此剧烈、如此深刻、如此广泛的变革，从来没有经历过如此痛苦、如此艰辛、如此凌辱的磨难，从来没有经历过这样翻天覆地的巨大变化。"中国人具有比别人更值得自豪和更与众不同的传统，对这种传统崩溃的反应来得比较慢，受落后之辱的时间比任何其他大民族都来得长。"①

20 世纪的中国主要分为两个阶段，以 1949 年中华人民共和国成立画线，前半个世纪为革命阶段，后半个世纪为建设阶段。

在革命阶段，中国人民的首要任务是"救亡图存"，即生存问题，其他事情都是次要和等而下之的问题。反对帝国主义压迫和欺凌，反对日本帝国主义的侵略，反对新

---

① 费正清：《美国与中国》，世界知识出版社 2000 年 8 月版，第 454 页。

旧军阀的割据和分裂，创造一个统一而安定的国家，解决中国人民的道路和方向问题等，直接攸关中华民族的生死命运。一般而言，当内战、反侵略战争、革命战争成为一个国家在一定时期的主题的时候，这个国家的经济、文化和社会发展事业不可避免地会陷入困境或停滞或缓慢状态。这就是造成中国报业为何在 1901 年至 1949 年期间，报纸种数基本上保持在 100 多种（30 年代曾一度达到 1500 多种）、总印数保持在几百万份的直接原因。同样道理，这一期间，广播事业虽然在 1923 年创立了国内第一家广播电台，但发展情况也不是很好，矿石收音机对许多家庭来说，仍然是昂贵的奢侈品。

1949 年，中华人民共和国成立。这是中国从古未有的人民革命的大胜利，也是社会主义和民族解放的具有世界意义的大胜利。它标志着中国人民已彻底解决了民族生存的重大问题；经过历史的反复选择，中国人民还解决了民族前进的道路与方向问题。只有社会主义才能救中国，只有社会主义才能发展中国，这就是历史的结论。国外有的学者洞察到这一抉择，指出，中国可能选择的道路，比我们轻易想象到的更窄。共产党的领导和社会主义的制度，架构了我国的基本政治体制和基本经济体制。在这样的前提和保证下，中国人民豪情万丈，雄心勃勃地跨进 20 世纪后半叶的建设阶段。

中国人民的建设阶段同样是不平凡的经历。我们是在充满敌意的国际环境和极少外援以及国内工业基础极其落后、人民极其贫穷的条件下，拉响了向现代化突进的汽笛。依赖于中华民族的勤劳、勇敢和智慧，我国的经济建设取得了举世瞩目的巨大成就。据国家统计局宣布：从1952年至1998年，中国国内生产总值从679亿美元，增加到79553亿元（2000年已突破万亿美元大关），年均增长7.7%，远高于同期世界年均增长3%左右的水平，经济总量跃居世界第七。美国学者费正清曾经这样比较："中国的经济就比印度的经济出色得多。从1952年到1976年，中国经济的增长平均每年6%或7%，按人口平均计算是印度增长率的2倍或3倍，尽管印度还接受了130亿美元的外援和贷款，而中国接受的苏联贷款不足10亿美元，同时还拿出大约70亿美元去援助其他国家。"[①]

　　经济是社会的基础，是发展的基础。只有经济发展了，才有能力和条件带动其他一切事业向前发展。现在，全国有城市668个，城镇人口从1952年的7163万，占当时总人口57482万的12.46%，上升到1998年的37942万，占当时总人口124810万的30.40%，城市化水平提高了近18个百分点。城乡居民恩格尔系数分别从1950年的80%和90%，下降到现在的40%和50%。全国文盲半文盲人口比重，从1950年的80%以上，下降到1998年的11.95%。电视机产量，从开始到现在，增长了19万倍。中国电信业从1949年的电话用户仅22万户，电话普及率为0.05%，每一万人才有5部电话，到2000年全国已有

---

　　① 费正清：《美国与中国》，世界知识出版社2000年8月版，第458页。

电话用户近 2. 29 亿户，普及率达到 20. 1%，已建成世界第二大固定电话网。记得 1978 年刚考入大学不久，我从一则翻译资料中获悉，中国所有自动电话全部加起来，也不如美国纽约的一个长岛地区多。顿时大为惊讶，又没想到的是，近 10 年来，我国的电信产业始终以高出国民经济 20 至 30 个百分点的速度增长，实现了跨越式发展，其速度创下世界之最，与过去相比，简直不可同日而语。可以肯定，以上这些情况的发展变化，必将对我国的新闻传播业的发展变化，产生积极而深远的影响。城市化水平的提高，意味着日益增多的城市居民需要通过各种媒体来获取有关城市生活的种种消息和信息；文盲率的下降，意味着传统媒体即报纸、杂志的扩展大有希望；恩格尔系数的下降，意味着人们拥有更多的财力来消费各种新闻媒体产品；通信网的日益发达，意味着全国信息的及时沟通，使全国更加紧密地结为一体；电视机产销量的急增，意味着新媒体的新闻信息受众人数猛升。

　　社会主义在中国到处都在胜利前进的潮流，不可避免地席卷着中国新闻传播事业的长足发展和大幅度增长。报纸：1950 年为 179 家，总印数为 8 亿份，1999 年达到 2000 余家，总印数突破 300 亿份大关；广播：1950 年共有电台 65 座，1999 年增至 1500 多座，广播人口覆盖率为 90. 35%，此外，面向全世界的中国国际广播电台用 43 种语言，日播 211 个小时；电视：1978 年共有电视台 32 座，全社会电视机共有 300 万台，1999 年电视台增至 368 家，全社会电视机增至 3. 2 万台，城镇居民平均每百户拥有

105 台彩电，电视人口覆盖率达到 92%，受众人口 11 亿，为世界之最；通讯社：作为国家通讯社的新华社，现已在国内外建立起众多记者站，日发稿量超过 200 万字（美联社为 1700 万字，合众国际社为 1100 万字，法新社为 340 万字，路透社为 150 万字），跻身于世界四大通讯社的行列；互联网：90 年代初，全国上网人数未过 1000 人，始于 1997 年的国内网站也只有 1500 个左右，至 2000 年年底，上网人数已神速般地达到 2250 万人，CN 下注册的域名总数为 122099 个，WWW 站点数约 265405 个。需要强调的是，倘若没有改革开放带来的先进的国外科学技术及其借鉴和吸收，倘若没有国家综合实力作为后盾，倘若没有城市化和居民生活水平的提高，没有文盲人口比重和恩格尔系数的下降，我国的新闻传播事业绝不可能拥有今天这般的骄人成绩。现实和生活的辩证法经常教诲人们：事物的成像虽然只有一个，但决定成像的因素往往不是一种，而是多种相关因素共同制成；只看见表面的相连因素，不注意深层次的关联因素，就不可能对事物的发展变化作出正确的认识和理性的判断。

概括 20 世纪中国新闻传播事业的发展与进步，我想提出以下几点看法：

第一，由于各方面的客观条件使然，中国新闻传播事业的发展状况在 20 世纪后半叶大大优于前半叶，成就份额的大部分来自于后半叶。

第二，中国新闻传播事业的发展规模和发展速度在 20 世纪后半叶是踏着大步向前迈进的，为世界上许多国家所不及。如果说，在 20 世纪之初中国还是一个"新闻"弱国的话，那么在 20 世纪之末中国已经成为世界上无可争辩的"新闻"强国之一。

第三，发展的道路并非一帆风顺。既有丽日蓝天，又有风雪突袭；有成功，也有挫折；有欢乐，也有痛苦；有坦途，也有曲折；有顺利，也有磨难。辉煌与沉重共存，凯歌高奏与艰苦挫折并行。不懈地奋斗，不断地前行，构成了 20 世纪中国新闻传播事业壮丽画卷的主页。

第四，坚持中国特色方向。中国人民确定社会主义，是历史规定动作的别无选择。中国的历史背景和现实国情，决定了中华民族只能如此。只有适合中国的，才是最好的。照抄照搬别国模式，因而受到最大损害的，唯有民族和国家的最大利益。我们要的社会主义，必须是切合中国实际的社会主义；我们要的马克思主义，必须是符合中国国情的马克思主义。坚持中国特色的社会主义，我们的事业才有希望，才有前途，否则，只能是死路一条。有中国特色的社会主义，规定了有中国特色的基本政治体制和基本经济体制；有中国特色的基本政治体制和基本经济体制，又规定了有中国特色的新闻传播体制。有中国特色的新闻传播体制要求新闻传播媒体必须是党、政府和人民的忠实喉舌，必须牢记全心全意为人民服务的宗旨，以正确的舆论引导人，树立大局意识、政治意识，为社会稳定摇旗呐喊，为党的新世纪奋斗目标热情服务。"不管风吹浪打，胜似闲庭信步"。真理在手，正义在胸，广大人民同我们挽手并肩，哪还有什么可惧怕的呢？

三

　　21 世纪的中国大有希望，很有前途。

　　全世界都看好中国。记得费正清先生说过这样的话："我们的美国方式并不是唯一的生活方式，甚至也不是大多数男男女女的未来生活方式。我们求助于立法、合同、法权和诉讼，但这种方法的效果是有限的。中国提供了别的出路。时间可能对中国有利，因为我们一向习惯的爆炸式的生产发展不可能永远继续下去；崇尚个人主义的美国人可能比中国人更需要进行调整，以适应未来的生活……旧日中国作为其他民族文化榜样的中心职能又在恢复了。"①如果照着目前制定的路线、方针、政策继续干下去，其间又没有碰到国内外的重大麻烦而耽误进程，那么，中华民族的伟大复兴确实是不会太遥远的了。

　　20 世纪 90 年代初，知识经济时代来临的吵嚷声已在全球形成气候。对此，有人论证道：全世界每过 1 年，会新增 790 亿条信息；《纽约时报》一天的信息量等于 17 世纪一个人所能得到信息的总和；利用信息高速公路，1 秒钟可把两年的人民日报信息输完；直径 50 微米的一束光纤可传输全世界一天全部的电话通讯量；根据摩尔定则，芯片容量每 18 个月就加倍，每隔 3 至 6 个月计算机即可更新换代一次，等等。日本权威科研机构预测：从 1993

---

　　①　费正清：《美国与中国》，世界知识出版社 2000 年 8 月版，第 459 页。

年至 2003 年，人类知识将翻一番；从 2004 年至 2010 年，人类知识将有"爆炸性"突破。面对这一情景，我是又惊喜，又害怕。惊喜的是人类的知识积累如此迅速，害怕的是人类会不会葬身于知识海洋？对特定地方来说，缺水是灾害，洪水也同样是灾害。人类过去碰到的灾害是知识旱灾，今天是不是将碰到知识涝灾呢？完全可能。除非人类成为知识海洋的游泳高手，能够随时随地随处检索出自己所需的信息，简洁而干净，而不是山岳般堆来。人类应当有这个智慧！

　　尽管我对知识经济时代多少还是有点恐惧，然而，我对 21 世纪初期中国新闻传媒事业的前景却是相当乐观。其一，中国目前仍有 9 亿农业人口，城市化水平仅 30%，农村居民家庭每百户彩电拥有量仅 33 台，农民家庭电脑拥有量更是少得可怜，电话普及也只是刚开了个头。从这些情况来看，中国新闻传播业具备了相当广阔的拓展空间，巨大的新闻传播市场正等待我们去开发和挖掘。其二，信息产业已成为我国工业经济的第一支柱。权威人士透露：在未来 5 年内，我国将实现固定、移动电话网规模、容量跃居世界第一位，电话用户将达到 5 亿户，全国电话普及率达到 40%。信息产业的跨越式发展，将不可避免地导致互联网的超常规前进。其三，20 世纪初，中华民族最缺乏的是自信心，老是认为自己什么都不行，什么都做不了；21 世纪初，中华民族最不缺乏的就是雄心，一个心眼地埋头苦干，抓住机遇，赶超世界先进水平和发达国家。可以说，中华民族在 20 世纪 50 年代找回的自信心，是我们这个民族在 20 世纪获得的最大、最宝贵的无形资产之一。自信心，是一个民族干大事的强大精神动力。具备了自信心，才会抛弃奴颜和媚骨，才能激发气吞山河的慷慨。我向来认为，在中国的各个阶层和社会群体中，新闻传媒人员从来都是自信心最富有的群体。因此，我们完全可以相信，新闻传媒工作者在 21 世纪必定会工作更加出色，成绩更加辉煌，事业更加兴旺。

我们热切地期待着。

论 网 络 文 化 *

当前，整个人类正在被一场空前未有的巨大无比的文化风暴所席卷，这就是网络文化。

所谓网络文化，是一种全新的文化表达形态。它以人类最新科技成果的互联网和手机为载体，依托发达而迅捷的信息传输系统，运用一定的语言符号、声响符号和视觉符号等，传播思想、文化、风俗民情，表达看法观点，宣泄情绪意识等等，以此进行相互之间的交流、沟通、联系和友谊，共同垒筑起一种崭新的思想与文化的表达方式，形成一种崭新的文化风景。它气势磅礴，威荡宇内，示囊括四海之心，显并吞八荒之意。

1. 网络文化是全球同步的文化。在人类既往文明交流史上，由于地理阻隔、语言不通和科技手段落后等原因，不同地域的文明之间很难进行文化交流和沟通，它们的产生、发展和形成也具有很大的独立性和地域性，这种

---

* 原载《新闻与写作》2007 年第 5 期。

独立性、地域性的特点，常常也决定了它们的产生、发展与形成往往是不同步的，各自有各自的文化时空。随着近代工业革命的勃兴，各个不同文明之间的交流与沟通开始逐渐加大了交流的深度和沟通的力度，但是，各个文明之间尤其是东西方文明之间的差距，还是比较明显的。

网络的横空出世，彻底粉碎了各个不同文明的地域限制和时空隔断。在经济全球化浪潮和当代科技成果的强力推动下，网络限制性地把各个不同文明拉到了同一起跑线上。今天，西方国家同东方国家的网络发展，基本上没有太大差别。就某些表现而言，有的东方国家甚至还超过了许多西方发达国家。譬如中国，它的 4.6 亿的手机用户，数量居全球之冠；它的网民数量达 1.37 亿人，仅落后于美国的 1.53 亿网民数量，而远远超过日本、德国和英国等发达国家。

综观人类有史以来的不同文化发展进程，只有网络文化才打破了不同文化的地域性和时空观，只有网络文化才具备了不同文化发展的全球性和同步性的显著特征。可以预料，网络文化发展的全球性和同步性必定将给不同文化的未来，带来难以估量的深刻影响。网络改变了世界的文化地图和文化格局，甚至改变了人类文明的进程。

网络文化是人类高智慧的结晶，代表着人类文化表达形态的最高境界。正是由于网络的魅力作用，人类的各种文化才不分地域、不顾时空、不论肤色地第一次真正实现了面对面的手拉手。

2. 网络文化是全民参与的文化。囿于客观条件和诸多因素，以往文化的掌控者主要是社会精英阶层，他们人数虽少，但却牢牢把持着文化话语权，他们统治着文化体制，引导着文化方向，决定着文化内容，传播着文化意识。这种少数人主宰着文化世界的状况，直至网络文化兴起后，才发生了根本性的转变。从理论上讲，网络文化基本上是一种没有门槛、没有限制的文化交流与沟通，可以而且能够实现全民参与。在网络文化面前，实际上已经消灭了作家与看官的区别，消灭了临于上的传者与居于下的受者的差异，消灭了神气十足的记者编辑与渴求信息的读者观众的界限，大家都是平等的互动的文化参与者，没有身份和地位的高低之分。我国现有 1.37 亿网民和 4.6 亿多部手机拥有者。这就意味着，在 13 亿中国人当中，至少有 40% 以上的民众是网络文化的参与者。在中国文化史上，还从未有过如此规模庞大的文化大军。并且，这支网络文化大军的参与者，每年继续保持 10%—20% 的速度增长。因此，我们可以说，网络文化第一次实现了文化的人人参与，全民参与。

3. 网络文化是个性十足的"客"文化。以往的文化形态，无论是报纸、电视、期刊、广播，还是电影、出版、音像等，其政党或集体或单位或集团或团体或家族的色彩均很浓厚。网络文化则不然，由于几乎不设门槛，没有政党、财团、社会集团和社会团体的力量规制，既无"把关人"之碍，又无专业身份之限，只要上手，就可以随时随地、随心所欲地发布信息和想法。假如没有道德的约束，他完全可以想怎么来就能怎么来。也就是说，网络完全可以把一个人的个性，善的也罢，恶的也罢，充分发挥到极致。现在，网络文化中最彰显个性的，就是"客"文化。播客、博客、威客、炫客、掘客、闪客、维客、印客、拼客、黑客、骇客、粉客等等，已经冒出的这么多种多样的"客"，充分展示了网络文化的平等性和互动性，也显示出网络这个平台确实是非常适合个性的生存与发展。

如同任何文化形态一样，网络文化也有两面性。一方面，它存在一些破坏性因素，如骇客的出现，另一方面，它还有许多建设性因素，如博客的诞生。博客是"客"文化中富于特征的表达方式。一般平民、文人明星、乃至政治家们都喜欢使用它。法国总理默克尔上任前，通过设立个人博客，并巧妙地把个人博客作为竞选的有力武器，赢得了广大选民的爱戴。西方国家的大多数政客都认定网络是参政从政的利器，都在网上设立了个人博客，以便争取获得较高的支持率。我国最近召开的"两会"前，中国政府设立了网上专页"我有问题问总理"，短短时间内，汇集了12万条之多。这个网上专页，实际上也是变相的温家宝总理的一时性的个人博客。这种表达方式，拉近了中国老百姓与中国高层领导人之间的距离，增加了总理对广大群众的信任感和亲和力。可见，网络文化在联系群众方面所发挥的作用和产生的效果，是以往任何文化形态都无法比拟的。

网络文化是塑造"客"的文化，它已经塑造了一批"客"，也正在酝酿制造一批新"客"，将来还会涌现出更多的"客"。

4. 网络文化是集大成文化。以往文化形态的表达方式，因时代不同而特色不同。这个历史进程，在传媒文化中表现尤为突出。新闻事业在近代欧洲产生以后，人们获取信息的来源，主要依赖于报纸；后来，人类发明了电台，广播文化应声而起，人类又增加了一条快速获取信息的渠道；20 世纪 50 年代以后，电视开始普及，人们摄取信息的能力进一步增强。然而，我们也注意到，后起的广播不能完全取代报纸和期刊，再后起的电视也不能完全取代报纸、广播和期刊。虽然在新闻报道的快捷方面，广播要强于报纸和期刊，电视又要强于广播，但是，它们各自都具有独特的功能，因而都具有各自的生存与发展空间。谁也代替不了谁，谁都有自己身怀绝技的展示，谁都在传媒文化中拥有自己的独特地位。传媒文化的丰富性，正是来自于它的表达方式的多样性。

可是，网络文化的出现，似乎对以往所有的文化形态都发出了威胁性的呼叫。在信息发布与传播的速度方面，在信息内容的存量方面，在信息表达的方式方面，无论是报纸、广播，还是电视、期刊、书籍等，事实上都不是网络的对手。网络已把报纸、广播、期刊、电视、书籍、音像等所有的优点、长处和功能都集于一身而用之。上网看报、上网看书、上网购物、上网看电影、上网看期刊、上网听音乐等，现在都能做到，已经不是什么新鲜事情。过去由多种表达方式而体现的文化丰富性，现在只需网络这样一种表达方式就足够丰富的了。当年美国独立检察官斯塔尔将关于克林顿绯闻的报告通过网络发表，立即轰动了全世界。试想：谁能承担起将长达6万多字的报告在如此短的时间内，如此迅速地让如此多的人们阅读的表达使命？报纸行吗，不行，它没有那么多的版面；电视行吗，不行，它没有那么长的时段；书刊行吗，不行，它没有那么快的面世能力；只有网络、也唯有网络，才能办到！这就是网络文化的厉害。

手机最早是作为通讯工具出现的。后经过研发，手机的功能不断增强，既可通讯用，又可作资讯用，还可用来看新闻、拍照片、拍录像，进而还可上网等等，难怪有人惊呼：手机的前途不可限量！2007年春节7天，全国手机短信发送量达到152亿条，平均每个手机的短信发送量超过33条。在全球范围内，中国的手机短信发送量也是遥遥领先于其他国家。这个有趣的文化现象说明，手机早已不是简单的通讯工具了。

应当承认，由互联网和手机结合而成的网络文化确实具有一"网"打尽的超强能力，传媒界由此产生的种种忧虑和危机，也不是没有道理。尽管网络文化"通吃"所有文化形态的情况，目前尚未启幕，但这个未来趋势，又是一个客观存在，不以人的意志为转移，我们对此必须有清醒的把握。

5. 网络文化是强势文化。从文化发展史上看，每一种新的文化形态的诞生，总是与那个时代的科技革命息息相关。过去如此，现在如此，将来亦如此。网络文化的喷薄而出，正是依赖于当代信息传输技术的重大突破。可以说，信息革命造就了网络文化。并且，我们还要强调指出，信息革命没有停滞，没有结束，没有阶段性，没有划上完成符号，它仍在蓬蓬勃勃、如火如荼地进行当中。信息传输技术发展的无限性，促使网络文化越来越强势，促使网络文化参与者的队伍规模更加惊人。报载：2007 年全球将销售 10 亿部手机。这难道不是很能说明问题的吗？

正如物理学上一种能量形式可以转换成另一种能量形式一样，传媒文化中的一部分逐渐转换成为网络文化的一部分，且转换的势头越来越厉害而已。历史发展的未来总是超越从前，这是普遍规律。任何人都无法更改，也用不着哀怨和悲愤，而应坦然地面对，思考更积极更适宜的文化对策。

6. 网络文化是新人类文化。网络文化的划时代意义在于，它培养和塑造了思维方式、生活方式和行为方式完全有别于老一辈的新一代人类，就像石器时代标明了新旧人类的鸿沟一样。

网络文化极大地改变了社会舆论的生态环境，形成了崭新的网络舆论场。同传统的传媒舆论场相比，网络舆论场实际上已具备了与之相抗衡的实力，在某个时段、某些场合甚至还有压倒性优势。拥有数十万、数百万、数千万粉丝的网上意见领袖，完全有能力在舆论场上兴风作浪；一个主观故意的群发性短信，完全可以挑起小小的是非波澜。不错，网络是极大地方便和丰富了人们的文化生活，但是，我们又要看到，网络越是发展，社会结构的脆弱性就越是增大，社会风险的治理成本也就越是增大。故此，如何认识、把握、管理网络舆论场，已成为全世界各个国家的统治者和掌控者十分关注、又十分头痛的问题。

网络文化必然催生网络的道德法治建设。由于网络文化的全球同步，中国碰到的麻烦，肯定也是其他国家遇到的麻烦；其他国家没有解决或暂时无力解决的问题，肯定也是中国目前没有解决或暂时无力解决的问题。因此，任何国家在网络文化的法治建设上取得的成就，毫无疑问，都具有全球借鉴与参考，从而引发全球进步的意义。

尽管经济全球化日趋高涨，地球村梦想越来越接近现实，但是，我们必须充分认识到，虽然网络的连接已经实现全球化，然而，在今日世界，网络文化不可不注意国别性。任何文化都有双刃剑的作用。因此，一方面，我们要充分享受网络这个人类文明最新、最优秀的文化成果，另一方面，我们又要注意保持民族文化特色，维护国家的信息文化安全。这就是说，像我国这样的正在加快前进的发展中大国，尤其要注意结合中国的国情，牢牢掌握网络舆论引导的主动权，要像抓传统媒体那样大力抓网络文化队伍建设，以促进全面落实科学发展观，构建社会主义和谐社会的步伐。

自人类有史以来，尚未见过有像网络文化这样扩张迅猛、进展疯狂、表现强烈、兼容所有的文化形态。网络文化惹人爱、又惹人恨，这也是一种客观事实。但不管怎么说，就像人造卫星、航天飞机一样，网络文化毕竟是人类聪明的硕果、才识的外化。何况网络文化还是一种正在发展中和建设中的文化，可能它的幼年期还未完成，也可能它刚刚步入青春期。人类的前进不能由某种强大的科技惯性拽着，而应当理智地运用它，掌握它，熟练地操控它，使其更好地为人类服务。所以，对人类而言，研究网络文化，关注网络文化，是一种责任，更是一种使命。

谁在对谁行为[*]

——跨文化传播的思考

谁在对谁行为？——按照这个哲学命题的思路，我们将它切入跨文化传播的研究之中，就变成了这样的问题：谁的文化在跨谁的文化？在汉语的解读中，"跨"有"超越、跨骑、凌驾"的意思，那么谁的文化可以超越、跨骑、凌驾谁的文化呢？或者换句话说，谁的文化在对谁的文化行为呢？

跨文化成为显学，是与当今经济全球化的日趋加剧分不开的。然而，仔细想来，跨文化的现象并不是今天才有的。在中国历史上，儒家文化就曾被佛教文化跨过。众所周知，儒家文化本来是中国土生土长的文化，而佛教文化却是从印度东来的外来文化，外来的强龙压倒了土著的地头蛇，其中必有缘由，唐初和南北朝时期佛教盛行，大约有两个主因。一是少数民族入主中原，不一定对以汉族为

* 原载《传媒观察》2005 年第 3 期。

主的儒家文化感兴趣，出于政权的自尊，他们必然会选择另一种文化如佛教来作为国家的主流意识形态，借以排斥或压倒儒家文化，不然的话，他们对人口众多的且一向以文明悠久自傲的汉族就缺乏自信，没有心理上的优势。二是战争的大环境有利于佛教的传播。南北朝时期，政权对峙，战火频仍，人民痛苦不堪，甚至一些封建君王也厌恶无休止的战乱。为了求得心灵的平衡和安稳，人们便自觉不自觉地选择了佛教文化。因为佛教中的忍让思想、来世思想和色空观念，在相当程度上是有利于呼唤和平的。"南朝四百八十寺，多少楼台烟雨中"，这句诗，准确地描绘出佛教文化成为当时社会主流意识的盛况。

以儒家文化为主的中国传统文化具有其他任何文化都不可比拟的包容性。作为外来文化的佛教文化虽然曾一度跨过儒家文化，但最终还是从主流和主导位置上退了下来。儒家文化虽然重新得势，也并没有对佛教文化产生报复或怨恨，相反，却大度地接纳了佛教文化，承认它的存在和价值并继续给予它发展的空间。佛教能够彻底中国化，显然离不开儒家文化的宽宏大量。在中国的许多著名寺庙，儒、释、道三种思想的外在象征均供奉于一殿、一庭、一山之中，这不能不说是一种奇特的文化景观。而这种文化景观，国外能找到么？

中国传统文化的长期格局是：儒家文化为主，佛教文化和道家文化为辅，三家各据所长，共同维持着封建社会的主要价值观念体系。不过，这种千年之久的思想体系格局，在近代社会的中外文化碰撞中，不幸遭遇到差不多是粉身碎骨的结果。伴随着资本扩张而硬闯进入中国的西方文化，表现出一种凌驾于人的咄咄逼人的态势。在西方文化的挤兑和打压下，中国文化节节退让，着着败象。新文化运动喊出的"打倒孔家店"的口号，几乎等于自废武功。郭沫若主张的"凤凰涅槃"说，无异于召唤中国文化的新生。近代思想家们发现的"二千年未有之奇局"变化，表现在文化上则是指西方文明思潮已对中国社会产生了前所未有的重大影响。实际上，作为意识形态观念的马克思主义浸淫中国，也可视为一种文明进入另一种文明的文化现象。虽然马克思主义的中国化尚未达到佛教中国化的程度，但马克思主义毕竟在中国初步站稳了脚跟，人们承认和接受了它。马克思主义在中国的生命力表现，还有待于马克思主义中国化的伟大实践及其实现程度。

中国历史上的跨文化和不同文化的融合与交流的状况表明，首先，中国本土文化具有强大的生命力和凝聚力，它不容易被外来文化吃掉或消灭，相反，由于拥有强大无比的包容力，外来文化反而终被中国本土文化逐渐将其纳入到自己的体系和框架之内，使之逐渐同化，发生遗传变异，适应本土的文化大气候。其次，外来文化之所以能在中国生根发芽结实，是因为中国社会产生了某种文化需求，如果没有这种文化需求，外来文化只不过是在中国文化大门槛外一位匆匆过客而已。再者，中国本土文化亦曾跨过别国文化，即曾给世界和东亚地区的文明与进步，带去过积极而重大的影响。这个历史过程，既可以说是跨文化现象，也可以说是不同文化的融合与交流。不过，在东北亚和东南亚一些国家的历史记载中，中国文化对他们国家的文化浸淫，恐怕更多意味的还是跨文化的强势介入。当然，这些国家也坦率地承认，中国文化的确比他们国家的文化要优越得多。最后，中国文化的活力需要外来文化的刺激。古代佛教文化、近代西方文化都对中国文化的丰富和发展起到了不可低估的作用，都为中国文化增添了新鲜血液。没有外来文化的刺激，中国文化的脉搏就不会像今天这样跳动有力。

这里还需要进一步强调的是，当代中国文化遇到的问题是近代中国文化遇到的问题的继续。自 1840 年鸦片战争以来，中国一直处于社会大变动时期。在中国历史上，曾经有过三次社会大变动时期，第一次发生在春秋战国时代，大约经历了 550 年的时间后，中国文化以一种全新的面貌记录在历史的篇章中；第二次发生在魏晋南北朝时代，大约经历了 350 年的时间，中国文化在历史的磨难中显示出更加丰满的体态；第三次发生在 1840 年以后，一直延续至今，虽然已耗去 160 多年的时间，但这个社会大变动似乎尚未了结，有人估算：恐怕还得花费 50 年左右的时间才能完成。

社会大变动是一个国家的政治、经济、文化、社会等诸方面制度的脱胎换骨。1949 年以前的中国，革命是时代的主题，政治、军事斗争压倒了经济和文化建设。1949年以后的中国，由于民族的生态环境从根本上获得了改变，故中华民族启动了社会大变动历史进程的第二步，即现代化建设和改革开放成为时代的主旋律，经济建设和文化建设不可避免地衍变为这一时代的主角。虽然为变更一个历史选择的政治制度，我们这个民族曾经付出了时间上、精力上、肉体上的巨大而惨烈的代价，然而，与过去的变动相比，我们当下所处的变动，无论在广度和深度上都要复杂得多、深刻得多、宽泛得多。也就是说，从历史的大视角看，社会大变动的第二步要比第一步走得更加艰难、更加曲折。

　　如果说过去不同国家、不同民族之间的文化交流、碰撞与融合，一定的国家或一定的民族还有相当的选择权和自主权的话，那么，在今天的全球化时代，国家和民族的文化越来越多地显示出跨与被跨的意味，其选择权和自主权的空间愈来愈小。一方面，依赖于高新传播技术，世界各国的文化交流在范围、速度、强度、种类等都达到了以往历史上未曾有过的高度和规模，另一方面，西方发达国家主要是美国凭借和倚仗科技优势所给他们带来的话语霸权，大肆推销、宣扬和传播西方主流文化及其价值观念，恶意贬损和摧残发展中国家的历史与文化，力图使发展中国家的历史与文化在全球化的过程中，不是失语就是被边缘化。

　　以美国化为主要标志的强势国家及其强势文化在全球的无度扩张，不但引起了广大发展中国家的恐慌，而且还给许多欧洲发达国家带来了不安，甚至连一些美国学者也忍不住问道：莫非文化产业也要麦当劳化？面对强势文化与弱势文化的争论，我曾亲耳听到一位法国学者愤愤不平地说：虽说法国也是强势国家，但在美国文化面前，法国文化依然是弱势文化。此言不虚，因为据我所知，欧洲电影市场的 75% 以上是被好莱坞电影控制的，欧洲电影票房收入的 75% 以上也是被美国制片商拿走的。连欧洲都无可奈何，其他地区还有抗衡的实力吗？意识是现实的反映，现实又催生了问题的研究。虽然跨文化研究在国际文化论坛上已成为注目的热点，但在中国还处于升温阶段。自 20 世纪 90 年代中期以后，西方关于研究跨文化问题的论著越来越多地进入中国。如何认识、理解和把握西方的跨文化理论，便成为中国学者热切关注的焦点。正是在这适当之机，姜飞同志以他的学术敏锐，推出了他的博士论文《跨文化传播的后殖民语境》。作者从时间、空间、主体、话语等四个视角切入，眼光独到，情意澎湃，比较全面、系统、深入地梳理了西方的后殖民主义批评理论，主要内容还是介绍性质的，但其中也不乏作者的妙论和精识。

我认为，研究跨文化理论的最终目的在于，我们应当如何应对全球文化领域的严峻局面。就是说，在"谁在对谁行为"的命题下，还需进一步深入研究"谁在应对谁的行为"，从中国来说，面临的挑战更加紧迫。譬如，中国的经济实力已位居全球第六位，但仍未得到西方七国集团的认可，这就表明西方七国集团对中国的挤兑不会放松。对西方七国集团来说，中国的崛起在经济上的意义还是次要的，而在政治上和文化上的意义才是主要的。因为中国崛起的事实证明，社会主义也是能够给一个国家和民族带来繁荣和富强的，中国民族的文化价值观念也是具有独特魅力的；中国模式和中国道路也给广大发展中国家树立了榜样和典范。而西方七国集团都是资本主义模式，且文化价值观念基本相同，数百年熏染出来的傲慢与偏见使他们不能容忍和不愿承认另一种价值体系产生的中国模式和中国道路，否则，他们的价值体系便不能具有至高无上的唯一性，虽然我相信西方七国集团的智者们最终会接受中国模式的事实，尽管他们不情愿或者多少有些不情愿，但是，我也断定：如同加入世界贸易组织以后一样，中国在文化观念和意识形态方面依然会遭西方的"侵略"，其攻势的猛烈程度可能还会超过以往。文化跨越也罢，文明冲突也罢，实质上都反映出西方文化战略思想的一种进取态势。又如，在今天世界的语境下，中国文化如何坚持马克思主义为指导是又一重大课题。马克思主义是中国在革命时期向西方寻求的作为先进文化的舶来品，马克思主义的普遍真理同中国革命实践的成功结合，使中国面貌发生了巨大变化。然而，在当前中国利益多元、文化多元、社会多元的情况下，怎样继续把普遍真理与执政实践进行成功结合，使全面建设小康社会的目标如期实现，这不能不说是一个伟大而艰难的历史抉择。将发展先进文化作为政党的性质，这是中国共产党的发明与创新，世界上还没有任何政党这样说过和做过。这种新认识说明，中国共产党将依赖马克思主义的开放性品质，不断借鉴和吸收世界上一切人类文明的优秀成果；中华民族有能力、有信心消化、融合一切他国文化中的积极因素，以滋养、丰富和发展中华民族的自身文化。

再如，能否把握文化的话语权，是一个国家丰富和发展民族文化的根本。西方国家的强势文化是以强大的物质基础和技术力量为依靠的，而发展中国家的文化之所以被跨骑，也是由于缺乏物质和技术的优势。发展中国家不是没有声音，但他们没有能力散布他们的声音。因为强势国家在很多情况下是有意封堵他们的声音。实际上。文化霸权在很大程度上表现为信息霸权。面对以美国为首的西方国家的信息霸权，广大发展中国家的弱势文化是难以有所作为的。虽然中国是最大的发展中国家，中国的综合国力在不断增长，但是，中国文化能否突破强势文化的重围而展示自身特点，这既要看中华民族的抗争能力，还要看苍天是否赐予我们特别的好运。

前些年，美国著名学者亨廷顿写过一本《文明的冲突》的专著，一时轰动世界。亨廷顿看到了世界上几大文化可能发生的冲突，同时也对未来世界的文化前景进行了探索。事实上，自二战以后，一些国际著名学者已经注意到，科学技术的推进使世界变得越来越小，而不同文化的交流规模与频率却变得越来越大、越来越多。文化谁跨谁的问题，最终是谁的文化占主导地位的问题。那么，谁的文化更有优势和前景，东方还是西方？英国历史学家汤因比看好中国，他曾根据中国有 2000 多年的统一历史，认为中国最有可能、最有资格为未来世界的大一统提供文化上的智力支持和理论背景。他写道："如果共产党中国能够在社会和经济的战略选择方面开辟出一条新路，那么它也会证明自己有能力给全世界提供中国和世界都需要的礼物。这个礼物应该是现代西方的活力和传统中国的稳定二者恰当的结合体。"① 然而，世界的统一，并不意味着文化差异的消灭，所以汤因比认为："人类需要团结一致，但是，在统一的大前提下，人类也应该允许一些差异，这样人类的文化将会更加丰富多彩。"② 我倒是比较认可这个看法。

---

① 汤因比：《历史研究》，上海人民出版社 2000 年 9 月版，第 394 页。
② 汤因比：《历史研究》，上海人民出版社 2000 年 9 月版，第 395 页。

二、新闻史研究

XINWENSHI YANJIU

古代中国社会的传播现象[*]

——先秦至唐宋

报纸诞生于中国，产生于上古不可记忆之时代。

——伏尔泰

我们中华民族有着五千年的悠久历史。在我们的祖先为古代文明作出的杰出贡献即四大发明中，其中有两项与古代的传播活动有着密不可分的联系，这就是造纸和印刷术。根据史料记载和专家研究的认定，在我国的唐宋时代，就出现了世界上最早的报纸。

本文拟从宏观的角度，综合地考察传播在古代中国社会的历史进程。

一、中国上古社会的传播现象

从人类学的观点看，传播是一种本能，它是人类优于

---

* 原载《走向未来》第3卷第2期。

其他物种的突出之处。人类最早关注的问题之一就是如何使发出的信息效果更为良好，方式更为多样，理解更为容易，同时还要不断地提高自身摄取和辨认这些信息的能力。实际上，在整个历史进程中，人类一直在设法改进其对于周围事物的消息情报的接受能力和吸收能力，同时又设法提高本身传播消息情报的速度和清晰度，并使手段和方法不断创新和多样化。

传播的最根本的特征就是思想和信息的交流，而这种交流又必须依赖于语言和文字。人类早期传播活动的两次飞跃，就是语言的诞生和文字的出现。

远古时期，人类群居而立。出于生存和帮助的需要，人们之间便发明了传递信息的语言。尽管最初的语言，其地域性和部落性都非常强烈，并且语言本身也非常简单，只是一些含混不清的声音和令人难解的手势，但在文字出现以前，语言毕竟是唯一的交流信息工具。人们对自然界的认识和生活经验的积累，就是靠着这些带有韵味和音节的语言代代相传下去的。必须指出，自从有了语言，人们的传播活动，无论在范围上还是在深度上，都表现出了极大的潜力，它可以使思想和信息的交流表达得既详尽又准确。然而人脑的记忆容量毕竟有限，而且也容易失真，聪明的人类便开始借助于一些物质材料来帮助记忆和保存有价值的语言。我们的祖先在上古社会首先想到了用绳结来代替语言，如庄子在《胠箧篇》中说："昔者容成氏、大庭氏、伯皇氏、中央氏、栗陆氏、骊畜氏、轩辕氏、赫胥氏、尊卢氏、祝融氏、伏羲氏、神农氏，当是时也，民结绳而用之。"《周易·系辞》上也说："上古结绳而治，后世圣人易之以书契，百官以治，万民以察。"汉代大学者郑玄在《周易注》里进一步解释道："古者无文字，结绳为约。事大，大结其绳；事小，小结其绳。"当然，绳结文字肯定不是真正的文字，但是绳结文字肯定又是文字出现以前的必然的过渡之物。没有它的过渡，声音符号转化为图形符号，几乎是不可想象的。

根据史书记载，中国文字的发明应归功于一个叫仓颉的人。大学者许慎在《说文解字·序》中说："古者庖牺氏之王天下也，仰则观象于天，俯则观法于地；观鸟兽之文，与地之宜；近取诸身，远取诸物；于是始作《易》八卦，以垂宪象。及神农氏，结绳为治，而统其事。庶业其繁，饰伪萌生，黄帝之史仓颉，见鸟兽蹄远之迹，知分理之可相别异也，初造书契。"上古人民把仓颉造字看成是惊天动地的伟业，《淮南子·本经训》说："昔者仓颉作书，而天雨粟，鬼夜哭。"仓颉本人也成为神话般的仙者，《春秋·元命》说："仓颉四目，是谓并明。"

中国最早的文字是甲骨文。甲骨文在中国文化史上具有无与伦比的崇高地位，然而，作为一种传播工具，甲骨似乎不是一种理想的材料。当时地处北方的殷代，龟甲产自南方，牛胛贡自属国，均为不易多得之物，而且甲骨表面不平，刻契庋藏皆所不便。我们的祖先选中甲骨，也许是看上它的质地坚硬，便于保存，自然地其中也含有一定的迷信成分。据专家们考证，商代晚期的甲骨文已有单字近 5000 个，它既昭示了当时文化的繁荣，表明了传播活动的兴盛。

　　文字的产生和应用，是传播史上划时代的大事。它使漫天飞舞的思想信息有了可供表演的现实场地和具体空间，人们的传播活动从此有牢靠而坚实的承担者和跨越时间的传递者，从而大大提高了传播功能。只有当语言和文字一道在历史的空间和时间的领域中迈步向前时，传播活动才真正具有社会意义。当然，作为精神产品的文字，它本身缺乏一种达于天下的物质力量。要解决这个难题，唯有借助于交通和驿传。人类的真正历史，是有文字往来的历史。

　　跟随在甲骨文之后的是仅有 300 余年生存史的钟鼎文。钟鼎文亦称金文，盛用在西周王朝的青铜铸器上。青铜器更不是理想的书写工具，但它比甲骨更加坚硬，更能保存长远。在钟鼎文时期，单字比甲骨文时期的字数增加。例如，甲骨时期，"宀"部的字只有家、宅、室、宣、向、安、宝、宿、寝、客、寓、宗等 12 字，金文却有家、宅、室、宣、向、寏、宏、康、寙、定、安、宴、富、实、宝、官、宰、守、庞、宥、宜、宵、宿、宆、寡、客、寓、寒、寽、宕、宄、宋、宗等数十个字。① 以文字结构的发展方向看，甲骨文已超过象形描绘的表现阶段，正值合类比谊的会意阶段，而刚跨入附加音符的形声阶段。金文继承了甲骨文的文字结构的表现手法，但只侧重形声一途，因而金文中形声字大大超过甲骨文。至于联

----

　　① 　容庚：《金文编》。

字成句，联句成章，积章成篇，更是甲骨文所望尘莫及。这些都表明了金文时期的传播活动又有了进一步的深化。

专家们认为，在殷商时代，从事文字工作的，仅仅只有 120 人，而且几乎全部集中在商都。造成这种情况的重要原因，是甲骨和钟鼎这两种材料严重地限制了思维和信息的交流和传播。为了突破这些障碍，人们必须在传播材料上另寻出路。

二、观念的自由市场:春秋战国

春秋战国时代，诸侯蜂起，战乱不已，五霸列位，七国争雄，在这个急剧变化的时代，传播活动呈现出空前繁荣的景象。

当时的思想家和政治家们依据各自的立场，著书立说，昌言高放，激越是非，纵论天下大事，形成诸子蜂出的生动活泼局面。他们之间既相互探讨，相互辩驳，广泛地进行信息交流，促进社会变革和文化学术的发展，又形成百家争鸣的观念自由市场的热闹场面。这和当时良好的"生态环境"是分不开的。

在学人们纵谈阔论的同时，励精图治的各国君主和智士阶层都非常重视民意向背和舆论指向。孟子曾大声疾呼道："天视自我民视，天听自我民听。"这恐怕也是当时的时代呼声。《左传·襄公三十一年》有一篇叫《子产不毁乡校》的文章，很有代表性地反映了当时统治阶级开明人士对公众舆论的态度，所谓乡校，就是乡间的公共场所，供人们聚会议政和交流信息之用。有的官员对此视若大敌，主张毁掉；而另一些比较开明的官员则主张保留，认为人心的向背程度是制定政策的依据；还认为，对于人们的舆论与其堵塞，还不如疏通，因势利导，于国于民有利。这个思想，直到今天，还闪烁着它的光芒。

　　君主和诸侯们也通过各种渠道和办法，把握民意，了解舆论。据说早在尧舜时代，就设置了供人们议政论事的"进善之旌，诽谤之木"。谤木"以横木交柱头，状若花也，形若桔槔，大路交衢悉施焉。或谓之表木以表王者纳谏也"。当时的"诽谤"一词，意即指责缺失，议论是非。所有的交通要道都立有谤木，所有的人都可以在谤木上刻写，表达自己的意见。这种收集民情的方式，在春秋战国时代得到进一步发展。《汉书·食货志》上说："春秋之月，群居者将散。行人振木铎循于路以采诗，献之大师，比其音律，以闻于天子。"木铎和谤木的性质是一样的。当时人们表达政治主张和不满情绪，常常是通过诗歌来抒发，时称"诗言志，歌咏言"。周天子派出的"行人"，又称"辀轩使"，就是每年到各诸侯国巡视一次，了解政治臧否，征集歌诗民谣，以观政绩。各国君主和政府自己也都设有"采诗之官"，专门研究和注视舆论动态，以此"观风俗，知得失，自考正"①。正像《诗·关雎》小序上说的："治世之音安以乐，其政和；乱世之音怨以怒，其政乖；亡国之音哀以思，其民困。"正因为如

---

① 《汉书·艺文志》。

此，宋代名相王安石就把《诗经》认为是"断烂朝报"，
意即零零碎碎的报纸。后人在研究《诗经》时，只是注
意到它的文学意义，而忽略了它在新闻学和传播学上的价
值。从某种意义上说，周朝的辒轩使是历史上最早的正式
从事新闻采访的人。

　　春秋战国，百家争鸣，其中最著名的有十大流派，即
儒家者流、道家者流、阴阳家者流、法家者流、名家者
流、墨家者流、纵横家者流、杂家者流、农家者流、小说
家者流。自汉代以来的学者们都看不起"小说家者流"，
认为这个流派"自无主张，实不得名为一家"。《汉书·
艺文志》在解释这个流派的特点时，说："小说家者流，
盖出于稗官。街谈巷语，道听涂说者之所造也。孔子曰：
'虽小道，必有可观者焉，致远恐泥，是以君子弗为也。'
然亦弗灭也。闾里小知者之所及，亦使缀而不忘。如或一
言可采，此亦刍荛狂夫之议也。"据《汉书·艺文志》介
绍，当时十大流派共出书 4324 篇，其中"小说家者流"
就有 1380 篇，占 1/4 强。遗憾的是，"小说家者流"的著
作，一本也未流传下来，但从这个统计数字上可以想象那
时的"街谈巷语"的传播活动，是何等地蓬勃！

　　显然先秦时期舆论思想的形成和成熟绝不是偶然的，
而是当时政治、经济和社会生活发展的必然结果。在政治
上，诸侯争衡，天下汹汹，当时的 140 多个国家为了各自
的利益，进行着频繁的兼并战争。据著名史学家范文澜统
计，在长达 242 年的春秋史中，列国间的军事行动凡 483
次，朝聘盟会凡 450 次，共 933 次。其中的大国，如楚国

先后吞并了 45 个国家，齐国吞并了 10 个国家，秦国灭 12 个国家，晋国灭 20 余国；较少的鲁吞 9 国，宋吞 6 国，等等。到战国时，只剩下秦、楚、齐、韩、魏、燕、赵等七雄和周、宋、卫、中山、鲁等几个小国了。由于各国君主们忙于军事和外交，并且从征服民心和顺从民意的立场出发，他们对思想、学术、言论基本上采取撒手不管、放任自流的态度。有时他们还鼓励这种倾向，以显示自己的开明，增强政权的向心力，加上社会上当时还没有出现定于一尊的精神统治，正如《汉书·艺文志》上所说："时君世主，好恶殊方，是以九家之术，蜂出并作，各引一端，崇其所善。"这种政治上多元化的格局，就产生了春秋战国时代言论自由、思想自由、学术自由、舆论高涨的繁荣景象。

在经济上，商业的发展，城市的兴起和规模扩大，商品交换的频繁等，也增加了人们的交换机会，提供了传播活动的优良空间。商业的发展主要表现在商品种类的增多和来源的广泛。《荀子》曾说中原城市的市场上，出现了北方的走马、吠犬，南方的羽翮、齿革、丹干，东方的织物和鱼盐，西方的皮革、文旄等。当时秦国王宫内的随和宝、明月珠、太阿剑、纤离马、翠凤旗、灵色鼓、夜光璧、犀象器，以及江南金锡、西蜀丹青等物，都是来自函谷关外的异国他邦。各国市场上流通着大量的金属货币。甚至有的地方还出现了垄断市场的大商人，如孟子所说：

"有贱丈夫焉，必求垄断而登之，以左右望，而网市利。"① 商业的中心，往往又是城市的中心。春秋时期，"城虽大，无过三百丈者；人虽众，无过三千家者。"而在战国时代，"千丈之城、万家之邑相望"，"三里之城、十里之郭"已成普遍，有人估计当时社会总人口已达2000余万。以经济生活最为发达的齐国为例，国都临淄东西约广3公里，南北长4公里；城中有人家7万户，单是青壮年男子就有21万。前人曾形象地赞叹道："临淄甚富而实，其民无不吹竽鼓瑟，弹琴击筑，斗鸡走狗，亦博蹋鞠者。临淄之途，车毂击，人肩摩，连衽成帷，举袂成幕，挥汗成雨，家殷人足，志高气扬。"② 楚国的首都郢城也差不多，"车毂击，民肩摩，市路相排突，号为朝衣鲜而暮衣弊"。③ 在这样繁华的城市里，在这样密集的人口中，人们之间必然产生对信息传播的强烈需求。那些来自街谈巷语的小道消息和"细碎之言"，不正是生于斯、长于斯、传于斯吗？

在春秋战国时代，传播媒介的主要承担者是简策。简策出现很早，《尚书·多士》中说："惟殷先人，有册有典。"在甲骨文和青铜器铭文上都有"册"字，说明至迟在公元前1300年前就已经出现了简策。但简策的盛行，却是在春秋战国时代；它的衰落，则是在两汉。《说文解字》竹部释道："简，牒也。"虫部释道："牒，札也。"

---

① 《孟子·公孙丑》下篇。
② 《史记·苏秦列传》。
③ 《太平御览》卷776。

"牍，出版也。"《段氏说文注》云："简，竹为之；牍，木为之；牒，札其通语也"；又说："牒之言枼也，叶也。"一根竹片叫"简"，把许多根简编连到一起，就叫"策"（策，通册）；一块木版叫"版"，写了字后叫"牍"；故史称"简策"或"简牍"。

对于简的制作工艺，古书上有详尽的记载。汉代学者王充在《论衡·量知篇》中写道："竹生于山，木长于林，截竹为简，破以为牒，加笔墨之迹，乃成文字"；"断木为椠，折之为版，力加刮削，乃成奏牍"。汉代目录学家刘向在《别录》中说："新竹有斗，善朽蠹，凡作简者，皆于火上炙干之。……以火炙简令汗去其青，而书复不蠹，谓之杀青，亦曰汗简。"据近代大学者王国维先生考证，春秋战国时期的简，最长2尺4寸，其次1尺2寸，又次8寸；两汉时期的简，最长2尺，其次1尺5寸，又次1尺，最短的5寸。长简写经典，短简写传记、杂书。每简只书一行字，简上的字数不等，多则25—30字，少则七八字。《礼记》上说："百名以上书于策，百名以下书于版。"可见竹简和版牍各有用途。

可以肯定地说，我们的祖先是经过反复的比较和艰难的选择之后，才确定竹简为传播材料的，并且为了使竹简能够保存久远，在工艺上进行了一系列的革命。其困难的程度，不是今人可以想象到的。总之，简策的出现，在传播媒介史上是一次重大的革命。它第一次把文字从社会最上层的小圈子里解放出来，以浩大的声势，向更宽广的社会大步前进。先秦时期的名家名流的著述之多，篇幅之长，远远超过甲骨和钟鼎时期，如屈原诗歌作品总计5000 字左右；《老子》史称 5000 言；孔子《论语》约1600 余字；《孟子》7 篇约 3600 余字；《孙子兵法》6000言；韩非作《孤愤》、《五蠹》、《说难》等篇，史称 10 万言；而墨子、庄子、荀子等人的著作字数，亦都在孟、韩之间，《春秋》约 4.8 万余字，《公羊》、《穀梁》约 4.5万余字，《左传》高达 20 万言，巍巍乎为先秦文化发展之大观！假若没有传播媒介的材料变革，就绝不可能留下如此丰富的硕果。

当今的史学家和文学家们都承认，先秦时期的文人们的著述，其用词之准确，文字之凝炼，结构之严谨，容量之丰富，达到了炉火纯青的地步，为后人们所不能望其项背，如孔夫子的《论语》，差不多全是语录集成，可谓字字珠玑。这种情况的出现，与其说是先贤的智商超群，还不如说是他们表达思想的渴望受到传播材料的限制。因为简策也并不是随心所欲的书写工具，它的制作和刻写也是相当麻烦的，所以当时的人们在写作上格外慎重，不肯轻易落笔。另外，先秦时期的学术交流固然很多，但沉重的简策给人带来很大的不便。据说，著名学者惠施出外讲学，要带书 5 车；墨子出外，要带书 3 车；秦始皇治理朝政时，每天披阅竹简公文达 120 斤；汉代名士东方朔写了一篇文章送呈汉武帝，竟用了 3000 根竹简，后由两名壮汉吃力地将文章抬上宫殿。可见，尽管当时舆论思想已经相当成熟和发达，但传播媒介还是跟不上精神领域的需要。

三、萌芽在缓慢生长:从秦汉到魏晋

在从秦汉到魏晋南北朝的历史时期中，我们的祖先曾经为古代社会的传播活动作出了许多杰出的贡献。传播活动不但日趋成熟和发达，而且在技巧上更加细腻，方法上更加多样。譬如，秦汉时期，人们发明了用露布的方法，来公布和传播军事胜利的消息；在前人的基础上，通过修建一连串的烽火台，绵延上千里，以此来迅速地传递敌情动向。又如，魏晋时期，人们已经学会了组织和调动社会舆论，以此来打击和摧毁敌方的意志。总之，在这一漫长的历史时期内，古代中国的传播活动既有精彩的细节，更有辉煌的篇章。在这里，我们将着重讲述后者。

秦始皇无疑是中国历史上最有争议的人物之一。但是，我们认为，从传播史的角度看，秦始皇当是大歌大颂的人物。他的贡献在于：首先，他实行了"书同文"。许慎在谈到战国时期的汉字时，说：当时"田畴异亩，车涂异轨，律令异法，衣冠异制，言语异声，文字异形"。①汉字异体字太多，不统一，不规范，因而严重地妨碍了传播和交流。周宣王时（公元前9世纪），人们曾作过一次努力，进行文字整理，产生了"籀书"，也叫"大篆"，或称"古文"，但效果并不令人满意。秦始皇统一六国后，采取断然措施，重新进行文字大整理，罢其不与秦文

---

① 许慎：《说文解字》，中华书局1963年12月版，第315页。

合者，遂产生了以秦国字体为标准的"小篆"，又称"秦篆"。不仅如此，秦始皇还大力推行文字简化改革，于是出现了笔画简省，书写方便，改圆为方的"隶书"字体。正如许慎所说："是时秦烧灭经书，涤除旧典，大发隶卒兴役，戍官狱职务繁，初有隶书，以趣约易，而故由此绝矣"[①]。《汉书·艺文志》也说："是时始造隶书，苟趋省易，施之于徒隶也。"卫恒在《四体书势》中也说："秦既用篆，奏事繁多，篆字难成，即令隶人佐书，曰隶字。汉因用之，独符玺、幡信、题署用篆。"1975年在湖北云梦地区出土的秦简，就全是隶书字体。现代许多语言学家指出：隶书字体的出现，是汉文字的一大改革，它为民族统一语的文字的形成，作出了开拓性的贡献。其次，秦始皇实行了"车同轨"，在全国范围内，大修国道。《史记·蒙恬列传》上道："始皇欲游天下，道九原，直抵甘泉，乃使蒙恬通道。"《汉书·贾山传》也道："秦为驰道于天下，东穷燕齐，南极吴楚，江湖之上，滨海之观毕至。道广五十步，三丈而树，厚筑其外，隐以金椎，树以青松。"在秦汉时代的大道上，史称："驿传罗布，车马杂沓，货物转输，络绎相属。"[②] 此外，秦始皇还在总结前人的经验教训的基础上，建立了一套完备的邮传制度，因而提高了信息传播的速度和覆盖面。这对以后各个朝代的邮传制度，产生了不可估量的影响，万变不离"秦"宗。

---

① 许慎：《说文解字》，中华书局1963年12月版，第315页。
② 翦伯赞主编：《中国史纲要》（上册），人民出版社2005年1月版，第112页。

　　汉代最杰出、最伟大的贡献，就是纸的发明和应用。不过，需要指出的是，在由竹简到纸的演化进程中，其间还有一个转化环节，这就是帛书。帛是丝织品，结实耐用，携带方便，人们很容易想到把它用来写字。春秋时期，齐景公对晏子说："昔吾先君桓公，予管仲狐与谷，其县七十，著之于帛，申之以策，通之诸侯。"① 战国时代，帛书似乎比较普遍，《墨子》上说："书之竹帛，镂之金石，琢之盘盂"；《韩非子》也说："先王治理于竹帛。"陈胜、吴广起义时，曾将书有"陈胜王"三个字的帛书塞进鱼腹，可见帛书当时被认为是贵重物品，一般用于郑重场合。从实际情况看，竹简的应用范围仍比帛书广泛，因为竹简贱，制作比丝帛容易。

　　现代考古学多次拿出实物证明：至少在公元前 2 世纪，纸就已经出现了。1957 年在西安灞桥，发现了西汉武帝时代的古纸；1933 年在新疆罗布泊、1978 年在陕西扶风均发现了西汉武帝时代的古纸。班固在《汉书》上还记有公元前 12 年宫中有人用纸包裹毒药之事；《后汉书》也有类似记载，如公元 76 年汉章帝命贾逵给学生讲《春秋》、《左传》，赐给他"简、纸、经传各一通"；公元 102 年和帝立邓皇后为后，命令禁绝万国贡献珍丽之物，只要求"岁时但贡纸墨而已"。现行通行的结论是"纸的发明在公元 105 年"，其根据为《后汉书·蔡伦传》所记，其曰："自古书契多编以竹简，其用缣帛者谓之为

————————————

　　① 《晏子春秋·处篇》。

纸，缣贵而简重，并不便于人。伦乃造意，用树肤，麻头及敝布、鱼网以为纸。兴平元年（公元 105 年）奏上之，帝善其能，自是莫不从用焉，故天下咸称'蔡侯纸'。"不管这样说那样说，事实是：纸的发明，对传播工具史和人类文明史来说，都是惊天动地的大事，人类的传播活动从此进入了一个新的阶段。

我国有的学者认为，中国最早的报纸——邸报开始于汉代，[①] 其理由是：西汉初兴，汉高祖刘邦实行封建制，大封诸侯国。为了加强中央政府同各诸侯国的联系，中央政府允许各诸侯国在京城设"邸"即驻京办事处，这样邸就自然地成为各诸侯国刺探中央政府的情况和动态的情报机构，驻京邸吏将这些情报寄回诸侯国，就是"邸报"。吴王刘濞造反之前，十分清楚汉景帝的动态和策略，恐怕这与他派遣的驻京邸吏发回的邸报有关。后来的汉朝统治者接受教训，采取强干弱枝政策，大大削弱了各诸侯国的地位和权势，这样邸的性质就发生了变化，它再也不是情报机关，因而邸报也就很快消失了，因为它赖以生存的土壤不见了。

但这并不影响西汉的传播活动的进一步发展。在汉代，人们已具备了对消息和信息的轻重缓急的处理能力，对消息的内容和类别有了最初的区别认识。譬如，汉代的消息传递分好几个等级，凡注明"以邮行"、"以亭行"的，即是普通文书；注明"吏马驰行"的，即是紧急文

---

① 戈公振：《中国报学史》，三联书店 1986 年 1 月版，第 24 页。

书，由专人快马传递；注明"以次传行"的，即是传阅文书，按规定次序和时间传递，不许有误。1972年，在甘肃嘉峪关出土的一块魏晋时期的墓砖上，发现上面刻着一幅画，画的是一个驿使，骑在一匹飞奔的红鬃马上，一手持缰绳，一手举文书，急行传递。它生动地说明当时的人们对信息和传播活动的强烈渴求！

在两汉时代，社会信息量以惊人的速度向前推进。例如，有关人们衣食住的单字，甲骨文时只有15个，钟鼎文时发展到71个，而到两汉时增加到297个，比当初翻了近20倍，这足以说明随着人们的交流增多，接触面扩大，人们认识事物就更加细致和精确。产生于西汉的许慎的名著《说文解字》一书，共收单字9300多个。

尽管比起简策来，纸张具有不可比拟的优越性，但是纸在发明之后的相当长的一段时间内，它们仍然是皇宫的珍贵品，简策仍然是社会上主要的书写材料。据说，魏晋初期曾出现过简、帛、纸同时并存的现象，直到西晋时期，纸张依旧是豪贵之家的专用品。当时有的官员做官10年，不书官纸，以示为官之清白；有的人以小纸为书，别人以之骄奢。东晋大书法家王羲之练字时，就不敢用纸张，而是用木版或布帛，《晋书·王羲之传》说他先在白色的布帛上练字，用完后将布帛染黑，再制作成衣服。有人曾以西晋的人们争相传抄诗人左思的《三都赋》而一时为之纸贵，以此来证明左思的文章写得如何漂亮，其实这完全是误解，因为当时的纸张本来就贵，一般平民根本用不起。

　　纸张从豪贵之家步入平民之室，是经过造纸工艺的变革才换来的。晋室东迁以后，一批有技术的工匠随之而来到长江流域的江南。他们发现这里的气候湿润温暖，各类植物蓬勃生长，他们便开动脑筋，将造纸的原料范围，从两汉时代的麻类植物纤维，扩大到藤、竹以及麦秆等草类植物纤维。这样一来，不但纸张的生产有了取之不尽、用之不竭的原料，而且在纸张生产的产量、质量和品种上都有了很大的提高和改进。东晋时的纸张种类，就有了竹纸、麻纸、藤纸、草纸、黄麻纸等不同品种。由于纸张原料的丰富和造纸技术的改革，因而加速了纸张取代简和帛的地位，而使自己成为独一无二的书写材料的过程。公元403 年，从东晋王朝手里篡夺政权的桓玄下令废简用纸，最终结束了简的数百年历史，纸张欣欣然、昂昂然地登上了传播材料的舞台，大显其在传播活动中的身手不凡。

　　在两汉、魏晋时期，印刷工业开始了它的最初起步。尤其值得一提的是汉灵帝熹平四年（公元 175 年）所刻的石经。汉代崇儒，当时官方为避免传误和垂世久远，便把儒家经典著作《易》、《书》、《诗》、《仪礼》、《春秋》、《公羊传》、《论语》等全文刻在一块整石上，历时 9 年告成，然后立于洛阳鸿都门的国学所在地，供太学生们和儒士们学习。史称"乃碑始立，其观视及摹写者，车乘日千余辆，填塞街道"。[1] 久而久之，人们便悟出了一种巧妙的办法，来代替恼人而又不便抄写，这就是有名的捶

---

[1] 《后汉书·蔡邕传》。

拓。其过程是：在石经碑面铺上洇湿的纸，轻轻将纸捶打在石面，使之附着紧贴，然后在纸上刷墨。由于石经上的字是凹入的，所以有文字的部分不会着墨。完后即可将纸揭下来，纸上黑白分明，十分清晰。这种省事简便的办法，减轻了人们的抄写负担，提高了传播的速度和效率。在雕版印刷术和活字印刷术尚未发明之前，这可以说是再好不过的办法了。

魏晋时期，佛教大兴，雕刻艺术盛行，并渗透于人们的日常生活之中。据晋人葛洪在《抱朴子·内篇》里记述："古之人入山者，皆佩黄神越章之印，其字一百二十。以封泥著所往之四方数百步，则虎狼不敢近其内也。"撇开其中的迷信内容不论，那刻有120字的石头印章，便是其有力的佐证。实际上，当时的雕刻艺术已经发展到了这样的地步：雕刻材料必须冲破石头的束缚，以一种更为轻便的材料来代替，否则传播活动的质量将永远停留在石经捶拓的层次上。雕版印刷术，正处于呼之欲出的阶段，正如当代学者邓之诚先生指出的那样：雕版印刷，盖由刻碑变化而来。[①]

四、跃上新高度：唐宋时代

唐宋时代，在中国古代史上是一个极其灿烂、极其辉煌的时代。在这一时代，古代中国的政治、经济、文化、

---

① 邓之诚：《中华二千年史》卷3。

科技、教育、学术等活动都达到了全盛的顶峰，怪不得当代有的中外学者指出：唐宋时期的中国，处于亚近代化社会的水平。毫无疑问，古代中国社会的传播活动在整个华夏文明走向成熟和发达的过程中，也成熟和发达了传播活动自己。其中，最根本、最显著的标志就是：报纸诞生了。这有力地说明，古代传播活动已经跃上了一个新的高度。

唐太宗李世民统摄天下后，深知江山得之难，而民心得之更难，他郑重地对儿子们说：王朝政府好比舟，人民好比水，"水可载舟，亦可覆舟"。故而唐贞观八年（公元644年），唐太宗分遣萧瑀等人"巡省天下，观风俗之得失"。宋太祖赵匡胤夺取政权后，深感上情下达与下情上达的重要性，便设立了全国性的新闻传播中心——都进奏院，史称："国朝置都进奏院，总天下之邮递，隶门下后省，凡朝廷政事施设、号令、赏罚、书诏、章表、辞见、朝谢、差除、注拟等，今播告四方，会通知者，皆有令格条目，见合报事件誊报。"[①] 都进奏院的建立，不但畅通了中央政府与地方政府、皇帝与平民之间的通报和对话渠道，而且还为宋代报纸的出现创造了一个重要的必不可少的前提。

商业的繁盛、经济的高度发展、城市的规模扩大，这些都与传播活动的强度、力度、深度、信息覆盖面等紧紧地联在一起。唐代的重要商业与文化的城市有长安、洛

---

① 《宋会要辑稿》之51。

阳、扬州、益州、广州、荆州、相州、幽州、汴州、宋州、凉州等，其中最大的是长安和洛阳。长安城规模宏大，建制严密，布局对称，城东西长 9550 米，南北长 8470 米，周围 70 里，城内列置着 108 坊，由 11 条南北大街和 14 条东西大街分割而成，城内居住着近百万人口，占当时全国人口总数的 1/50 左右，也是当时世界上最大的城市。《长安志》上说，长安东市有"220 行，四面立邸，四方珍奇，皆所积集"；商业区内甚至还出现了出售专门性商品的店肆。不过，唐代的长安城内，坊巷只是住宅区，黄昏后坊门紧闭，禁止夜行，商店都集中在市里，所有的交易只能在市里进行，而且只能享受白天的阳光。而在宋代的城市，就突破了坊与市的界限，不但街巷随处可见商铺邸店、酒楼饭馆，而且热闹的夜市也出现了，打破了夜间不得交易的传统习惯。宋代著名画家张择端的不朽名画《清明上河图》，生动而细致地再现了北宋都城汴京的社会生活。那熙攘的人群，林立的商店；那热闹的交流，众多的广告，令人想见宋代的社会生活是何等的纷纭，它的信息传播活动又是何等的兴旺。据粗略统计，宋代拥有 20 万人口的城市多达 6 个，南宋都城临安（今杭州）更是一座拥有 30 余万户、百余万人口的商业性消费大城市，其商业税占国家总税收的 1/7。①

　　自唐以来的科举制，又从另一个方面对古代传播活动产生了积极而有益的影响。科举制的出现，方便和加强了

---

① 《宋史·食货志》（下）。

各地文人之间在感情上、思想上、学术上、专业上的交流和传播，同时，它又极大地刺激了纸张的生产和印刷工具的进步。科举制对传播活动的刺激和影响是不可忽视的。

由于魏晋时期人们解决了纸张生产的原料问题，因而使纸张生产的产量大幅度上升，所以到了唐宋时代，纸张已不再是贵重物和奢侈品，并且纸张开始进入人们的日常生活领域，应用非常普及。唐代时，人们就用纸张糊窗户、糊灯笼、制作风筝等物，还用纸张做记账本，这表明至少在唐代时，纸张的产量已能满足人们的日常生活需要。唐代以前的纸张生产没有一定的规格，尺寸漫无限制。自唐以后，出现了"尺纸"、"寸纸"，"疋纸"、"片纸"等不同规格的纸张，反映了生产工艺上的改革和进步。在纸张品种上，也有了可喜的变化，其中至今闻名的"宣纸"，就是唐代的产物。宣纸产于安徽泾县，唐代称宣州府，故而得名，它是公认的书法和绘画的上等佳品。据《新唐书·地理志》和《通典·食货志》上记载，唐代的常州、杭州、越州、婺州、衢州、宣州、歙州、江州、池州、信州、衡州、益州、韶州、蒲州、巨鹿等地，均是全国产纸和贡纸的地方。宋代的造纸工业，较之唐代，有了更大的发展，宋王朝中央政府建立了一座规模宏大的造纸工场，内有技术工人 1200 人。据《蜀城谱》记载，当时仅成都一地就有数百户以造纸为业的人家，有的个体作坊有几十名造纸工人。生产宫廷专用的贡纸之地，唐代只有两处，而宋代扩大到 8 处，贡纸生产尚且如此，一般纸张生产的数量与质量的提高，就更不消说了。

　　从石经捶拓过渡而来的雕版印刷是唐代社会给予传播活动和人类文明的伟大贡献。雕版印刷的原理同石经捶拓一样，所不同的是将石版换成了木版。当然，在木版上雕刻比在石版上雕刻要快得多、方便得多，有利于加速传播活动的效益。有人认为，雕版印刷隋代已有。而我觉得，隋代短命，可能正在发明过程之中，真正完成这项发明并广泛应用于实际生活之中的，还是在唐代。唐代文献的记载和新近发现的唐代印刷品便是最有力的证词和证物。唐代诗人元稹于唐长庆四年（公元824年）为诗友白居易的《长庆集》作序说：“乐天《秦中吟》、《贺雨》、《讽谕》等篇，时人罕能知者。然而20年间禁省观寺，邮侯墙壁之上无不书，王公妾妇、牛童马走之口无不道。至于缮写模勒，烂卖于市井，或持之以交酒茗者，处处皆是，其甚者有至于盗窃名姓，苟求是售，杂乱间厕，无可奈何。”又说：“杨越间多作书模勒乐天及余诗，卖于市肆之中也。”① 所谓模勒，就是刊刻、印刷出版。白居易的诗作，那么多人吟唱，不能不跟作为传播媒介的出版物——书籍有很大的关系。唐朝东川节度使冯宿曾上奏道：“剑南、西川及淮南道皆以版印历日鬻于市。每岁，司天台未奏下新历，其印历已满天下。”② 唐文宗大和九年（公元835年）12月“丁丑，敕诸道府，不得私置日历版”。③ 从这些史料记载来看，当时雕印的印刷品已相当广泛；由于人

---

① 元微之：《元氏长庆集》卷51。

② 《全唐文》卷624。

③ 《旧唐书·文宗本纪》。

们掌握了这项技术，上层统治阶级要想实行文化垄断和文化封锁，已再也不可能。现在世界上最早的印刷品是于1969年在韩国发现的汉译本《无垢净光大陀罗尼经咒》，据称此物是唐武后长安四年至唐玄宗天宝十年（公元704至751年）间的印刷品。它比举世公认的最早印刷品即王玠印造的《金刚经》（公元868年）要早120年。过去有的专家根据《金刚经》的画和字的雕刻精美、刀法纯熟、墨色匀称、技术熟练、成像清晰而推断《金刚经》绝非最早的印刷品，现在证明这是完全正确的。

　　人们并不想长久地滞留在雕版印刷阶段，因为在它身上，也残存着难以忍受的弱点。传播活动的需要和科学技术的进步，呼唤着更先进的印刷工艺。这样，"活字印刷术"便在宋代应运而生了。有人对此也不以为然，说在崇尚科研的宋代，这似乎是题中应有之义。活字印刷术的发明当归功于一个普通的平民毕昇。著名的宋代科学家沈括在《梦溪笔谈》卷18中，对此作了珍贵而详尽的记录：

　　"版印书籍，唐人尚未盛之。自冯瀛王始印五经，后世典籍皆为版本。庆历（宋仁宗年号，公元1041至1048年）中，有布衣毕昇又为活版。其法用胶泥刻字，薄如钱唇，每一字为一印，火烧令坚。先设一铁板，其上以松脂腊和纸灰之类冒之。欲印，则以一铁范置铁板上，乃密布字印满铁范为一版，持就火炀之。药稍熔，则以一手版按其面，则字平如砥。若上印三、二本未为简易；若印数十百千本，则极为神速。常作二铁板，一版印刷，一版已自布字，此印者毕，则第二版已具。更互用之，瞬息可就。每一字皆有数印，如"之""也"等字，每字有20余印，以备一版内有重复者。不用则以纸贴之。每韵为一帖，木格贮之。有奇字，素无备者，旋刻之，以草火烧，瞬息可成。不以木为之者，文理有疏密，沾水则高下不平，兼与药相粘不可取，不若燔土，用讫再火，令药熔，以手拂之，其印自落，殊不沾污。昇死，其印为予群从所得，至今宝藏之。"

活字印刷术的发明，不仅加速了文化交流的发展进程和增大了社会总知识的积累量，同时也为新闻媒介的印刷报纸创造了必要的技术前提和条件。活字印刷术在世界文明史、人类思想史和社会进步史上所起到的伟大的推动作用，是难以估量的。

宋代人考虑问题很细致。他们不但发明了印刷术，而且还发明了适合印刷字型的宋体字。宋体字的特点是"横轻直重"、"笔法整齐，气味古朴"。[①] 直到现在，我们的一些新闻媒介如报纸、杂志和出版物还在使用着宋体字。

传播学认为，完备而发达的交通，是进行信息的传播与交流的重要条件。唐代帝国在前人的基础上，建立了一套举世无双的交通动脉网络。据统计，唐代全国有驿站1639处、水驿260所，水陆兼备的驿站有69所。每30里置1驿，设驿长1人，各驿站建有驿舍，配有驿马、驿

---

① 叶德辉：《书林清话》卷2。

驴、驿船和驿田。陆驿每站置马 8 至 75 匹不等；各道的一等驿有马 60 匹，二、三等驿再各减 15 匹，四等驿 18 匹，五等驿 12 匹，六等驿 8 匹。马每 3 匹由 1 人看管，每匹驿马给地 4 顷，莳以苜蓿。[①] 全国从事驿站的工作人员有 5 万人左右。唐代的驿传交通是以长安为中心向四方辐射，"东至宋、汴、西至岐州，……南诣荆、襄，北至太原、范阳，西至蜀川、凉府，皆有店肆，以供商旅，远适数千里，不持寸刃"。[②] 唐代的诗人们对当时的交通状况，深为满意。岑参唱道："一驿过一驿，驿骑如星流；平明发咸阳，暮及陇山头。"韩愈唱道："衔命山东抚乱师，日驰三百自嫌迟。"

宋因唐制，基本上无大变化。不同的是，宋代驿传全部军事化，因而提高了消息传播和情报传递的效率。唐代驿传最快的一天行 300 里，而宋代最快的一天可达 500 里。当年宋高宗就是靠这种最快的急递铺，连发 12 道金牌，把名将岳飞从抗金前线召回临安的。

由以上的因素分析，我们可以看出，唐宋时代的报纸的出台是唐宋时期的社会生活发展与历史发展的必然产物，有顺理成章之势。但是，又由于唐朝和宋朝各自具有不同的社会特点，因而报纸的产生也就不同。

唐代社会类似于汉初社会。唐代藩镇割据十分厉害，各地藩镇均在京师长安设有进奏院，即驻京办事处。这种

---

① 《唐六典》、《新唐书·百官志》。
② 《通典》卷7，《历代盛衰户口》。

机构的设立，一方面是便于唐中央政权控制和联系各节度使，另一方面又方便了各节度使刺探中央政府的动态和情报。进奏院官吏只对节度使负责，不对中央政府负责，每隔一段时间，进奏院官吏要将京师动态和消息写成报告，寄或带给节度使。中国人民大学新闻系教授方汉奇认为，这种报告，就是唐代的报纸。方汉奇先生通过对英国不列颠图书馆馆藏的一份唐归义军"进奏院状"的实物分析，断定那份进奏院状，是世界上现存的最古老的报纸。由于政治方面的原因，当时的报纸不可能印刷，只能是手抄传播。在某种意义上说，唐代进奏院状是汉代邸报的翻版。

宋代社会鉴于唐朝的教训，实行高度的中央集权，报纸的编辑发行由中央政府属下的都进奏院管辖，正如宋朝人赵升所说：邸报是由"门下后省编完，请给事判报，方行下都进奏院，报行天下"。① 据台湾新闻史学者朱传誉考证：宋代官方邸报基本上是每五天发行一次，既有手抄的，也有印刷的。

宋代不仅出现了官方邸报，而且还出现了民间私营"小报"。史载："光宗绍熙四年（公元 1193 年）10 月，臣僚言：朝报（即邸报）逐日自有门下后省定本，经由宰执始可执行。近年有所谓小报者，或是朝报未报之事，或是官员陈乞未曾施行之事先传。"② 小报十分活跃，"日书一纸"，几乎天天发行，深受朝野人士和市民的欢迎。

---

① 赵升：《朝野类要》卷4。
② 《宋会要辑稿·刑法》2 之125。

然而，小报也引起了某些政府官员的不满，一个叫周麟之的人就写了一篇"论禁小报"的文章，攻击小报，说它"眩惑众听"（可见影响之大）、"无所不至"（可见传播之广）、"飞报远近"（可见消息之快）。① 宋朝历次皇帝对小报也异常恼火，屡次下令禁止，但始终是禁而不止。宋代小报在恶劣的社会环境里，一再顽强地表现出它的原则和个性。总之，小报的诞生是古代新闻史上的一件大事，它打破了官报一统天下的新闻垄断局面，开辟了新的传播途径，具有深刻的历史意义。

从许多宋代文献的记载上看，有关新闻传播的一些词汇已成为当时人们的经常用语或习惯用语，如动辄就说什么"言语传播"、"欲以传播"、"传播中外"、"传播远弥"等等，这说明新闻传播的观念在宋代人的心目中，已占有一定的或相当的位置，在宋代社会，人们的日常生活和精神生活，同新闻传播媒介的联系，已经越来越紧密。

五、简短的结论

事实上，唐宋以前的古代中国社会的传播活动要热烈得多、丰富得多，本文在这里所作的描述，不过是匆匆巡礼，勾勒出一个粗线条的轮廓。其中笔者最关注的是报纸的诞生。

早期西方报纸通常产生在商业贸易中心，报纸刊登的

---

① 周麟之：《海陵集》卷4。

消息绝大部分与商业活动有关。而古代中国的报纸不同，它出生在皇室宫廷，或上层社会，报纸刊登的消息绝大部分是政治性新闻。无论是唐代的进奏院状，还是宋代的邸报；无论是官报，还是民报，它们都鲜明地体现了这一特征：报纸是政治斗争的工具。

报纸最早在中国诞生，这是中华民族又一智慧的结晶。然而，既然中国古代报纸先于西方早期报纸达数百年之久，为什么迟迟未能成长为近代化型的报纸，反倒落后于西方了呢？这正是值得我们探讨的问题。

三国时代的新闻信息传播[*]

　　三国时代是一个雄杰并起、战乱频繁的时代，又是一个群英灿烂、浪漫多彩的时代。尽管这个时代出现的众多人物和事件，已为历代后人们如数家珍般地熟悉和了解，甚至于连一些普通的将军和官吏也获得了名传千古的荣誉。然而，这个时代的新闻信息传播状况，除极个别的史实被不经意地点出外，几乎是因长期无人研究而无人所知。与社会上持续许久的热热闹闹的三国学研究相比，这二者之间形成了不相般配的鲜明对比和令人缺憾的巨大反差。故而，改变这一失衡状态，当是新闻史研究者应为之努力的。

　　本文试图对三国时代的新闻信息传播状况，作一番初步的探讨，以待行家指教，高手匡正。

＊　原载《中国文化研究》1997 年第 1 期。

一、三国时代的"消息"观

在五卷本的《三国志》中，我寻觅出大约近20条关于"消息"的史料。通过辨析，我发现三国时代的人们，已具有比较强烈的信息渴求愿望和信息传播观念，他们重视新闻传播，关注信息来源，广开消息渠道，以此为各自的政治、军事和社会生活服务。这就说明，当时人们与信息之间的相互依存的程度，已达到较高的水准。

1. 或传曹公欲东，权谓徽曰："卿孤腹心，今传孟德怀异意，莫足使揣之，卿为吾行。"拜辅义都尉，到北与曹公相见。公具问境内消息，徽应对婉顺，因说江东大丰，山薮宿恶，皆慕化为善，义出作兵。公笑曰："孤与孙将军一结婚姻，共辅汉室，义如一家，君何为道此？"徽曰："正以明公与主将义固盘石，休戚共之，必欲知江表消息，是以及耳。"公厚待遣还。权问定云何，徽曰："敌国隐情，卒难探察，然徽潜采听，方与袁谭交争，未有他意。"

　　　　　　——《三国志·顾雍传》注引《吴书》

当时传闻曹操要攻打江东，孙权将信将疑，决定派人出使北方。曹操亲自接见使者，详细打听江东政权内部的"消息"即政治、经济、军事、人事、资源等各种情况及其最新动态。那位江东使者除"应对婉顺"外，还微服潜出，四处"采听"，探察曹方情报，摸清曹方意图，出色地完成了重大使命。再看一例：

2. 典军施正劝綝征立琅琊王休，琳从之，遣宗正楷奉书于休曰："……太常全尚，累世受恩，不能督诸宗亲，而全端等委城就魏。尚位过重，曾无一言以谏陛下，而与敌往来，使传国消息，惧必倾危社稷。……"

　　　　　　　　　　　　　——《三国志·孙綝传》

　　东吴权臣孙綝指责江东大族全尚"累世受恩"，不但不能督诸亲，反而"与敌往来"，把国内的各种政治、军事、高层动态等信息传给敌国，给江东政权造成很大不利。

　　在三国时代，"消息"一词不但表示综合性信息，有时还专指军事信息或军事情报。例如：

3. 戊辰，陶濬从武昌还，即引见，问水军消息，对曰："蜀船皆小，今得二万兵，乘大船战，自足击之。"

　　　　　　　　　　　　　——《三国志·孙皓传》

4. 诸将皆喜，便作地道，箭飞书与仁，消息数通，北军亦至，并势大战。

　　　　　　　　　　　　　——《三国志·赵俨传》

5. 镇东将军毋丘俭上言："昔诸葛恪围合肥新城，城中遣士刘整出围传消息，为贼所得，考问所传，语整曰：'诸葛公欲活汝，汝可具服。'整骂曰：'死狗，此何言也！我当必死为魏国鬼，不苟求活，逐汝去也。欲杀我者，便速杀之。'终无他辞。又遣士郑像出城传消息，或以语恪，恪遣马骑寻围踪索，得像还。"

　　　　　　　　　　　　　——《三国志·三少帝纪》

6. 建安十六年，百姓闻马超叛，避兵入山者千余家。

饥乏，渐相劫略，昭常逊辞以解之，是以寇难消息，众咸宗焉。

——《三国志·胡昭传》注引《高士传》

史料3讲的是：东吴大臣陶濬从武昌还建业，吴主孙皓询问水军备战情况，陶濬回答说，蜀军在四川造的船都小，我只需统领二万水兵，乘我方大船接战，足以将其击溃。史料4讲的是：关羽围攻曹魏大将曹仁于樊城，魏臣赵俨率军解围，为激励守城将士信心，援军用箭将增援消息射入城中，曹仁亦用同样办法将城中最新动态告知援军，双方信息沟通，情况明了，共同努力，杀退了关羽。史料5讲的是：东吴诸葛恪围攻曹魏所据合肥新城时，守城一方曾先后两次遣人"出围传消息"，请求援军，不幸均被敌方活捉杀害。史料6讲的是：名士胡昭以善于判断匪乱消息而赢得当地百姓的尊敬。以上"消息"，均与军事行动相关。

"消息"的含义有时还等同于秘密情报或秘密情报来源。例如：

7. 喜上言："宁有族人管贡为州吏，与宁邻比，臣常使经营消息。……"

——《三国志·管宁传》

8. 渠刚猛捷悍，为诸种羌所畏惮，遣所亲二人诈降巍，实取消息。巍觉之，许以重赏，使为反间，二人遂合谋杀渠。

——《三国志·张巍传》

9. 烈给语亲兵及疏与其子曰："丘建密说消息，会已作大坑，白棓数千，欲悉呼外兵入，人赐白帢，拜为散将，以次棓杀坑中。"

——《三国志·钟会传》

史料 7 讲的是：魏文帝曹丕欲征召名士管宁，询问其近况，青州刺史程喜说管宁有一位亲戚叫管贡，在州郡当差，便让管贡专职掌握和处理来自管宁方面的所有消息，以便随时知晓。史料 8 讲的是：蜀越嶲郡土著首领隗渠遣亲兵二人诈降蜀太守张嶷，实系卧底刺探情报，不料被张嶷识破。史料 9 讲的是：魏将胡烈将钟会欲背叛的情报告知其儿子。

在某些情况和某种场合下，三国时代的"消息"又与现代社会的消息几乎意思完全相同。例如：

10. 又数以消息语陆逊，逊时驻武昌，连表谏争。

——《三国志·吾粲传》

11. （朱）然每遣使表疾病消息，权辄召见，口自问讯，入赐酒食，出送布帛。

——《三国志·朱然传》

12. 亮欲诱达以为外援，竟与达书曰："往年南征，岁末及还，适与李鸿会于汉阳，承知消息，慨然永叹，以存足下平素之志，岂徒空托名荣，贵为华离乎！……"

——《三国志·费诗传》

13. 魏尚书仆射陈群与丞相诸葛亮书，问巴消息，称曰刘君子初，甚敬重焉。

——《三国志·刘巴传》

14. 王朗与文休书曰："文休足下，消息平安，甚善甚善。……时闻消息于风声，托旧情于思想，……"

——《三国志·许靖传》注引《魏略》

15. 前所白琰者又复白之云："琰为徒，虬须直视，心似不平。"时太祖亦以为然，遂欲杀之，乃使清公大吏往经营琰，敕吏曰："三日期消息。"

——《三国志·崔琰传》注引《魏略》

16. 相攻半日，稍敢出面。其明，侧立而听。二日，往出户问消息。

——《三国志·杜袭传》注引《九州春秋》

17. 济欲速知其验，从领军门至庙下，十步安一人，以传阿消息。辰时传阿心痛，巳时传阿剧，日中传阿亡。

——《三国志·蒋济传》注引《列异传》

以上8条史料中"消息"的含义，有的表示询问病情，有的表示朋友久未见面的礼节性问候，有的表示期待和传达某种音讯，有的表示通报信息。如果对它们进而稍加推敲和思考，便会让人吃惊地发现：虽然三国时代距今差不多已有两千年时间，但这里表达的"消息"含义同现代人们日常生活中使用的"消息"含义，是何等地相似！倘若去掉年代和书名，你准会以为这是一位当代书生为卖弄文言文而摆弄的"消息"一词。不过，就整体比较而言，三国时代谈论的"消息"同现代社会所理解的"消息"，还是有一定的差别。相信细心的读者通过以上十余条史料的鉴别和分析，是可以掂量和能够体察出来的。

在这里，还需要特别指出的是，语义学的发展史证明，许多词语的最初含义与最终定性，二者的差别有时是很大的，有时甚至是完全相反的。这是因为，人类社会生活的逐步发展与文明程度的不断提高，推动着社会分工的日益明确和人们识别事物的能力日益增强，由此造成了人类赋予事物定性的概念日益精细，意思的表达亦日益准确、到位，有时还呈现出多义化。就以"消息"这个词为例，它最早出现在先秦时代的《易·丰》一文中："日中则昃，月盈则食，天地盈虚，与时消息。"此处所讲的"消息"，指的是消减与增长，泛谓生灭或盛衰。到两汉时期，"消息"的含义已演化成"音讯"的意思，例如东汉名士蔡琰的《悲愤诗》写道："迎问其消息，辄复非乡里。"这与以前的意思几乎脱胎换骨了。到三国时代，"消息"的含义已进一步扩展为动态、近况、信息、趋向、传闻、情报、新闻、音讯等等，显得比以往更加丰富和更加宽泛。

于是，这又引发出另一个饶有兴趣的问题：既然消息的含义在三国时代就差不多已经基本概括了现代社会所需表达的内容，那么，这是不是从某个角度和某种侧面说明了三国时代的新闻信息传播状况就已经达到较高的程度了呢？须知，一个社会的进步与文明水准如何，其重要标志之一便是衡量它的信息传播的需求量和依存度。显而易见，现代社会较之古代社会，不管在哪个方面，无论如何都要先进得多，文明得多。然而，三国时代的人们比较频繁地使用"消息"一词，同时也比较准确地涵盖了"消息"的含义，这就不能不把我们的注意力引向对那个时代的政治、经济、文化、科技等社会诸背景进行一番概括性的综合考察。

　　毋庸置疑，在三国时代之前的两汉社会，我国古代文明曾经达到当时人类文明的顶峰，所谓汉唐盛世，正其时也。当时欧洲最繁荣、最文明、人口最多的城市是罗马，而同一时期，中国至少有两个以上的城市可与罗马比肩。[①] 东汉名士王符曾经这样描写洛阳的富裕："今京师贵戚，衣服饮食，车舆庐第，奢过王制，固亦甚矣。且其徒御仆妾，皆服文组彩牒，绵绣绮纨，葛子升越，筩中女布。犀象珠玉，虎魄瑇冒，石山隐饰，金银错镂，穷极丽靡，转相夸咤。其嫁娶者，车骈各十，缇帷竟道，骑奴侍僮，夹毂车引。"[②] 固然，王符对当时的社会追求奢侈豪华极为不满，但我们从他的批评声中，仍然可以强烈地感受到汉代洛阳的经济活动和商业贸易是多么地繁荣和昌盛。此外，成都、扬州、荆州等城市，也是闻名当时的经济文化中心。如晋代文学家左思在《蜀都赋》中就这样描写成都的商业景况："市廛所会，万商之渊，列隧百重，罗肆巨千，贿货山积，纤丽星繁，……贾贸墆鬻，舛错纵横，异物崛诡，奇于八方。"应当说，有了这样一个政治、经济、文化的良好的大背景，就为新闻信息传播活动创造了良好的氛围和环境。在这样的前提和条件下，新闻信息传播的需求量必然是比较强烈的。这是因为，在一

---

① 费正清著《中国：传统与变革》，江苏人民出版社 1992 年 5 月版，第 80 页。
② 《后汉书·王符传》

般情况下，一个国家的政治、经济、文化等各种社会发展水平指标的程度高低，是与其新闻信息传播的烈度大小成正比例关系发展的。否则，这个国家的社会生活肯定是不正常的，是无序的。

虽然三国时代的军阀混战基本上毁灭了长安和洛阳，彻底打乱了中原地区广大人民群众的正常生活秩序，造成了"白骨露于野，千里无鸡鸣"的人间悲剧，但是，由于人们已经习惯于那种通过信息传播的各种办法和渠道来联系社会、联系其他人群的生活方式，并且这种生活方式已成为他们的基本生存手段，深深地烙印在他们的头脑和手足之间，故而他们仍然凭借着和保持着正常生活条件下的惯性，经常使用"消息"。同时，我们还要看到，群雄割据、龙争虎斗的局面，不仅极大地破坏了生产力和社会稳定，而且还造成了人口的急剧下降。东汉桓帝永寿三年（公元157年），全国人口约5648万余，经过100多年的动乱，至西晋太康元年（公元280年）时，全国人口仅为1616万余。当时人民以锋镝余生，纷纷逃离他乡，避祸四方。据史书记载，青州人民流徙入幽州者百余万口，关陇人民流徙入荆州者十余万家，流徙入益州者数万家，流徙至汉中者又数万家，京畿之民流徙东出，至徐州者十余万口，南阳之民亦多流入益州，荆州之民又移诣冀州，冀州之民五万户，又移诣河南，皖北、苏北人民东渡长江，一次就有十余万户之多。① 这些流徙的人口中，有的

---

① 以上均见《后汉书》和《三国志》。

属妻离子散，有的属朋友分隔，有的属家族失散。由于这些情况的存在，家族之间、家庭之间、朋友之间总要相互打听对方的下落，询问对方的现状，因而这又从另一方面加强了社会上信息传播的流向。以上引录的史料12、13、14中所说的"消息"，基本上就属于这种性质。由此推知，尚未见之于记载的信息交流和消息传递活动，当时不知还有多少！

当我们大致了解了三国时代的社会概况和背景及其在此基础上产生的新闻信息传播活动后，回过头来再去审视当时人们为何那样经常地使用"消息"时，也就是很容易理解和明白的事情了。

二、三国时代的主要传播媒介:露布和檄文

显然，三国时代是无法产生现代化报纸的，甚至当时连宋代以后盛行的邸报和民间小报也没有诞生，那么，三国时代各国的政权机关靠什么传播媒介来发布国家法令，宣告政策教喻，张扬军事捷报呢？根据史籍的可靠记载，乃是由露布和檄文来承担上述使命。

（一）先说露布

有关露布的史料如下：

18. 人有劝术使遂即帝位，露布天下，答言"曹公尚在，未可也。"

　　　　——《三国志·曹操传》注引《魏武故事》

19. 《魏略》载帝露布天下并班告益州曰："刘备背

恩，自窜巴蜀……"

——《三国志·明帝纪》

20. 臣请太尉告宗庙，布露天下。

——《三国志·甘后传》

21. 《魏略》载凌与太傅书曰："……昨遣书之后，便乘船来相迎，宿丘头，旦发于浦口，奉被露布赦书，又得二十三日况，累纸诲示，闻命惊愕，五内失守……"

——《三国志·王凌传》

以上"露布"的含义是指为一个重大举措而发布的消息，让天下所有人士都知道这件事。刘勰著《文心雕龙·檄移篇》云："露布者，盖露板不封，布诸视听也。"就是说，露布是把写有文辞的木板露出来，不加封套，把它散播出来，目的是让人们看到。可以想见，露布的传播范围是相当广泛的。

露布的发表权力除了皇帝外，中央政府首脑、权臣和地方行政长官也都可以使用露布。例如：

22. 后毋丘俭、文钦反，遣使诣诞，招呼豫州士民。诞斩其使，露布天下，令知俭、钦凶逆。

——《三国志·诸葛诞传》

23. 又使部曲持臣露布，出诱胡众，汉民或因亡来，乌丸闻之震荡。

——《三国志·田畴传》注引《先贤行状》

史料22讲的是：魏将毋丘俭、文钦造反，遣使见扬州刺史诸葛诞，诸葛诞斩其来使，并发表露布，宣示天下。史料23讲的是：幽州名士田畴派人手持以曹操名义发表的露布，安抚和引导逃之深山的百姓明了朝廷厚意。

有的叛将乱臣为扩大声势，也喜欢使用露布。例如：

24. 后马超反，超劫洪，将诣华阴，使作露布，洪不获已，为作之。司徒钟繇在东，识其文，曰："此贾洪作也。"及超破走，太祖召供署军谋掾。犹以其为超作露布文，故不即叙。

　　　　　　——《三国志·王朗传》注引《魏略》

史料24讲的是：贾洪善作露布，马超起兵造反后，便将其绑架，逼使其作造反之露布，贾洪不得已而为之。

与露布的功能相近似，还有一种传播媒介，这就是布告。例如：

25. 郑浑为魏郡太守，以郡下百姓苦乏材木，乃课树榆为篱，并益树五棵，榆皆成藩，五果丰实。入魏郡界，村落齐整如一，民得财足用饶。明帝闻之，诏称述，布告天下。

　　　　　　　　　　　　——《三国会要》

26. 兵曹从事受前刺史假，遽到官数月，乃还；考竟其二千石以下阿纵不如法者，皆举奏免之。帝曰："遽真刺史矣。"布告天下，当以豫州为法。

　　　　　　　　　　——《三国志·贾逵传》

27. 豫州吏民思之，刻石立祠。青龙中，帝东征，乘辇入祠，诏曰：昨见贾逵碑像，念之怆然，布告天下，以劝将来。

　　　　　　　　　　　　——《三国会要》

28. 诏曰："……故司空徐邈、征东将军胡质、卫尉田豫皆服职前朝，历事四世，出统戎马，入赞庶政，忠清在公，忧国忘私，不营产业，身没之后，家无余财，朕甚嘉之。其赐逊等家谷二千斛，钱三十万，布告天下。

——《三国志·徐逊传》

从以上史料可以看出，布告的主要功能是起着训诫、教谕、引导的作用，它的对象虽说是"天下"，但真正所指的主要还是各级政府官员，目的是督促各级政府官员向好的行为、好的榜样学习和效法。一般百姓可以从中知道哪些是政府提倡的，哪些是政府反对的，明辨是非，服从和遵守法纪与秩序。

露布和布告的相同处是：二者的传播对象一致，传播目的一致。它们的不同之处：露布偏重于对一件重大举措的说明和阐释；布告则偏重于政策性和指导性。它们的略微差别是：露布所言天下，泛指所有国家和地区，布告所言天下，则限于国内。毫无疑问，露布和布告是三国时代新闻信息传播范围最广的传播媒介。

（二）再看檄文

檄文通常被认为是古代官府用以征召、晓喻或声讨的文书。更准确地说，在魏晋时期以前，檄文是军队起兵讨伐敌人的誓师宣言。檄文诞生于何时？我国古代著名文论专家刘勰在《文心雕龙·檄移篇》中认为："至周穆西征，祭公谋父称'古有威让之令，令有文告之辞'，即檄之本源也。"这就告诉我们，最早的檄文产生于周穆王西征。接着，刘勰又说："及春秋征伐，自诸侯出，惧敌弗服，故兵出须名，振此威风，暴彼昏乱，……详其意义，即今之檄文。暨乎战国，始称为檄。"意思说，春秋时期，诸侯出兵必须要有名义，振奋己方威风，宣扬敌方暴行，这就是檄文。到战国以后，开始把这种传播媒介及其文体正式称为檄文。司马迁著《史记·张耳陈余列传》云："此臣之所谓传檄而千里定者也。"意即出征军队，通过发布檄文，依靠强大的气势，就可以不战而征服敌方。从三国史籍看，檄文主要是用于军事行为和军事活动。例如：

29. 今举汉中，蜀人望风破胆，失守推此而前，蜀可传檄而定。

　　　　　　　　　　　——《三国志·刘晔传》

30. 若维以战克之威，进兵东向，据栎阳积谷之实，放兵收降，招纳羌胡，东争关陇，传檄四郡，此我之所恶也。
　　　　　　　　　　　——《三国志·陈泰传》

31. 乃檄告谕诸羌，为光等所诖误者原之；能斩贼帅送首者当加封赏。于是光部党斩送光首，其余咸安堵如故。
　　　　　　　　　　　——《三国志·张既传》

32. 夜至京城下营，试攻惊之，兵皆乘城传檄备警，欢声动地，颇射外人，权使晓喻乃止。
　　　　　　　　　　　——《三国志·孙韶传》

33. 若北军临境，传檄属城，思咏之民，谁不企踵？
　　　　　　　　　　　——《三国志·周鲂传》

34. 王威说刘琮曰："曹操得将军既降，刘备已走，必懈弛无备，轻行单进；若给威奇兵数千，徼之于险，操可获走。获操即威震天下，坐而虎步，中夏虽广，可传檄而定，非徒收一胜之功，保守今日而已。此难遇之机，不可失也。"琮不纳。

——《三国志·刘表传》注引《汉晋春秋》

从以上5条史料透露的意思中看出，檄文的杀伤力和威慑力是相当厉害的："声如冲风所击，气似欃枪所扫，奋其武怒，总其罪人，惩其恶稔之时，显其贯盈之数，摇奸宄之胆，订信慎之心；使百尺之冲，摧折于咫书，万雉之城，颠坠于一檄者也。"① 当然，檄文没有军事实力做后盾，造出的声势再大，终究是干吼而已。

一般来说，檄文的言词通常比较激烈、夸张、气盛，但在有的时候和有的情况下，它的语气又是比较缓和，起着开导、劝说、化解的作用，使其归顺。古人把这类近似檄文的文体称作"移文"，又经常叫它"移檄"。例如：

35. 凯与府丞蜀郡王伉帅厉吏民，闭境拒闿。闿数移檄永昌，称说云云，凯答檄曰："……"

——《三国志·吕凯传》

36. 坚到南阳，移檄太守请军粮。

——《三国志·孙坚传》注引《献帝春秋》

37. 后孟德因获刘琮之势，张言方率数十万众水步俱下。孤普请诸将咨问所宜，无适先对。至子布、文表俱言宜遣使修檄迎之，子敬即驳言不可，劝孤急呼公瑾，付任以众，逆而击之。

——《三国志·吕蒙传》

---

① 刘勰：《文心雕龙·檄移篇》。

38. 青州军擅击鼓相引去，众人以为宜禁止之，不从者讨之。逵以为"方大丧在殡，嗣王未立，宜因而抚之。"乃为作长檄，告所在给其廪食。

　　　　　　——《三国志·贾逵传》注引《魏略》

　　史料35讲的是：蜀建宁强族雍闿趁刘备病亡之机叛变，欲采取又打又拉的手段，争取永昌太守吕凯跟着叛变，被后者严词拒绝。史料36讲的是，孙坚到南阳，用移檄请当地太守发运军粮。史料37讲的是：曹操平定荆州后，江东张昭等人劝孙权"修檄迎之"，意即友好地答复。史料38讲的是：曹操逝世后，整个青州军失控，擅自脱离曹军体系归去，有人主张军法制裁，贾逵表示反对，"乃为作长檄"，要求沿途地方政府供给吃住。以上4条史料讲的事情，因都与军事行为有关，故都用檄文；又因有的属于内部纷争，有的虽是敌方，但却希望和平友好解决，故又都用移檄（修檄和长檄应属移檄之类）。刘勰在《文心雕龙·檄移篇》中曾说过："移者，易也；移风易俗，令往而民随者也。……其在金革，则逆党用檄，顺命资移，所以洗濯民心，坚同符契。"大意是说，移文的作用主要是改变对方意志，使人们照着移文的指令行事。在军事征战方面，对叛逆的用檄文，对归顺的用移文。移文也强调动摇对方意志，但原则问题也要强硬得像签订契约那样坚定。

　　檄文的主要功能是斥责敌方言行，声讨敌方罪恶，使己方的军事行动名正言顺，合情合理。它的特点是公开性和宣传性，故刘勰曾说："檄者，皦也。宣露于外，皦然明白也"。^① 而檄文的另一变种——羽檄，就与之不一样了。羽檄的主要功能是征调军队、传递紧急军事战报和消息。《汉书·高帝纪》云："吾以羽檄征天下兵。"颜师古注释说："檄者，以木简为书，长尺二寸，用征召也。其有急事，则加以鸟羽插之，示速疾也。"^② 由于羽檄的功能限制，决定了它在有些场合和有些情况下是可以公开和宣传的，而在有些场合和有些情况下又是不可以公开和宣传的，如征调军队和军情动态有时是必须保密，一切视具体情况而确定。

39. 魏武奏事，边有警，辄露版插羽以檄，急之意也。

——《三国会要》

40. 弗盈一时，而北边羽檄之文，未尝不至。

——《三国志·公孙瓒传》注引《汉晋春秋》

41. 时郡界大乱，贼以万数，遣使往来，交易市买。昭厚待之，因用为间，乘虚掩讨，辄大克破。二日之中，羽檄三至。

——《三国志·董昭传》

42. 延、仪各相表叛逆，一日之中，羽檄交至。

——《三国志·魏延传》

43. 又并驰布羽檄，称陈形势，云当西北掩取房家，然后东行，会诛房身。檄到，豫军踊跃。

——《三国志·牵招传》

---

① 刘勰：《文心雕龙·檄移篇》。

② 《辞海》"羽檄"条。

44. 光禄大夫来敏至讳许别，求共围棋。于时羽檄交驰，人马擐甲，严驾已讫，讳与敏留意对戏，色无厌倦。

——《三国志·费讳传》

45. 一隅驰羽檄，则三面并荒扰，此亦汉氏近世之失而不可式者也。

——《三国志·王朗传》注引《魏名臣奏》

通过对以上史料的判读，羽檄在军事信息上的快速传送作用，已是不言自明的了。由于羽檄的影响大，尤其是战争年代的军事动态直接关系到成千上万家庭的安危，故而人们特别关心，特别重视。不过，在三国时代，一些有识之士已经注意到羽檄的弊端：某地发生动乱的新闻信息一旦传来，马上就会扰得四面八方惊恐不安，对这种过失之举，不应该效法，而应当把军事消息封锁和限制在一定的传播范围以内。

檄文的动用权大约限制在将军、太守、刺史等负有一定行政和军事职责的中等级别以上的官员群体。由于有这种便利，一些政府官员利用动乱之机，假借檄文，公报私仇。例如：

46. 寅惧，诈作案行使者光禄大夫温毅檄，移坚，说叡罪过，令收行刑讫以状上。坚即承檄，勒兵袭叡。……兵进及楼下，叡见坚，惊曰："兵自求赏，孙府君何以在其中？"坚曰："被使者檄诛君。"叡曰："我何罪？"坚曰："坐无所知。"叡穷迫，刮金饮之而死。

——《三国志·孙坚传》注引《吴录》

史料46讲的是：荆州刺史王叡"素与武陵太守曹寅

不相能"，多次扬言要杀曹寅。曹寅害怕，便伪造以光禄大夫温毅名义发布的檄文，历数王叡罪过，派使者将檄文交给孙坚，要孙坚执行朝中大臣命令，除掉王叡，孙坚果然"被使者檄诛君"。从这条史料可以看出：其一，檄文不只是中等级别以上武官和地方行政长官的专用品，朝廷文官也可以动用檄文；其二，檄文有时是上级官吏给下级官吏判处死刑的执刑书。

在大多数情况下，檄文和露布的传播作用是不一样的，各有各的功能。

47. 旬日，破胡告檄到，上大笑曰："吾策之于帷幕之内，诸将奋击于万里之外，其相应若合符节。前后战克获虏，未有如此也。"

——《三国志·文帝纪》注引《魏书》

48. 权乃露檄召蒙还，阴与图计。

——《三国志·吕蒙传》

49. 松弱冠有才，从司马宣王征辽东，宣王命作檄；及破贼，作露布。

——《三国志·钟会传》注引《世语》

史料47讲的是：报告打败敌人的檄文传到了皇帝手里。但此消息露布没有，史料没讲。史料48讲的是：孙权召还吕蒙之事，本来采用内部文书通知即可，但为了袭取荆州而麻痹关羽，孙权故意将这一消息泄露于外，人所共知。史料49讲的是：司马懿讨伐辽东叛臣公孙渊之前，先命人"作檄"，声讨敌人的罪行，张扬己方正义之举，同时又征调军队。待打败了公孙渊之后，司马懿又命人作

"露布"，让这胜利的消息迅速传遍四面八方。按此理解，讨伐敌人的消息，只能作檄文，而不能作露布；凯旋的消息，只能作露布，而不能作檄文。封演在《封氏闻见记》卷四中曾言："露布，捷书之别名也。诸军破贼，则以帛书建诸竿上，兵部谓之'露布'。盖自汉以来有其名。所以名'露布'者，谓不封检露而宣布，欲四方速知。亦谓之'露版'。"这段话，并不全对。因为从我所掌握的史料看，露布除了传播军事消息外，还传播政治消息和朝廷的政策、法规。也有人将露布和檄文视为一回事，这也是不对的。檄文发布的消息多数是可公开的，少数则只能供内部知晓；而露布发表的消息，就没有内外之别，全都可以公开。正所谓"插羽以示迅，不可使辞缓；露板以宣众，不可使义隐。"一般而言，檄文的文字较长，露布的文字较短。刘勰曾说："张仪《檄楚》，书以尺二，明白之文，或称露布。"实际上，自汉以后的檄文大都写得很长，有的长达千字左右，一尺二寸的木简哪里装得下这么多文字，只有简洁、干脆的露布之文辞，方可容纳。

檄文，作为一种信息传播的专门文体，自有它自身的写作要求，犹如现在担负新闻信息传播的新闻文体，也有新闻写作的自身要求一样。刘勰曾对这种广泛使用的文体，进行了认真的研究和总结，指出："凡檄之大体，或述此休明，或叙彼苛虐，指天时，审人事，算强弱，角权威，标蓍龟于前验，悬鞶鉴于已然，虽本国信，实参兵诈。谲诡以驰旨，炜晔以腾说。凡此众条，莫之或违之者也。故其植义扬辞，务在刚健。"大意是说，檄文的主要特点是，有的讲我方的美好昌明，有的讲敌方的苛刻暴虐，指出天意，审察人事，比较强弱，衡量权势，用以前的凭证来预卜吉凶，用过去的事例来作为借鉴。表面上强调国家的信义，实际上其中添进了用兵的诡诈计谋，即用诡诈的话来宣传自己的意旨，用光彩的话来宣扬自己的说法。以上概括的几条，在檄文写作时，大约是不能违反的。当然，檄文写作的水平也有高低之分。刘勰曾举三国时代的檄文为例，指出："陈琳之檄豫卅，壮有骨鲠，虽奸阉携养，章密太甚，发丘摸金，诬过其虐。……钟会檄蜀，征验甚明。"意即陈琳为袁绍写的檄州郡文，气势有力，但骂曹操父亲的话，实在过分；骂曹操挖坟索金，又诬蔑过火。而钟会写的移檄蜀将吏士民，则征词分明，有理有节，很有说服力。

三、三国时代的社会舆论

尽管历史的岁月不同，但是，每一个时代都有一个时代的舆论，每一个社会都有一个社会的舆论。三国时代及其社会也不例外。

据悉，当时魏国首都邺城（今河南安阳）城内"街衢辐辏，朱阙结隅，石杠飞梁，出控漳渠。……习习冠盖，莘莘蒸徒，班白不提，行旅让衢。……壹八方而混同，极风采之异观，质剂平而交易，刀布贸而无算。财巨工化，贿曰商通，难得之货，此则弗容"①。在这样一个政治、经济、文化和商业中心的都市，很自然地就会形成比较良好的社会舆论气候。史书曾有如下的记载：

50. 民间数有诽谤妖言，帝疾之，有妖言辄杀，而赏告者。柔上疏曰："……在汉太宗，亦除妖言诽谤之令。臣愚以为宜除妖谤赏告之法，以隆天父养物之仁。"帝不即从，而相诬告者滋甚。帝乃下诏："敢以诽谤相告者，以所告者罪罪之。"于是遂绝。

　　　　　　　　　　——《三国志·高柔传》

史料50讲的是：魏京师社会舆论中出现了一股不正之风，皇帝欲采取赏告法加以制止，谁知诬告风更甚，最后不得不采纳谋臣高柔的建议，遂得以断绝。时吴国都城建业（今南京）亦不时冒出一些谣言，例如：

51. 永安元年十二月丁卯，建业中谣言明会有变，綝闻之，不悦。

　　　　　　　——《三国志·吴书·孙綝传》

东吴建业也是大都市。城市大就人口多，人口多就议论多、是非多、新闻多、信息多，社会舆论便呈现出多元化，此消彼长，你推我助的多姿状态。由于三国时代特有的鼎立局面，动荡频仍，故军事消息对社会舆论的影响和波及甚大。

52. 襄阳记：罗宪闻败，斩称成都乱者一人，百姓乃定。得后主问至，乃率所统临于都亭三日。

　　　　　　　　　　　——《三国会要》

---

① 左思：《魏都赋》。

53. 居七日，蜀降者说蜀中一日数十惊，备虽斩之而不能安也。

——《三国志·刘晔传》注引《傅子》

54. 发恩布令，告诸县："其刘繇、笮融等故乡部曲来降首者，一无所问；乐从军者，一身行，复除门户；不乐者，勿强也。"旬日之间，四面云集，得见兵二万余人，马千余匹，威震江东，形势转盛。

——《三国志·孙策传》注引《江表传》

史料52讲的是：刘禅投降的消息传到巴东郡后，人心惶惶，社会混乱，地方长官罗宪采取断然措施，斩杀一人，百姓乃定。史料53讲的是：曹操平定汉中的消息传到西蜀后，社会大乱，舆论惶恐，一天之内惊扰数十次，即使刘备立斩数人也不能稳定局面。史料54讲的是：孙策依靠武力平定江东后，又通过布告广泛宣传其政策，促使社会舆论朝着有利于己方的方面转化，从此"形势转盛。"

如同秦汉时期一样，三国时代的某些社会集团和某些社会势力对某个社会人物或某项政策措施不满，而他们的意见和看法倘若不能通过正常渠道反映，或者即便通过正常渠道反映却又得不到回音和不被采纳，届时总会有一些以童谣或谣言的形式而出现的倾向性很强的社会舆论。例如：

55. 时有谣言曰："千里草，何青青，十日卜，犹不生。"又作《董逃》之歌。

——《三国志·董卓传》注引《英雄记》

56. 先是，童谣曰："诸葛恪，芦苇单衣篾钩落，于何相求成子阁。"成子阁者，反语石子纲也。建业南有长陵，名曰石子冈，葬者依焉。钩落者，校饰革带，世谓之钩络带。恪果以苇席裹其身而篾束其腰，投之于此冈。

——《三国志·诸葛恪传》

57. 先是，公安有灵鼍鸣，童谣曰："白鼍鸣，龟背平，南郡城中可长生，守死不去义无成。"及恪被诛，融果刮金印龟，服之而死。

——《三国志·诸葛恪传》注引《江表传》

58. 又武昌土地，实危险而塉确，非王都安国养民之处，船泊则沈漂，陵居则峻危，且童谣言："宁饮建业水，不食武昌鱼；宁还建业水，不止武昌居。"臣闻翼星为变，荧惑作妖，童谣之言，生于天心，乃以安居而比死，足明天意，知民所苦也。"

——《三国志·陆凯传》

59. 建安初，荆州童谣曰："八九年间始欲衰，至十三年子遗。"言自［中平］以来，荆州独全，及刘表为牧，民又丰乐，至建安八年九年当始衰。始衰者，谓刘表妻死，诸将并零落也。十三年无子遗者，表当又死，因以丧破也。

——《三国志·刘表传》注引《搜神记》

60. 初东郡有伪言云："白马河出妖马，夜过官牧边鸣呼，众马皆应，明日见其迹大如斛，行数里，还入河中。"又有谣言："白马素羁西南驰，其谁乘者朱虎骑。"

楚王小字朱虎，故愚与王凌阴谋立楚王。

　　　　　——《三国志·王凌传》注引《魏略》

　　61. 又得国中降人，言寿春下有童谣曰："吴天子当上。"皓闻之，喜曰："此天命也。"即载其母妻子及后宫数千人，从牛渚陆道西上，云青盖入洛阳，以顺天命。

　　　　　——《三国志·孙皓传》注引《江表传》

　　62. 时之为之谣曰："何、邓、丁，乱京城。"

　　　　　——《晋书·宣帝纪》

　　史料55讲的是：董卓入京后，废立由己，作恶多端，故京师官僚阶层恨不得他早死快逃。"董"字拆为"千里草"，"卓"字拆为"十日卜"。史料56、57讲的是：东吴掌权大臣诸葛恪素性刚愎，矜己陵人，专擅国宪，引起民之多怨，众之所嫌，后被宗室重臣孙峻设计谋杀，全家亦被诛。史料59讲的是：荆州刺史刘表将在建安十三年病故，正是在这一年，曹军平定荆州。史料60讲的是：魏太尉王凌与外甥令狐愚（时为兖州刺史）阴谋迎立曹操之子楚王曹彪都许昌，后败露。史料61讲的是：吴主孙皓仅凭一句童谣就企图不费一枪一箭"青盖入洛阳"，顺顺当当地独主中原。结果"行遇大雪，道途陷坏，兵士被甲持仗，百人共引一车，寒冻殆死"，只好退还建业。真是荒唐透顶！史料62讲的是：曹爽执政后，逼退司马懿，任用亲信何晏、邓飏、丁谧等人，"专擅朝政，兄弟并典禁兵，多树亲党，屡改制度"，从而引起整个官僚阶层的强烈不满，也为以后曹爽之败埋下了祸根。

　　由以上史料看出，在三国时代，童谣和谣言是社会舆论发泄的最便利的途径。它在相当程度上，准确地反映了那个时代和那个社会的民心向背、民意走势和民情起伏。当时的社会集团和社会势力也善于以童谣或谣言为武器，以此来达到用其他办法都不能达到的政治目的。事实已经证明，三国时代那些聪明的政治家和权谋家，都会有效地利用这一杀伤力颇强的武器。毫无疑问，童谣乃是旧式政治斗争的天真无邪的必然伴侣。既然童谣之言，生于天心，足明天意，作为天子的皇帝有什么理由不顺从呢？反过来说，当现代的人们要研究在传播技术手段极为低下的古代社会的舆论状况，就不能不认真关注和细致咀嚼那个时代、那个社会所产生的童谣和谣言。

四、三国时代的驿传及其他

正如现代社会的新闻信息传播必须依赖于电话、传真、电视、广播、报纸，甚至于飞机、火车、轮船、汽车等技术性载体一样，三国时代的信息传播则必须依赖于完备而发达的驿传体系。离开了这个重要前提，要进行信息的传播、递送和交流是相当困难的。

两汉时期，中央政府极为重视驿传建设。全国所有大中城市和交通冲要地点都设有传会，此外在镇乡还设有乡亭，分布于交通线上。一个以驰道为主干的多层次交通网，覆盖了全国，下伸至各郡各县，以至边远民族地区。虽然三国时代纷争扰攘，但是，魏蜀吴三国政府仍然排除困难，致力于驿传的恢复和建设，因为他们都懂得，只有建立起强有力的驿传体系，帝国的各种信息才能及时地、迅速地、准确地上情下达和下情上达，中央政权才能借此而有效地指挥一切，调动一切，统帅一切。三国之中相比较而言，魏国最重视驿传建设，其标志是魏国曾经专门制定了《邮驿令》这样一部行业法。虽然这部法律的全文现已失传，只能见到只言片语，但它在信息传播史上的重要意义，却是不可低估的。正因为如此，魏国的驿传事业也比较成熟和发达。

63. 太祖到洛阳，得疾，驿召彰未至，太祖崩。

——《三国志·曹彰传》

64. 曹公且欲使羽与权相持以斗之，驿传权书，使曹仁以弩射示羽。

——《三国志·孙权传》

65. 景元二年，襄阳太守表吴贼邓由等欲来归化，基被诏，当因此震荡江表。基疑其诈，驰驿陈状。

——《三国志·王基传》

66. 师专权用势，赏罚自由，闻臣等举众，必下诏禁绝关津，使驿书不通，擅复征调，有所收捕。

——《三国志·毋丘俭传》

从以上4条史料中可以看出，魏国当时已经建立起了一个四通八达的驿传通信网络。有了这个系统，一旦有事，信息就会迅速地反馈到上面或下面，地方出现问题，中央政府就能很快地作出反应和决策。据说，曹魏传递信息的驿传速度一日为 600 里。[①] 依当时的技术条件，这个速度应该说是比较快的了。不仅魏国如此，蜀国也大力进行驿传建设。

67. 郡有旧道，经旄牛中至成都，既平且近；自旄牛绝道，已百余年，更由安上，既险且远。嶷遣左右赍货币赐路，重令路姑喻意，路乃率兄弟妻子悉诣嶷，嶷与盟誓，开通旧道，千里肃清，复古亭驿。

——《三国志·张嶷传》

68. 备因夜遁，驿人自担，烧铙铠断后，仅得入白帝城。

——《三国志·陆逊传》

史料 67 讲的是：蜀越嶲太守张嶷经过艰苦努力，终于开通了关闭百余年的驿道。史料 68 讲的是：刘备东伐孙权时，从白帝到夷陵，沿途置驿，以保证前方和后方之间的联络畅通无阻。后刘备兵败，这些驿站人员便烧弃军用物资以迟滞东吴军队的追杀，才使刘备得脱。此外，蜀国为了加强成都与汉中前线的通信联络，"起馆舍，筑亭障"，沿途 400 里，修了不少传递信息所必需的基础设施。再看吴国：

69. 十二月，驿征大将军恪，拜为太子太傅。

——《三国志·孙权传》

70. 广陵刘颖与峻有旧，颖精学家巷，权闻征之，以

---

① 《三国志·陈泰传》："泰每以一方有事，辄以虚声扰动天下，故希间白上事，驿书不过 600 里。"

疾不就。其弟略为零陵太守，卒官，颖往赴丧，权知其诈病，急驿收录。

——《三国志·严畯传》

史料 69 讲的是：吴主孙权临终前，通过驿传将诸葛恪从武昌召回建业，拜其为太子太傅。史料 70 讲的是：孙权通过急驿，收治了一位对他撒谎的名士。这些情况表明，吴国也建立了效率较高的驿传制度。由于吴国和蜀国之间存在着联合抗曹的盟友关系，故两国间的信息交流颇为频繁，史称"东之与西，驿使往来，冠盖相集，申盟初好，日新其事。"不但政府间如此，两国官员之间也有不少信息交流，"信使不绝"。依靠两国间强有力的通信联系系统，吴蜀先后数次约期对强魏发动并举攻势，使其东西不能相顾。当然，即使是敌国，魏蜀之间和魏吴之间也有或多或少的信息交流和通信联络。细心的读者完全可以从本文引用的一些史料中觉察出来。

根据史书记载，魏国为了提高信息传播的速度，曾发明了一种奔走神速的马车：

71. 帝性急，请召欲速。秀等在内职，到得及时，以望在外，特给追锋车，虎贲卒五人，每有集会，望辄奔驰而至。

——《三国志·三少帝纪》注引傅畅《晋诸公赞》

72. 宣王在汲，献等先诏令于轵关西还长安，辟邪又至，宣王疑有变，呼辟邪具问，乃乘追锋驰至京师。

——《三国志·刘放传》注引《世语》

史料 71 讲的是：魏高贵乡公曹髦常与中护军司马望

等人"并属文论"。由于司马望任职在外，常常不能及时赶到会议讨论，曹髦特给追锋车后，司马望每次都能奔驰而至。史料72讲的是：司马懿为了击败政敌曹爽，采取果断行动，乘追锋车驰至京师，抢先一步。以上史料的追锋车究竟是何物呢？查《三国志集解》解释："晋志曰：追锋车去小平盖，加通幰为轺，车驾二匹。追锋之名，取其迅速也，施于戎阵之间，是为传乘。"可见追锋车的确是一种奔跑快捷的马车，常常在情况瞬息万变的战场上充当传达命令的通信员角色，保证信息迅速地送达。在平常情况下，担负政治、军事等通信任务的，主要是快马，如史书常说的"驿马召到"、"驿马诏止"、"驿马召（张）邰到京都"、"函头驿马传达"等等。显然，当时的快马就是最好的传播技术手段了。

魏国与吴国的辖区基本上是沿长江划界。为了防止魏国的侵犯和突袭，吴国曾经花大气力，沿着绵延数千里长的江岸修筑了大量专门用于传达军事信息的烽火台。史载如下：

73. 烽火以炬置孤山头，皆缘江相望，或百里，或五十、三十里，寇至则举以相告，一夕可行万里。孙权时令暮举火于西陵，鼓三，竟达吴郡南沙。

——《三国志·孙权传》注引庾阐《杨都赋注》

这种烽火台沿江而立，每隔百里、五十里、三十里修筑一座，发现敌人入侵则点火相告，传递敌情，信息一晚可行万里。孙权时期，一次傍晚在西陵（今湖北宜昌）点火，擂鼓三遍，信息已经传递到吴郡南沙（今江苏常熟）。真是神速啊！在古代社会的技术条件下，这样快的信息传递速度，恐怕已经达到极限了。

魏国当时在西部边境，也修筑了烽火台。史载：

74. 既与夏侯儒击破之，衡及郲戴等皆降。遂上疏请与儒治左城，筑郫塞，置烽侯、邸阁以备胡。

　　　　　　　　——《三国·张既传》

魏凉州刺史张既为防止出尔反尔的羌胡叛乱，有利于调动军队镇压，曾在境内广泛建筑了烽火台。看来，设置迅速而可靠的信息传递系统，是这个地方行政长官工作的重要组成部分。

除了用烽火台传递军事消息外，三国时代的谋臣和将军们还经常使用间谍来获取信息和情报。在这方面，史书亦有记载：

75. 俨谓诸将曰："……当今不若前军偪围，遣谍通仁，使知外救，以励将士。……"

　　　　　　　　——《三国志·赵俨传》

76. 鲂遣间谍，授以方策，诱狙杀嗣。

　　　　　　　　——《三国志·周鲂传》

77. 韶为边将数十年，善养士卒，得其死力。常以警疆场远斥堠为务，先知动静而为之备，故鲜有负败。

　　　　　　　　——《三国志·孙韶传》

78. 瓒梦蓟城崩，知必败，乃遣间使与续书，绍侯者得之。

　　　　——《三国志·公孙瓒传》注引《献帝春秋》

以上史料 75 中的"谍"、76 中的"间谍"、77 中的

"斥侯"、78 中的"间"和"侯"以及前面史料 8 中的"反间"、41 中的"间",都是从事情报和信息搜集工作的间谍和侦察兵以及反间谍人员。吴国大将孙韶正是由于非常重视军事信息的获取和分析,故事先有所准备而很少打败仗。三国时代战事不断,相互之间在隐蔽战线上的斗争,想必有许许多多丰富生动的事例,其惊险传奇的程度也一定远远超过史书上仅仅那么几句的简单叙述。

还有一个非常值得探讨、且又是与信息传播密切相关的问题,这就是纸张。李约瑟主编的《中国科学技术史》第五卷曾经指出:纸张为信息传播提供了最经济、最方便的手段,使人类思想的知识模式产生了变革。我们知道,纸张发明于东汉元兴元年(105 年)[①],直至公元 403 年,东晋桓玄下令废简用纸,纸张才终于独霸了传播材料的舞台。那么,人们不禁要问:三国时代社会上主要书写工具是什么呢?是木版,是竹简,还是纸张?让我们先来看看史书的记载:

79.《初学记》引魏武令曰:"自令诸掾属、侍中、别驾,常以月朔各进得失,纸书函封,主者朝,常给纸函各一。"

　　　　　　　　　　　　　　　　——《三国会要》

80. 张既世单家富,念无以自达,为郡门小吏,常畜好刀笔及版奏,伺诸大吏之,辄与。

　　　　　　　　　　　　　　　　——《三国会要》

---

① 此处为通行结论,事实上更早,但无确切发明年代。

81.（阚泽）家世农夫，至泽好学，居贫无资，常为人佣书，以供纸笔，所写既毕，诵读亦遍。

——《三国志·阚泽传》

82. 封演《闻见记》："魏晋以来，始有纸钱附。"

——《三国会要》

史料79讲的是：曹操下令，凡从事文字工作的官员，可以经常为之提供一定数量的纸张和信封。史料80讲的是：魏谋臣张既过去为郡门小吏时，经常准备上好的刀、笔和写奏本的木版，供大官们缺乏时使用。史料81讲的是：东吴名士阚泽过去经常受人雇用抄写，工钱就是"纸笔"。史料82讲的是：唐代官员封演认为，祭祀烧纸钱的风俗，自魏晋就有了。

从以上史料看，我认为：魏国的书写工具是木版、竹简和纸张并存并用，纸张在一定程度上仍然是奢侈品，否则就用不着魏武帝亲自下令裁决对官员使用纸张的供应办法和数量了。当时社会上已开始比较广泛地使用纸张，可能也是事实。关于这一点，从当时的檄文动辄便是洋洋数千言就可推断出来，因为竹简和木版书写长篇大论实在太困难，也不容易形成和发挥信息传播的辐射力。而在东吴，由于南方造纸原料远比北方丰富，因而很可能东吴的纸张生产状况和使用状况优于其他地区，不然阚泽何以能够从一般读书人家中获得"纸笔"呢？要么就是纸笔本身就是昂贵的货币替代品。至于封演说的烧纸钱习惯，决不会始于魏晋时期。因为在西晋时代，有的官员为官10年，以不书官纸而示己为官之清白；连东晋初期的大书法家王羲之练字时，都不敢用纸而用白色布帛，练成黑帛后再拿去做衣服。既然如此，这个时期谁还敢用价高的纸张去当纸钱烧呢？据推测，烧纸钱的风俗，肇始于唐代。因为自这个时期以后，由于造纸工业的发展和造纸技术的进步，纸张已不再是贵重物，而成为极平常的消费品了。尽管在三国时代的传播书写材料的市场上，木版和竹简还占有一定的份额，但纸张的威力和作用已经奏响了它必然取而代之独霸市场的序曲，当时的人们似乎也已经听到了它雄视千年的豪迈绝响。

综上所述，我们通过几个方面的研讨和分析，已经比较细致地勾画出了三国时代新闻信息传播状况的基本轮廓，从而使我们知晓了：尽管处于一个大动荡、大分裂、大混乱的年代，但是，由于承袭着两汉的影响和遗风，更主要的是由于社会上存在着比较强烈的渴求和需要，三国时代的新闻信息传播与交流以及社会舆论情势，依然是比较旺盛，比较发达，比较充满活力，依然是国家和社会乃至个人生活中不可分离的重要组成部分。此外，对作为信息传播的基础设施——驿传体系建设的大力恢复和发展，使之构成比较有力的通信网络，又为三国时代的主要传播媒介——檄文和露布（包括羽檄、布告）的畅达无阻，提供了硬件前提的保证，因而檄文和露布理所当然地成为三国时代新闻信息传播中力度最强、深度最远、广度最宽的传播媒介。显然，纸张生产的发展和进步，又从技术的角度支持了信息传播的扩张。

"喉舌"追考*

——《文心雕龙》之传播思想探讨

刘勰著《文心雕龙》卷十九《诏策篇》中曰：

"虞重纳言，周贵喉舌，故两汉诏诰，职在尚书。"

偶然间读到这段文字，顿觉心灵上激起强烈震颤：这里所说的"喉舌"，同我们经常提到的"媒体是党和政府的喉舌，也是人民的喉舌"中的那个"喉舌"是否具有同一性？如果它们二者之间存在着某种联系的话，那么它们在功能和作用上各有哪些相似和不同？古代的"喉舌"思想是否具有传播学的意义？

一

据查实，迄今为止，最早用功能和作用来表述"喉舌"概念的，大致有两个来源：

---

* 原载《新闻与传播研究》2003 年第 3 期。

一是国外来源。马克思曾经在 19 世纪 40 年代形象地把报刊的使命之一比喻成"喉舌"，他的原话是这样说的："报刊按其使命来说，是社会的捍卫者，是针对当权者的孜孜不倦的揭露者，是无处不在的耳目，是热情维护自己自由的人民精神的千呼万唤的喉舌。"①

二是国内来源。近代著名报刊活动家、政论家梁启超曾在 1896 年《时务报》上发表文章《论报馆有益于国事》，其云："去塞求通，厥道非一，而报馆其导端也。无耳目、无喉舌，是曰废疾。今夫万国并立，犹比邻也；齐州以内，犹同室也。比邻之事而吾不知，其乃同室所为不相闻问，则有耳目而无耳目；上有所措置不能喻之民，下有所苦患不能告之君，则有喉舌而无喉舌：其有助耳目喉舌之用而起天下之废疾者，则报馆之谓也。"②

以上两则资料被目前国内新闻学界专家们公认为是最早使用"喉舌"概念的。至于梁启超是否受到马克思的影响，目前尚未找到可以发生勾连的证据。但梁启超受到西方的影响还是有可能的，他曾说过："西谚云：'报馆者国家之耳目也、喉舌也，人群之镜也，文坛之王也，将来之灯也，现在之粮也'。伟哉，报馆之势力！重哉，报馆之责任！"③

---

① 《马克思恩格斯全集》第 6 卷，人民出版社 1961 年版，第 275 页。

② 复旦大学新闻系：《中国新闻史文集》，上海人民出版社 1987 年 11 月版，第 24 页。

③ 复旦大学新闻系：《中国新闻史文集》，上海人民出版社 1987 年 11 月版，第 45 页。

此后，"喉舌"这一比喻或概念，逐渐越来越多地出现在新闻类的专著和报刊上。我国早期新闻教育学家徐宝璜先生撰写的我国第一本新闻学专著《新闻学》，亦出现过"喉舌"字眼，其曰："新闻纸为国民之喉舌，世人有正当之意见，与公允的评论，非假新闻无从表现。"① 著名报人张季鸾主持《大公报》期间，曾强调：报纸应"为公众喉舌。"②

我党最早引进"喉舌"的刊物，是1939年3月在上海出版的《党的生活》。该刊首期发刊词说：《党的生活》"一定要成为上海全党同志的刊物，成为全党同志的喉舌，克服过去少数人写稿的现象。" 新中国成立后，除港澳台地区，中国内地的人们已经逐渐地习惯了这样的提法：媒体既是党和政府的喉舌，也是人民的喉舌。

归纳以上说法，"喉舌"观念具有这样几层意思：（1）它具有说即发表看法的功能；（2）它代表一定阶级、或一定社会集团、或一定社会势力、或一定社会群体、或一定社会组织、或一定政党、或一国政府机构等对社会诸问题的反映；（3）它是社情民意的重要窗口；（4）它应当具有相当或一定的权威度和公信力；（5）它是意见领袖的承担者；（6）它是社会各阶层各种意见的吸收者。

问题又回到起点：刘勰所说的"喉舌"是否具有以上6个方面的功能和作用呢？

---

① 徐宝璜：《新闻学》，中国人民大学出版社1994年1月版，第111页。
② 张炽章：《季鸾文存》，台湾文海出版社1975年版，第31页。

二

在对刘勰的"喉舌"观念进行解读前，似应对刘勰和他的《文心雕龙》作一番扼要的介绍。

刘勰，字章和，东莞莒（今山东莒县）人，生于南朝宋明帝（刘彧）泰始初年（公元465—468年间）。虽幼年丧父，家道中落，但刘勰笃志好学，曾入南京定林寺依随著名高僧僧祐学习佛经。南齐末年，刘勰用4年时间，完成《文心雕龙》。然而，因刘勰"寄迹桑门，身名未显，不为时流所称。"① 于是，刘勰便把希望寄托于当时著名文人沈约身上。沈约曾仕齐和帝朝，官拜骠骑司马，后仕梁吏部尚书兼右仆射，"权侔宰辅，贵盛罕比"。要想见到这样一位大人物，对刘勰来说是很困难的。为了达到接近沈约的目的，他假扮成"货鬻者"，拦沈约于路上献书，沈约阅后，"大重之，谓为深得文理，常陈诸几案。"② 由于沈约的赏识和推荐，《文心雕龙》终见天光，刘勰也开始步入仕途，"政有清绩"，官位最高做到梁武帝朝步兵校尉兼东宫通事舍人。

刘勰的《文心雕龙》是一部关于文章学的理论原著。他建构的理论体系和丰富的文学思想，神秘缥缈，高深莫测，令后人叹为观止。该书涉及范围既包括诗、赋、骚、

---

① 姜书阁述、刘勰撰：《文龙雕龙绎旨》，齐鲁书社1984年3月版，第3页。
② 《梁书·刘勰传》，中华书局1972年5月版，第712页。

乐府等纯文学体裁，也包括相当数量的应用文；论及文体共81种，包括骚、诗、乐府、赋、颂、赞、祝、盟、铭、箴、谏、碑、哀、吊等有韵之文14种，史传、诸子、论、说、诏、策（又分7种细目）、檄、移、封禅、章、表、启、议、对、书、笺记（又分25种细目）等无韵之笔46种，另有杂文19种，界限不明2种。《文心雕龙》共50篇，由3部分组成：文之枢纽，即统领全书；上篇，即论文体；下篇，即论文术。

《文心雕龙》对后世影响巨大。自明代以来，为之校注者无虑数十家，为之论说者更是蜂起，形成国内外蔚为壮观的"雕学"。有人统计，从1925年到1988年，仅中国内地的《文心雕龙》研究就有专著49部、论文1277篇，约占全部古论研究专著和论文的1/3多。[①] 从传播学的角度审视，《文心雕龙》的出现，乃标志着在文章学已经达到相当成熟的前提下，人们已经懂得运用怎样的作为传播方式的文体，才能实现怎样的传播效果；而对于南北朝时期的精英阶层来说，拥有这一传播思想，恐怕已是不足为奇的了。

特别需要指出的是，台湾学者关绍箕先生曾从修辞的角度和文学的角度，比较简略地探讨了刘勰的传播思想。[②] 但抓住其中有意义的一点，深入展开分析，从而获得有价值的结论，这是海峡两岸学者迄今尚未做过的事

---

① 罗宗强：《魏晋南北朝文学思想史》，中华书局1996年10月版，第257页。

② 关绍箕：《中国传播思想史》，台湾正中书局2000年4月版，第400页。

情。换句话说，从传播学的立场研究《文心雕龙》的论文，目前尚未出笼。从这个意义上讲，本文是研究《文心雕龙》传播思想的首篇之作。

三

解读"虞重纳言，周贵喉舌"这句话，我认为它主要显露出这样几个亮点：

第一，它表明，"喉舌"这一概念诞生在先秦时代的夏虞和姬周。《尚书·舜典》曰："帝曰：'龙，朕堲谗说殄行，震惊朕师。命汝作纳言，夙夜出纳朕命，惟允。'"

龙，乃人名；纳言，乃官名，掌出纳王命。这句话的意思是：天子（即舜帝）说："龙，你听着，我厌恶那些奸邪的谗言和残暴的行为，因为谗言和暴行不利于我统治的民众。所以，我要任命你为纳言之官，无论早晚都要及时地传达我的命令，忠实而坚决地将我的指示转达至民众之中。"

纳言与喉舌虽然名称不同，但实质一样，都是主管"出纳王命"。请看《诗经·烝民》曰："王命仲山甫，式是百辟。戎祖考，王躬是保。出纳王命，王之喉舌。赋政于外，四方爰发。"

朱熹注云："出，承而布之也；纳，行而复之也。喉舌，所以出言也。"[1] 这里提到的仲山甫，乃周宣王时著

---

[1]　朱熹：《四书五经·诗经集传》。

名大臣，因封于樊（今陕西西安南），亦称樊仲。仲山甫"出纳王命，王之喉舌"，朱熹说他"盖以冢宰兼之"。冢宰，在周代为辅佐天子之官，"掌邦之理，六卿之职总属焉，于百官无所不主"。汉代郑玄注曰："变冢言大，进退异名也。百官总焉则谓之冢，列职于王则称大。"① 后世因以冢宰为宰相之称，也有人认为冢宰相当于后世的尚书，位高权重，怪不得刘勰说"周贵喉舌"，道理源出于此。

从以上古代文献可以看出，在遥远的尧舜时代，我国就已经出现了从事新闻信息发布的专职官员。这个现象，在同期全球人类文明的信息传播活动中，恐怕还是罕见的。

第二，"喉舌"的主要功能是充当帝王的新闻信息发言人。所谓"出纳王命，王之喉舌"这句话，将"喉舌"的使命再明白不过地表达出来了，它要求帝王的新闻信息发言人必须及时、坚决、忠实地传达帝王的指示。正如梁朝萧子范所说："纳言之授，皇命所由。"②"喉舌"只对帝王负责，故它很"贵""重"。

第三，"喉舌"作为一种代言人体制，它是历史发展进程中的必然产物。"喉舌"的产生，必须满足两个基本条件，一是国家或国家形态的出现，二是城市的出现和发展。有了国家和城市，才会有社会舆论；而有了社会舆

---

① 《四书五经·周礼》。
② 欧阳询：《艺文类聚》卷48。

论，才会有统率、治理和规范社会舆论的"喉舌"。在先秦时代，国家形态已在中原地区初步形成，从国家机器的组成部分来看，"喉舌"是必需之品，因为没有"喉舌"，统治阶层的声音就无从出口，国家就没有宏观调控力量，缺乏统治能力。所以，"喉舌"是国家出现的伴随物。另一方面，作为国家象征的城市，在先秦时代也是比较多地出现在中原地区。根据考古证明，我国至少在商代中期就已经出现规模较大的城市了。如商代盘庚以后的都城殷墟，（今河南安阳西北），当时总面积已在 24 平方公里以上。[①] 殷墟的卜辞中，已发现"大邑"、"天邑"的地名，如"王其入大邑商"、 "天邑商公宫"等。[②] 古代的"邑"，主要有两个意思，或指国，或指小城市。如《荀子·富国》云："入其境，其田畴秽，都邑露，是贪主已。"这里的"都"和"邑"，均指城市，大曰都，小曰邑。城市的出现和城市规模的扩展，为社会各种意见、呼声的汇聚和集中创造了物质条件，因为显而易见地，舆论在城市比乡间更容易形成一个"场"。这种舆论场，有时可能有利于统治，有时则可能不利于统治。舜帝之所以要龙担任"喉舌"，就是害怕"谗说"横行，出现邪恶舆论，而使社会"震惊"，不利于他统治国家和管理社会秩序。蔡沈在《尚书》注解说：舜帝担心"其言之不正，

---

① 杨宽：《中国古代都城制度史研究》，上海古籍出版社 1993 年 12 月版，第 21 页。

② 杨宽：《中国古代都城制度史研究》，上海古籍出版社 1993 年 12 月版，第 28 页。

而能变乱黑白，以骇众听也"①。因之，从国家的产生和
发展来看，从城市的产生和发展来看，"喉舌"不但是呼
之必出，而且是要之必备。

四

"喉舌"观念出现在刘勰的"诏策篇"是很有道理
的，因为它准确地表达出帝王与喉舌之间的隶属关系。我
们从分析诏策入手，便能直接理出他们之间联系的方式。
因为在一定意义上讲，诏策篇实际上就是喉舌篇。

诏策是帝王的专用品，任何人不得染指。刘勰说：
"皇帝御宇，其言也神。渊嘿黼扆，而响盈四表，唯诏策
乎！……《易》之《姤》象，'后以施命诰四方'。诰命
动民，若天下之有风矣。"这句话的意思是：帝王统治天
下时，他的讲话是代表神意的。虽然他身在皇宫，但他的
讲话却能在四方响应，所依靠的就是诏策。……《易经·姤
卦》辞说："帝王用颁布命令来告诫四方臣民。"依靠诰
命或诏策来动员民众，犹如依靠风来吹散四方，使四方臣
民都知道帝王的最新或最近指示。

先秦时期，诏策一般称命即命令或政令，发布时偶有
称诰。"秦并天下，改命为制"；两汉时，宫廷文书进一
步改革，按品级等次分为策书、制书、诏书和敕书，即策
书封王侯，制书发布赦会，诏书告百官，敕书戒地方。由

---

① 蔡沈注：《四书五经·书记集传》卷1。

于诏策表达的是帝王的意思，所以它的分量很重。《礼记·缁衣》云："王言如丝，其出如纶；王言如纶，其出如綍。"纶，即粗绳。这句话的大意是，帝王说的话如丝般轻细，但他的作用和影响却像粗壮的纶或绳那样重大。

诏策的书写者和传达者，便是"喉舌"。一般而言，帝王不可能亲笔书写命令和指示，他必须依靠臣属，正如他治理国家必须依靠方方面面的臣属一样。诏策的特殊性和重要性，决定了充当"喉舌"的臣属必须是近臣，又是重要之臣，还是能干之臣。故刘勰特别强调："两汉诏诰，职在尚书。"这就明确指出：在两汉时代，"喉舌"的角色是由尚书充当的。刘勰的结论是正确的，但又是不完全的。蔡沈在《书经集传》注解中说："喉舌"一职，乃"周之内史，汉之尚书，魏晋以来所谓中书、门下者"也。①

应当说，蔡沈对"喉舌"在各朝各代变化的描述是最准确的，但同时又是粗线条的，实际上其中的变化差异还是相当大的。只有认真考察了尚书一职的来龙去脉，才能厘清"喉舌"的发展线索以及在各朝各代的相同与不同。

内史是周代的一种官名。内史掌管帝王之八柄，即爵、禄、废、置、生、杀、与、夺，"执国法及国令之贰，以考政事"。② 其相当于魏晋以后的中书之任。

---

① 蔡沈注：《四书五经·书记集传》卷1。
② 杜佑：《通典》卷21。

尚书在秦朝隶属少府。《通典》说："秦时少府遣史四人在殿中，主发书，谓之尚书。尚犹主也。"[1] 尚是主管之义，书即文书，最早主要指章奏。《唐六典》卷一曰：在秦代，"天下之事皆决丞相府，置尚书于禁中，有令、丞，掌通章奏而已。"所谓掌通章奏，就是皇帝赋予的喉舌权。汉袭秦制，尚书的地位、性质一直未变。《后汉书·百官志》说：少府属官有"尚书令一人，千石；尚书仆射一人，六百石；尚书六人，六百石；左右丞各一人，四百石；侍郎三十六人，四百石；令史十八人，二百石"。那么少府是什么机构呢？《后汉书·百官志》说："少府，卿一人，中二千石。本注曰：掌中服御诸物，衣服宝货珍贵文物膳之属。"虽然少府卿的官秩高于尚书令，尚书也是由少府管辖，但与尚书发生直接关系者的，却是最高统治者。两汉时代的尚书，是作为特别宠信的近臣而侍候于皇帝身边的。皇帝亦深知其显要性，故后汉明帝专门告诫，诏曰："尚书，盖古之纳言，出纳朕命，机事不密则害成，可不慎欤！"[2] 汉之尚书虽同是内官，但前、后汉的作用是不一样的。唐人注意到：前汉尚书，"通掌图书、秘记、章奏之事及朝奏，宣示内外而已，其任犹轻；至后汉则优重，出纳王命，敷奏万机，盖政令之所由宣，选举之所由定，罪赏之所由正"[3]。难怪前人以钦慕的口气写道：东汉时，"尚书为机衡之任。尚书即含

---

① 杜佑：《通典》卷22。
② 欧阳询：《艺文类聚》卷48。
③ 欧阳询：《艺文类聚》卷22。

香握兰，直宿于建礼门，太官供膳。奏事明光殿，下笔为诏诰，出语为诰令"。①

东汉尚书权重，是由王朝内部外戚与宦官之间的权力争斗造成的。本来，按照当时的制度安排："禁侍中尚书中臣子弟不得为吏察孝廉者，以其秉威权，容请托故也。"可是，近靠天子的常侍与黄门（即中常侍、小黄门）却凭借"在日月之侧，声执振天下"的优势，以权谋私，"子弟禄仕，曾无限极"。这种状况，日渐引起当朝大臣们的普遍不满。后汉末期，著名清流领袖李固上疏道：

"今陛下之有尚书，犹天之有北斗也。斗为天喉舌，尚书亦陛下喉舌。斗斟酌元气，运平四时；尚书出纳王命，赋政四海，权尊执重，责之所归。若不平心，灾眚必至，诚宜审择其人，以毗圣政。"②

常侍、黄门与尚书同属内官，均在皇帝周围，他们极易勾结成伙，乱政祸国，故李固之流希图削弱他们之间的势力和权力。在解释李固这段话的意思时，前人无名氏著《春秋合城图》曰："天理在斗中，司三公，如人喉在咽，以理舌语。"宋均注曰："斗为天之舌口，主出政教。三公主导宣君命，喻于人，则宜如人喉在咽，以理舌口，使言有条理。"③ 强调大司马、大司徒、大司空等三公的权力应在尚书之上。后汉之三公权弱，由来已久，仅备员而

---

① 杜佑：《通典》卷21。
② 《后汉书·李固传》。
③ 《后汉书·李固传》。

已，正如《通典》所言："后汉众务，归尚书，三公但受成事而已。尚书令主赞奏事，总领纪纲，无所不统。"《后汉书·陈宠传》亦言："今之三公，虽当其名而无其实，选举诛赏，一由尚书，尚书见任，重于三公。陵迟以来，其渐久矣！"后汉确有一些忠正为国的尚书令，如左雄。史称："自雄在尚书，天下不敢谬选，十余年间，称为得人。自雄掌纳言，多所正肃。"①

两汉曾一度设置中书。汉武帝因遊宴后庭，内官不便出入，"始用宦者主中书，以司马迁为之"。司马迁因受李陵之辩，既被腐刑，故能出入后庭，"尊宠在职"。汉之中书，权小位卑，也可充当"喉舌"的部分职能，但范围仅限于后庭或后宫。汉成帝时，"罢中书宦者"。

尚书的"喉舌"地位和作用是如此地重要和显赫，以至于汉代著名大文学家杨雄不得不对它格外注目，他写了一篇美文《尚书箴》，以此来赞美"王之喉舌"，箴云：

"允敕百工，命作斋慄。龙惟纳言，是机是密。出入王命，王之喉舌。献善宣美，而谗说是折。我视云明，我听云聪。载夙载夜，惟允惟恭。故君子在室，出言如凤。"

五

魏晋以后，"喉舌"从尚书逐渐走向中书，从内廷逐

---

① 《后汉书·左雄传》。

渐走向外廷，从侍候皇帝个人逐渐扩展到侍候整个统治阶层，并最终成为国家机器的重要组成部分。

《通典》曰："中书之官旧矣，谓之中书省，自魏晋始焉。"魏武帝曹操为魏王，为管理和指挥方便，"置秘书令，典尚书奏事"。魏文帝曹丕黄初初，改秘书令为中书令，又置监，"以秘书左丞刘放为中书监，右丞孙资为中书令，并掌机密。中书监、令，始于此也"。①

曹魏大臣王昶在《考课事》中说："尚书、侍中考课：一曰掌建六材，以考官人；二曰综理万机，以考庶绩；三曰进视惟允，以考谠言；四曰出纳王命，以考赋政；五曰明罚敕法，以考典刑。"② 此事发生在魏齐王曹芳在位期间，说明曹魏政权内部存在不同看法，有人想把"出纳王命"的喉舌权从中书省中夺回去，重归尚书省。

从史料的记载来看，曹魏时期的中书确实权力很大。《三国志·魏书》多次说道："时中书监刘放、令孙资见信于主，制断时政，大臣莫不好。"③ 俩人"并管喉舌，权闻当时"。这就有力地表明，喉舌权已从尚书转移到了中书，中书的权力已大于尚书。在魏晋时期，一般政府官员均认为，任职中书比任职尚书更为风光，更有权势。晋武帝司马炎以荀勖任尚书令，而"勖久在中书，专管机事，及失之，甚罔罔怅怅。或有贺之者，勖曰：'夺我凤

---

① 杜佑：《通典》卷21。
② 《三国志集解·王昶传》。
③ 《三国志·辛毗传》。

凰池，诸君贺我邪！'"① 荀勖因失去视为"凤凰池"的中书监一职而"甚罔罔怅怅"，同僚的恭贺使他大为恼火。因为中书监是皇帝的近臣，尚书要离得远些。按西晋规矩，尚书省向皇帝奏事，先由中书省受理；而皇帝向尚书省发出的诏命，须先由中书起草并下达。正如前人所说的：此谓"王言之职，总司清要"。② 可见，就信息量的把握而言，就信息获知的快慢而言，就信息发布的权威度而言，中书均高于和优于尚书。相比于尚书而言，中书作为"喉舌"的功能要发挥得更好、更合适。正如前人所言："魏晋以来，中书监、令掌赞诏命，记令时事，典作文书。以其地在枢近，多承宠任，是以人固其位，谓之'凤凰池'焉。"③

进入南北朝后，作为国家新起的行政机构，中书省的部门设置更加规范和完备。南朝之梁陈，"凡国之政要，并由中书省。省有中书舍人五人，领主书十人，书吏二百人，分掌二十一局事，各当尚书诸曹，并为上司，总国内机要，而尚书唯听受而已。被委此官，多擅威势"。④ 北朝之北齐，"中书省管司王言"。⑤ 北魏中书省掌"出纳王言，兼总文诰"。⑥ 所谓"管司王言"，就是作为中书省的"喉舌"，以国家行政机构的面目出现而获得的信息发布

---

① 《晋书·荀勖传》。
② 徐坚：《初学记》卷11。
③ 杜佑：《通典》卷21。
④ 杜佑：《通典》卷21。
⑤ 杜佑：《通典》卷21。
⑥ 《魏书·职官志》。

权和掌控权。

杜佑在《通典》中说："自魏晋重中书之官，居喉舌之任，则尚书之职，稍以疏远。至梁陈，举国机要，悉在中书，献纳之任，又归门下，而尚书但听命受事而已。"尽管"喉舌"职能从尚书剥离出来而授给中书，但并不等于尚书就不重要了。实际上，尚书一直掌控着国家的总理大权即行政大权。《通典》曾指出："魏晋以下，任总机衡，事无大小，咸归（中书）令仆。"宋孝武帝曾专门下诏，曰："尚书，百官之元本，庶绩之枢机。"

虽然"喉舌"权移中书省，但由谁来担任"王言"把关人呢？根据史实获知，南朝与北朝、南朝前后与北朝前后在这方面还是有相当大的区别的。魏晋时期，"诏诰并中书令及侍郎掌之"，这就是说，诏诰之权是由中书令和中书侍郎共同执掌。可是，南朝与北朝后来都发生了变化，地位次于中书令、中书侍郎的中书舍人开始露头，显示分量了。南朝宋初，设置中书通事舍人四员，"入直阁内，出宣诏命。凡有陈奏，皆舍人持入参决于中，自是则中书侍郎之任轻矣"。[1] 宋后之齐，永明初设中书通事舍人四员，各住一省，时谓之"四户"，"既总重权，势倾天下"。这里的重权，乃指诏命掌管权。史称：茹法亮久为中书通事舍人，后出为大司农。中书势利之职，法亮恋之，垂涕而去。[2] 茹法亮不愿高升而恋栈中书，实因中书

---

① 杜佑：《通典》卷21。
② 杜佑：《通典》卷21。

是势利之职。虽然他没有像西晋的荀勖那样牢骚满腹，但失去后的沮丧心态却是完全一样的。齐后之梁，"用人殊重，简以才能，不限资地，多以他官兼领。后除'通事'字，直曰中书舍人，专掌诏诰，兼呈奏之事。自是诏诰之任，舍人专之"。① 北朝的北齐，设舍人省，"掌署敕行下，宣旨劳问，领舍十人"。② 实际上北齐和后魏仍是坚持实行中书令、中书监制度。同时，北齐和后魏还另设集书省，"掌讽议左右，从容献纳，……兼以出入王命，位在中书之右"。③ 后周则效法先秦的周朝，"置内史中大夫二人，掌王言"。后周武帝时，在天官府设"纳言下大夫"。④ 从以上史料看出，南北朝时期，尤其是在南朝，出纳王命的喉舌权已由中书令、中书监转移到中书舍人身上。

南朝中书舍人的权力超过北朝的中书舍人，南朝的"喉舌"体制变化超过北朝，均是由当时的时代条件决定的。北朝的历届政权主要由当时的少数民族执政，他们的统治手段和统治方法主要是通过向汉人学习，自然动作不会太大。而南朝则不同，东晋王朝入主江左后，大批高门士族也随之渡江，通过建立九品中正制度，这些高门士族成为事实上的社会特权阶层，他们的子弟享受世袭权力，可以世代把持着各种社会高位，而那些出身寒门的人士则

---

① 杜佑：《通典》卷21。
② 杜佑：《通典》卷21。
③ 杜佑：《通典》卷21。
④ 杜佑：《通典》卷21。

只能永远生活在社会底层。如按照当时的体制规定：出身寒门的，最高可做到中书舍人；而郎官以上的职位，则是高门士族子弟的"起家之选"。可是，九品中正制可以限制出身，但挡不住人的才能，南朝的才俊之士偏偏又大多出自寒门。特别是通过战争爬上高位、甚至最高权力的寒门人士，他们一旦上去，便大力提携"寒门俊才"，故南朝的中书舍人大多来自寒门。尤其是梁武帝的动作力度最大，他主张用人不论出身，不限资地，"唯才是务"。从这个角度看待，由于南朝一直存在着高门与寒门的斗争，所以"喉舌"权从中书令、中书监转移到中书舍人，有相当的历史必然性。

六

在探讨了"喉舌"的源起、形成、发生和发展的过程之后，我们再来研究一下"喉舌"的话语表达。

诏策是"喉舌"的主要表现形式。诏策的优劣与否，不但关系着把关人的能力与水平的高低，而且还直接关系诏策的传播效果。刘勰认为，魏晋以前，人们普遍不注意诏策的写作，直到建安以后，"文理代兴"，诏策才开始重视文采。"潘勖九锡，典雅逸群；卫凯禅诰，符命炳耀"。[①] 潘勖写的《册魏公九锡文》，文辞优雅脱俗；卫凯写的《为汉帝禅位魏王诏》，堪称传世精品。

---

① 刘勰：《文心雕龙·诏策篇》。

那么，"喉舌"的执行者需要具备怎样的素质呢？王献之曾言："中书职掌诏命，非轻才所能独任。"① 除了皇帝的宠信和本人的能干之外，刘勰认为，他还必须能写。"温峤文清，故引入中书，自斯以后，体宪风流矣。"② 当时的诏命认为温峤出任中书令是合适人选，说："卿既以令望中允之怀，著于周旋，且文清而皆远，宜居深密。今欲以卿为中书令，朝论亦以为宜。"③ 东晋王珉由侍中兼中书令，也是由于他"才学广瞻，理识清通"。④ 刘勰还提到曹魏的刘放和西晋的张华，是可以学习的榜样。《三国志·刘放传》说刘放为文甚丽，善为出檄，魏武、魏文、魏明三帝的"诏命有所诏喻，多放所为"善为书檄，是刘放充任中书监的基本条件。钟会也是文章高手，曾在司马昭手下"掌书疏表檄"。至于张华出任晋武帝司马炎的中书监，那更是再合适不过，因为张华本人就是一代大学者、著名文学家。由于魏晋时期的"掌赞诏命，平处文籍，故前世多参用言语文学之士"，于是诏策写作的追求典雅逸群，便从此成为一种时尚和风气，并代代流传下去。

皇帝的诏策，按汉朝的划分有四种，即策书、制书、诏书、敕书。"敕戒册部，诏诰百官，制施赦命，策封王侯。"诏策的不同用途，决定了它的不同对象和不同内容

①　《晋书·荀勖传》。
②　刘勰：《文心雕龙·诏策篇》。
③　欧阳询：《艺文类聚》卷48。
④　欧阳询：《艺文类聚》卷48。

以及不同表达方式。刘勰在总结大量诏策写作的基础上，从文艺理论和文学修辞的角度，提出了诏策写作的6条基本要求，他主张：

"授官选贤，则义柄重离之辉；优文封策，则气含风雨之润；敕戒恒诰，则笔吐星汉之华；治戎燮伐，则声存洊雷之威；眚灾肆赦，则文有春露之滋；明罚敕法，则辞有秋霜之烈；世诏策之大略也。"①

这就是说，授予官位和选拔贤才的诏策，要显示皇帝如日月双重照耀的光辉；褒奖文告和封官策书，要显示文气如和风细雨般湿润；教戒诏策，要显示帝王的威严与温暖；誓师伐敌诏策，要显示我方强大的声势与无敌的神威；受灾和赦免诏策，要显示春天雨露般滋润；惩罚和整治诏策，要显示秋天风霜般寒烈。以上6点，是诏策写作的大致要求。

从传播学的角度解读关于诏策写作的6条基本要求，我们可以这样认为：文辞优美、笔锋锐利的诏策肯定更有利于信息的传播，不但在横的时空中可传播广泛，在纵的时空中亦可传播久远。诏策的撰写者就是实质上的"喉舌"承担者或执行者，"喉舌"的能力大小决定着诏策的影响力度和传播效果。刘勰甚至设想出诏策的最佳传播效果是："辉音峻举，鸿风远蹈；腾义飞辞，涣其大号。"②

---

① 刘勰：《文心雕龙·诏策篇》。
② 刘勰：《文心雕龙·诏策篇》。

七

　　刘勰是南北朝时期的人，他对"喉舌"的分析和总结只能止于南北朝。按照本文的主题，追考的范围似乎也应囿于南北朝以前，但为了研究的方便，也使大家有一个始末的认识，我们不妨再将"喉舌"在南北朝以后的情况，作一个粗略的勾画。

　　南北朝时期，朝廷政治制度建设方面又出现了一个新的重要机构，这就是门下省。在后汉，门下省称为侍中寺，主管宫内事务，作用并不突出。"侍中，汉代为亲近之职，魏晋选用，稍增华重，而大意不异。"[①] 到南北朝后期，门下省的重要性日趋见强。门下省长官称侍中。北齐门下省掌献纳谏正及司进御之职，后魏更厉害，"改御伯为纳言，斯侍中之职也"。

　　门下省自隋唐以降，崭露头角。隋初，改侍中为纳言，置二人，后又改纳言为侍内；同时又设内史舍人（相当于中书舍人）八员，"专掌诏诰。唐初，设纳言，复为侍中，掌侍从，负宝，献替，赞相礼仪，审署奏抄，驳正违失，监封题，给驿卷，监起居注，总判省事"。在唐朝，"喉舌"职能几经反复，后仍归中书省，中书令"掌侍从，献替，制敕，册命，敷奏文表，授册，监起居注，总判省事"；中书侍郎"掌侍从，献替，制敕，册

---

　　① 杜佑：《通典》卷21。

命，敷奏文表，通判省事"；中书舍人则"专管诏诰，侍从，署敕，宣旨，劳问，授纳诉讼，敷奏文表，分判省事。自永淳已来，天下文章道盛，台阁髦彦，无不以文章达。故中书舍人为文士之极任，朝廷之盛选，诸官莫比焉"。① 由此看来，"喉舌"的真正实权还是掌握在中书舍人之手。唐代文人亦以任职中书舍人为荣。史载：武则天临政时期，中书舍人王勮立召小吏五人，各令执笔，口授分写同时，须臾俱毕，词辞典瞻，时人叹服。虽然中书省主管"喉舌"，但它发布的指令是否忠实、准确，要由门下省"驳正违失"，进行监督。这样，就从体制上进一步规范和完善。

宋代，"喉舌"的职责仍由中书省实现。按宋廷事权划分，中书省"掌进拟庶务，宣奉命令"。凡命令之体有七，曰册书、制书、诰命、诏书、敕书、御札、敕榜。北宋时期，给事中张叔夜曾说："凡命令之出，中书宣奉，门下省读，然后付尚书领行，而密院被旨者，亦录付门下，此神宗官制也。"② 这就明确告知，皇帝的指令，由中书省负责宣奉，由门下省负责省读，由尚书省负责执行，把三省的主要职能交代得清清楚楚。

明代开国皇帝朱元璋雄才大略，对沿袭了数百年的中书、门下、尚书三省体制进行了大刀阔斧的改革，重新组建了新的官僚体制。在明朝的内阁机构中，"喉舌"的职

---

① 杜佑：《通典》卷21。
② 《宋史·职官》。

责是由通政司担当的，"职专出纳帝命，通达下情，关防诸司，出入公文，奏报四方臣民实封建言、陈情、伸诉及军情、声息、灾异等等"。简单地说，就是"掌出纳诸司文书，敷奏封驳之事"。朱元璋曾经专门下谕，解释他设通政司的意图：

"壅蔽于言者，祸乱之萌；专恣于事者，权奸之渐。故必有喉舌之司，以通上下之情，以达天下之政。昔者虞之纳言，唐之门下者，皆其职也。今以是职命卿事等。官以通政为名，政犹水也，欲其常通，无壅遏之患。卿其审命令以正百司，达幽隐以通庶务。当执奏者勿忘避，当驳正者勿阿随，当敷陈者勿隐蔽，当引见者勿留难。无巧言以取容，无苛察以邀功，无谗间以欺罔。公清直亮，以处厥心，庶不负委任之意。呜呼！后世人臣有居此职，服膺此训，则非惟职位之修举，而辅成国家太平之治，实亦有赖焉。"①

由上述而言，与前朝相比，明朝的"喉舌"有这样几个特点：一是"喉舌"的权限更加集中，明代通政司就是"喉舌"司。二是既吸收了以往中书省"出纳王命"的优点，又吸收了门下省"驳正违失"的特长，二者集于一身。三是增加了通达下情的职责，以往的"喉舌"只强调宣奉王命，而不谈下情上达，而明代"喉舌"既注重上情下达，也同样注重下情上达，这是明朝同前朝"喉舌"的最大区别。它显示出明代"喉舌"，不但要传

---

① 孙承泽：《天府广记》卷24。

达王命，而且还要反映民意。四是就"喉舌"的官阶而
言，明代低于前朝。通政司只是正三品，而以往的尚书
省、中书省、门下省都曾达到宰相位置，居于权力中枢。
较之于以往，明代通政司的"喉舌"功能是最完备的，
但权力、地位和作用影响的重要性又是最弱的。总之，明
代中央官体制出现的重大改革，使"喉舌"的地位、作
用及其职责产生了变化，皇权的色彩越来越淡，民情的意
味却越来越浓。

八

依据《文心雕龙》的提示，本文上溯尧舜，下至朱
明，对"喉舌"的起源、发生、形成及其形态变化进行
了有价值和有意义的粗略追考。

归纳上述，我得出这样几个判断：

一、"喉舌"最早出现在舜帝时代，也就是所谓的
"纳言"，而明确记载的"喉舌"，则诞生在周代，有《诗
经》为证。综观世界文明史上，在如此久远的年代就出
现了专职信息发布者，实属罕见。

二、"喉舌"的产生是历史发展和文明进步的必然产
物。"喉舌"的最初本意是代表帝王发布指令，相当于帝
王的新闻信息发布者。随着国家形态的逐渐完备和国家机
构的逐渐规范，"喉舌"的职能亦逐渐扩大，成为国家机
器中的一个重要组成部分，是国家的信息大管家、具有政
府权威的"意见领袖"、政治与社会状况的环境监测者。

三、作为中国古代传播思想的"喉舌"观念，它成熟于魏晋南北朝时代。刘勰是古代"喉舌"观念的创始人，他不但搜寻出"喉舌"的发源与沿革，而且还理清了"喉舌"与帝王及其政府的关系，并首次对"喉舌"观念提出了系统而完整、深刻而独到的一系列见解。他认为："喉舌"的主要传播形式是诏策，而诏策的"把关人"则是尚书或中书；"喉舌"的把关人要具备善写的基本条件，或者说善写是"喉舌"把关人的起码要求；"喉舌"必须讲究传播效果，而传播效果的好坏，取决于根据不同的受众对象而发出不同内容、不同形式的表达指令，为此提出了6条标准。

四、"喉舌"的职能变化，大体经历了3个阶段。两汉以前，"喉舌"基本上属于内官，服务和服从于皇帝本人；魏晋时期，"喉舌"从内廷走向外朝，成为国家机构中不可缺少的重要组成部分，它发出的声音，既代表皇帝，也代表朝廷；明代以降，"喉舌"的职能进一步扩大，过去只强调对上负责，强调上情下达，而今还强调对下负责，强调下情上达；信息流通从上对下的单向渠道，改为既有上对下、也有下对上的双向渠道。

最后，对照本文前面说过的现代"喉舌"观念的6个基本特征，我发现它与古代"喉舌"观念确有不少近似之处，如它们都强调"喉舌"是一定阶级、一定社会集团或一定社会势力的代言人，强调"喉舌"具有上情下达和下情上达的功能等等。正因为如此，我们（当然也包括梁启超）才能很便利很轻松很自然地将它借用过来。但是，我们必须清楚，尽管如此，现代的"喉舌"观念，无论在内涵还是在外延方面，都大大超越了古代的"喉舌"观念，这是由于二者全然不同的传播环境所造成的。至于究因，这里就暂不多说了，因为它已超出本文讨论的范围。

南宋都城临安的"卖朝报"与
"消息子"及其他[*]

读南宋时期署名西湖老人所撰《繁胜录》一书时，有一条史料引起了我的格外注意。作者在描述南宋都城临安（今杭州）的繁华市容时，说当时临安诸市有"四百四十行"，即有440种不同特点、不同服务对象的职业和行业，譬如札熨斗、修破扇、洗衣服、写文字、卖字本等等，其中特别提到"卖朝报"。朝报是南宋政府的官方报纸，由称为都进奏院的政府机构编辑。"凡朝廷政事施设、号令、赏罚、书诏、章表、辞见、朝谢、差除、注拟等，令播告四方。"朝报的发行估计有两条渠道，一为官方，二为民间，很可能发行的主要渠道在民间，不然，何以解释卖朝报这个行当的诞生和存在呢？换句话讲，当时临安已经出现了以卖朝报为职业或为求生手段的人们。反过来说，当时社会上已经产生了一个以读朝报为必需的相

* 原载《新闻与传播研究》1998 年第 3 期。

对固定的读者群。

无独有偶。南宋另一位叫周密的小官吏所撰《武林旧事》一书，亦曾提到同类现象。周密曾"流寓杭州之癸辛街，故目睹耳闻，最为真确"。他在该书第六卷描述杭州的市容市貌特点及其不同职业和不同行当时，专门点出临安市内 180 种不同的"小经纪"即小本买卖，其中有"供朝报"。周密还说：这些小本买卖，"每一事率数十人，各专藉以衣食之地，皆他处之所无也"。这就明确告诉我们：从事"供朝报"这一行当的，大约有数十人，他们以此维持生计，而这个行当是别的地方所没有的。毫无疑问，"卖朝报"与"供朝报"就是一回事，因为周密提到的其他有些行当如札熨斗、卖字本等等，与前面西湖老人讲的完全一样。以上两条史料充分说明，当时南宋都城临安已经出现了比较发达、比较兴旺的新闻活动。

显然，都城临安的信息享受者不止于以阅读朝报为必需的官僚知识分子群体，还有社会上的其他人们。我还注意到，无论是西湖老人的《繁胜录》，还是周密的《武林旧事》，在数百种不同职业和不同行当中，他们还不约而同地提到了"消息子"和"簇头消息"。所谓簇头消息，就是汇拢和集中最新信息（《繁胜录》用的是"促头消息"我疑"促"为"簇"之误）。周密还在书中进一步点明当时从事"消息"这一职业的突出而优秀人士有两个人，即陆眼子和高道。我推测，"消息子"也罢，"簇头消息"也罢，都是专门从事传播和交流各种信息的，他们的服务对象是面向整个社会的。至于按通常逻辑推断，"消息子"和"簇头消息"基本功能重合，但南宋人们既然把它们都列上，想必它们二者之间还是有所差别的，只是历史记载不甚清楚罢了。

由此，我们完全有理由相信，当时的临安已经具备了相当良好的新闻传播氛围。首先，南宋社会是至今国内外学者公认的世界最先进的社会，它的政治制度、经济发展、教育水准、科技水平、生产工艺、商业流通等等，均骄傲地走在世界前列。其次，史载临安拥有人口 120 余万，系当时肯定无疑的世界最大都市；人口的高度聚集，是发生新闻信息传播与交流的重要前提条件。再者，临安市内已经出现了一批以传播新闻信息为职业的"闲人"，或者说社会和市场上已经表现出对这种行当的强烈需求。试想想看，城市那么大，人口那么密，来来往往那么频繁，商业活动那么熙攘，而又没有现代文明的电话、电报、电台、电视台和邮电局作为传播工具和手段，社会和人们又怎能不急需专门经营信息传播与交流的职业呢？据南宋灌圃耐得翁作《都城纪胜》和吴自牧作《梦粱录》这两本书记载，临安城内的"闲人"多种多样，其中有两类闲人同新闻信息传播与交流有关，一是"书写简帖取送之类"，一是"传言送语"之类。我认为，这两类闲人很可能就是从事"消息子"和"簇头消息"职业的主要来源。

此外，临安城内还有一项从事信息传播的职业，叫"喜虫儿"。我们知道，当代大学生录取是通过高考，考上之后，各个地方报纸都要刊登人名及录取大学之名。古代社会科举考试完后，考生靠什么获知考中与否的消息呢？靠放榜。放榜地方主要集中在国子监（即考场）门口。放榜之后，谁来向考中者首先报告这一特大新闻和喜讯呢？靠"喜虫儿"。据《梦粱录》载："放榜之徒，皆百司衙兵，谓之'喜虫儿'。其报榜人献以黄绢旗数面，上题中榜新恩铨魁姓名；插于门左右，以光祖宗而耀闾里，乞觅搔撼酒食黏汤钱会外，又以一二千缗犒之。此其常例也。"喜虫儿即是百司衙兵，由于他们的工作靠近政府机关，故能优先获取信息，同时他们又把这种特权加以垄断，不让他人染指，因而形成一个特殊的信息传播行当。因为报榜这个行当，有较为丰厚的报酬，报榜人除了能够在中榜者家中享受一顿美餐外，还能按常例得到"一二千缗"的钱财。按当时两个人在临安城内饭馆用餐只需花 52 钱即可丰盛算计，这已是一笔相当高的报酬了。

综上所述，南宋都城临安不仅有卖报的，还有专门从事传递、传送、传播各种消息、音讯、新闻的"消息子"、"簇头消息"和"喜虫儿"，他们共同构成了一幅相当精彩而又奇妙的新闻信息传播与交流图画。如果说，南宋社会是曾被日本学者誉为亚近代化社会的话，那么，它的新闻信息传播与交流事业也是当之无愧地达到了亚近代化社会的标准。

重 温 庚 子[*]

——从传播史的角度审视两宋

照西历算法，公元 1000 年，正值宋真宗咸平三年；按天干地支计，是为庚子年。

在庚子前后年间，中华民族的创新能力在多领域、多层次、多范围、多方面上，得到了空前的发挥和罕见的证明。从传播史的角度审视，可圈可点乃至惊天地、泣鬼神的事迹大致如下：

公元 1008 年，中国出现最早以刊登消息为主的民间大众读物，类似于此后不久诞生的"小报"。①

公元 1041 年，杰出巨匠毕昇发明了胶泥活字印刷术。不过，据最新考证，在毕昇之前，就已经有人发明了活字印刷，但尚缺强有力的证据，一是不知何人，二是确切年代未最终断定。

---

* 原载《新闻与传播研究》2000 年第 1 期。

① 方汉奇主编：《中国新闻事业通史》第 1 卷，中国人民大学出版社 1992 年 9 月版，第 99 页。

公元 1066 年，大历史学家司马光主编《资治通鉴》完成，20 年后在杭州雕版印行。

公元 1127 年左右，北宋都城开封开始出现可在市场公开叫卖的"朝报"，而"供朝报"则在南宋都城临安成为一种行业。[①]

公元 1130 年左右，南宋都城临安开始出现以传递和传播消息或信息为主的职业"消息子"；还有传播定向消息的职业，即以传播科举中榜为专门行当的"喜虫儿"。[②]

公元 1193 年，周必大用胶泥铜版移换摹印《玉堂杂记》，其为世界上现存最早的活字印本。[③]

人们不禁会问：两宋对传播史的贡献何以如此巨大？要回答这个世纪性的重大问题，我们必须对两宋社会及其时代背景进行一番综合的历史考察。

中国社会经五代十国的大分裂和大变动之后，于公元 960—979 年间重新建立了大一统的国家，和平代替了战乱，稳定代替了纷争，安宁代替了动荡。也算雄才大略的宋太祖赵匡胤及其继任者实施了一系列正确的政策和方针，使中华民族再次出现千年盛世。政治稳定，经济发展，科技进步，文学高歌，社会有序，是两宋社会的主旋律。

---

① 孟元老等：《东京梦华录（外四种）》，上海古典文学出版社 1956 年 11 月版，第 127 页。

② 孟元老等：《东京梦华录（外四种）》，上海古典文学出版社 1956 年 11 月版，第 128 页。

③ 张秀民：《中国印刷史》，上海人民出版社 1989 年 9 月版，第 671 页。

　　从传播学的角度看，影响两宋社会传播的发展与进步主要存在经济发展、商业革命等间接因素和科技猛进、科举盛行与城市化发展等直接因素。

　　先谈间接因素。

　　在政治结构和政治秩序等基本问题获得圆满解决之后，经济发展的好坏与快慢则为解决所有问题的基础和条件。与盛唐相比，两宋的经济发展高速前进，达到空前的规模。最突出的标志是，由于贸易的强烈扩张和商品交换的急剧频繁，纸币应运而生。这种先进的货币经济的最早诞生，是我们中华民族对于世界金融发展的伟大贡献。联系到当时欧洲还处于以物易物的交易状态时，更加凸显这一金融发明的珍贵和先进了。经济发展的直接效果是社会财富的增加，据考证，11 世纪宋代的国家收入 3 倍于唐朝。[①] 依赖于丰盈的财政收入，两宋政府才能够养活总数达 126 万的常备军——这是当时世界上最庞大的一支军队，而对于西夏和辽国的赔款才不屑一顾，因为赔款总量为 150 万单位的丝绸和白银，仅及政府预算开支的 2%。[②] 商业革命的突出特征是，商品交换以私人贸易为主，并获得空前发展，无论在开封还是在临安城内，全国各地的商品都在这里得到交流和展示。再就是行会的加强，产生于唐代的行会，由于宋代对商业的宽松政策，因而大量涌

---

　　① 费正清等：《东亚文明：传统与变革》，天津人民出版社 1992 年 2 月版，第 125 页。

　　② 费正清等：《东亚文明：传统与变革》，天津人民出版社 1992 年 2 月版，第 129 页。

现，加强了职能，扩大了经营规模，扮演着推动经济发展的重要角色。据悉，一些大行会如谷物行会一般在都市拥有上百个转运商，年经营额达 1000 万个单位。可以说，中华民族决不逊于世界其他任何民族的经商才能在两宋得到了最充分的展现。在经济发展和商业革命中，最活跃的因素是商品及其交换。然而，商品的交换离不开信息的交换，商品交流的范围和频度有多大，也就决定着信息交流的范围和频度有多大。就地位和作用而言，信息在这一过程中是次要的，而不是主要的。

再谈直接因素。

两宋时代在科学技术方面所取得的成就之大、水平之高，在中国历史上是罕有的。震惊世界的三大发明——火药、活字印刷和指南针，就诞生于这一时期。正如国内外许多著名史家指出的，这三大发明改变了整个世界文明的发展进程。除此之外，中国人在许多方面也取得了成功，兴修水利，实施水稻的双季栽植；茶叶种植面积扩大；棉花成为普及性农作物；算盘开始应用，从此成为东亚商人的主要计算工具；火药的发明又推动了火箭、突火枪、火炮、地雷、火毬等兵器的革命。总之，没有两宋社会良好的科技氛围，活字印刷的发明是很难降生的。可能活字印刷的发明是偶然的，但它确实又寓于两宋社会尊重科技、重视科技氛围的必然之中。

美国芝加哥大学学者钱存训对中国的造纸史和印刷史素有研究，功底深厚。在谈到活字印刷发明的推动力时，钱先生套用西方学者的一贯观点即谷腾堡宗教说，认为中国的主要推动力也有宗教原因，再加上农业历书的需要，这是两个主要因素。[①] 我认为，钱先生讲的宗教原因大可怀疑，实际上根本不值一提。事实上，推动活字印刷发明的直接动力，主要来自于科举制度，至于农业历书的需求，倒是次要原因。宋代在隋唐基础上，进一步强化了文官制度。与文官制度直接相联系的是科举制度。宋代的科举制度更趋完善，唐代时，每次科举只取士数十人，到了宋代，据997—1124年间统计，平均每年通过科举入仕者有200余人，这些人在政府的各级机构中占有数量上的优势，并垄断了国家行政的最高权力。这样一来科举制度就刺激了全民读书的热潮，各地普遍兴学，文风鼎盛。在某些年份，光是来都城临安参加考试的考生，就达10万人。[②] 据1148年和1256年统计，这两年考上的成功者中，有一半以上的人出身贫寒，查其祖父之代，未有为官的记录。既然有这么多的人企图通过科举入仕，那就势必要求读书；要读书，就势必要有书，有售书的书场，有印书的书商，这个需求量是很大的，因为它直接同家家户户发生着联系，关系着荣辱与盛衰。当时，朝廷国子监印刷存放的印书雕版就高达十几万片，[③] 民间印制局的还不计算在内。在著名画卷《清明上河图》中，热闹的街市上，就有一家书店。这是当时开封城内社会生活的准确反映，它

---

　　① 钱存训：《纸和印刷》，科学出版社1996年7月版，第8页。
　　② 孟元老等：《东京梦华录（外四种）》，上海古典文学出版社1956年11月版，第123页。
　　③ 钱存训：《纸和印刷》，科学出版社1996年7月版，第331页。

说明读书已成为人们生活中的重要组成部分。简言之，科举制度和兴学热潮，强有力地推动着雕版印刷的广为运用和刺激着活字印刷的迅即出笼。凡是在现实中产生的问题和需求，都只能在现实中解决。需求和刺激越是强烈，就越有利于问题的尽快解决。

宋代城市化的发展，为信息传播提供了良好的生存空间。两宋时期，中国人口的总数已超过了 1 亿;① 都城开封和临安都是当时世界上最大的城市，人口均超过百万。此外，南宋拥有大的州府 52 个，居民住户超过 10 万，人口显然也在 50 万以上，这么多的大型城市，在当时世界上也是独一无二的。城市化的发展意味着信息的密集，其必然结果是诞生"供朝报"的行业和"消息子"的职业。如果没有这两个行业和职业的运作，一个城市的社会生活肯定是无法正常运转的。

综上所述，世界上任何伟大文明的出现，绝不可能是以单一或个体的姿态展示的，它总是在厚实基础的前提下，成批量地不断涌出。两宋时代的传播史成就，不过是这一时代的大环境使然，有了普遍的，才会有特殊的;有了总体的，才会有个性的。说到底，活字印刷、"供朝报"、"消息子"等，都是两宋文明的结晶和产物。它充分证明，在两宋时代，中国的科学技术远甚于同时代的欧洲，中国

---

① 费正清等:《东亚文明:传统与变革》，天津人民出版社 1992 年 2 月版，第 133 页。

是世界上最强大的国家，中国的文化是世界上最光辉的。①

　　写到这里，值此新千年降临之际，作为炎黄子孙，不禁萌出几多希望。2000 年按古历干支计，乃庚辰年。这是一个好兆头，盖庚在五行中为金，辰在十二生肖中属龙，金龙腾霄，大吉大利。中华民族拥有这样一个开元，岂不至庆至幸?! 记得陈寅恪先生曾经说过："华夏民族之文化，历数千载之演进，造极于赵宋之世，后渐衰微，终必复振。"壮哉斯言，窃深信不疑。

---

　　① 《泰晤士世界历史地图集》，中文翻译组译：《世界史便览》，三联书店 1983 年 9 月版，第 251 页。

论明代邸报的传递、发行和印刷[*]

我们知道，邸报是明代社会新闻传播的主要工具和主要方式；我们还知道，明代邸报是明朝官吏阶层和知识分子阶层的常阅之物，许多明代史籍中记载有关邸报的资料，已经无可辩驳地证明了这一点。但是，有一些相当重要、相当关键的问题，至今我们还没有完全弄清楚。这就是：1. 在没有现代邮政系统的明代社会，它的邸报究竟是怎样传递和发行的？2. 明代邸报是手抄的，还是雕版印刷的，或是活版印刷的？

本文试图对这几个问题作一些初步的探讨，以见教于大方。

一、明代邸报的传递和发行

《明会典》卷213曾说："凡六科每日接到各衙门题

　＊ 原载《新闻研究资料》第48辑。

奏本，逐一抄写成册，五日一送内阁，以备编纂"；又说："凡各科行移各衙门，俱经通政司转行"①。根据明朝政府的这一制度规定，我们可以看出，硃批章奏传下后，六科或通政司把这些章奏编纂或辑成朝报。在京的各衙门要想知道朝报的内容，或者派自己衙门的书手来六科廊房抄传，或者由六科派人分别抄出，转发各衙门"使知朝政"。所以，京官们是能够比较及时、比较迅速地知晓朝廷大事和全国各地要事的，因为他们占有天时地利之便。

　　那么，京城以外的官员们又是怎样获悉朝廷大事和全国其他地方发生的事情的呢？不用说，当然是靠邸报。那外地官员们的邸报又是通过什么方式得到的呢？让我们先来看看两条史料：

　　1. 查得本府原派各府县抄报银72两，专雇在京人抄报十本。宣化驿每五日一次，差夫马取，送巡抚、都察院、户工二部、兵备道及本府正佐官各一本。为照本院既有永定驿送报，而宣化又送，似为重复；本府各官，同住一府，各送一本，似亦过多。今议本院自正月至六月终止，俱永定驿送；七月防秋至十二月冬止，俱宣化驿送，每月银一两。户工二部、兵备道各一本，本府共一本，轮流传看。遇各官公委，令吏书抄写传送，每本俱银七钱，每月该银三两八钱，每年该银四十五两六钱，遇闰月加银三两八钱，于存粮银内支给。庶旧规不

------

① 《明会典》卷213。

失，而浮费亦少，省矣。

　　　　——［明］保定府志卷26"减邸报"①

　　2. 京师五方所聚，其乡各有会馆，为初至居停，相沿甚便。惟吾乡无之，先人在史局时，首议兴创，会假议未成，予再入都，则巍然华扬矣。然往往为同乡贵游所据，薄官及士人辈不得一庇宇下，今思唐人藩镇俱有进奏院，凡奏事，将吏及部曲、贸易都下者，俱得居之，即跋扈如淄青李师道、昭义刘从谏辈，俱得置邸如故事，盖示王者无外，其德甚善，此又不止于桑梓萍聚如会馆已者。今天下一家，省直抚按、藩臬大吏，其奏事承差舍人充物都下，易作奸究，何如亦放唐制，令各处听设一院，以待二司各府入觐，及承舍之奉差者，最便计也。况巡抚及总兵官，俱有提塘官在京师专司邸报，此亦进奏院遗意，引而伸之，不为创见骇闻也。

　　　　——沈德符：《万历野获编》第608页

　　初粗一阅，这两条史料似有矛盾之处，史料1说：外地官府专门雇用京城的书手，抄传邸报，即"本府原派各府县抄报银72两，专雇在京人抄报10本"；而史料2却说：外地官府专有提塘官常驻京城，传送邸报，即"巡抚及总兵官俱有提塘官在京师专司邸报"，即是说，根本用不着专门雇人抄传。究竟该作何解释呢？

　　其实，细细深究起来，我们发现它们二者之间仍有一定的内在联系。提塘官，在明代是一种低级军职。《辞

──────────

① 转引自苏同炳：《明代的邸报》，台湾《中央日报》1968年9月7日至10日。

海》"提塘"条解释道："明清制度，督抚派员驻在京城，
传递有关本省的文书，称为提塘官"。《辞源》"提塘"条
解释道："清代各省督抚，选派武职一人驻京，专司投递
本省与在京衙门往来文报，其职隶于兵部"。《辞源》没
有提到明代已有提塘官，显然是一个疏忽，但《辞源》
和《辞海》在解释提塘官的职能上，却是基本正确的。
上面的史料2也说：提塘官隶属于巡抚和总兵官。巡抚和
总兵官分别为一省或一个地区的最高行政长官和军事长
官，有的巡抚还兼管军事。因为巡抚和总兵官常有军务和
急件向上禀报，故负责此项工作的提塘官就成为常驻京城
的代表，传递有关本省的文书，同时也负责传递邸报。

　　既然有提塘官在京主持邸报的传递工作，那为什么还
要在京师雇人抄报呢？这是因为明朝政府规定：提塘官只
能传递与本省有关的文书和邸报。可是，外地官府的官员
们不但想知道本省的消息和情况，而且还想知道京师和其
他省份的消息和情况，光是提塘官传递下来的有关本省的
邸报，不能满足他们在信息上的需求。然而，提塘官一职
向来是由不通文墨的武人担任，因而就不能了解外地官员
对京师和其他省份的新闻有何需求。在这种情况下，外地
官府只好在京城专门雇用一批能干、懂行的书手，帮忙筛
选和抄写邸报，然后再由这些人将抄写的邸报交给驿站，
通过驿传系统传递下来。当然，委托驿站传递邸报，是要
付一定费用的。保定府每月付给驿站银一两，若是更远的
地方和省份，恐怕传递费用就更高了；或者可能是另一种
情况：提塘官只负责传递工作，而抄写邸报全由受雇的书

手们负责，受雇书手将抄传好的邸报转交给各省的提塘
官，由提塘官安排驿站递送。即便是这样，提塘官大约也
是要付给驿站一定的传递费用的。不付费用，驿站完全有
理由拒绝为之效劳，因为按照明朝的邮传制度，它没有规
定邸报是驿站的邮传范围，但也没有规定不是，即没有具
体的硬性规定。既然如此，制度的弹性这么大，那事情的
成败全在于人的灵活性和主动性。为了使驿站保持灵活性
和主动性，金钱便成为工薪微薄的驿卒的上等润滑剂了。
现在，当我们再回过头去看那两条史料时，就觉得它们之
间并不是互为矛盾，而是互相补充、互相映衬的了。

　　人们也许还要问：外地官府为什么偏偏要雇用京师书
手，而不找本省的书手常驻北京，这岂不比雇用的更合
适、更方便吗？其实外地官府并不是不想这样做，而是不
能这样做，不敢这样做。根据史籍记载得知，明朝政府对
外地官府和外封王府差遣的进京人员防范甚严，规定：凡
是不急之务，不得遣人进京奏事，要求"各该抚按守巡
等官，严行裁革"；如果确有急务而进京的公差人员，最
多只能在京城住半个月，否则"不回还者，革去应得应
付"。[1] 由于有这些禁令和规定，外地官府就只好雇用京
师书手为之抄传邸报，这是没办法的办法。估计并不只是
保定府的官员这样干，当时其他外地官府应都是这样仿
效。这反倒证明了明朝的各级官员们对新闻信息的需求是
多么强烈！

---

　　[1] 《明会典》卷148。

　　邸报传至保定府这样的地方高级衙门后，就在官员们之间"轮流传看"；遇着邸报登了跟某位主管官员有关系的事情，就"令吏书抄写传送"，这样保定府辖下的衙门，也能看到邸报了。邸报就是这样一层一层地传递下去的。当时的各级衙门内，都养着几位抄报书手，专门抄写行传下来的邸报。如明朝万历年间《宛署杂记》中说道："前件臣等看得审缓科道官，因宛大二县供应浩繁，银两不敷，将各衙门倚办于二县者，查出通欲遂行议处，行据各官回称：抄报、逻夫、书办、门子工食已经裁革，无容再议，至于酒席、帮价、桃符等项，均属冗费，相应通行严禁。"①

　　根据明代的文献资料记载，明代邸报在层层下达转抄传报中，内容也将相应地受到某种程度的"损失"和"贪污"，即被删节和筛选。因为各级官员在邸报的传抄过程中，往往只抄传与自己有关系或自己感兴趣的消息报道，无关的和无兴趣的，他们就不会抄传。具体怎样，将视具体情况而定。顾亭林在《三朝纪事阙文序》一文中说过："臣祖年七十余矣，足不出户。然犹日夜念庙堂不置。阅邸报辄手录成帙。……自万历四十八年七月至崇祯七年九月共三十五帙，中间失天启二年正月至五年六月，而其后则臣祖老不能书，略取邸报标识其要。然吴中报比之京师仅得十五，亦无全抄，而臣祖所标识者，兵火之

---

① 沈榜：《宛署杂记》卷13"铺行"。

余，又十失其一"。① 顾炎武说，在吴中看到的邸报，比京师的邸报，其内容要少去1/2，而且每条消息报道还不是全部抄写。这正是邸报被辗转抄传的结果。怪不得明末清初大学者谈迁为写《国榷》一书，曾专门进京借阅邸报，因为北京的邸报比传至外地的邸报在内容上要完整得多。明代著名小说《金瓶梅》曾用文学的手法详细而生动地描写过邸报在地方上被抄传的过程，大略如下：

3. 西门庆的亲家因吃官司，女儿和女婿便回来躲避，西门庆一见，顿时慌了手脚，一面安顿女婿女儿，一面"叫了吴主管来，与了他五两银子，教他连夜往县中孔目房中，抄录一张东京行下来的文书邸报。上面端的是甚言语：'兵科给事中宇文虚中等一本，恳乞宸断，及诛误国权奸，以振本兵，以消房患事。（以下内容从略）'西门庆不看万事皆休，看了耳边厢只听飕的一声，魂魄不知往哪里去了，正是惊损六叶连肝肺，吓坏三毛七孔心"。

　　　　　　　　　　　　　——《金瓶梅》第 17 回

从东京传至阳谷县的邸报绝不止是西门庆看到的那一张，只不过别的为西门庆所不感兴趣，而与西门庆有关的消息，他才抄录下来。可以想见，其他邸报抄本也可能是这样按抄传者的需要摘抄的。这段情节还告诉我们，西门庆为了打听这条命运攸关的消息，不惜动用五两银子去买通县衙门的孔目。五两银子是个什么样的概念呢？它等于明代县衙门书手的两个月工资；按保定府的抄传价格，相

---

① 《顾亭林诗文集》，中华书局 1983 年 5 月版，第 155 页。

当于抄写7本邸报的费用，足见行贿价格之高！《金瓶梅》中还有一段描写：

4. 西门庆正在家打发送节礼，忽荆都监差人拿帖儿来问："宋大巡题本已上京数日，未知旨意下来不曾，伏惟老翁差人察院衙门一打听为妙"。这西门庆即差答应节级，拿着五钱银子，往巡按公衙书目打听。果然昨日东京邸报下来，写抄得一纸全报来，与西门庆观看。上面道写甚的——"山东巡按监察御史宋乔年一本：循例举劾地方文武官员以励人心，以隆圣治事。（以下内容从略）"西门庆一见，满心欢喜，拿着邸报，走到后边，对月娘说："宋道长本下来了。已是保举你哥升指挥金事，见任管屯。周守御与荆大人都有奖励，转副参、统制之任。如今快请小厮请他来，对他说声。"……西门庆即令陈经济把全抄写了一本，与大舅拿着；即差玳安拿帖子，送邸报往荆都监、周守御两家报喜去。

　　　　　　　　　　　——《金瓶梅》第77回

　　西门庆的这张邸报是从巡按衙门那里弄来的，但可以肯定，巡按衙门里绝不止刊有宋乔年题本这张邸报，因为邸报上的其他内容与他西门庆无关，那西门庆抄它作甚？当时人们习惯地觉得：只要是从邸报上抄录下来的内容，即使是抄录了其中一部分，这只有部分内容的邸报，仍然可称为邸报。西门庆不就是这样认为的吗？西门庆不正是继续抄传其中与他及其周围关系者有关的内容，并作为邸报递给吴大舅、荆都监和周守御的吗？

　　明代邸报每期刊登多少条消息？由于没有实物，很难判定。万历邸钞和弘光实录钞虽系邸报钞本，但由于后人在抄传和编辑的过程中抹去了期与期之间的痕迹，难以看出全貌。但有一点可以断定，每期邸报刊登的消息绝不止一则。顾炎武曾说："邸报见二疏，深切时事，其捐纳一疏，似必难行，但恐行之而徒为大吏添一矿穴也。"[①] 顾炎武看的这期邸报至少有两条消息，其中的一条使他产生了兴趣。我们从一些反映明代邸报的小说和戏剧的情节里，也可以证实每期邸报的消息不是一条，而是多条。如：

5. 此时，草堂上已点了灯，汪费就将那一本书拿起来一看，是一本朝报，因笑道："乡里人家看报纸，大奇！大奇！"因问道："是哪里来的？"主人道："偶然一个京中朋友过此遗下的。"汪费展开一观，只见：

吏部一本，举荐人才之事，户部给事中赵崇礼服满，宜以原官用。

典奇一本，会试宜严考德行，以取真才事。

吏部一本，选官事，准贡监生黄舆，选大兴县儒学训导。俱批：该部知道。

——《自作孽》，见《明清平话小说选》

6. 〔副净持朝报送上，介〕禀老爷，今日科抄有要紧旨意，请老爷过目。〔外看报，介〕"内阁大学士马一本，为速诛叛党，以靖邪谋事；犯官周镳、雷演祚，私通潞藩，叛迹显然；乞早正法，晓示臣民等语。奉旨：周镳、雷演祚着督候处决。又，兵部侍郎阮一本，为捕灭社

---

① 《顾亭林诗文集》，中华书局 1983 年 5 月版，第 185 页。

党，廓清皇图事，照得东林老奸，如蝗蔽日；复社小丑，
如蝻出田。蝗为现在之炎，捕之欲尽；蝻为将来之患，灭
之勿迟。臣编有'蝗蝻录'，可按籍而收也等语。奉旨：
这东林社党，着严行捕获，审拟具奏，该衙门知道"。

　　　　　　　　——《桃花扇》第 30 出"归山"

　　小说《自作孽》中的主人，乃朝廷中的户科给事中
赵崇礼，他看的朝报，估计是他京中的朋友送来的，赵本
人就是京官，又在朝报诞生地的六科廊房任职，所以他才
能看到昨天传递下来的朝报。那本朝报的形式像书籍，里
边刊登了 3 条消息。《桃花扇》剧中的那本朝报上，至少
刊登了两条消息。由此再联想到《金瓶梅》上的邸报，
那本传到阳谷县的邸报和那本传到巡按府的邸报，上面刊
登的消息也绝不可能只有一条，肯定是多条。而西门庆抄
写的邸报，只是被抄录的那期邸报中的一条。西门庆的这
种"各取所需式"邸报，虽不完整，但仍然可以视为邸
报。可以合理地推测：当时社会上的各取所需式邸报，其
数量相当可观。

　　明代邸报的传递方式，除了那种官府之间的从上而下
的层层传递和那种官员转抄于同僚与亲朋好友之间的平行
传递的方式之外，还有一种方式，就是互相借阅和互相寄
看。举例来说：

　　7. 三年之别，而咫尺未皇晤对，念之邑邑。近者，
借阅报知诸君已得谕旨，不止私心庆幸，亦幸桢国庇人，
从此厝诸事业，万惟努力，努力。

　　　　　　　　——《徐光启集》，第 609 页

8. 邸报附上，经略疏言四路进兵，此法大谬。

——《徐光启集》，第 459 页

9. 昨自京口渡江，即从六合行，十二日已邸郭外，寓报国寺。……方得邸报，适有人东还，附上，亦私心之喜也。

——《震川先生集》第 895 页

徐光启和归有光都是朝廷官员，他们是能够看到邸报的，但他们的不曾做官的朋友未必能够看到，为满足朋友们的新闻信息需求，他们便将看过的邸报转寄给朋友们传阅。

在我看来，明代邸报每期刊登的消息数量，在很大程度上取决于皇帝的日工作量多少，即皇帝每天能批复多少件章奏，让六科与通政司发抄传报。朝初开国初期，明太祖、明成祖等皇帝，励精图治，日理万机，工作异常勤奋，史称："自太祖、太宗列圣临朝，每至日昃食不遑暇，惟欲达四聪，以来天下之言"。[①] 洪武时期，通政司曾有一次在 8 天之内，共接收全国各地的题本、奏本达 1160 件，反映情况为 3292 起，日平均工作量为阅批章奏 145 件；处理情况为 411 件。这样大的工作量连精力过人的朱元璋也不免叫苦不迭。自明英宗登基以后，当时首辅杨荣以英宗幼冲即位，"虑圣体易倦，因创权制：每一早朝，止许言事八件。前一日先以副封诣阁下，豫以各事处分陈上。遇奏，止依所陈传旨而已。英宗既壮，三臣继

---

① 王琦：《寓圃杂记》，中华书局 1984 年 6 月版，第 5 页。

卒，无人敢言复祖宗之旧者"①。到后来，皇帝的早朝工作量，又减为每日七件，陈洪漠在《治世余闻》中说：成化、弘治年间，"通政司奏事，春秋凡七起，盛寒暑则省其二"。天启年间，再减为每天早朝 2 起，崇祯即位后，又定为 4 起。② 当然，早朝只是皇帝每天工作的一部分，并不是工作的全部。一般来说，皇帝每天要批答 20 至 30 件题本和奏本，如万历皇帝青年和盛年时期，即是如此。③ 假如皇帝批答的章奏中，有一半或一半以下是可以抄发传报的，那就是说，邸报每期刊登的消息当在 10 条左右。从明朝的体制看，邸报是能够做到基本每天发行的。每期邸报的字数，按平均每条消息 500 字计算（根据万历邸钞和弘光实录钞以及《金瓶梅》上一条消息的全文字数估算），每期邸报的字数最低限度为 5000 字。台湾新闻史学者苏同炳则估计，每期邸报的发行字数"常在七、八千字以上"。④

对于京城的朝报来说，它基本上能够保证每天发布；但对于外地的官吏来说，他们却不能够保证天天看上邸报。有的论者曾说，明代邸报是 5 天发一次，其实这是毫无根据的，有的地方确实是每 5 天看一次邸报，但并不等于每 5 天发行一次。按何良俊的说法："给事中每日在六

①　王琦：《寓圃杂记》，中华书局 1984 年 6 月版，第 5 页。
②　孙承译：《天府广记》卷 24，北京古籍出版社 1984 年 9 月版。
③　黄仁宇：《万历 15 年》，中华书局 1982 年 5 月版，第 14 页。
④　转引自苏同炳：《明代的邸报》，台湾《中央日报》1968 年 9 月 7 日至 10 日。

科廊接本",① 朝报当是每天发行。外地官吏阅读最新一期邸报的时间，取决于他们的衙门所在地跟京城之间的距离。距离越近，周期越短；距离越远，周期越长。像保定府这样离京城较近的府县尚且 5 天才能看到一次邸报，那些较远的省份和府县，恐怕要好几个月后才能知道朝廷发生的最新事件。如明代东江总督毛文龙曾说他"于元月初二日，海冻初开，接得去冬十月邸报",② 拖欠时间长达 5 个月之久。万历邸钞上有一条来自四川的消息发布于万历三十六年六月，而报道内容说的事情却发生于当年 3 月。也就是说，四川的信息达于京师，花了 3 个月时间。反过来推理，京师邸报达于四川，也需要同样或更长的时间。明朝政府曾对京师跟各地传递信息的时间，作过严格的规定和限制。《明会典》的记载写道：

陕西都司，陆路 2650 里，计 43 站，限 86 日；

秦州卫，陆路 3320 里，计 55 站，限 110 日；

岷州卫，陆路 4100 里，计 61 站，限 120 日；

河州卫，陆路 4200 里，计 63 站，限 126 日；

洮州卫，陆路 4200 里，计 63 站，限 127 日；

阶州守御千户所，陆路 3700 里，计 59 站，限 118 日；

文县守御千户所，陆路 4240 里，计 67 站，限 134 日；

西固城，陆路 4500 里，计 61 站，限 120 日；

陕西行都司并甘州后卫，陆路 5400 里，计 87 站，限

---

① 何良俊：《四友斋丛说》，中华书局 1983 年 4 月版，第 59 页。
② 《明会典》卷 149。

174 日；

> 西宁卫，陆路 4570 里，计 75 站，限 150 日；
>
> 庄浪卫，陆路 4460 里，计 70 站，限 140 日；
>
> 四川都司，陆路 5185 里，计 86 站，限 172 日；
>
> 松藩，陆路 5965 里，计 96 站，限 192 日。[①]

从这个时间表的安排上，我们可以看出，外地省份，尤其是边远省份的官员们要读上一份邸报是多么地困难，一件新近发生的京城新闻到达他们手里时，新闻早就变成明日黄花了。有时候，外地省份和府县的衙门差人进京奏事，在承差人回程的时候，当局允许他们顺便带回邸报，这样的话，邸报的传递时间就会缩短一些，正如《明会典》所说："各处抚按镇巡、王府差人赴京奏事者，准赍本衙门府敕书，支票给，应给双马站船，到彼住起。"[②] 不过，这种事情只能时而为之，不能经常干，因为那是犯大忌的，所以不能视为常规。

由于有了邸报的传递和发行，大大调剂和丰富了官员们的政治生活和精神生活，他们不但可以借此了解京城大事、要事，而且还能够知道外地其他省份的情况和动态。举例来说：

10. 四川巡按钱桓疏："……近接邸报，见贵州抚臣郭子章疏为镇雄土舍归黔，谨遵明旨。……"

——万历邸钞，第 1559 页

---

① 毛承斗辑：《东江疏揭塘报节抄》，浙江古籍出版社 1986 年 6 月版，第 130 页。

② 《明会典》卷 148。

11. 云南道御史孙承南题：大臣举动乱常，蛊惑人心，大伤风化等事：臣自入任以来，见缙绅间传太仓州王氏女成仙者，其乡人者皆知为妖蛇所侵，独其父锡爵以为仙也，有鄙笑者，有惊骇者。……

——万历邸钞，第 119 页

12. 江西道掌道福建道御史吴允中等，重地困苦堪怜，藩使骚动虞等事，言："接邸报，山东按臣马应祯疏，内据该城驿抄牌，一称福府承奉门正曹奉令旨，前往山东等处所属府州县……"

——万历邸钞，第 2150 页

以上史料 10 是四川巡抚钱桓对贵州的事情发表政见；11 是云南地方官吏对王锡爵之女成仙的社会新闻，感到万分惊讶；12 是江西御史对山东问题发表政见。一个在四川，另一个在贵州；一个在云南，另一个在江苏；一个在江西，另一个在山东；它们相互之间靠什么发生了联系？靠信息。信息的载体是什么？是邸报。邸报是官员们了解信息、沟通情况的重要桥梁。

二、明代邸报的印刷和读者群

一谈到明代报纸的印刷问题，新闻史研究工作者往往是不由自主地而又不谋而合地引用明代著名文人顾炎武说过的一段经典性论述：

1. 窃意此番纂述，止可以以邸报为本，粗具草藁，以待后人，如刘昫之《旧唐书》可也。忆昔时邸报至崇

祯十一年方有活版，自此以前并是写本。而中秘所收，乃
出涿州之献，岂无意为增损乎？

　　　　　　　——《顾亭林诗文集》卷3，第51页

　　顾炎武的这段话讲得十分明白，即崇祯十一年（公
元1638年）以前，邸报都是手钞，之后才开始活字印刷。
根据明代文献提供的材料看，这一论述只能是大体正确。
为什么这么说呢？因为崇祯以前的邸报，曾有一些是雕版
印刷，其证据如下：

　　2. 淮抚李三才被论，宪成贻书叶向高、孙丕扬为延
誉，御史吴亮刻之邸钞中。

　　　　　　　　　　　——《明史·顾宪成传》

　　3. 昨卧病初起，忽闻其为书传之邸报，刻录盛行。
臣异之，以为悬书邸报，自来未有，自今而起，窃以为世
道人心何危急如此，将令国是难定，主权下移，当是难以
主持公论，日为混淆，天下从此多事矣，云云。

　　　　　　　　　　　——万历邸钞，第1332页

　　按史料3中的"传之邸报，刻录盛行。臣异之，以为
悬书邸报，自来未有"的说法，雕版印刷的邸报应是在
万历年间才开始出现的；按史料2的情况判断，雕版印刷
的邸报在当时已是比较经常地使用了。据我分析，一般邸
报仍是手抄的，只有那些被办报人认为具有相当高的新闻
价值的报道，具有特别魅力的报道和能够引起社会轰动的
报道，他们才肯付之以雕版印刷，不然的话，时间和经济
上都不划算，将导致赔本亏损。

　　顾炎武说的活版印刷指的是什么活版呢？通常认为活

板有3种类型，印泥活字、木活字和金属活字。说木活字
印刷邸报，确有其事：

4. 印版之盛，莫盛于今日矣。吾苏特工，其江宁本
多不甚工，此有用活字版者。宋毕升为活字版，用胶泥烧
成。今用木刻字，设一格于桌，取活字配定。印出，则搅
活之，复配他页，大略生字少刻，而熟字多刻，以便配
用。余家有活版苏斜川集十卷，惟字大小不划一耳。近日
邸报，往往用活版配印，以便屡印屡换，乃出于不得已。
即有讹谬，可以情恕也。

——袁恬：《书隐丛说》卷13①

这则史料明确地告诉我们，明代邸报真有用活字印刷
的，那是用木活字，而不是用泥活字或金属活字印刷的。
说明代曾使用过泥活字印刷，只不过是一种推测和想象。
在明代的文献中，不但连泥活字印刷报纸的记载只字不
见，连泥活字印刷书籍的记载，也是毫无踪影。说到这
里，也许会有人感到不解和奇怪：泥活字印刷早在北宋庆
历年间就由布衣毕升发明了，明代社会怎么可能没有享受
到这项印刷史上的重大革命成果所带来的爽风和甘霖呢？

不错，毕升的活字印刷实在是一项人类有史以来最伟
大的发明之一，他开辟了一个全新的思路和全新的方向，
而且非常富有想象力。仅凭想象就可以想到，比起雕版印
刷来，活字印刷不但可以节省经济上的费用，而且还可以
大大缩短出书周期。但是，泥活字印刷效果怎么样？出书

---

① 黄卓明：《中国三代报纸探源》，人民日报出版社1983年6月版，第105页。

质量怎么样？沈括在《梦溪笔谈》中关于毕昇发明活字的那段著名记载中，却没有提到过一句。这就诱发我们思索另一个相关的问题，为什么早在11世纪中期就发明了的泥活字印刷，经过500年时间之后，却依然没有在明朝得到推广运用呢？难道是明朝人不愿意沐浴新的物质文明所呼唤的阳光雨露吗？不，不是的，也不会的。由此，我们可以肯定地说，这里面还存在着难以改进或无法克服的技术上的问题。

我们知道，泥活字的原料，按沈括的说法和后人的记录，都称是"胶泥"。胶泥不是科学的名称，现代土壤学认为，胶泥实质上就是黏土，或黏性很强的土壤。黏土分砂质黏土、粉砂质黏土、轻沙土和重沙土等种类；高岭土也是黏土的一种。前者经过火烧后，变成砖或瓦之类的硬物，后者经过火烧后变成陶瓷品之类的硬物。毕昇用的是哪种黏土呢？沈括没有讲明，但后人多数认为，毕昇用的泥活字是用高岭土烧制而成。如古代朝鲜人把毕昇的活字版称为"陶活字"，现在朝鲜还保存着220余个陶制大小的活字。[①] 当代著名的中国科技史专家李约瑟教授也说过："活字版是毕昇（公元1060年）发明的，他用的是陶瓷"。[②] 近人齐如山在《清末京报琐谈》一文中，谈到他参观清末报房时，亲眼看到"所有的字都是用胶泥烧成，字体自然很粗，按物质说，胶泥一经火烧，便成陶器

---

① 张秀民：《中国印刷术的发明及其影响》，人民出版社1958年2月版，第113页。

② 李约瑟：《四海之内》，三联书店1987年10月版，第9页。

性质"。也有烧成砖瓦状物的活字,如元代大科学家王祯就讲过:"后世有人别生巧技,以铁为印盔,界行内用沥青浇满,冷定,取平,火上再行煨化,以烧熟瓦字排于行内,作活字印版。"① 泥活字的最大优点是原料易取,它的最大缺点是易碎,若成陶瓷状,则上色不易;若成砖瓦状,则表面粗糙,易磨破纸张,而且字划易损和齿残。其实,前人早就看出泥活字的毛病,15 世纪朝鲜著名学者金宗直说过:泥活字"率皆烧土而为之,易以残缺,而不能持久"。② 现代国外科技史专家在谈到泥活字印刷时,也认为:"这项发明却不大被应用,原因似乎是,胶泥活字经烧烤而硬化时会收缩,容易产生不匀称的现象,而又难以用普通的墨汁印刷"。难怪近代学者罗振玉、胡适等人亦对泥活字能否印刷书籍深表怀疑。据说,元代忽必烈大帝的谋士姚枢及其弟子杨古曾用泥活字印刷出版极为少量的书籍,如朱子的《小学》、《近思录》等。③ 清朝时,安徽泾县有一位穷困的教书先生,费了 30 年心血,"搏土热炉,煎铜削木",制造出像骨头牛角一样硬的泥活字 10 万多个,直到道光甲辰年(公元 1844 年),这位先生 70 岁时,才印出《泥版试印初编》一书。这位老先生显然是想解决泥活字的硬度与韧度问题。可见泥活字印刷并非

---

① 张秀民:《中国印刷术的发明及其影响》,人民出版社 1958 年 2 月版,第 78 页。

② 张秀民:《中国印刷术的发明及其影响》,人民出版社 1958 年 2 月版,第 78 页。

③ 张秀民:《中国印刷术的发明及其影响》,人民出版社 1958 年 2 月版,第 76 页。

是一件简单容易的事情，它牵涉到原料、造字、印刷、上色等许多实际应用技术难题。正是因为这些技术上的障碍始终没有得到克服和攻破，所以泥活字一直只能停留在理论上和试验阶段的水平上，而始终未能普及。明代社会不但没有泥活字印刷的书籍，而且也没有泥活字印刷的报纸，原因就在于此。

据沈括介绍说，毕昇还试验过用木料做活字，但没有获得成功，毕昇认为："不以木为之者，文理有疏密，沾水则高低不平，兼与药相粘，不可取。"① 这就等于给木活字印刷判处了死刑。但偏偏有人不信邪，非要再闯一闯不可，这个人就是元代大科学家王祯。他循着毕昇提供的思路，终于成功地创造出了木活字。王祯在安徽旌德县做官时，指导工匠刻制木活字 6 万余个，费时两年，于大德二年（公元 1298 年）试印他自己纂修的《大德旌德县志》，全书 6 万余字，不到一个月，就印成 100 部，又快又好，这是迄今为止所知的第一部木活字印刷书籍。我认为，毕昇之所以失败，而王祯之所以成功，很可能是他们各自的选料不同。木料有硬木和软木之分，软木是不宜做木活字的，硬木如枣木、梨木等，才能制成适用的木活字。或许当初毕昇选择的是软木，经试验失败，所以他认为木活字不行；而王祯以硬木入手，就获得了成功。王祯不但创制了木活字，还发明了转轮排字架，即将活字按韵分在轮盘的特定部位，每韵每字都依次编好号码，登录成

---

① 沈括：《梦溪笔谈》卷 18 "技艺"，中华书局 1957 年 11 月版。

册。排版时一人从册子上报号码，另一人坐在轮旁转轮取字，既提高了排字效率，又减轻了排字工的体力劳动。王祯还把木活字制造方法和木活字印刷中的一系列技术问题，有系统地整理和记录，写成《造活字印书法》一文。① 从此，木活字开始走入了人们的社会生活中。在印刷史上，王祯是仅次于毕昇的伟大发明家。

泥活字启发了木活字，木活字又启发了锡、铅、铜等金属活字。在明代弘治、正德年间，在经济比较发达的江浙地区，铜活字逐渐出现并流行起来，其中最著名的有无锡的华家、安家，苏州的孙家和南京的张家等，他们用铜活字印卖的书籍流传甚多。近人叶德辉在《书林清话》一书中曾指出：“明时活版书，出于锡山安国家者，流传最广。”② 然而，铜活字终究没有得到推广和普及，其主要原因大概是后来作为辅助货币的铜钱需要大量原材料，因而铜活字不得不夭折了。剩下来的极少部分也封存于皇宫和官府，市面上再也不见。元代和明代人还研制过锡活字和铅活字，试用了一阵子，估计效果都不理想，或者还存在着技术上的难关而一时又克服不了，故都没有流传下来，中途就放而弃之。明人陆深在《金台纪闻》中就说过“毗陵人初用铅活字，视板印尤巧妙，而布置间讹谬尤易。夫印已不如录，犹有一定之义，移而分合，又何取焉？兹虽小故，可以观变矣！”明人试印后，反而觉得铅

---

① 王祯：《农书》卷22。
② 叶德辉：《书林清话》卷8。

活字印刷还不如手抄质量好。锡活字溶点低，硬度不够，印多了就容易坏，加上金属活字印刷时，需要上等的油墨，而中国古代绝大部分是水墨，造成印刷不过关，字迹模糊和不清楚，正如王祯在《造活字印书法》一文中指出的："近世又铸锡作字，以铁条贯之，作行嵌于盔内，界行印书。但上项字样，难于使墨，率多印坏，所以不能久行。"① 总之，泥活字和金属活字由于它们自身有这样或那样的毛病和弱点，而不得不让位于木活字。由于我国主要使用烟墨，没有油墨，这就是直到清代还是木刻印刷的一个原因。现代知名印刷史专家张秀民先生曾正确地指出：木活字"在中国印刷史上的地位，仅次于雕版而压倒其他活字"。② 当然，木活字也有它的弱点，清朝人包世臣就说过：木活字印书，印了 200 部，字划就胀大模糊。但木活字的弱点却比泥活字和金属活字要少得多。需要进一步指出的是：即使是木活字，不管是在明代，还是在明以后的清代，它的地位和分量始终没有超过雕版印刷。雕版印刷最终退出历史舞台，是在清王朝灭亡的前夜。正如近人叶德辉说过的："活字摆印，固不能如刻书之多，而流传至今四五百年。虫鼠之伤残，兵燹之销毁，愈久而愈稀，此藏书家所以比之如宋椠名钞，争相宝

---

① 张秀民：《中国印刷术的发明及其影响》，人民出版社 1958 年 2 月版，第 91 页。

② 张秀民：《中国印刷术的发明及其影响》，人民出版社 1958 年 2 月版，第 84 页。

尚"。①

综上所述，在明朝社会那样的印刷条件和技术背景之下，报纸的主流仍然是手抄，时而也有雕版印刷，木活字印刷只是在明末才渐渐起步，它们三者并存而行于明代的新闻传播事业之中，而泥活字、金属活字没有、也不可能闯入印刷报纸的殿堂。

但是不管怎样，邸报和木活字印刷术相结合的这一事实，无疑说明了社会对信息需求的日益增强，因而促进了报纸发行范围的扩大，读者人数和发行量也随之而增多。人们或许会因此而提出一个饶有兴趣的问题：明代报纸拥有的读者人数究竟有多少？换个角度问，就是：明代邸报的抄传量有多大？

要回答这个问题，首先必须弄清楚明代报纸的读者群状况。根据已经掌握的材料，明代报纸的读者群主要分布在京城图入仕的知识分子阶层，还包括武官集团中一部分弃文从武和热衷于政治的将领，但读者群的重点主要是在前者。官员人数和知识分子人数直接决定和影响着报纸的抄传量和印刷份数的总和。那么，明代社会的官吏究竟有多少呢？据文献资料记载，明朝开国初期，官吏队伍并不庞大，到明宪宗成化之后，官僚机构急剧膨胀，史称："历代官职，汉七千五百员，唐万八千员，宋极冗至三万四千员。本期自成化五年，武职已逾八万，合文职，盖十

---

① 叶德辉：《书林清话》卷8。

万余。"① 郎瑛在《七修类稿》中也说："及见嘉靖初霍兀厓奏稿云：洪武至今，自周王一府论云，禄米增数十倍，子孙日益繁矣，天下文武官逐代增之，较洪武间增十万余员矣。"② 还有人指出：自嘉靖以后，有许多人通过边功升授、勋贵传请、大臣恩荫各种途径，进入官僚队伍，官员总数又增加数倍。③ 郑晓亦说："洪武年间，军职二万八千有奇，成化五年，军职八万二千有奇，成化迄今，不知增几倍矣。"④ 又说：到"正德年间，亲王三十位，郡王二百十五位，将军、中尉二千七百位，文官二万四百，武官十万，卫所七百七十二，旗军八十九万六千，廪膳生员三万五千八百，吏五万五千"。⑤ 通过以上史料的概率统计，我们假定：到明代末期，官吏人数已膨胀至 10 万人左右，这 10 万名官吏假设其中的 20% 是邸报的忠实读者，那么邸报在官吏阶层的抄传量就有 2 万份左右。

我们知道，到明代末期，全国知识分子人数累积达 50 万人左右。⑥ 关心时事，关心政治，关心天下，这是明代知识分子的时髦和风尚，因此邸报也就成为他们政治生活中的必读之物。我们假设他们当中的 20% 的人是邸报的忠实读者，那就是说，邸报在知识分子阶层中的抄传量和发行量约在 10 万份左右。恐怕这个数字是低限度推算，

---

① 《明史・刘体乾传》。
② 郎瑛：《七修类稿》，中华书局 1959 年版，第 774 页。
③ 朱国祯：《涌幢小品》卷 8 "设官"。
④ 郑晓：《今言》卷 2。
⑤ 郑晓：《今言》卷 2。
⑥ 《顾亭林诗文集》，中华书局 1983 年 5 月版，第 21 页。

估计实际中的数字要超过这一数字。

武官人数虽然远远超过文官人数，大约有 15 万至 20 万左右（按明末时期估算），但多数武官不通文墨，缺乏政治意识，他们当中有一小部分人是邸报的忠实读者。如天启年间和崇祯年间的平辽将军兼总兵毛文龙就常看邸报：

5. 于三月初三日，海冻初开，接得去冬十月邸报，见我皇上宣召廷臣，问对发帑币记注，臣涕泣感叹抱惭。

——《东江疏揭塘报节抄》第 130 页

6. 成梁接得邸报，喜曰："好了，仇人已去了。"

——《万历邸钞》，第 564 页

李成梁是明朝著名将领，毛文龙是弃文从武的秀才将领，像他们这样的人在武官集团中，也有一些，但人数不会太多，估计也就在 10% 左右。假若这个概算能够成立的话，那整个武官集团中就有 1 万人左右的邸报读者。归纳以上，全国邸报的抄传量和发行量共为 13 万份左右。按当时全国人口 1.3 亿计算，平均每 1000 人左右就有一份邸报。这个低限度的统计数字表明，按当时的标准衡量，明代社会的新闻传播事业已是相当地发达和繁盛。

走笔至此，我们可以从以上的文字中得出以下有价值的观点：（1）明代邸报的传递和发行既有中央部门通过官方驿站自上而下地传送到各级地方衙门的垂直方式，也有各地方衙门之间和衙门内官吏之间互相抄传的平行方式，还有私人朋友之间的借阅传阅方式。（2）在这种层层下达的抄传过程中，邸报的内容因衙门或官吏的需要不同而被"贪污"和减少，即各取所需式的邸报，是明代邸报的一个重要特点。（3）明代邸报基本上是每天抄传，每期邸报刊登的消息在 10 条左右，每期字数至少在 5000 字以上。（4）外地官吏阅读到最近一期邸报的时间，取决于官吏本身供职的衙门所在地跟京城之间的距离，距离越近，周期越短，距离愈远，周期愈长。（5）明代邸报主要是手抄，但也有雕版印刷，崇祯 11 年后开始出现活字版印刷邸报；但这里的活字版，指的是木活字，而不是、也不可能是泥活字或金属活字。

论 明 代 告 示[*]

现代社会生活中，公民通过各种传播媒介，去了解国家、政党，以及社会团体或经济组织的有关法令、通告、指示、规定以及重大新闻等。当我们用这种大众传播社会中的现象去考察明代社会时，就会诱发出一个饶有兴趣的疑问：既然明代社会根本不可能拥有现代科学技术的能力和条件，而明代的报纸由于当时还处于不成熟阶段，存在着一些无法克服的弱点和局限性，即既不能刊登封建王朝的各种诏令，也不能登录各种广告，那么，封建王朝的各种诏令、法律，通知、重大时事动态和广告，又是通过什么样的渠道、什么样的方式向社会传播的呢？再进一步问，明代社会的人们一般又是通过什么样的传播媒介来了解国家大事和各种地方新闻呢？

根据明代文献所提供的史料，我们发现，除邸报、塘报外，还有散布范围更广、信息辐射能力更强的传播工

具，这就是告示。

告示的起源和发展

告示是一种古老而充满活力的传播工具，它究竟起源于何时，迄今尚无人专门探讨。不过，从一些古籍和史料看，告示最早产生于战国和秦汉时代。当时由于各国交往增多，战事频繁，商业交流增强以及国家政治生活的需要，促成了告示的诞生和发展。荀子《荣辱》篇说："陋也者，天下之公患也，人之大殃大害也；故曰仁者好告示人。"这里说的"告示"就含有晓示、通知的意思。告示还有一些别称和近似词，如告喻、布告、布露、露布等，均见于古籍。譬如《史记·高祖本纪》言："乃使人与秦吏行县乡邑告喻之。"《史记·吕后本纪》言："刘氏所立九王，吕氏所立三王，皆大臣之议，事已布告诸侯。"汉代名士蔡邕在《独断》篇中言："唯赦令、赎令，召三公诣朝堂受制书，司徒印封，露布天下州郡。"《三国志·蜀书·甘皇后传》言："臣请太尉告宗庙布露天下。"这里所用的"告喻"、"布告"、"布露"、"露布"等词，都包含通告天下，晓谕黎民百姓，上情公开下达，政事公之于世的意思。以上引用的史料，源于各个朝代，我们也可以从中窥出布告的一些发展轨迹。

似乎在唐宋以后，一些地方政府官员也开始拥有了发布告示的权力。如宋代的"布政榜"，就是节度使使用的专门告示，正如宋人徐度曾言："本朝节度使虽不赴镇，然亦别降敕书，宣谕本镇军民；而为节度使者，亦自牒本镇，谓之布政榜。"告示应用于商业活动和其他领域，大约也是在这一时期。元代杨显之写的杂剧《临江驿·潇湘夜雨》中有一段话："如今沿途出起告示，如有收留小女翠鸾的，赏他花银十两。"可见，元时一般百姓也习惯于使用告示了。据台湾学者朱传誉的《宋代新闻史》一书看，告示这种新闻传播工具在宋代社会已是相当发达和成熟了。

　　早期告示的传播材料是用木板书写。《封氏闻见记》卷4曾记道："所以名露布者，谓不封检而宣布，欲四方速知，亦谓之露版。"后来人们觉得露版造成的声势不够，便用绢帛代替木版。《隋书·礼仪志》记有："后魏每攻战克捷，欲天下知闻，乃书帛，建于竿上，名为露布。其后相因施行。"将捷报写在绢帛上，高悬于旗竿，便于民众观览，可以更快的速度使天下知闻。但是，绢帛毕竟是一种昂贵的材料，不能广泛地应用于告示，于是，人们又一次寻找新的出路，并很快发现纸张是一种非常适宜的书写材料。唐代以后，由于成功地解决了生产技术和原料来源等问题，纸张开始在社会上普及；而雕版印刷工艺的不断完善，又大大提高了印刷品的复制能力。这样告示就以崭新的面貌登上了古代社会的新闻传播的舞台。

　　本文着重探讨明代的告示。

告示的内容和特点

　　明代告示的种类较多，有晓谕、诏令、布告、榜文、檄文、广告等。如同商品有着不同的等级一样，告示也有着不同的级差，大体上可分为宫廷告示、中央政府告示和地方政府告示等。我们分述如下：

（一）宫廷告示

顾名思义，宫廷告示即由皇室出面或皇帝亲自下令颁布的各种晓谕和布告，对象是天下的文武官员和黎民百姓。宫廷告示有哪些方面的内容呢？我们以孝宗朝、武宗朝、世宗朝、穆宗朝、神宗朝为例，略举几则：

一、孝宗朝——

1. 冬十月丙辰，以皇长子生，诏天下。

2. 壬子，以清宁宫灾，诏赦天下。

二、武宗朝——

3. 戊辰，颁遗诏于天下，释系囚，还四方所献妇女，停不急工役，收宣府行宫金宝还内库。

三、世宗朝——

4. 壬午，颁《钦明大狱录》于天下。

5. 闰月癸亥，以定庙制，加上两宫皇太后徽号，诏赦天下。

6. 冬十月丁卯，辛爱、把都儿破墙子岭入寇，京师戒严，诏诸镇兵入援。

四、穆宗朝——

7. 三月辛酉，立皇子翊钧为皇太子，诏赦天下。

五、神宗朝——

8. 秋八月丙辰，榜居正罪于天下，家属戍边。

9. 闰月丙戌，以倭平，告天下①。

从以上史料看，宫廷告示的主要内容是：第一，皇帝即位改元、确立皇太子、皇长子出生、增封太后徽号等。这些皇室大事，是应当而且必须向天下黎民百姓宣告的。第二，大赦天下，布告法律等。这些关系国家大政、体现皇恩浩荡思想的方针、政策，也是应当而且必须向天下黎民百姓宣告的。第三，通报重大军事胜利，以示朝廷军威永在，提高士气，激励民气。在十分紧急和万不得已的情况下，也用告示调动各地军马进京勤王。第四，昭示权臣和奸阉的罪行劣迹于天下，以警诫那些威胁君权的权臣竖宦，让臣民们知晓善恶是非，人神共讨，并使受罚者永世不得翻身。由于宫廷告示来自紫禁城内，故而享有极高的权威性和很强的法律效力。有时，皇帝本人还亲自出面，直接参与告示的颁布。譬如：

10. 帝手诏条列其罪（指李善长），付著狱辞，为《昭示奸党之录》，布告天下。

——《明史·李善长传》

11. 时大治忠贤党，炌与李标、钱龙锡主之，列上662人，罪分六等，名曰"钦定逆案"，颁行天下。

——《明史·韩炌传》

史料10指明朝开国皇帝朱洪武所为，史料11指明朝末代君王崇祯所为。

---

① 以上均见《明史》，中华书局1974年4月版，第186、191、212、221、227、248、255、269、281页。

对于宫廷告示，皇帝明确规定各级地方政府必须认真负责，坚决照办执行，不得有误或敷衍塞责。计六奇在《明季南略》中说道："恩赦以'登极诏'为准，诏到日各抚按星速颁行，各郡县令榜挂通知，仍刊刻成册，里甲人给一本。如官胥滑吏匿隐，虚情支饰，以图侵盗，诏差官同巡抚御史访明究问。"① 皇帝要求各地方政府对宫廷告示要"星速颁行"，赶紧榜挂通知，谁若延误或不办，将责成监察官员依律惩处，宫廷告示就是通过这样的程序和渠道，将皇帝的恩赐、指示，命令等，逐级逐步传达到全国的政府官员和百姓中间。

（二）中央政府告示

明代中央政府乃指内阁、六部、都察院、通政司和大理寺等机构，这些机构都有发布告示的权力。他们经常根据国家政治生活中出现的问题，按照各自的权限，不断地发布代表中央政府和权力机关的意志和法令的告示。这些告示对安定社会秩序，教化风俗人情，起着强有力的维持和巩固作用。请看下例：

12. 旧制，殿试毕，次日读卷，又次日放榜。弘治三年，大学士刘吉等言："时日迫促，阅卷未精，请再展一日，至第四日放榜。"至今为例。

　　　　　　　——余继登：《典故纪闻》第 283 页

13. 弘治九年，诏度僧，礼部争不得。伸极陈之不可，不纳。京师民讹言寇近边，兵部请榜谕。伸言："若榜示，人

---

① 计六奇：《明季南略》，中华书局 1984 年 12 月版，第 14 页。

心愈惊。昔汉建始中，都人讹言大水至，议令吏民上城避之。王商不认，顷之果实。今当以为法。"事遂寝。

　　　　　　　　　　　　　　——《明史·屈伸传》

14. 成化年间，因擒获妖人，追其妖书图本，备录其名目，榜示天下，以晓谕愚民。

　　　　　　　　——余继登：《典故纪闻》第266页

15. 北虏近来边患，兵部榜谕各处，召募壮勇。

　　　　　　　　——余继登《典故纪闻》第252页

16. 正统十四年，虏至京城。榜购能擒斩也先者，赏万金，封国公。景泰元年，购杀也先者赏银五万两，金万两，封公，官太师；杀伯颜帖木儿、喜宁等，赏银二万两，金千两，封侯。

　　　　　　——郑晓，《今言》第161页，又载李
　　　　　　　乐：《见闻杂记》卷1

17. 初九壬辰，中允李景廉奏云："太子系假冒，阁臣王铎再加质问，使供吐姓名。"都察院粘示通衢："王之明假冒太子。"……十三乙丑，御史张兆熊奏："伪太子一案，谤议遍处沸腾。"上命："即将口词章奏连夜速刻，即付诏使，逐郡宣布。"

　　　　　　　——计六奇：《明季南略》第178页

18. 范敏授户部尚书，上谕敏等曰："曩者奸臣聚敛，深为民害，税及天下纤悉之物，朕甚耻焉。自今为军民娶嫁丧祭之物，舟车丝绵之类，皆勿税，户部宜榜天下，使其周知。"

　　　　　　　　　　　——《玉堂丛语》第34页

以上告示均来自中央政府的各个衙门，如内阁、王府、礼部、兵部、户部、都察院等，范围包括整顿军纪、禁止抽税、殿试放榜、悬赏募勇、制止流言等，内容十分广泛。大部分告示的作用主要是通报某项重大事情，宣传王朝的政策方针，公布某项结果等。中央政府的有些告示实际上还具有法律的威严。如《明史·李善长传》说："既拔采石，趋太平，善长预出榜，禁戢士卒。城下，即揭之通衢，肃然无敢犯者。"李善长是行政首脑，由于他事先榜文禁约，故军队纪律受到约束，谁也不敢扰民胡来，否则，那是要付出代价的。

还有一种情况。皇帝在处理政务时，发现有的事情不便由宫廷告示的面孔出现，便指示内阁或六部出面，榜示天下。例如，明成祖曾听说"瑜珈"功在社会上很为流行，蛊惑人心，败坏风俗，便指示礼部，揭榜禁止："近有一种无知愚民，妄称道人，一概蛊惑，男女杂处无别，败坏风俗，洪武中行瑜珈法，称火居道士者，俱有严禁，即揭榜申明，违者杀不赦。"[①] 类似这种由皇帝下令中央政府部门出面张贴告示的例子，在有明一代，为数不少。

考虑到一般民众的文化程度和理解能力，明朝政府对有些告示配上图画，加以说明，使其形象生动，从而加深读者的印象。如洪武年间，山西都指挥何诚等知法犯法，扰民敛财。朱元璋知道后大怒，指示道："享这等大俸禄，如此害民，鬼神鉴察，岂能长远。凭都察院将他所犯

---

① 余继登：《典故纪闻》卷7。

凌迟，情罪图形榜示，教天下知道。"大太监刘瑾被拿下后，也是"以招情并处决图状，榜示天下"。① 这种配画说明的宣传性告示，不同于那种缉拿逃犯的配画通缉令。前者要多样化一些，生动一些，或许还有一定的娱乐性成分，为的是让一般老百姓都能看懂。

（三）地方政府告示

在现存所有的明代告示中，保留的数量最多，完整性最强的，要数地方告示。要全盘地了解和从总体上把握明代告示，就必须认识明代的地方政府告示。此类告示，一般都是由地方上的最高行政长官如知州、知府，知县之类发布的。大家知道，明代著名大清官海瑞曾当过淳安知县。在他就职期间，曾发布过好些不同内容的告示。试引一则如下：

19. 谕矿徒告示

淳安知县海示：谕盗掘矿人等，访得近矿山村落居民，屡被尔等掳掠毒害。人各有身，各有家人，毒尔生，破尔家，尔心如何？我县官与尔，皆天地之民也，当相爱相生，不当互相残害。故谕尔等，使尔各回本行，各图安稳生理。若仍前所为，是终日取祸亡也。尔等念之，反思之，毋自贻悔。

——《海瑞集》第 179 页

根据《海瑞集》提供的材料得知，海瑞在当淳安知县时，共发布过 9 篇告示。这些告示的意图各不相同，有

---

① 王世贞：《弇山堂别集》卷95。

劝告百姓的，如《劝赈贷告示》、《谕矿徒告示》；有振奋官气的，如《禁馈送告示》、《谕里老告示》；有贯彻上级方针政策的，如《保甲告示》、《保甲法再示》；有经济方面的，如《定耗银告示》；有制定条律的，如《招抚逃民告示》、《禁约》等。

明代地方政府的告示，经常起着稳定情绪，维系人心的积极作用。万历年间，京师市面上传闻官府不允许使用嘉靖旧币，只准流通万历新钱，引起全城百姓恐慌不安，叫苦连天。后官府传榜告示，说是讹言，于是"民情少定"①。在兵荒马乱的年头，告示犹如新闻发布中心和信息传播中心，作用显得更加突出，功能得到充分发挥。曾经在崇祯末年担任过太和县令的吴世济，就发布过这样的告示。试引一则：

20. 禁约米贩

太和县为禁约事：照得本县经兵火之后，去年秋收粮食，仅足支本县境内之食。近闻外属买米之船，纷集境内，诚恐境内民食不足，价值将致腾涌，仰各集镇斗户并有粮之家，不得滥行放买，为地方之累。除颍州系本属上司地方，有署印官文批到县者，并盐商买豆往淮买盐者不在此禁。特示。

——《太和县御寇始末》第104页

史料20是说，太和县令发现邻近地区的居民涌入本

---

① 张居正著《张太岳集》卷43曰："京师民间嘉靖钱最多，自铸行万历制钱之后，愚民讹言，便谓只行万历新钱，不行嘉靖旧钱，小民甚以为苦。近该五城榜示晓谕，民情少定。"

县抢购粮食，担心这样会引起本县粮价上涨，故发布告示，要求有粮人家不得滥行放买，并规定本县粮食不得出境。据《太和县御寇始末》一书中提供的资料统计，在崇祯八年的正月和二月，短短两个月中间，太和县令吴世济曾发布告示25篇，平均每两天多就有一篇，有时一天竟贴出两篇不同内容的告示。这些告示，有的是晓谕安民，如《寇退民安》、《寇急安民》、《兵至安民》等，它将最新战讯及时地通报全县百姓，不管是有利，还是不利，统统如实地公告，绝不隐瞒；有的是为维持全县民众的正常社会秩序和经济生活而发布的，如《禁讹安民》、《严禁乘机报复》、《禁定米价》等；更多的则是要求全县军民团结一心，练兵习武，积极备战，建立完善而有力的一体化军民联防制度，如《编排里甲》、《比试赏格》、《分信守城》、《犒恤兵丁》、《照里派兵》、《团练甲丁》、《更番守城》等。以太和县令名义发布的这些告示，从某种意义来说，很近似于一份每几天发行一次的地方报纸，它不断地及时地将全县大事和新情况、新动向、新战讯、新信息向全县民众发布。由此看来，明代地方政府的告示，其中有一部分正是在履行着报纸的功能。

综上所述，我们发现明代告示有着如下的特点：一、它是官府面向一般民众的重要传播工具和重要的信息流通渠道，是官府的意志和意图的忠实代言人；二、它传播官府的最新重大变化和新的方针、政策，同时也推行和督促新的方针、政策的实施；三、它的内容既有宣传性，又有鼓动性，还有新闻性；既有针对性，又有随机性，还有广泛性；四、它的发布权掌握在各级政府及其官吏手中，因而它在国家的政治生活和社会的日常生活中，起着十分重要的教化风尚、安定秩序、维护法律、统率舆论的作用；五、在新闻传播的活动中，它同邸报有着很是接近的传播功能，是没有"报头"的报纸，它的影响面广于邸报。

特别值得一提的是，李自成农民军也曾利用告示来宣传和传播自己的政策和命令。例如，李自成攻下北京城的第二天，为防止京城可能出现社会秩序混乱，就派人四处张贴农民军告示，要求军民共同稳定局面。史称"兵政府榜曰：'大师临城，秋毫无犯，敢掠民财者，即磔之。'有二贼掠绢肆，磔于市。民闻大喜传告，安堵如故。"①又如《明史纪事本末》言："初，李自成兵临汉阳不克，闻献忠取之，自成怒，榜示远近，曰：有能者擒献忠以献者，赏千金。"② 大约这时的李、张二人已经闹翻了。

民间广告

广告实际上也属于告示的范畴，或者说是告示的一个分支，一种类别。所不同的是，告示由官府发布，广告由私人张贴；告示的内容几乎无所不包，而广告的范围则限于商业一隅和跟私人有着直接利益的事情。

---

① 谈迁：《国榷》卷100，崇祯十七年三月。
② 《明史纪事本末》，中华书局1977年2月版，第1329页。

明代社会商业繁盛，交往频繁，与之相适应的民间广告，也是相当的发达。陆容在《菽园杂记》里曾说，京城的广告甚至张贴到堂堂吏部衙门的门前墙壁上。[①] 海瑞做官时，曾派人四处张贴他个人的"政治性广告"，请求各方人士若有疾苦和冤情，可直接找他本人商谈，《海瑞集·海忠介公传》是这样写的："到处即放告，唯以察夫民间疾苦、官吏贪毒、实有冤抑者。到村落，许里老见，指画本里利病，及府县民事。恐衙门中耳属于垣，彼有不可言、不敢言者，以此通之。"[②] 1986 年 1 月 8 日《北京日报》上的一个专栏里曾刊登了嘉靖年间的一则书籍广告，全文如下：

1. 金台书铺汪谅见居正阳门内西第一巡更铺对门。今将所刻古书目录于左，及家藏今古书籍不能悉载，原市者览焉：翻刻司马迁《正义解注史记》一部；翻刻梁《昭明解注文选》一部；翻刻黄鹤《解注杜诗》一部，全集；翻刻《千家注苏诗》一部；翻刻《解注唐音》一部；翻刻《玉机微义》一部，系医书，翻刻《武经直解》一部，刘寅进士注；（以上）具宋元版。重刻《名贤丛话》、《诗林广记》一部；重刻《韩诗外传》一部；十卷，韩婴集；重刻《潜夫论》，汉王符撰，一部；重刻《太白遗音大全》一部；重刻《臞仙神奇秘谱》一部；重刻《诗对押韵》一部；重刻《孝经注疏》一部；（以上）具古版。

---

① 陆容：《菽园杂记》云："吏部门前粘壁有修补门牙法。"这像是牙医做的广告。

② 《海瑞集》，中华书局 1962 年 12 月版，第 561 页。

嘉靖元年十二月一日，金台汪谅校正古版新刊。

这则广告的发布时间为公元 1523 年 1 月初，距今已有 460 余年的历史，据说这是保留到现在的最早的北京书籍广告。广告的发布者是一个普通的书铺商人，相当于现在的书店经理，叫汪谅，书铺地址在今前门一带。

有的出版商则是自己直接出面做广告，而无需书商做中介。《明清小说论丛》第 4 辑上曾刊登了一则书籍出版广告，它是由一个叫"双峰堂余象斗"的出版商做的，全文如下：

2. 辛卯之秋，不佞斗始辍儒学业，家世书坊，锓笈为事。遂广聘缙绅诸先生，凡讲说、文笺之神业举者，悉付之梓。因具书目于后：

讲说类，计开：四书拙学素言（配五经）、四书披之新说（配五经）、四书梦关醒意（配五经）、四书萃谈正发（配五经）、四书兜要抄解（配五经），以上书目俱系梓行。乃者又弊得：晋江二解元编辑十二讲官四书天台御览及乙未会元霍林汤先生考订四书目录定意，又指日刻出矣。

文籍类，计开：诸文品粹（系申江钱三方家注释）、历子品粹（系汤会元选集）、史记品粹（正此部也、系朱殿元补注）以上书目俱系梓行，近又弊得：皇明国朝群英品粹（字字句句注释分明）、二续诸文品粹（凡名家文籍已载在前部者，不复再录，俱系新选，一字不同）。

再广历子品粹，前历子氏：老子、庄子、列子、子华子、鹖冠子、管子、晏子、墨子、孔丝子、尹文子、屈子、高子、韩子、鬼谷子、孙武子、吕子、荀子、陆子、贾谊子、淮南子、扬子、刘子、相如子、文中子；后再广历子姓氏：尚父子、吴起子、尉缭子、韩婴子、王符子、马融子、鹿门子、关尹子、元仓子、孔昭子、抱朴子、天隐子、玄真子、济丘子、无能子、邓析子、公孙子、鹖熊子、王充子、仲长子、孙明子、宣公子、宾王子、郁离子。

汉书评林品粹（依史记汇编）。

一切各色书样，业已次第命镂，以为寓内名士公矣，因备揭之于此。余重刻金陵等板及诸书杂传，无关于举业者，不敢赘录。

双峰堂余象斗谨识

史料1实际上是一个书目广告，即书铺里存有哪些书籍，而史料2则是商业性的出版书籍广告，即出版商能够出版哪些书籍，相当于征订清单。从广告内容看，这位出版商很注意广告的技巧和清晰度，他详细地开印了可印书籍的目录，声称这些书籍对进学中举都很有好处，并说只要读者订货，有的是现货现取，有的可很快印出，指日可待，这表明出版商拥有较强的印刷出版能力。对新版书籍，出版商特别强调系名家编辑和选注，有的还列上注家姓名，指出乃"字字句句，注释分明"。应当说，这位出版商的广告做得非常实在，态度诚恳，当然这恐怕跟出版商的实力雄厚有很大的关系。没有实力，又不会做广告，要想在既竞争激烈，又繁荣发达的明代出版行业里站住脚跟，那是非常困难的。至于明代小说中的广告，那就更多了，随举几例：

3. 那日打从街上走过，见一个新书店里贴着一张整红纸的报帖，上面道："本场敦请处州马纯上先生精选三科乡会墨程，凡有目门录及硃卷贩顾者，幸认嘉兴府文海楼书坊大街不误。"公孙心里想道："这原来是个选家，何不来拜他一拜？"

——《儒林外史》第 13 回

4. ……急了一会，只得想出个主意出来，要在一路之上写个招子，凡他经过一处，都贴一贴，等他看见，自然会寻了来。

——李渔：《十二楼·生我楼》

5. 他见口里说来，没人肯信，就买一张棉纸，裱做三、四层，写上几行大字，做个卖身为父的招牌，其字云：

"年老无儿，甘卖与人作父，止取身价十两，愿者即日成交，并无后悔。"

——李渔：《十二楼·生我楼》

6. ……碧秋道："差人去寻，也不中用，须多用榜文，四处粘贴，或者有人知风来报。"太古道，"我儿说的是。"就写起榜文，上写着：

"报信的，谢银三十两，收留的，谢银五十两。"将避难理由，姓名年纪，一一开明。写完，发出去，连夜刊板，印刷了几百张，差了十数个人役，四处去粘贴，差人领了榜文，分头去了。

——《锦香亭》①

---

① 路工编：《明清平话小说选》，上海古籍出版社，第400页，转引自尹韵公著：《中国明代新闻传播史》，重庆出版社1990年8月版，第192页。

7. 荆娘领命，遂写了许多报条，叫家人分贴于扬州内外的闹市中，上写着：

"琼花观东辛祭酒家，辛荆燕小姐于本宅金带楼上，大开红药诗社。订期于每月初三、十三、二十三遍请合郡奇才淑女，彩笔闺人，同临题咏，以著一日芳名，聊续千秋佳话。河州广远，流采无方，谨此陈情，愿言命驾。"

……到次日，传诗送阅，奔驰道路。也有偷观的，也有窃看的，也有借抄的，也有传诵的，一时轰然以为盛事。

　　　　　　——天花藏主人：《两交婚》第 31 页

8. ……宦氏道："一边差人报相公，一边着人出招子。"束子知道，心中着了一惊道："去倒走了，不知可能走脱么？"放心不落，走回家中，止见招子贴得满城中城外。束生道："宦家不见人，怎将我束家出名。"分付心腹，但见招子，一齐涂抹干净。

　　　　　　——青心才人：《金云翠传》第 154 页

以上小说中的"报帖"、"招子"、"招牌"、"榜文"、"报条"等，都是广告的不同说法和不同形式。以上资料 2 中的报帖也是一则书籍广告，4 和 6 讲的是寻人广告，5 是卖人广告，7 是变相的或巧妙的征婚广告，8 是缉偷广告。这些广告，除一起利用职权是雕版印刷的以外，其余均是手抄。从小说中看，广告的效果相当不错，当时人们就认为广告是沟通信息渠道的最好桥梁和方便手段，因而常常使用它。揣测实际情况与上述小说的情节描述，不会相差很远，文学毕竟是、也终究是社会生活的折射和反映。

告示的印刷和影响

明代告示既然是有不同层次的，那么告示的书写格式当然也是要分等级的。譬如讲，小衙门的告示规格不能超过大衙门的告示，否则就是违反了封建社会中等级森严的尊卑礼仪。朱国桢曾说："曾在京中过安福胡同，见兵马司告示大过巡城御史。后归家，见驿丞告示大于知县，乃富翁之告示金以朱笔悬之通衢。盖人之不自分如此，而风俗纪纲可概见矣。"① 由于明中期以后政府的行政纪律松弛，一些小衙门的告示竟然大于级别更高衙门的告示，连民间商人的告示也超过了官府的告示，甚至还用朱笔书写。看到这一切，朱国桢不得不感叹世风日下，纪纲败坏。

告示的张贴地点，一般均选择在通衢之处，即史料上常说的"揭示通衢"、"粘示通衢"、"张挂通衢"等。通衢是指位于城市和乡镇的四通八达的交通要冲，这些地方的来往人员多，告示的传播效果好，速率高，散布面积广。

作为传播媒介之一的告示，它分为印刷的和手抄的两种。哪些是印刷的，哪些是手抄的，这取决于告示的内容和告示的级别。宫廷告示、中央政府告示和省以上衙门告示，一般都是印刷张贴发布。有例子如下：

---

① 朱国桢：《涌幢小品》，中华书局1959年11月版，第350页。

1. 诏告天下，刊布通行，合用进呈本纸三百张，银一两八钱；净边本纸五百张，银二两；大梨板二十片，银六两；黄本纸五千张，银三十两；大黄连七纸七千张，银五两六钱；棕毛八斤，银四钱；烟墨十斤，银三两；油烛十五斤，银一两五钱；速香一斤，银四钱八分；大红烛一对，重四斤，银四钱；小红烛三对，重三斤，银三钱；大红本纸四十张，银一两二钱；大呈文纸八十张，银三钱二分；印刷刊刻工食银十两，二县铺税银办。

　　　　　——沈榜：《宛署杂记》卷14，第137页。

从这则史料中说到的各种纸张、大梨板、棕毛、烟墨、印刷刊刻匠工钱等情况判断，宛平县发布的告示，全是用雕版印刷的。该书同卷还说到"东宫出阁讲读、冠礼成"、"皇太子即皇帝位"、"皇帝大行礼"等等重要政治动态消息，宛平县也要用雕版印刷印出告示，向全县通报。宛平县虽然是个县份，但它挨近皇城，就在天子脚下，并且人口稠密，商业繁盛，房屋紧连，所以它的行政级别要高出一般的县份，而它用雕版印刷告示，也就没什么奇怪的了。

明代官府在镇压和瓦解农民军的过程中，有时也采用印刷告示的方式，来招抚农民军。张瀚在《松窗梦语》中曾谈到过这样一个事例："终南山高大，绵亘极远，西连崆峒、太白，东连太华、少华，南山为嵩山，又南出为衡山，其间故多矿洞，遇荒饥民啸聚，动至数千。时关南、关内两道会议夹剿，兵粮已集，惟俟余以示进兵之期。余思此辈迫于饥窘，未有杀人攻劫之罪，情可原悯。

即手书曰：'民穷为盗，原非本心，律有明条，许得自首。凡收执宪票者，听复业生理，官司不得追究。'命工匠刻刷三千余张，用郑方印识，给以大字榜文，遣抚民同知李愚驰往，谕以祸福。众皆欢呼，投弃戈挺，罗拜于地，领票而去。时嘉靖丙寅三月也。"① 为了平息这次饥民聚众闹事，官府张贴了 3000 张雕版印刷的告示，提高了信息传播的密度，从而获得了饥民与官府之间的联系与理解，最后解决了问题。《虎口余生纪》一书中有一条记载类似于上面的事情，说："监军兵科给事中张家玉安插难民，行各府州县村落，深为得法，上嘉悦之，着工部依家玉所进告示册式刻板，吏兵二部选差能干承差才官数十人，赍送遭寇残害处所，地方官遍行粘布。"② 这张告示显然也是用雕版印刷，而且是由中央衙门出面，面向全国发布。1986 年 11 月 20 日《北京日报》报道了新华社的一条电讯，说是在山西省应县佛宫寺释迦塔内发现了明代永乐二十年的布告，布告的内容是推行钞法之事，发布者为"山西等处提刑按察司"，布告上盖有 5 个朱红的衙门官印；布告由 3 张印纸组成。从布告上的字体厚重、工整有力和字迹中尚可看到清晰的木纹来看，这张布告系雕版印刷，而且水平相当高超。

明代省级以上官府的告示普遍采用雕版印刷，主要是因为官府的级别越高，管辖的范围越广，而管辖的范围越

---

① 张瀚：《松窗梦语》卷1。
② 佚名：《虎口余生纪·思文大纪》卷4。

广、告示的张贴量相应地就越发增大。在省级以下的官府，如州和府，有时就采用雕版，有时就采用手抄，全视具体情况而定。而在县级衙门，由知县发布的告示，就不一定是经过雕版印刷的了。由于县衙门的张贴量不大，因此它们的告示，主要是用手抄。太和县令吴世济就说过："今将院府手抄录，揭示通衢，须知字字皆血泪也。"[①] 我们在前面引录的淳安县和太和县的告示，大概都是用手抄的。

告示在社会中的作用和影响极大。关于这一点，在有关明代生活的小说里，反映得更加生动和具体，让我们来看看——

2. 这些人回寨，风髯子问道："送到了，不曾失所么?"那班人道："不但不曾失所，还打听一桩好笑的事来，你来看一看。"风髯子忙打开来，却是抄的一张告示，上写道：

"正堂为晓谕事，照得湖州府正堂任带领家眷赴任，道经梅岭遇盗，劫去行李辎重无算，并掳去小姐一人，不知下落。近访得系盗首时大来，勾通线索，表里为奸，已经捉获，严审成招定罪。俟详各宪外所有余党，如有知风来报者，官给赏银五十两，倘窝主故行抗匿，访出一体重处，决不姑贷。特示。"

————华阳散人：《鸳鸯针》第75页

3. 走到城门边，只见许多人围在那里看告示。自足

---

① 吴世济：《太和县御寇始末》，浙江人民出版社1983年10月版，第107页。

也挨上前去，看是什么告示，也为绰些新闻，好往乡里嚼咀。先看年月，是昨日张挂的，乃从头看道：（略去）

　　　　　　——天花才子：《快心编》（下）第 117 页

　　4.……忽一日入市，见府县张挂榜文，传示两广峒蛮作乱，朝廷下诏求贤之意，花天荷看得明白，满心欢喜。

　　　　　　——天花藏主人：《画图缘》第 13 页

　　虽然这些材料来自小说情节，但告示的内容和写法同我们前面引录的史料却极为相似。在这些小说中，民众看告示是当做新闻来看，而官府张贴告示，却是当做政策和法令来宣传的。可见，告示是一般民众了解朝廷动态和地方大事的重要信息渠道。

　　综上所述，我们可以看出，明代告示的应用范围十分广泛，告示的内容也十分丰富，不仅官府使用它，皇室使用它，而且一般百姓也使用它。使用的方式方法也花样翻新，斑驳繁杂，差不多渗透到政治生活、经济生活和社会生活的各个方面和各个角落，成为明代社会的人们精神生活中的重要内容和重要支柱。明代告示的读者对象，既没有"群"的限制，也没有阶层的规定，它是面向整个社会，面向所有识字和不识字的民众进行宣传、灌输和传播的，因而它是明代社会影响最大、涉及面最广的新闻传播媒介。

急选报：明代雕版印刷报纸[*]

　　在翻阅已故著名明史专家谢国桢先生编著的《增订晚明史籍考》一书时，我惊喜地发现了这样一段文字，现全部抄录如下：

　　万历八年四月二十二日急选报一册　北京图书馆藏万历刻本

　　不著编者名氏

　　按：是编载有"吏部一本，急选官员事。奉圣旨开：张拱极陕西三水人，蜀府长史司右长史"等文，盖此即为邸报之一种，草草板刷，以供传阅者。邸报制为刊本，便于流传，已不始于天启时矣。

　　请注意：谢国桢老先生在这里把《急选报》判定为"邸报之一种"。谢老的学术功力非凡是有目共睹，不容怀疑的。但出于专业的慎重，我决定还是实际考察一番为好。

---

*　原载《新闻与传播研究》1994 年第 1 期。

　　根据谢老提供的线索，我来到北京图书馆善本阅览室查阅。很幸运，我顺利地调出了《急选报》原件。这份珍贵的实物，已为北图精心地重新装裱，保护得很好。《急选报》的封皮呈黄色，长 24.6 厘米，宽 14.4 厘米；"急选报·四月份"几个字印在封皮左上方，加黑框；"急选报"三个字特大，很醒目，而"四月份"三个字显小，落在框内右下角；整个黑框长 15.3 厘米，宽 4 厘米。

　　《急选报》很薄，总共才 6 页。第 1 页是这样：

　　（第一行）吏部一本，急选官员事。奉

　　（第二行）圣旨　　　　　计开①

　　（第三行）张拱极，陕西三水人，蜀府长史司右长史；李恒勤，山东乐安人，陕西巩昌府秦州判官；

　　（从第四行以下，每行均是写出二位官员的姓名、籍贯、现任何职等，故略去。）

　　这份《急选报》不是手抄，而是雕版印刷。大概由于制作工艺粗糙，故有些字迹显得漫漶模糊，墨汁浓淡不一，线条时粗时细。报纸的用纸也不大好，系很差的竹纸，呈白色，跟现代有的乡村自造土纸的质量差不了多少。

　　下面，我们再进一步探讨和弄清几个问题：

---

　　①　谢国桢先生在引录这段文字时，不慎漏掉"计"字。每页 14 行，共 82 行，列上急选官员 162 名。最后一页的最后一行，注明日期为"万历八年四月二十二日"。从名单上看，这些被选拔的官员职务和级别都不高，绝大多数属基层官吏，如县丞、知事、主簿、吏目、典史、驿丞、知县、检校、判官、序班、训导等。可能由于首页首行有"急选官员事"之句，故取名《急选报》。

一、这份《急选报》属不属于明代邸报之一种？我觉得，谢国桢先生的这个判断基本没有错。从明代史料看，官员的升降、调动、选拔等，本来就属于明代邸报报道的重要内容之一。对于这一点，现存的万历邸钞和弘光实录钞以及其他明代文献，均可加以有力地证明。然而，我更倾向于认为，这份《急选报》极有可能是明代邸报的一种不定期的增刊或者说号外。其理由是：第一，据初步考证，明代邸报通常每期估计有50页左右，而《急选报》连封皮在内共7页；第二，人事变动仅仅只是邸报报道的一个部分，而不是全部。我们以一些反映明代邸报的小说之情节为证：

此时，草堂上已点了灯，汪贵就将那一本书拿起来一看，是一本朝报。因笑道："乡里人家看报纸，大奇！大奇！"因问道："是哪里来的？"主人道："偶然一个京中朋友过此遗下的。"汪贵展开一观，只见：

吏部一本，举荐人才之事。户部给事中赵崇礼服满，宜以原官用。

典奇一本，会试宜严考德行，以取真才事。

吏部一本，选官事。准贡监生黄舆选大兴县儒学训导。

俱批：该部知道。

——《自作孽》①

---

① 路工编：《明清平话小说选》，上海古籍出版社，转引自尹韵公著《中国明代新闻传播史》，重庆出版社1990年8月版，第106页。

这里提到的"吏部一本，选官事"，同《急选报》上的第一句话"吏部一本，急选官员事"，二者是惊人地相似。同时，也可以看出，明代邸报同《急选报》也有着惊人的一致性，但二者又不完全一样，《急选报》是明代邸报派生出来的。

基于以上分析，有理由推测：可能由于当时对此事催促甚急，办报人等不及会同邸报一起出，只好专门出版了一期增刊或者说号外，以应付急需。我们知道，明代中后期社会拥有大量冗吏和候补官员，因官场"僧多粥少"，直接攸关个人前途命运，他们因而也就非常关心朝廷的人事变故。由于存在着这种旺盛的社会需求，出版和发行像《急选报》这样不定期的邸报增刊或者说号外，自然也就是顺理成章，题中应有之义的事情了。

顺便再多说一句。从万历邸钞和弘光实录钞的登载情况来看，像《急选报》中提到的那些下层官吏，通常是没有资格或者很难全部登上正式邸报的，顶多简单地提几句话便了结完事。这个情况，恐怕也是办报人决定单出《急选报》的又一个因素。

二、这份《急选报》为何是雕版印刷？一般来说，明代邸报是手抄，只有在少数情况下才是雕版印刷。正如拙著《中国明代新闻传播史》一书中所说的"只有在办报人认为具有相当高的新闻价值的报道，具有特别魅力的报道和能够引起社会轰动的报道，他们才肯付之以雕版印刷，不然的话，时间和经济上都不划算，将导致赔本和亏损"。① 我们再来看：吏部急选官员——这肯定具有很高的新闻价值；选拔官员162人——加上波及和关联的人数，牵涉人员至少会翻几倍以上，换句话讲，报纸的销路预测肯定不错。因此，办报人一合计，唯有采用雕版印刷，才能既赚钱，又快当，亦可不失时机地满足市场需求。

从明代史料看，凡属雕版印刷刊物，大都是缘于"报房贾儿搏锱铢之利"，或者"此不过欲搏酒食资耳"。② 也就是说，这份《急选报》很可能是民间报房干的。

三、这份《急选报》把吏部准备考察和选拔的官员名单全部公之于众，说明明代社会的政治生活具有相当的透明度。明代政治生活的透明度高低，决定了明代邸报报道的透明度高低。这一现象，既便利了我们从某一角度、某一侧面窥测和审视明代社会，同时，还给予我们深刻的思考和启示。

综上所述，我的看法是：现存于北京图书馆的《急选报》，是一份难得而珍贵的明代雕版印刷报纸的原件，很可能还是唯一的一件实物。《急选报》是明代邸报之一种，是从邸报派生出来的，是邸报的一种不定期的增刊或者说号外。

最后，我还想谈一些感受。在发现和考证《急选报》

---

① 尹韵公：《中国明代新闻传播史》，重庆出版社1990年8月版，第198页。
② 于慎行：《谷山笔尘》卷11"筹边"。

的过程中，我深感学科交叉的重要性和必要性。《增订晚明史籍考》一书，初版于 1964 年，后经过修订和增补，再版于 1981 年。由于作者系明史专家，而不是新闻学专家，故未能掘出《急选报》的全部价值；另一方面，又由于不少新闻学研究者不熟悉历史学，不知道如何利用和检索古籍，致使许多有生命力的史料一直躺着睡大觉，没有被注意和发现。《急选报》这则史料直到今天才被挖掘出来，这不能不说是一个缺憾。这也说明，只有同时通晓历史学和新闻学两门学科的研究者，才能够在历史古籍的丰富宝库中鉴别、剔除和选择有价值的史料，并赋予新鲜的灵气。在此，我衷心地希望有更多的新闻学学者兼攻历史学，亦有更多的历史学学者兼攻新闻学，大家共同努力，发掘宝库，不断地为新闻史研究的学术大厦增砖添瓦。

《大公报》与红军长征
落脚点之研究[*]

一、问题的提出

今年 6 月 17 日，是《大公报》创刊 100 周年诞辰。为此，《大公报》社专门出版了一本印刷精美、图文并茂，真实记录《大公报》百年历程的纪念画册。该画册第 45 页上，印着《大公报》1935 年 9 月 15 日的新闻版照片，旁边注有这样一段文字：

1935 年 9 月 15 日，天津《大公报》刊登了陕北军事战况新闻。时值工农红军长征抵甘肃哈达铺，中共领导人看到了这则报道后，决定到陕北去，并于日后在陕北建立了革命根据地，站稳脚跟，进而取得抗日战争和解放战争的胜利。红军根据《大公报》一则消息而作出的这一战

---

　* 原载《新闻与传播研究》2002 年第 3 期。

略性决定，改写了中国历史。

我认为，这段文字从论据到论点，都是违反历史真相的，因而结论是错误的。

下面，我们就展开论证和分析。

二、红军能看到9月15日的《大公报》吗？

1935年9月15日的《大公报》确实刊登了一则陕北军事战况新闻。它的标题是：陕北军事渐有进展，绥德、延长一带迭有激战；它的报道内容大致是：刘子丹匪部之主力由延川向安塞县北一带移动，以便与在陕甘接界盘踞庆阳之徐海东相呼应。（东北军）王以哲部12日入甘泉，围困达4个月之久的肤施县得以解围，此为陕北军事一重要进展也。徐海东匪部在庆阳与35师马鸿逵部激战，被马部毙其伪团长2名、营长3名、连排长及伪委员若干人。

这里的关键问题不在于《大公报》是否报道了陕北军事战况，而在于红军是否能够看到这则新闻报道。我认为，当时长征到达甘肃哈达铺的中央红军根本不能看到这一天的《大公报》。其理由如下：

中央红军是于1935年9月18日占领哈达铺的。[①] 由中共中央文献研究室编辑的《毛泽东年谱》写道：1935年9月18日22时，毛泽东致电彭德怀说，哈达铺已为我

---

① 《中国人民解放军战史》第1卷，军事科学出版社1987年7月版，第276页。

一纵队一部占领。9月19日，聂荣臻和林彪随二师部队进驻哈达铺。① 毛泽东、周恩来、张闻天等中央政治局常委可能是19日或20日到达哈达铺的，并于20日召开了中央政治局常委会，研究事宜。② 9月22日，中央红军（又名陕甘支队）在哈达铺关帝庙召开团以上干部会议，毛泽东在会上作了政治报告。③ 第二天即9月23日，中央红军继续北上。

哈达铺地处西北，位于甘肃南部偏僻一隅，中央红军在此从9月19日一直休整到22日。而《大公报》地处东部沿海的天津，与哈达铺遥之相距几千里，试想：在当时的交通和邮政条件下，红军能够看到5天前后出版的《大公报》吗？回答只能是：绝对不可能。

让我们进一步研究。《大公报》在天津印刷完毕后，首先要邮发至兰州，然后再由兰州邮发至甘南的哈达铺。那么，当时从天津到兰州的邮发时间需多长呢？至少10天以上。我这个推测是源于当时范长江的旅途通讯。范长江写的《岷山南北剿匪军事之现势》一文，于1935年9月4日由兰州寄出，9月13日和14日《大公报》分两期载出，中间相隔10天（据查，这个时间是最快的）。反过来推算，天津到兰州的邮发也至少需要10天以上。再一个问题是，兰州到哈达铺的邮发需多少天呢？我们仍以

①《聂荣臻回忆录》（上），解放军出版社1986年3月版，第290页。
②《毛泽东年谱》（1893—1949，上卷），人民出版社和中央文献出版社1993年12月版，第475页。
③《聂荣臻回忆录》（上），解放军出版社1986年3月版，第290页。

范长江为例。当时哈达铺与兰州之间没有公路，全靠步行。当年范长江于 1935 年 8 月 11 日从哈达铺起步（比中央红军先到一个多月），直到 9 月 2 日抵达兰州，途中在岷县"盘旋了四天"，又"在河州休息了一天"，[①] 此段路途实际费时 18 天。也就是说，从哈达铺到兰州的路程，每天不停地骑马行走，需要 18 天。反过来说，即便《大公报》是在兰州而不是在天津出版，也需要近 20 天的时间才能送达哈达铺。由以上分析可以断定：当时《大公报》从天津邮发至甘南的哈达铺，至少需要 1 个月以上的时间，因此，于 1935 年 9 月 18 日至 22 日之间抵达哈达铺的中央红军根本没有条件、也没有可能看到当年 9 月 15 日出版即出版 5 天后的《大公报》。这是不容置疑的。

笔者 20 世纪 70 年代曾在四川西部的会理山区工作。当时成昆铁路已修通，简易公路也通到山区。即使是这样的交通条件，我看到的人民日报基本上是出版 7 天以后的，有时还有更晚的。20 世纪 70 年代尚且如此，遑论 30 年代。据范长江《中国的西北角》一书介绍：当时西安至兰州的公路刚刚修通不久，因质量太差而路况甚糟，沿途百姓讥讽西兰公路为"稀烂公路"。依赖于这样的交通状况而建起来的邮政系统，你能指望它有多快？

---

① 范长江：《中国的西北角》，新华出版社 1980 年 4 月版，第 55 页。

三、究竟是什么报纸决定了红军长征落脚点？

中央红军与红四方面军两大主力自 1935 年 6 月中旬在懋功胜利会师后，一直就北上或南下战略进行着争论和辩驳。后因受到野心勃勃的张国焘威胁，中央红军被迫于 9 月 10 日单独北上。但是，北上的指向在哪里？北上至何地？始终没有明确。9 月 12 日中共中央在俄界召开的政治局扩大会议，也只是勾画了一个大轮廓：当前的基本方针，是要经过游击战争，打通同国际的联系，整顿和休养兵力，扩大红军队伍，首先在与苏联接近的地方创造一个根据地，将来向东发展。① 总之，在哈达铺之前，红军长征的落脚点一直是模模糊糊的。

红军长征的落脚点确实是因在哈达铺发现国民党报纸提供的消息而得到解决的。然而，究竟是什么报纸呢？从目前看来，有三种不同说法。

一是《山西日报》说。此说来源于聂荣臻著《聂荣臻回忆录》，该书上卷第 290 页写道："九月十九日我和林彪随二师部队进驻哈达铺。在这里我们得到了一张国民党的《山西日报》，其中载有一条阎锡山的部队进攻陕北红军刘志丹的消息。我说，赶紧派骑兵通信员把这张报纸给毛泽东送去，陕北还有一个根据地哩！这真是天

---

① 《毛泽东年谱》（1893—1949，上卷），人民出版社和中央文献出版社 1993 年 12 月版，第 473 页。

大的喜讯。"

　　说到《山西日报》，这里面还有一个颇具传奇色彩的真实故事。还在 9 月 17 日攻下腊子口时，毛泽东亲自召见了侦察连连长梁兴初（我军著名战将，抗美援朝时担任 38 军即闻名全军的"万岁军"军长，1955 年授衔中将，后任成都军区司令员）、指导员曹德连，要他们前往哈达铺执行侦察敌情任务时，注意给他找些"精神食粮"，国民党的报纸杂志只要是近期的都要。[①] 第二天，梁兴初率队化装成国民党中央军，大摇大摆地走进了哈达铺，受到哈达铺镇长、国民党党部书记长和保安队长的迎接。恰好一位国民党部队的少校副官带着几个驮子的书籍、报纸、衣物等许多东西，刚从兰州回来，路过哈达铺，也来拜会梁兴初等人。梁兴初带领侦察连，不费一枪一弹就占领了哈达铺，他们赶紧翻阅从那位被俘副官的驮子上查获的报纸，发现有一张报纸登载了陕北红军的消息，并附有"匪区地略图"。他们马上将报纸送给尚在前往哈达铺途中的军团首长。聂荣臻看了报纸后十分重视，立即派骑兵通信员送给毛泽东。毛泽东看后，也是喜出望外。[②] 显然，梁兴初等人发现的那张报纸，就是聂荣臻所说的《山西日报》。

　　新近由中央文献出版社出版的《李富春传》，亦支持

---

　　① 王朝柱：《毛泽东周恩来与长征》，中国青年出版社，1998 年 1 月版；吴东峰：《东野名将》，成都出版社，1995 年 10 月版。

　　② 王朝柱：《毛泽东周恩来与长征》，中国青年出版社 1998 年 1 月版，第 827 页。

《山西日报》说，该书写道："在哈达铺，一纵队找到一张《山西日报》，上面登着国民党阎锡山部进攻陕北红军刘志丹部的消息。这样，中央得知陕北有相当大的一片苏区和相当数量的红军。这真是天大的喜讯！"①

　　我党老一辈革命家李维汉曾经参加了长征全过程，他在回忆录《回忆与研究》一书中这样写道："在到哈达铺前，在河边的一个圩场上，我看见毛泽东、周恩来、刘少奇等同志在一起休息。毛泽东向我打招呼：罗迈，你也来休息一下！我就下马休息，看到他们正在翻阅一张国民党的地方报纸，上面登了蒋介石派大军'围剿'陕北共匪刘子丹的消息。我们才具体得知有这样大的红军在陕北苏区积极活动。党中央随即决定到陕北苏区与陕北红军会合。"②

　　这里提到的"一张国民党的地方报纸"，无疑地，正是聂荣臻派骑兵通信员送给毛泽东的那张《山西日报》。毛泽东等中央领导人尚未进入哈达铺之前就看到并研究了这张国民党的"地方报纸"，这就证明《山西日报》是第一个向毛泽东等中央领导人提供正确信息的报纸。

　　二是《大公报》说。此说来源于我党早期领导人之一张闻天同志写的一篇文章《发展着的陕甘苏维埃革命运动》。这是张闻天同志在哈达铺写的一篇"读报笔记"，

---

　　① 房维中、金冲及主编：《李富春传》，中央文献出版社2001年11月版，第174页。

　　② 李维汉：《回忆与研究》（上），中共中央党史资料出版社，1986年4月版，第368页。

写作日期是 1935 年 9 月 22 日，刊登在同年同月 28 日出版的《前进报》第 3 期上。文章开首写道："天津反动的《大公报》曾经这样的讲到陕西苏维埃革命运动。"然后，张闻天较为详细地摘引了 1935 年 7 月 23 日、7 月 29 日、7 月 31 日、8 月 1 日《大公报》上关于红军在陕甘活动的消息。① 请特别注意，张闻天在哈达铺看到的《大公报》都是 1 个半月以前的，这就从另一个侧面印证了我在上面说的两个重要观点：（1）当时中央红军根本不能看到 5 天以前出版的《大公报》；（2）按照当时的交通和邮政条件，哈达铺只能看到出版 1 个月以后的《大公报》。此《大公报》者，非彼《大公报》也。

　　三是泛指国民党报纸说。此说来源于多种权威著作和权威人士回忆录。据中央文献研究室编辑的《毛泽东年谱》记载：在哈达铺期间，毛泽东从国民党报纸上了解到陕北有相当大的一片苏区和相当数量的红军。② 程中原著《张闻天传》写道："常委会开过以后，毛泽东、张闻天、博古等得到了一批报纸。这是两天前先头部队进入哈达铺时从当地邮局得到的，主要是七八月间的天津《大公报》。"③ 王朝柱著《毛泽东周恩来与长征》中写道："毛泽东与周恩来、张闻天、博古等又从不同的渠道收集

　　① 《张闻天文集》（第 1 卷），中共中央党史资料出版社 1990 年 8 月版第，第 567—571 页。

　　② 《毛泽东年谱》（1893—1949，上卷），人民出版社和中央文献出版社 1993 年 2 月版，第 476 页。

　　③ 程中原：《张闻天传》，当代中国出版社 2000 年 8 月版，第 167 页。

到了一批报纸，其中尤其是《大公报》较为详细地登载了有关陕北红军的情况。"①《黄克诚自述》中写道："尤其令人高兴的是，在哈达铺可以看到报纸。从报纸上得知刘志丹、高岗等在陕北开辟了一块红色根据地，建立了人民政权。正是'山重水复疑无路，柳暗花明又一村'。这真是一个突如其来的大喜讯。"②

杨尚昆著《杨尚昆回忆录》是这样写的："在哈达铺，我们才知道陕北有刘志丹的部队，有一块根据地。当时，我看到两个材料，一个是国民党政府发的布告，说刘志丹'匪徒'在三边地区活动，政府正在'围剿'。聂总先看到的，马上报告叶剑英，并且把布告揭下来送到毛主席那里。另一个是我在老百姓家里看到的一张油印的红军传单，上面有'红军占领中心城市的伟大胜利'这样的话。……此外，从当时收罗来的国民党区域的报纸上也证实国民党军队正在向陕北红军刘志丹部进攻。知道这些消息后，毛主席非常兴奋，说你总要找一个地方歇脚呀。他召开了一个小会，决定向陕北红军所在的那个地方走，就是向延安西北方的保安那里走。过了几天，部队进到通渭县的榜罗镇，中央召开政治局常委会，改变俄界会议关于在接近苏联的地方建立根据地的决定，确定将中共中央和红军的落脚点放在陕北。"③

---

① 王朝柱：《毛泽东周恩来与长征》，中国青年出版社1998年1月版，第829页。

② 《黄克诚自述》，人民出版社1994年10月版，第143页。

③ 《杨尚昆回忆录》，中央文献出版社2001年9月版，第152页。

以上引证的材料，均未说明是什么报纸，而是泛指国民党报纸，当然《山西日报》和《大公报》亦应属于国民党范畴的报纸。

从以上三种说法中，经过分析和综合，我们可以归纳出这样几个结论：第一，在未进入哈达铺之前，党中央领导人首先是从聂荣臻派骑兵通讯员送来的《山西日报》上获知陕北还有苏区和红军这一重大信息的；第二，进入哈达铺后，党中央领导人又在当地邮政代办所获得一批国民党报纸如《大公报》等，这些报纸提供的消息进一步证实和强化了中央红军最先得到的认识；第三，其他传播物如布告、传单等使中央红军的看法更加深刻；第四，无论是《山西日报》，还是《大公报》，或是其他国民党报纸，尽管它们没有丝毫的主观动机，但在客观效果上，却帮了中央红军一个大忙，使中央红军"绝处逢生"（黄克诚语），解决了当时最需迫切解决的长征落脚点问题。

四、历史为何选择了哈达铺？

人类历史上常常出现这样的情况：一个很不起眼的地方，只是由于人类某个重大行动在此发生转向，于是此地便成为人们关注和敬仰的典范。哈达铺就是这样的地方。

历史选择哈达铺既有偶然性又有必然性，偶然性寓于必然性之中。首先，从地理位置上看，哈达铺位于中央红军北上的必经之路；其次，在中央红军北上的这条必经之路上，哈达铺是迎接他们的第一个大集镇；再者，哈达铺还是汉、藏交界处的第一个以汉、回族居民为主的大集镇，这就为中央红军在这里进行精神上和体力上的休整提供了极大的方便。正如黄克诚所说："我们自 5 月中旬进入藏区以来，就始终见不到一个老百姓，这对于一向同人民群众血肉相连、情同鱼水的红军部队来说，不免有孤独无依之感。到了哈达铺之后，看到遍地都是老百姓，红军战士如鱼得水，高兴的心情实在无法用语言来形容。"①黄克诚描述的情景，我在其他我军高级将领的回忆录中也见到过类似的说法。

　　哈达铺之所以能够成为方圆几十里内最大的集镇，一则有历史原因，自明代就开始在此设镇；二则有特产因素，这里是中药材当归的集散地，著名的"岷当"就产于此。由于盛产中药材，故哈达铺商人较多，而商贸机会的繁多，就不得不在此建立了邮政代办所，以方便信息和金融的往来。杨得志的战友黎林曾经在这里就碰到过一个专职"跑邮政的人"。② 正是这个邮政代办所及其储存的报纸，为中央红军实施重大转折准备和提供了必要的信息。既然中央红军必经哈达铺，那么它就必定会从这里获得所需信息。这就是历史选择哈达铺的必然性。

　　1984 年上半年，我在重走范长江 30 年代采访西北的路线时，曾经到过哈达铺，并在此驻了两天。至今还记得当时的乡长吴克明和乡党委书记赵诚陪我一道踏寻红军遗

---

　　① 《黄克诚自述》，人民出版社 1994 年 10 月版，第 143 页。
　　② 《杨尚昆回忆录》，中央文献出版社 2001 年 9 月版，第 152 页。

迹的情景，他们告诉我：新中国成立前，哈达铺光是经销药材的大字号商铺，就有10余家，每年经销当归70多万斤。哈达铺产的岷当，历来是贡献皇帝的贵重礼品。在他们的指点下，我找到了当年毛泽东等中央领导人居住的"义和昌"药材铺后院，还参观了已毁于50年代的邮政代办所遗址。徘徊于遗址周围，真是让人感慨万千：如果当年没有这个邮政代办所及其储存的报纸，中央红军说不定还要走一段弯路。

最后，让我们回到本文开初提出的问题。通过以上各个角度的分析，我的判断是：其一，依当时的交通和通信条件，中央红军是无法看到1935年9月15日这一天的《大公报》的。其二，中央红军到陕北的决定，首先是源于《山西日报》，其次是因为《大公报》等其他国民党报纸。其三，《大公报》为中央红军长征落脚点的贡献性选择，既非垄断，也非独家；不是1935年9月15日的一则报道，而是在这一个半月以前的多则报道进一步增强了中央红军决定到陕北去的信心和决心。其四，过于轻率的结论，是经不起历史真实检验的，并且多少有些大言不惭的意味。

还需要特别强调的是，廓清这段历史真相，不仅对新闻史和《大公报》史的研究是有益的，而且对党史和军史的研究也是很有帮助的。

三、范长江与斯诺研究

FAN CHANGJIANG YU

SINUO YANJIU

论范长江"研究红军北上以后中国的动向"的目的之不能成立*

1961 年，范长江在《记者工作随想》一文中，谈到自己当年西北采访的动机时，是这样说的："我自己当年到西北去采访，也是怀着两个目的：一是研究红军北上以后中国的动向；二是当时抗战即将开始，抗日战争爆发后，敌人肯定会占领我们的若干大城市，那么我们的后方——西北、西南的情况怎么样呢？这两个问题，也是当时群众迫切需要回答的重大问题。"① 对范长江西北采访的第二个目的（以下简称 B 目的），我从来不曾怀疑过；而对第一个目的（以下简称 A 目的），自读研究生后，就一直不敢苟同。

那是 1984 年 3 月，作为硕士生的我，沿着当年范长江西北采访路线，重走甘南时，突然发现一个过去不敢和

---

* 原载《新闻与传播研究》2009 年第 3 期。
① 《范长江新闻文集》，中国新闻出版社 1989 年 9 月版，第 1087 页。

未曾怀疑的问题一下子"蹦"了出来：夜宿哈达铺当晚，闲翻一位老帅回忆录，说中央红军是 1935 年 9 月 20 日到达哈达铺的。我猛地一惊：不对呀！范长江是 1935 年 8 月 11 日落脚哈达铺的，这说明范长江比红军先到 40 天。可既然是研究红军北上以后中国的动向的目的，那范长江应该走在红军后面而不应该走在红军前面呀？这到底是怎么一回事？怎么才能理顺这个逻辑关系？

自此，对范长江说的"研究红军北上以后中国的动向"的西北采访目的，开始产生了怀疑。怀疑是学术研究的起点，也是学术前进的动力，更是学术积累的前提。我们常说的"问题意识"，正在于此。十余年来，根据自己的研究心得，我陆续发表过多篇研究范长江西北采访的论文。对范长江西北采访目的，也作过一些探讨，但总觉得有些道理还可讲得更深一些、更透一些、更有说服力一些，同时也更集中一些。我深知，只有牢靠的史料依据和强大的逻辑力量，才能使学术观点立于不败之地。

下面，将这些年来对范长江"研究红军北上以后中国的动向"的目的之思考和看法，拟作一篇文章，以求与同好和感兴趣者一道切磋，增进学术共识。

一、厘清"红军北上以后"的三个关键词

首先，关于"以后"。范长江是 1935 年 7 月 14 日正式离开成都北上采访的。按照范长江后来说的西北采访目的是"研究红军北上以后中国的动向"，依据常识和逻辑

推断，范长江出发前，客观世界就已经出现了红军北上的事实，否则"以后"这一概念就解释不通了。也就是说，范长江踏上西北采访征途的基础是建立在红军已经北上这一事实的前提之后的。没有前，何来后？

其次，关于"红军"。范长江说的"红军北上以后"的红军究竟是指哪路红军，目标不清楚，因为先后北上的红军至少有5路不同的红军，范长江总不可能研究所有红军北上以后的动向吧？范长江1961年年初的含糊说法，直到"文革"期间在一份自传材料上才点明，他说："1935年春，红军主力已达四川西部，北上行动已经证实。"① 原来范长江研究的红军对象指的是从渡过金沙江后一路北上的中央红军。那就是说，范长江在出发西北采访前，就把研究对象锁定在中央红军身上了。显然，范长江在"文革"中的这个解释是否可信，我们将在下面作进一步探讨。

再次，关于"北上"。从上文可知，范长江所说的"北上"，指的是"北上行动已经证实"的中央红军北上。查中央红军长征史获悉，1935年5月9日，中央红军2万将士从川滇山区交界处的皎平渡全部渡过金沙江。然后，一路北上，强渡大渡河，飞夺泸定桥，翻越夹金山，先头部队于6月12日与策应中央红军北上的红四方面军会师在川西地区懋功东南的达维镇。

虽然范长江说的中央红军北上的事实是没有错的，但

① 《范长江新闻文集》，中国新闻出版社1989年9月版，第1115页。

是，我们注意到，在同一时间的同一空间的 1935 年四五月间，在四川西部的广大地区，有两支红军部队在运动，一支是中央红军由南而北，另一支是红四方面军由北而南，最后两支红军会合。我不解的是，范长江当时为何只注意到中央红军北上，而未注意到红四方面军南下？这当是不应该有的失误。

还要强调的是，范长江所说的"北上"含义，与我党中央所讲"北上"含义是不一样的。范长江的"北上"行动是一种战术行为，而党中央所说的"北上"虽然有时也表达的是一种战术行为，但更多和主要表达的则是一种战略行动。这个区分于我们的研究，是非常重要的。

综上所述，通过 3 个关键词的解析，我们发现，范长江 1961 年说的"研究红军北上以后中国的动向"的说法，是含糊不清的，甚至是不精确的。问题在于：这种表述不确的说法说明了什么？尤其是当我们把这种说法置于当年的历史环境时，更加觉得这种说法实在经不起无情现实的推敲。

二、从中央红军与红四方面军的"北上"与 "南下"之争及其行程看范长江的A目的

中央红军与红四方面军会师后，毛泽东、周恩来、朱德、张闻天曾就两军会合后的战略方针问题，致电张国焘、徐向前、陈昌浩等红四方面军领导人，指出：总的方针是占领川、陕、甘三省，建立三省苏维埃政权，并于适

当时期以一部组织远征军占领新疆。[①] 张国焘则主张经略川西，北打松潘，东扣岷江，南略天全、大邑等县。1935年6月26日，中共中央在两河口举行政治局扩大会议，决定战略方针是：集中主力向北进攻，首先取得甘肃南部，以创造川、陕、甘苏区根据地。[②] 6月29日，中央军委制定了松潘战役计划，7月16日红军攻占松潘以西的毛儿盖，准备夺取松潘。可是，张国焘不赞成中央的战略方针，故意延宕红四方面军的北上行动。7月19日，中央军委制定了《松潘战役第二步计划》，在执行过程中，敌军胡宗南部主力已于7月下旬在松潘地区完成集结，李先念率部向松潘外围连续发起攻击，终因敌军势大，踞险固守，红军硬攻难克，伤亡很大，只好回撤毛儿盖。[③]

　　1935年8月20日，中共中央政治局毛儿盖会议之后，中央北上的战略方针才得以开始付诸行动。虽然有中央确定的方针，但在实际行动中，中央红军与红四方面军仍旧一直在"北上"还是"南下"的方针问题上较劲，毛泽东坚持北上，而张国焘则坚持南下，双方互不相让，致使全军行动迟缓。直到9月9日，张国焘发给陈昌浩的密电被叶剑英截获，毛泽东等人知悉电报内容后，毅然决然率中央红军单独北上，而张国焘则率红四方面军和部分

---

　　① 《中国工农红军第一方面军史》编委会：《中国工农红军第一方面军史》，解放军出版社1992年12月版，第555页。
　　② 《中国工农红军第一方面军史》编委会：《中国工农红军第一方面军史》，解放军出版社1992年12月版，第556页。
　　③ 朱玉主编：《李先念传》，中央文献出版社1999年6月版，第196页。

中央红军掉头南下。或者换句话说,少数红军北上,多数红军南下,这就是当时的实情。现在,党史界、军史界一般都把1935年9月9日,定为红军北上的真正日子。

从以上中央红军与红四方面军会合后的行踪,再来品尝和对照范长江说的"研究红军北上以后中国的动向"的目的,我们就会发现以下诸多疑点:

其一,西北出发前,范长江已把采访A目的锁定在"红军北上以后",可是,当时两大红军主力实际上是在川西一带徘徊,并未北上即北上事实并未出现。范长江是7月14日离开成都的,而此时红军正在积极谋划东扩,夺取松潘。可见,1935年夏季中央红军与红四方面军的行动,同范长江在1961年说的A目的是不相吻合的,是矛盾的。

其二,范长江抵达松潘时,红军刚刚撤退不久。如果范长江真心要研究红军,如有的论者说的那样:关心红军,时刻关注红军命运。那么,毫无疑问,范长江理应抓住这一千载难逢的大好机会,直入毛儿盖,深入实地采访红军,报道红军。可惜的是,范长江并没有追随红军。他在《中国的西北角》一书中是这样说的:"(7月)28日离开松潘,沿岷江西岸大道向北前进,目的在进入甘肃。本来由松潘入甘肃有三条路可走,有两条是走草地,一条是过大山林。一条路是由松潘正北出至红桥关,然后西北出至黄胜关,再由黄胜关西北出,经郎木寺可到甘肃夏河,及临潭县。第二条是由黄胜关东北行经包座,以达甘肃之临潭、岷县、西固。第三条是由红桥关正北至章腊,然后东越弓杠岭，顺白水江而下，至南坪、文县，亦可由南坪至西固。我们因为没有走草地的设备，所以走的第三条。"① 从范长江的这段叙述可以看出，他当时的"目的在于进入甘肃"，根本就没有研究红军的打算。滞留在川西草地的红军是南下还是北上，与他的西北采访目的毫无关系。正因为如此，范长江与红军擦肩而过，就是再正常不过的事情了。范长江提到第二条路中，有处地方叫包座。1935 年 8 月 29 日，红军曾在此激战 3 天，全歼守敌，取得了中央红军与红四方面军会师后的一个大胜利，史称"包座之战"。此刻，范长江已快到达兰州了。红军是胜是败或白军是胜是败，跟他范长江的采访计划和目的有何干系呢？他干他的，我走我的。可见，范长江 1935 年成都北上的采访行程，与他后来在 1961 年讲的所谓"研究红军北上以后"的目的，二者完全对不上号，也是自相矛盾的。

其三，红军两大主力会师川西后，红军高层内部一直在就战略方针进行着激烈的争论，一般红军将士根本不清楚高层斗争，作为局外人的范长江有何根据说红军北上以后如何如何？范长江后来也承认自己当时并不知情。他说："1935 年 6 月，红军主力在四川西北部，暂时没有前进，以后才知道这时正是张国焘闹分裂的时候，这是我到延安才知道的。"② 实际上，当时红军战略方针仍然存在许多不确定因素，若非 9 月 9 日突发密电事件，逼使中央

---

① 范长江：《中国的西北角》，新华出版社，1980 年 4 月版，第 25 页。
② 《范长江新闻文集》，中国新闻出版社 1989 年 9 月版，第 1116 页。

红军单独北上，还不知道会出现什么意外情况呢？可见，范长江的 A 目的说法缺乏足够的现实依据。

其四，从范长江的行程看，他是 1935 年 9 月 2 日到达兰州的，而红军真正开始北上，却是在当年的 9 月 9 日。也就是说，当范长江已经完成成都至兰州的采访行程时，红军北上的事实尚未出现。可见，范长江的说法实在太不靠谱了，其真实性太值得怀疑了。

其五，范长江到达兰州后，又东进西安。其间，他曾"于 11 月 2 日离西安，因友人之便，特往陇东庆阳一带旅行。经咸阳、邠州、长武，于 4 日安抵庆阳之西峰镇。"[①] 范长江专程去陇东的原因，估计是正如他自己所言："自刘志丹纵横陕北，徐海东与毛泽东相继过甘入陕之后，陕甘边境上之情况，又渐为一般读者所留心。"[②] 这段时间，即从 9 月 4 日到 12 月 10 日，范长江先后撰写和发表了《岷山南北剿匪军事之现势》等 7 篇解读红军动态的通讯（不知什么原因，这 7 篇通讯均未收进当时出版的《中国的西北角》一书中）。范长江的陇东行是走在红军后面，查我军长征史获知，中央红军曾于 1935 年 10 月 14 日前后在庆阳以北向东疾行，很快进入陕北根据地。这说明，红军前脚刚走，范长江后脚又到。但是，又让人心生狐疑的是：如同松潘遇到的情形一样，为何范长江仍然未进入陕北苏区，"直入红军"队伍，老是在边沿转圈圈呢？幸

---

① 范长江：《中国的西北角》，新华出版社 1980 年 4 月版，第 67 页。
② 范长江：《中国的西北角》，新华出版社 1980 年 4 月版，第 67 页。

好在这里，范长江遇到一位散落红军战士（估计是下级军官），经过访谈，范长江以悲苦、凄婉的笔触写下了《从瑞金到陕边——一个流浪青年的自述》的长篇通讯。综观范长江西北采访所有的红军长征报道，除此篇是第一手材料外，其余的统统都是二手材料和人云亦云的道听途说。

即便是陇东行走在中央红军后面，也仍然证明不了范长江西北采访红军北上以后的目的地是正确的。因为范长江的 A 目的是产生于 1935 年 7 月 14 日之前，当时中央红军的北上行动的事实并未出现。或许有人说，难道范长江研究红军北上以后的目的就不能产生于西北采访的过程之中吗？我的回答是：当然可以。但是，第一必须修正既定说法，重新给出明确信号，就说 A 目的产生于西北采访的行程中，但这实际上是办不到的；第二，不能认为范长江写了 7 篇有关红军长征的通讯，就说明他达到研究红军北上以后的目的了，因为当时北上以后的红军只有少数即中央红军和先期抵达陕北的红 25 军，绝大部分红军包括中央红军一部、整个红四方面军、红二方面军尚停留在川西草地和长征途中。从新闻采写的角度看，值得报道和应该报道的东西还多得不得了。但奇怪的是，范长江竟然丢下这些有价值的线索不管，匆匆收笔了。范长江的陇东行及其红军动态通讯，恰恰从一个侧面证明了：范长江研究红军动向的目的是产生于西北采访的过程中，而不是形成于西北采访之前；范长江的主要目的是西北采访，红军动向只是他的次要目标。可见，范长江 1935 年的陇东采访行踪，与他 1961 年说的研究红军北上以后动向的目的，也是不相吻合的，是自相矛盾的。

　　也不排除范长江陇东之行是为了采访胡宗南部的可能。范长江与胡宗南自 7 月底分手后，再没见面。此时，胡宗南为追剿红军，率部来到陇东。范长江闻讯，又前往采访，写下多篇有关报道，其中有的就是为胡部唱赞歌的，如说红四方面军屡与胡部交手，屡次败绩，"见一师不打"成为红四方面军的内部约束。一师指的就是胡宗南部的所谓"天下第一师"。范长江没有身入红区，倒是深入胡部。

　　综上所述，范长江的 A 目的是缺乏现实根据支撑的。他确实是主要依据间接的、二手的资料报道过红军动向，但这些报道是随机的，并非事先就计划好的。范长江的红军动向报道是他整个西北采访的一个产物，它产生于范长江的西北采访行程中，碰上了就报道，没碰上就不报道；报道了是正常的，没报道才是反常的。从中央红军的北上行动看，从红四方面军的南下行动看，更从红 25 军和红二方面军的行动看，对照范长江的采访行踪，仔细比较和琢磨，范长江的 A 目的完全经不住实际的敲打，完全站不住脚。

三、范长江当年说法和后来说法的
自相矛盾及其解析

　　细读《中国的西北角》一书，就会发现：范长江当年西北采访时谈到的目的，与他后来在 1961 年讲的 A 目

的，完全不一样。

1935 年 5 月初，范长江从天津出发，经烟台、青岛、上海、杭州等地，后溯江而上，直达重庆，于 6 月中旬抵成都，历时一个半月。《大公报》在他开篇的旅行通讯中加"编者按"说：长江君由津赴川南旅行。这说明，当时范长江只打算到四川南部。至于原因，没有讲明。从发表的这段时间的十余篇旅途通讯看，范长江几乎没有涉及关于红军长征的内容。按理说，自 1934 年 10 月中央红军被迫实施战略转移，不停地往西撤退，直到 1935 年 5 月上旬渡过金沙江——这么重大的事件，已被国民党统治区域的媒体炒作和报道甚烈，可是，范长江在这段行程的旅途通行中居然没有任何反应，岂非咄咄怪事？当然，我们也可以这样解释：范长江走过的这段行程中，没有红军踪迹。至于有无红军产生的影响，这就不好说了。

范长江到达成都后，原打算先作环川旅行，然后入西康。这时，范长江获悉有一个考察团要从成都经松潘北上兰州，他觉得这是一个千载难逢的机会，决定随团前行。他在《中国的西北角》一书中，开首写道："人事的变化，往往非始所及。记者入川以后，本来打算先作环川旅行，然后入西康。但是到了成都以后，因为朋友的方便，得了一个由成都经松潘北上兰州的旅行机会，这条路在平时亦是不易通行的去处，尤其在目前军事紧张时期。有人说：机会是一个美丽的姑娘，只是她的头发披在前面，如果不趁她对面来时，当面把她抓着，她一过去，事后苦苦思念，也无济于事了。记者因为爱惜这个机会，所以放弃了过去准备，决定和朋友们先行到兰州。"以上这段文字写于 1935 年 9 月，从文字表述透露出的信息看，范长江当时根本就没有任何 A 目的的想法和打算。他行前的目标已锁定在兰州，时在草地的中央红军与红四方面军是南下还是北上、是东进还是西向，均与他范长江西北采访的行动毫无关联。

应该说，范长江当年自己的说法与当年自己的行为是一致的，因而也是可信的。问题出在范长江自己身上，是他自己在 1961 年拿出了与"旧说"完全矛盾的"新说"即 A 目的。范长江自相矛盾的说法，给后人造成了麻烦：不知道该相信哪个是真的哪个是假的；同时也迫使后人不得不研究究竟哪个说法属实。

范长江在"文革"期间写了一份自传材料，其中谈到他 1935 年到成都后不久，打算"直入红军"，他一个人由彭县入大山，也不知道目的在哪里，只想能撞见红军，结果未成而返。这个说法，有多大可信性，真不好说，因为没有任何人能证明范长江自己说法的牢靠性。我对此是深表怀疑的，理由是：后来范长江到松潘、到庆阳均有至少两次以上机会"直入红军"，但他却没有抓住机会，而且对丧失机会的原因只字不提，似乎在有意回避什么。即使在"文革"期间，竭力辩解自己的范长江也躲开了这个无法解释的问题：既然想直入红军，为何在松潘、在庆阳均放弃了呢？如果当时范长江真的想直入红军，依他的聪明和能力，他不是办不到的，就看他愿不愿意做，何况当时范长江与红军的距离已经很近了，几乎就是几步之差！能做而未做，只能证明范长江当时就没有想做。

我们假定：范长江1961年说的A目的是真的，那么，从1935年到1961年的26年间，范长江应该多次或不止一次地提到A目的。但是，翻完《范长江新闻文集》上下卷，我们找不到这样可以证明的记录。范长江于1941年写的长篇通讯《祖国十年》，是研究范长江早期思想的重要文献。从篇幅上看，《祖国十年》仅次于《中国的西北角》和《塞上行》。在《祖国十年》中，范长江谈到了他1935年在成都的经历，但就是没有提到他要"研究红军北上以后中国的动向"的目的。此刻的范长江已加入中国共产党，又是著名人物，当时他的写作环境非常宽松，没有任何顾忌，他甚至可以透露他与毛泽东之间的"误会"，赞扬蒋介石是"卓越的军事天才"。在这种状态下写出的东西，应该有很高的真实性和可信度。如果范长江真有A目的，他这时是应该讲出来，也可以讲出来的；如果范长江没讲，只能说明他那时根本就没有产生A目的的念头。

范长江一生中曾多次讲到记者的作用、信仰、观念和抱负，如1938年4月的《建立新闻记者的正确作风》、1939年1月的《新阶段新闻工作与新闻从业员之团结运动》、1941年的《人民报纸的基本问题》、1950年7月的《人民新闻工作者的四个信条》、1951年的《〈人民日报〉的任务》等，以上这些场合与他1961年年初在《记者工作随想》中谈A目的的场合非常相似和接近，但这些讲话里面却没有透露出哪怕是一丝一毫的涉及 A 目的的信息。既然 A 目的直接关系到范长江的成名之作《中国的西北角》，显得那么重要，这么多可以展示的机会却没有展示出来，难道不正是很值得怀疑它的真伪吗？

我们还可以再找一个旁证。《大公报》于 1936 年 8 月 24 日发表题为《朱徐毛彭等之新动向》的社评，说："去年本报旅行记者长江君曾预测朱毛徐等部之前途，谓其进入西北以后之目的地，为祁连山北麓之甘肃河西地方，因根据西北地形、政情以及朱毛等本身需要，惟有河西始有作其新根据地之资格。时至今日，吾人仍信此项预言为正确。"我们需要解析这段话：首先，社评称范长江是"预测朱毛徐等部之前途"，而没有说范长江去年是"研究红军北上以后中国的动向"，这个由《大公报》在一年后的说法实际上推翻了范长江之 A 目的的存在可能性，须知"预测"和"以后"是由两个不同事实而表达出来的两个不同概念，绝不可以混为一谈。实际上，当年范长江自己也说的是"预测"，如他在《松潘战争前后》（1936 年 1 月 4 日）一文中说："记者曾屡为文片段地报告松潘战争之经过及相当的预测"。其次，社评说范长江曾预测甘肃河西走廊将成为红军根据地是正确的，其实是错误的，此时中共中央军委早已决定陕北是根据地的大本营。请看，连当时的《大公报》都不认为范长江存有 A 目的。

与此相反的是，范长江 1961 年讲的当年西北采访的 B 目的，我们却可以找到自 1935 年前后的一以贯之的线索和思路。早在 1986 年发表的拙作《范长江与红军长征》一文中，我曾经说过：研究西北，关注西北，是当时的时代主题要求。2003 年上半年，我在《为什么不是范长江》一文中仍然坚定认为：范长江到西北采访是"当时的时代使然"。我对范长江西北采访的 B 目的，从来就没有怀疑过，并且在后来的研究过程中，发现越来越多的史料更加证实了 B 目的的牢靠性。例如，有一则史料这样介绍 20 世纪 30 年代的社会舆情："当时，社会上谈论西北问题盛极一时，不少人认为，西北是中国未来生命之所系，纷纷呼吁开发边疆，用西北作长期抵抗的根据地。关注西北的社会人士纷纷成立团体，全国有 37 家之多，如开发西北协会、中国边疆协会、中国边疆建设协进会、西北问题研究会、新西北社等等。一批关注西北的刊物，如《开发西北》、《西北研究》、《新西北》、《西北问题》等相继创刊出版。各种资源、实业、水利、交通、教育考察团纷纷到西北去考察。"[1] 国民党中央四届三中全会于 1932 年 12 月通过了《边疆建设决议案》，国民政府全国经济委员会于 1934 年 6 月也通过了《西北建设实施计划进行程序》。正是由于时代主题的裹挟，才催促了范长江 B 目的的萌发和形成。

从长篇通讯《祖国十年》中得知，范长江之 B 目的产生于 20 世纪 30 年代初期。大约在 1933 年秋季，对于未来形势的估计，范长江作出了这样的判断。他写道：

---

[1]　孙武：《西北旧影往事：感悟苍凉》，山西人民出版社 2005 年 5 月版，第 151 页。

我们一般终年流亡奔走的青年朋友，从实际经验教训中，对于未来中日战争形势，大致有如次的意见：

第一，战争初起时，由于敌人军事力量的优越，沿海沿江及东北平原地区我们事实上无法防守，不得不退却，不得不暂时放弃。

第二，中日战争的主要战线，将是东北平原与西部山地的分野地区，只有依托山地，才能减少敌人的优点和发挥我们的特点。

第三，我们将来的中心是四川。只有四川才是最安全的抗战司令塔，只有四川才能联络西北和西南，也只有四川才有支持抗战的富厚经济力量。

第四，我们应当准备放弃沿海对外交通线，而且在西北、西南及西方另建国际交通线。（现在看来，"西方的国际交通"，即经康藏的交通，不大容易。——记者）

第五，战争爆发，沿江沿海的产业，必然丧失，应在西部中国另建经济中心。

第六，准备以西部中国的人力物力与东来的敌人长期战争。

我们根据这六点认识，发起组织"中国青年西部考察团"，发表宣言，陈述我们上述的看法，要求社会的赞助，与有志青年之参加。

我们计划组三个分团，分赴西南、西北及正西面的川康考察。想用考察的结果，证实与充实我们上述的国防意见。我们的宣言和计划大纲等都曾在 1933 年冬南京《新民报》、《新京日报》等报上发表。但是没有得到任何有力的反响。先后来报名的只是七个有游历兴趣而无经济负担能力的青年！我们的志愿因此无法实现。①

可以看出，范长江的以上分析和想法，是成熟而系统的。它既为尔后范长江西北采访之行为埋下了伏笔，又是不经意地成为范长江实施西北采访的逻辑起点。虽然以上这些表述写于1941年，但它反映的是范长江1933年秋季以前的想法，并且这些想法实际上也成为两年后范长江西北采访的纲领性思路。譬如，当年范长江在1935年6月中旬由天津南下抵达成都后，他在旅途通讯《成都改观了》一文中这样写道：

以整个四川对中国而言，其情势正复相同。进可以战，退可以守，盖为军事上最有开拓性的地方。尤其顾念到将来远东大战爆发以后，中国沿江沿海一带目前繁盛区域，将无疑的会被帝国主义所控制，那时可以作为中国反帝图存的最后的活动区域，实舍西南诸省而莫属。西南诸省中，尤以四川为主体。故中国今后之政治斗争，在政略上、战略上，皆当以争夺四川为主题。谁能取得四川，谁即有支配今后中国大局的地位。②

将以上范长江1933年的想法和1935年6月的表述，同他在《中国的西北角》一书中的开篇说词联系到一起考虑和分析，便会发现：范长江西北采访的 B 目的决非心血来潮，而是蓄之久矣。他到四川采访，作环川旅行也

---

① 《范长江新闻文集》，中国新闻出版社1989年9月版，第892页。
② 《范长江新闻文集》，中国新闻出版社1989年9月版，第69页。

罢，到西康考察也罢，都是事先谋划好的。虽然到成都后
临时改变北上兰州，但这个看似偶然的举止，实际上也是
一个必然的行动。不管是到西南还是到西北，都符合他早
在1933年就已经形成的思想。可能范长江的西北采访是
偶然的决定，但它实质上包含着许多必然的因素——分析
和解读范长江的多年言行及其连贯性，我们只能得出这个
结论。

范长江在"文革"中写的自传材料也进一步证实了
西北采访B目的的存在。他说：

我和他（指范长江的朋友李自强。——本文作者注）
谈了我对抗日战争的一些看法，认为将来抗日战争爆发
后，中国沿江沿海城市一定守不住，抗战的大后方一定在
中国的西部（西北和西南），而这是中国最落后的地方，
应当有些人去考察，发表文章，引起人们的注意，促进这
些地方的改革。他很赞成。我们主张团结一些青年徒步去
考察。他认得一些报刊的编辑记者，发表了一些发起考察
团的消息，但结果除我们两人外，只有他的一个助手愿意
徒步去考察，所以发起活动就失败了。李自强以后到了西
康少数民族地区工作。①

范长江1935年到成都后，原先打算先作环川旅行，
然后进入西康。我冒昧推测，范长江打算到西康的目
的，十有八九可能是去寻找这位叫李自强的朋友，了解
他的情况。

---

① 《范长江新闻文集》，中国新闻出版社1989年9月版，第1114页。

通过以上对范长江在 1933 年、1935 年、1941 年、1961 年和 1969 年等 5 个不同年代的想法和说法的考察引证，可以从中看出：范长江西北采访的 B 目的，确实是一以贯之的，先有观念，后有实践，再有证明；线索明晰，前后衔接，逻辑清楚，首尾照应，没有矛盾，因而具有极强的可信性。可惜的是，对范长江西北采访的 A 目的，我们却无法找到类似 B 目的这样具备强烈说服力的历史与现实的一致关照，这就不得不让人十分遗憾。

四、范长江为何未上井冈山？

论证范长江西北采访的 A 目的之不能成立及其对红军的态度，不能不涉及范长江早期活动经历及其思想。

范长江于 1927 年六七月间在武汉参军，不久随军到了南昌。他所在部队是贺龙为军长的国民革命军第 20 军第 3 师下属教导团，不到 17 岁的范长江参加了著名的八一南昌起义，当过起义部队班长。第 3 师师长是周逸群，党代表是年近 50 的徐特立，他们两人都是著名共产党人。据史料记载，第 3 师的优点是党员多、政治素质好；弱点是刚参军不久的青年学生较多，缺乏军事经验。[①] 第 3 师在潮汕地区被敌军打垮后，范长江自述："我也很快病倒街头，沦为乞丐，后来气息奄奄，被收死尸的人收到一

①　刘汉升：《南昌起义之后》，解放军文艺出版社 2006 年 7 月版，第 136 页。

堆，几乎一起埋了。"[①] 身体稍好后，范长江又参加了国民党将领薛岳为师长的教导第二师，当了看护兵。范长江承认自己这时"思想糊涂"，不想再当兵打仗，想"从读书中找出路"，便于1928年夏考入国民党南京中央政治学校——这个学校近似于今天我们的中共中央党校或国家行政干部学院。

应当指出，1927年下半年的国内形势，对中国所有进步青年和革命志士来说，都是一个严峻考验。我军著名战将粟裕也参加过八一南昌起义，当时也是班长，也在潮汕地区战斗过。当时粟裕被一颗子弹击中头部右侧，昏倒在地。排长说："粟裕呀，我不能管你啦。"随即卸下他的驳壳枪，丢下粟裕走了。苏醒过来的粟裕抱着无论如何要赶上队伍的信念，奋力站了起来，在同志们的帮助下，包扎好伤口，搀扶着迈步，终于赶上了朱德、陈毅率领的起义部队。粟裕写道：

大革命失败之后，全国革命处于低潮，南昌起义军主力又在潮汕遭到失败。在这种情况下，革命的前程究竟如何？武装斗争的道路是否还能坚持？我们这支孤立无援的部队，究竟走向何处？这些问题，急切地摆在每个起义战士面前。

严酷的斗争现实，无情地考验着每一个人。那些经不起这种考验的人，有的不辞而别了，有的甚至叛变了。不仅有开小差的，还有开大差的，有人带一个班、一个排、

---

① 《范长江新闻文集》，中国新闻出版社1989年9月版，第1090页。

甚至带一个连公开离队，自寻出路去了。其中也有一些人后来又重返革命队伍，继续为革命工作。我们这支队伍，人是愈走愈少了。到信丰一带时只剩下七八百人。不少人对革命悲观动摇，离队逃跑，特别是那些原来有实权的带兵的中高级军官差不多相继自行离去，给部队造成了极大的困难，使部队面临着瓦解的危险。①

可以肯定地说，粟裕是经受住了这种无情而残酷的斗争考验。他最终追随朱德、陈毅走上了井冈山，在血与火、生存还是毁灭的枪林弹雨中，逐渐成熟，成长为我军"第一大将"。

同样可以肯定地说，范长江当时没有经受住斗争考验。范长江肯定不是"叛变"，但他是属于"开小差"或是"悲观动摇"还是"不辞而别"，这就不好说了。或许有人会说，范长江当时病重掉队，可病好后也未见范长江"重返革命部队"呀！我们假定，如果当时范长江信念坚定，也跟着朱德、陈毅上了井冈山，在以后的烽火岁月中子弹都远离了他的生命，依范长江的聪明、机智和文化程度，他在建国后至少可当上解放军中将，搞不好还会是上将。但范长江没有做这样的选择，而是选择了南京国民党中央政治学校。历史虽然不能假设，但范长江本来有机会、有可能上井冈山而未上井冈山，其中必定有多种原因。据说，后来范长江自己也曾为这段经历，有着深深的

---

① 《粟裕回忆录》，解放军出版社 2007 年 8 月版，第 30 页。

"遗憾"。①

　　平心而论，范长江到这里而不去那里，或者到那里而不去这里，这是他个人的正当权利，任何人都无权指责。自己的道路自己选择。但是，既然范长江是著名人物，后来的研究者必定要关注和研究他的思想发展脉络，这也是很正常的，也是符合历史唯物主义和辩证唯物论的认识规律的。

　　范长江选择考取南京中央政治学校，这说明在当时国民党处于强势和上风而共产党处于弱势和下风的情况下，他选择了国民党。我分析其原因主要有两点：一是跟着强势走，以便更有利于实现个人价值（早期范长江的个人奋斗思想浓厚，这是无可厚非的）；二是思想和信仰的方向问题没有根本解决，正如他自己所说的：当时对国民党的宣传"信以为真。于是我得出了这样的错误结论：中国共产党主张在中国实行社会主义革命是错误的，而三民主义是正确的，是合乎中国的国情的。"② 需要指出的是，当时作出范长江这样选择的人是多数，而作出粟裕这样选择的人恰恰是少数，甚至是极少数。尽管范长江后来转变了立场和世界观，但他在关键时刻"走错路"的关键选择，肯定给注重革命斗争坚定性的中共中央高层留下了深刻印象，恐怕这也直接影响到他在党内的官宦生活和建国后的工作安排。

---

① 　徐向明：《范长江传》，南京大学出版社 2002 年 5 月版，第 12 页。
② 　《范长江新闻文集》，中国新闻出版社 1989 年 9 月版，第 1101 页。

　　南京中央政治学校是国民党培养干部的地方，范长江有望走上仕途。但是，问题是范长江的爱国主义情怀非常人所及，1931 年"九一八"事变发生后，他强烈不满国民党当局的不抵抗政策，毅然从中央政治学校出走，北上就读于北京大学哲学系。在以后几年的这段时间里，范长江的思想方向问题仍然没有解决。譬如，他曾看过一些共产党的文件，但对文件内容又很不满意。他曾经这样写道："在那些文件中，我有两点不能接受：一是有些文件认为，日本进攻中国的目的是进攻苏联，因此要'武装保卫苏联'，而不是首先保卫中国；二是许多文件都是'根据国际指示'如何如何，我对于这一点也想不通；三是国际隔中国那样远，中国革命如何能事事听它指挥呢？还有一点，比较次要，也是我不明白的，中国人革命，政府的名称为什么不叫一个中国名字，而要用一个翻译名词'苏维埃'呢？群众很不容易懂。"①

　　后来西北采访时，范长江将以上不认同的想法通过报道事实的方式表达出来了。他在四川江油大石堡碰到一位壮年男子，"叩以何人管辖，答以'苏先生'，问'苏先生'之名号籍贯，他又茫然无以对。问其见过面否，答以'未'。继而曰：'凡是红军区域，皆归苏先生管辖。'记者始恍然所谓'苏先生'者，乃'苏维埃'之误，**而又觉中国共产党之整抬俄国革命，殊属自讨麻烦也**（黑

① 《范长江新闻文集》，中国新闻出版社 1989 年 9 月版，第 1113 页。

体部分为解放前版本所有，后再版时被删掉——本文作者
注）。"① 这就说明，在西北采访时，范长江的思想方向问
题仍然存在，对党和红军的认识仍然是有距离的。他确实
报道过红军，但问题的关键是怎样报道红军，运用怎样的
立场、观点、视角、色彩等去描述红军。我以前是这样说
的，现在还是这样认为：范长江在西北采访过程中的红军
报道，肯定大多是负面的而不是正面的，消极因素大于积
极因素。连范长江自己也不得不承认："我批评了张国焘
部拿农民的粮食问题。当然，现在看来，在内战那样严重
的情形下，我这样公开批评是不妥当的。"② 范长江对散
落陕边流浪红军青年士官的悲惨境遇同情，很容易使人联
想到当年八一南昌起义后范长江自己在潮汕地区的相同命
运，真是同病相怜、惺惺相惜呀。

　　总之，对范长江西北采访的 A 目的，往轻了说，是
范长江记忆失误；往重了说，就恐怕讲不清了。范长江究
竟为何要在 1961 年说出 A 目的，真实性几何，可能只有
天知道。我们找到了问题的症结所在，但却无法弄清产生
症结的原因。

　　仔细阅读《范长江新闻文集》，还会发现一些类似 A
目的这样的次级重要问题。譬如，西北采访结束后不久，
范长江又进行了著名的塞上采访。期间，在西安杨虎城公
馆，范长江见到了周恩来，周说："我们红军里面的人，

---

① 《范长江新闻文集》，中国新闻出版社 1989 年 9 月版，第 85 页。
② 《范长江新闻文集》，中国新闻出版社 1989 年 9 月版，第 1118 页。

对于你的名字都很熟悉，你和我们党和红军都没有关系，我们很惊异你对于我们行动的研究和分析。"① 对这个近乎孤证的说法，有的论者抬得很高，演绎成什么"惊人的分析和判断"云云。我对范长江的这个说法，相当怀疑，其理由的内在逻辑是：假如周恩来真的讲了这句话，那么，在"文革"深受冲击的范长江肯定会将周恩来的这句话抬出来作为盾牌，作为强大的护身符，以保护自己，削减冲击力。保护需求的本能，必定会驱使他这样做。可是，在"文革"中写的那份自传材料中，范长江令人惊讶地根本提都未提这句话。难道范长江忘了吗？这绝不可能，当时他最需要的不正是强有力人物的支持和保护吗？周恩来不正是最佳保护伞吗？由此，这就不能不让人生疑了：周恩来到底讲过这句话没有？究竟是怎样讲的？是外交辞令还是发自内心？如果没有合理的解释，我们只好、也只能存疑。

我以前曾经推测斯诺可能看见过《大公报》上范长江关于红军的报道，苦于无证据说明。后翻阅徐向明著《范长江传》一书，终于发现有据可证。该书第 91 页说：当时是美国合众社记者的爱泼斯坦曾道："我记得大概是从斯诺那里先听到这些文章（指《中国的西北角》旅途通讯。——本文作者注），后来又看到了其中译成英文的几篇。"这就证明当时斯诺确实看到过范长江的西北旅途通讯。随之而来的问题是：斯诺对范长江的西北报道印象

---

① 《范长江新闻文集》，中国新闻出版社 1989 年 9 月版，第 511 页。

如何？有过怎样的评价？

　　坦率地说，在《西行漫记》中，虽然我们找不到直接的评价，但间接的评价还是可以列举一二。譬如，斯诺曾这样写道："在这样的宣传和反宣传中，要想了解真相的冷静的观察家就得不到可信的证据。"① 言外之意是，当时的报道当然也包括范长江的报道，并没有给斯诺这样的观察家以可信的证据。又如，斯诺还曾这样写道："相当一个时期以来，竟没有一个非共产党观察家能够有把握地、准确地、或是用亲身调查过的事实解答这些问题（指中国共产党及其领导下的红军。——本文作者注），这似乎是荒唐可笑的。"② 范长江当时应该算作"非共产党观察家"，他的报道似乎也未能回答斯诺想知道的事情。由此推知，当时斯诺对范长江有关中共和红军的报道，并不看好。如果真的有些启发和帮助，斯诺对范长江的西北采访报道肯定会另眼相看。

---

① 斯诺：《西行漫记》，三联书店 1979 年 12 月版，第 2 页。
② 斯诺：《西行漫记》，三联书店 1979 年 12 月版，第 6 页。

为什么不是范长江*

著名记者范长江的西北采访曾经享有两个"第一"。不过，这两个"第一"，与范长江本人无关，都是后人"强加"给他的。这第一个"第一"，见证于香港三联书店 1980 年 2 月出版的《中国的西北角》一书，其"出版说明"中有一句引人注目的话，称"范长江是中国第一位进入西北角进行考察的记者"。这个结论，我读本科和研究生期间，亦曾耳闻一些专家讲授之口，不禁信之。20世纪 80 年代中期，我寻书于人民大学图书馆旧本阅览室，偶然翻到几本 30 年代采访西北的记者通讯，惊喜地阅读之余，方才大吃一惊：原来还有比范长江更早进入西北采访的记者！后来，我据此写成《范长江前的七位西北采访者》一文，刊登在《新闻研究资料》第 35 辑上，这就用凿凿史实推翻了所谓"范长江是第一位进入西北角进行考察的记者"的说法。自此，少见有人妄言什么西北

采访第一人之类的话了。

这第二个"第一"，见证于新华出版社1980年4月出版的《中国的西北角》一书，其"编辑前言"称：范长江"第一次公开如实地报道了工农红军的二万五千里长征"。这个结论，影响很深，为诸多同仁一再引用。一些研究《大公报》史的专家在提到范长江的西北采访时，也沿袭了这个结论。新华出版社2001年11月出版了新版《范长江新闻文集》，当代著名记者、新华社原社长穆青为其撰写了"再版前言"，他也认可了这个结论，说：范长江"第一次在'大公报'上公开如实地报道了中国工农红军正在进行的二万五千里长征，他的报道比美国著名记者埃德加·斯诺对长征的报道还早一年多"。2002年6月，香港大公报社编辑出版了《大公报创刊百年纪念画册》，该画册首篇文章乃是大公报社长王国华的《百年报庆献辞》，辞中自豪地写道："第一个深入西部地区，向全国大众报道红军长征情况的是《大公报》记者范长江。"

坦率地说，对于这第二个"第一"的结论，我一直心存怀疑，总觉得它不科学，缺乏说服力。① 经年幽昧，深感确有必要对它进行一番严格而规范地梳理，严谨而深入地分析，以正视听，以免误导。

---

① 尹韵公：《历史地品评范长江的西北采访》，《新闻学刊》1988年第5期。

一

首先，我们需要厘清"公开、如实报道"的概念。

所谓"公开"，是指不加掩盖，无须隐藏，坦然面对，使众人都知晓；公开报道，近似于古代的"露布天下"的意味。说范长江是第一次公开如实地报道了红军长征，那么，这句话的含义就是，在范长江之前没有人公开报道过红军长征，如果有的话，那也只是非公开、非正式的方式报道，否则，便没有资格称"第一"。

事情果真如此吗？不对。红军长征正是我党我军在第一次革命战争（土地革命战争）时期处于低潮时期，而国民党及其军队正是处于势头上升时期，他们控制着全国政权，掌握着全国舆论大权，即使不属于他们掌控的那些媒体也会刊登他们发布的消息。所以，从当时的大局判断，国民党政府及其军队没有任何理由企图封锁红军被迫长征的消息，因为这是任何胜利者都不可能做的蠢事。事实上，当时国民党统治区的几乎所有报刊、电台都公开报道了红军长征的消息，而且还是不断地、全程追踪式地"公开报道"。

我们仅以 1935 年 7 月的《大公报》为例，进行个案分析。选择这样的个案对象和时间，显然是有道理和针对性的。首先，范长江是《大公报》出身的，他当时是该报的特约通讯员；其次，范长江是 1935 年 7 月 14 日离开成都北上的，范长江写的所谓"最早公开报道红军长征的篇章"——《岷山南北剿匪军事之现势》，是发表于1935年9月13、14日《大公报》上的。因此，选择这样的个案对象和时间，更便于弄清事实的真相。

据查，《大公报》在1935年7月的31天中，有24天发表了关于红军的报道，另有7天空白。在24天发表的有关红军的报道中，有这样几种内容：

关于中央红军和红四方面军动态的。如7月2日报道：四川军阀刘文辉因防守大渡河未先事布置，"致匪越险窜入，扰害数县"，蒋委员长特严加申斥，予刘文辉"记大过一次"。又报：徐向前日前在茂县曾受伤，现已痊愈，徐部一部分潜渡岷江西岸，谋与朱德部会合。如7月20日报道：共匪因所占地域物质缺乏，气候奇冷，回窜不易，故拟窜往甘青，以冀实现打通国际路线之迷梦。据报匪已退出懋功，向草地集合。如7月22日报道：懋功之匪已越过六千公尺之巴郎山向北进行，理番之匪亦节节北退，似进窥甘青交界之洮州、岷县、西固等处……类似报道还有许多，不再赘述。

关于陕北红军状况的。如7月7日报道：共匪刘子丹辈乘机盅盛，多方煽动，利诱威胁，成群结伙，烧杀劫掠，蛮干横施，从此陕北陷入万劫不复之境，无数生灵遭受流亡颠沛之苦矣云云。又7月23日国内新闻版头条大字报道：陕北赤匪愈严重化，全陕北23个县几尽赤化。其中完全赤化8个县，半赤化10余个县。全陕北赤化人民70余万，编为赤卫军者20万，赤军者2万。张学良已飞赴西安，与于学忠、杨虎城、邵力子等会商剿匪军事。

关于红二方面军状况的。如 7 月 4 日报道：萧克、贺龙两匪溃窜拜施椒园芭蕉铺一带，连日经我军迎头夹击，毙匪甚多，夺获枪支 800 余杆……

关于留守苏区红军状况的。如 7 月 7 日报道：共匪张鼎丞部窜扰平和县，焚屋数百座。后又窜大坪等乡，大肆掳勒，保安八团陈崑部已驰往兜剿。7 月 24 日报道：赣闽赤匪亦近清。

当时留守苏区的我党高级领导人之一的瞿秋白不幸在长汀被俘，后被枪杀。《大公报》于 7 月 5 日配发瞿秋白照片发表了千字通讯《瞿秋白毕命记》，文笔相当生动感人，为党史研究之珍贵史料，如文言：瞿秋白"继而高唱国际歌，以打破沉默之空气，酒毕徐步赴刑场，前后卫士护送，空间极为严肃，经过街衢之口，见一瞎眼乞丐，彼犹回首顾视，似有所感也。既至刑场，彼自请仰卧受刑，枪声一发，瞿遂长辞人世矣！"作者的立场似乎同情瞿秋白，标题用"毕"而不用"毙"，尤耐人寻味。

关于红二十五军长征动态的。如 7 月 6 日报道：陕南各县自徐匪海东由豫窜入后，往复蹂躏，洗劫一空……

关于红军"投城"状况的。7 月 4 日，报道了两起福建红军"投城"事件。

从以上《大公报》1935 年 7 月份的报道内容看，不仅有中央红军和红四方面军的，而且还有红二方面军和红二十五军的，并还有留守苏区红军的，可以说，所有红军各个方面的动态、现状和趋向，《大公报》都给予了及时的报道，尤其是中央红军和红四方面军的去向，《大公报》更是特别关注，一有新动静，立马作出回应，对于当时来说，国共两党在军事方面的此消彼长，确实是社会关注的热点和焦点，不作追踪式的公开报道是无法向民众交代的，否则，《大公报》将失去读者。

《大公报》关于红军的报道不仅内容丰富，而且报道手法也富于变化。既有消息，又有通讯；既有访谈，也有评论；既有平面，又讲深度。

关于旅途通讯。7月2日刊登署名前溪的《蜀游杂记》之一，作者写道："入蜀后首先留意者，当然为考察剿匪情形。徐向前突破嘉陵江，朱毛越过大渡河，川北自江油而西，川西自会理而北，全川之西北边境，几全是匪区，防不胜防，颇引为忧。抵蓉后事实上详为考察，方知朱毛虽能飞渡大渡河金沙江，然势成弩末，只能走，不能守，更不能攻，薛李越省尾追，杨森拦河腰击，已逼促于天全芦山以北；徐向前因胡宗南军早由平武进据松潘，将从西北角直下，恐截之为二，亦放弃成都以北防地，将退出北川，急趋而西；于是匪区大为缩小，只克占据理茂一带。"作者又分析了红军动向和命运，说：红军"北走松潘窥甘肃，有胡宗南军阻之；西走西康图青新，又闻已编成骑兵队于平原静待之；欲回窜滇黔，飞渡金沙大渡，去时已恐不如来时之易。……世人颇以朱毛与徐向前会合为四川忧，为大局忧，余却认为朱毛等会合，实合零为整便于应付之好机会，盖藉以将四川腹地及滇黔边境各匪区肃清，得以全力注于一城也"。7月31日发表著名报人张季鸾的《西北纪闻》之二，其中有1000余字专写陕北赤化问题的症结及解决办法。

关于社论。7 月份共发表两篇与红军有关的社论，一篇是 7 月 26 日的《今后之四川》，称："川省朱毛徐诸匪近已开始窜往西北，茂县懋功等县先后为国军收复，如无意外变局，四川军事自是可望告一结束，就地方言，诚堪庆幸也……"另一篇是 7 月 29 日的《论陕乱》，称："……数月来，全国目光集于黔滇川，今则川境已将肃清，问题渐趋于川甘边，同时陕北之乱，由地方问题而演成不可忽视的军事的及政治的问题……"

关于国民党高层人士的访谈报道。国民党高级将领薛岳是追剿红军的得力干将，7 月 6 日专门刊登了"第六路军万里长征，薛岳谈追剿经过"的访谈，约 1000 多字，吹捧国民党军如何吃苦耐劳，"夷人牵羊担酒，在路旁慰劳"国军等等。对国民党最高领导人蒋介石的报道，亦有多起。7 月 4 日报道：蒋委员长为促进军民合力剿匪起见，特会各县公正绅耆回乡工作等等。7 月 25 日报道：蒋委员长连日召薛岳部官佐训话，题为中央军追剿赤匪之意义、及其经过之成绩等等。

关于红军动向的分析性报道。红军两大主力会师川西后，下一步如何走法，红军内部尚在讨论之中。国民党方面亦作出种种推测，7 月 16 日刊登的《四川之政治与军事》末尾写道："匪于目前似在休息整顿之中，入秋后川西高寒不易过冬，匪定谋困兽之斗，北川为入陕甘之两大路口，匪近亦不守，松潘为入青惟一要路，早经胡宗南克复，匪欲北窜青海，惟有循抚边入青之小道，此道只夷人偶一通过，中有十四站无人烟，十万匪众甚不易走也。"
7月27日又发表《朱毛徐北窜原因》一文，作者在分析了川西北特有的环境、气候、粮食等种种困难后，预言："故匪非于入秋前离开此地，且能达到其理想之另一地不可，故于此刻大举北窜，盖明知向西北行进日益寒苦，然非于未寒之前起往不可也。"

以上，我将1935年7月份的《大公报》作为一段时空横截面，从报道内容的不同角度和报道手法的不同花样，翻来覆去地说明，其根本目的就是为了论证一个主题：这一个月中的几十条有关红军的消息和通讯，究竟算不算"公开报道"？如果不算，那这些报道又该算什么报道？总不能算非公开报道吧？如果我们只好承认这些算公开报道，那所谓的范长江的第二个"第一"是否算数？

范长江之弟范长城曾写过一篇文章，叫《范长江长征报道之我见》，该文说：范长江在写《毛泽东过甘入陕之经过》通讯中，描写毛泽东等率领的陕甘支队，"如何声东击西，迂回曲折到达陕北，公开报道了中央红军与当地红军胜利会师的消息。"① 难道事情真的是像范长城所说的那样，是范长江向社会"公开报道了中央红军与当地红军胜利会师的消息"吗？非也。范长江的《毛泽东过甘入陕之经过》通讯，写作于1935年11月6日，发表于同年11月23日的《大公报》。首先，在范长江之前，《大公报》已先发表了类似消息。如同年7月14日和19

---

① 《新闻学论集》第16辑，中国人民大学出版社1992年12月版，第188—208页。

日《大公报》报道：匪之主力一齐向北移动，似将进窥甘青。号称陕甘支队的中央红军自突破腊子口进入陇南后，一直受到国民党军方和媒体的高度关注。同年 10 月 14 日，《大公报》发表社论《再论陕甘军事》说："毛泽东股，虽旧系共党主力，但势极疲困，所过甘肃各县，素无基础，所可虑者，只在与陕北徐刘衔接之后。最近报告，徐海东从延安向西南窜，其状显为迎毛泽东，是尤足知彼等有重大企图也。"同年 10 月 23 日，《大公报》报道："朱毛窜甘肃的先锋部队……窜抵陇东和陕北宁夏边境的环县附近，将循徐海东的旧路窜入陕北……"同年 11 月 7 日，《大公报》通过何应钦之口报道："毛彭与刘徐合股。"这等于宣布，中央红军已与陕北红军胜利会师。应该说，《大公报》的红军动向报道，与红军行程基本吻合。据权威的《中国人民解放军战史》记载：陕甘支队于 10 月 19 日到达陕甘苏区的吴起镇。在击退追敌和稍加休整后，10 月底经保安东进，11 月初在陕北甘泉附近地区同红十五军团会合。①　其次，范长城说法有误，所谓范长江的"公开报道"比《大公报》同年同月 7 日的公开报道至少要晚半个月，而且范长江写作《毛泽东过甘入陕之经过》时，他并不知道中央红军是否与陕北红军会合之事，因为他在文中写道："至今毛泽东的主力，尚停留于保安西北一带"，但范长江同当时《大公报》的

---

①　军事科学院军事历史研究部：《中国人民解放军战史》（第 1 卷），军事科学出版社 1987 年 3 月版，第 278 页。

报道和分析一样，认为中央红军与陕北红军的会合已成定局，只是迟早而已。显然，范长城有意地拔高了范长江的报道价值。

由此可见，无论是就整个态势，还是论个别事件，都不能证明"范长江是第一次公开报道了红军长征"这个耀眼光环式的论断。我认为，任何通过查阅当年《大公报》并能够做到尊重事实、尊重历史的人，都会同意这个观点：在范长江之前，已经存在大量"公开报道红军长征"的消息和通讯了，某些后人强加给范长江的所谓"第一"，实在是有辱范长江本人，有损历史真实。

二

我们接着研讨范长江的红军长征报道是否"如实"的问题。

新闻传媒领域的"如实报道"有这样几层含义：一是它必须源于事实，又忠于事实；二是它对事实的选择、剪裁、编辑等来自于记者的价值观念和意识形态判断；三是它将记者的政治立场巧妙地精致地尽可能不露痕迹地寓褒贬于报道形式之中，让读者不知不觉地接受了"如实报道"的政治倾向。

最近有幸翻到一本关于新闻采访的专著，作者是这样评价范长江的红军长征报道，说：范长江的红军长征报道，"不仅独具一格，更重要的是传播了红军长征许多重要信息，为当时国民党统治区的其他报纸所未见，既纠正了社会上对红军的许多谬传，又在很大程度上满足了人们渴望了解红军长征真实情况的愿望，因而相当引人瞩目。"①

然而，从我翻检当时的《大公报》而掌握的材料来看，情况完全不是这样。我们最好还是让事实来说话吧！报道新闻要如实，评价历史人物更需要如实。只有如实地评价，才能有说服力和公信力，才能站得住脚，经得起历史的反复推敲。

第一，国民党官方经常攻击红军杀人放火，抢劫粮食，范长江人云亦云，有之。如1935年7月27日《大公报》报道："徐匪性最凶残，每弃一地，必恣意杀戮，尽焚房屋以快意。通南巴及嘉陵江沿岸，今日所剩之断壁颓垣，枯骨如丘，均徐匪之成绩也。近据飞机侦察，以茂县为中心，附近百十里村落，均不断有烟火蔽天，可知匪正在焚杀之中，此为匪临别之惯技，不啻告人将实行他窜矣。"范长江在《中国的西北角》中亦有相同描述："徐向前今年过中坝时，将中坝所有的货物，囊括一空。记者至时，只有极少数新近逃回的商人，经营简单生意，荒凉景象，窒人气息。据本地未曾逃走之老汉语记者：徐向前到中坝时，每日皆开大会，讲演各种事情，故民众皆心于开会，且异地杀人，以减本地人之刺激，杀人多在夜间。"

又如，《大公报》1935年8月12日报道："目前赤匪

---

① 蓝鸿文：《新闻采访学》（第2版），中国人民大学出版社2001年1月版，第128页。

在番地所搜集者，即为如何获得多量之牛羊，以供衣食，至番民对匪感情极恶，呼为'梅老二'（番语轻蔑之意）。"范长江在《中国的西北角》中也报道过红军是"霉老二"，不过他的解释另有新意："四川北部的农民叫红军做'霉老二'，就是'倒霉的东西'的意思，他们不管你红军政治部的宣传说得如何好听，你首先吃了他们的粮食，叫他们无法生存，在他们看起来，真是碰上红军，就算大倒其霉了。"①

　　同年同月同日的《大公报》还报道："松潘一带本无粮食可言，又遭徐匪南窜时罗掘一空，目下该地军食，极感困难，士兵每日仅得一餐，胡师长本人亦同，更因气候不调，兵士服装单薄，有冻毙者。刻蒋委员长已令征集民夫，组织铁肩队五万名担任运输，以解决此项困难。"范长江在《中国的西北角》中亦作了内容几近相同、个别处甚至完全一样的报道："胡宗南部在松潘，军食至为困难，兵士每日仅吃一顿，且所食者为青稞（最粗之麦子），为节省消耗计，青稞亦不能磨成面粉，只是煮整青稞为粥而食之，故因此得病之官兵，各连皆至普遍。朱徐向前方面之军食比胡师尤难，但是他们用直接征发的手段，暂时解决，藏人亦如之何。然而，胡师却不敢实行征发，因征发之结果，藏人势必起而反抗，扰乱后方交通，影响整个之军事形势。与红军之不守一定地盘者，不同其意味。"

---

① 《范长江新闻文集》，中国新闻出版社1989年9月版，第115页。

　　第二，国民党官方关注红军动态，经常分析和预测红军走向，范长江不甘示弱，有之。前面我在统计和分析《大公报》1935 年 7 月份的报道内容时，已经列举了当年 7 月 16 日和 7 月 27 日的深度报道为证，当时国民党军方预测红军必在入秋后离开草地，"大举北窜"。据笔者查实，当年《大公报》这方面的报道还有不少。如同年 8 月 20 日《大公报》报道："松潘一带，目下白昼尚需夹衣裳，入晚则非棉衣重裘不克御寒，若再过一月，即降雪，彼时天寒地冻更难通过，故匪之最后命运亦在此一月中，目前匪已集中力量解决粮食与御寒问题，番地牛羊已被征发一空。"该报道又称："前月中旬徐匪在两河口时，招集各军团会议，伪中共书记张闻天报告，夺取松潘，赤化川陕甘，并以松潘作后方，赤化陇南与川北一部，如攻松潘不成，则由松潘以北突出陇南洮岷一带。"1935 年 9 月 14 日《大公报》报道："朱毛徐三匪自会合以来，因朱毛反对徐向前之过肆屠杀，致其内部日呈分裂现象，近虽回窜岷江上游沿岸，亦止及于迭溪维关一带……据军界一种观察，匪因向西北不通，又有回窜川南图与肖贺诸匪打成一片之势，但假会有此种企图，亦万难实现也，大概回窜之匪为其中一部分，其另一部分，则闻已窜入甘省境内，盖因整个窜往西北，事实上不可能，故一部分不得已而回窜，非有冲出川西之成算也。"范长江写的《岷山南北剿匪军事之现势》发表于 1935 年的 9 月 13 日和 14 日的《大公报》上，他在文中分析：红军"最有利的出路是北入甘肃"，然后"会合徐海东，更北接通陕北刘子丹"。但是，此路有"特殊的困难"，要"通过构布岭、白龙江、迭山和洮河四道奇险，单是迭山一道，如果稍有防备，万难飞过。"他亦曾这样预测："朱毛徐各部非在最近一个月左右，向外窜出不可。""此种重大的军事变化，最多不出一月之内，即将具体表现出来。"通过以上比较可以看出，在红军走势的总体方向上，在红军行动的时间表上，国民党官方的预测均比范长江在先。更有意思的是，就在同年同月同日同版的《大公报》上，左边刊登的是范长江的《岷山南北剿匪军事之现势》，说红军"究竟如何走法"尚未可知。而右边紧挨着的另一篇报道也分析了红军的几种走向，并还透露了两个重大信息：一是红军内部已经出现分裂现象；二是"部分红军"即中央红军已进入甘肃境内。

　　第三，国民党官方对红军做了大量诬蔑性报道，范长江亦作了一些不利于我党、我军形象的负面报道，甚至是不实报道。关于范长江损害党和红军的报道，我曾经在《范长江与红军长征》①和《历史地品评范长江的西北采访》这两篇论文中引用过少许，故在这里不再多说。建议有兴趣的读者最好看一看旧版《中国的西北角》即可明了，倘若还有余力，不妨再翻阅20世纪30年代的《大公报》那就更有发言权了。

　　范长江之弟范长城说："范长江只可能采用表面上看来拥护蒋介石，骨子里却是宣传红军，并与蒋介石不同观

---

① 《新闻学论集》第10辑，中国人民大学出版社1986年11月版，第234页。

点和立场的写法，这是当时的时代背景所决定，长江的通讯也绝对不可能超越这个特定的时代背景。"倘若这个说法可以成立，那么按照这个标准翻阅当时的报纸，就会看到"表面上看来拥护蒋介石，骨子里却是宣传红军"的报道实在是不胜枚举，恐怕当时记者中的许多人都愿意把这顶帽子在新中国成立后戴上。试举一例，1935 年 7 月 1日《大公报》通讯"四川剿匪的收获"一文中写道：

"自朱毛徐合股以后，结束已往追剿战略，而开始今后长围高困之布置。自朱毛溃围由东而西，徐匪攻城掠地由北而南，牵制中央及地方军队，直接间接不下百万之众。兵法云：'制毋制于敌'。前此之战，因匪飘忽，任何官军均被制于敌。故动员人数过匪十倍而迄无发挥优效势力之机会。匪东则随之向东，匪西则随而向西，匪往则布置进攻，而布置未定，匪又突破弱点，化整为零，择地集合。官军侦明匪众所据地点，追击后布置未毕，匪又窜去，匪之战略在避实就虚，以少制多。盘据一地，时则集中精锐，扼要防守。围剿军队则节节布置，惟恐阵地发生空隙，为匪所乘，因列阵太长，致兵力分散，备战之兵太多，应援之兵太少，匪于此时从少数部队组成战斗群，择官军弱点猛力突破，一点突破，既全线动摇，重需配备，又需时日，故深犯'制于敌'之忌。"

作者看来是行家里手，深谙国共双方军事战略战术。如果依照某些论者的逻辑，此人绝对属于"表面上看来拥护蒋介石，骨子里却是宣传红军"分子，他虽然口口声声称匪，但他"歌颂"了红军灵活机动的战略战术，显露了国民党军队追剿的失败，尤其是嘲讽了国民党最高统帅蒋介石的无能。你想想，统领百万大军的蒋介石居然被小小的红军所制，这难道不是"宣传红军"威力的经典说法吗？但是，且住！这位作者的立场、观点肯定不是站在我党我军一边的。他虽然也可能"纠正了社会上对红军的许多谬传"，但他的主观动机仍然是对国民党军队的"恨铁不成钢"。

所以，从横向比较看，对范长江的红军长征报道，我们实在没有必要抬得过高，否则，有心者查出真实的历史资料，只需稍加比较研究，就会发现谎言与谬误出来。并且仅从言辞上看，至少范长江还没有大胆到敢于嘲笑百万蒋军均为红军所制的程度吧！

三

范长江对红军长征的不实报道，最根本的原因在于范长江当时的世界观还不是站在革命和共产党的立场上，用他自己在"文革"中的话说："我自己还不完全了解共产党的主张，还不可能有这个立场"。① 关于范长江的世界观及其立场转变，我以前有过多篇论文论述，此处不再赘言，因为我至今认为那些评价是中肯的，也是经得起历史和事实的检验的。范长江自身的心路历程也无情地证明了这一点。我注意到，他在《塞上行》中对红军的报道，

---

① 《范长江新闻文集》，中国新闻出版社1989年9月版，第1117页。

开始有别于《中国的西北角》中的红军报道，立场和态度已经发生了变化，语感和语气已从嘲讽走向平实，表明此时他的世界观已出现较大转变；而在《祖国十年》中对红军长征的回顾性报道，则是热情高亢的讴歌，表明此时范长江已经彻底完成了世界观的转变，从一个激进的民主主义者转变成为坚强的共产主义战士。如果将《中国的西北角》和《祖国十年》中的红军长征报道加以细阅，你简直不敢相信作者对同一事物的报道竟然会出现如此大的反差，且这些反差极大的报道竟然出自于同一人之手！这个发展变化了的事实，正好应验了人们常说的一句话：世界观的转变才是根本的转变。

造成范长江对红军长征进行不实报道的第二个原因在于范长江本人对红军缺乏了解。范长江自己也坦承他当时"对于中国共产党还没有真正系统的了解，我还不认得一个共产党人。"①譬如，范长江和国民党报纸都写过红军抢粮的报道，但在实际上，可能并非完全如此。毛泽东妻子贺子珍之弟贺敏仁正是在毛儿盖地区因擅自进入喇嘛庙，违反红军纪律而被就地枪决的。连毛泽东亲自施援都不及了，可见当时红军纪律之严格。一位党史研究者曾经这样写道：

"工农红军严格执行三大纪律八项注意，不但在人民群众中有口皆碑，就连敌人也不得不承认红军纪律的严明。1935年6月，蒋介石在致刘湘、潘文华的电报中说：

---

① 《范长江新闻文集》，中国新闻出版社1989年9月版，第1112页。

'据报，前朱、毛匪部窜川南时，对人民毫无骚扰，有因饿取食土中萝卜者，每取1头处，置铜元一枚于土中。又到叙永时，捉获团总四人，仅就内中贪污者一人枪毙，余皆释放'。"①

陈云同志长征到四川天全县后，奉命离军赴沪，再转道奔苏，向共产国际汇报中共工作。他在《英勇的西征》报告中说："四川军阀孔垂（应为刘文辉）在经过群众忍饥挨饿的村子时，散布谣言说，红军沿途将烧光一切。事实上，我们的军队一路上看见有火灾，总是帮助群众灭火。"对此，陈云指出："正确对待群众和得到群众的支持"是"红军不断取得胜利的保证"的三个基本条件之一。② 由此看来，红军决不是范长江所说的"霉老二"。

第三个原因则要归咎于范长江采访不深入。综观范长江关于西北采访中的红军长征报道，除《从瑞金到陕边——一个流浪青年的自述》属范长江亲身接触的红军外，其余的均属范长江耳闻他人之口的间接采访。不深入红军之中，怎么能够真正了解红军呢？不亲历红军，又怎么能够"公正、如实"地报道红军呢？为什么《塞上行》中的红军形象在范长江笔下发生了很大变化，不正是因为他深入红区、贴近红军官兵，因而世界观出现变化的吗？

蓝鸿文教授在《新闻采访学》中写道："深入新闻发生的现场，从根本上说，就是记者直接接触新闻源，这是

---

①　阎永雪：《三大纪律八项注意的形成及作用》，《党的文献》2001年第5期。

②　陈云：《在共产国际执委会上的报告》，《党的文献》2001年第4期。

记者认识采访对象，掌握第一手材料的需要。认识采访对象，是直接接触新闻源，还是间接接触新闻源，结果是大不一样的。我们并不排斥第二手材料，靠第二手材料可以写报道，但总不如自己亲临其境、亲眼所见、亲耳所闻得来的第一手材料更真实，写出来更有真实情感，而且见解独特，迸发出思想火花。"① 由于范长江没有深入到红军长征的发生现场，没有直接认识采访对象（那位红军伤兵除外），所以他就不能够直接接触新闻源，缺乏第一手材料；所以他就只能依赖于第二手材料，依赖于沿途的"道听途说"。

据我分析，范长江关于红军长征报道的新闻来源主要是靠胡宗南及其军队。从《中国的西北角》一书中可以看出，范长江与胡宗南的关系当时相当不错，晤谈甚多。胡宗南的许多军事见解，实际上是通过范长江的报道而公之于世的。这一点，我曾经谈到过。随国民党败退台湾的《大公报》老人陈纪滢在回忆范长江的文章中也说过，范长江曾跟随胡宗南部队追踪共匪，深入松潘等地。其次，范长江的新闻来源还依靠此前《大公报》关于红军长征的报道。范长江的综合概括能力强，有了以前的报道材料，加上胡宗南提供的新情况、新动态，他完全可以从新的视角综合而成新的报道，不过在这些通讯中可以或多或少地找出似曾相识的昔日报道旧痕。

---

① 蓝鸿文：《新闻采访学》（第2版），中国人民大学出版社2001年1月版，第149页。

　　归纳起来讲，世界观、思想认识和采访作风等这 3 方面的失误，是造成西北采访期间范长江红军长征报道失实、失公的根本原因。

四

　　范长江西北采访前，曾有过一次为期 3 个月的长途旅行采访，时间是 1935 年 5 月至 7 月，起点为天津，终点为成都。《大公报》在范长江的首篇南下通讯前面发了编者按，说"长江君由津赴川南旅行，与本社约定沿途撰述通讯，寄本报发表"。范长江为什么要去四川？他在 6 月底发表的《成都改观了》的通讯中回答了原因："四川全省是一个盆地，四面都是异常险阻，成都平原是四川内部的盆地，构成一个独立区域。如果占据了成都平原，则既可以借丰厚的地利，扩张势力，更可凭四塞以守，择薄弱点出击，以图全川。以整个四川对中国而言，其情势正复相同，进可以战，退可以守，盖为军事上最有开拓性的地方。尤其顾念到将来远东大战爆发以后，中国沿江沿海一带目前繁盛区域，将无疑地会被帝国主义所控制，那时可以作为中国反帝图存的最后的活动区域，实舍西南诸省而莫属。西南诸省中，尤以四川为主体。故中国今后之政治斗争，在政略上、战略上，皆当以争夺四川为主题。谁能取得四川，谁即有支配今后中国大局的地位。"①

---

　　① 《范长江新闻文集》，中国新闻出版社 1989 年 9 月版，第 69 页。

范长江决定到四川采访，决不是因为他是四川人的缘故，而是当时的时代使然。1931年"九一八"事变后，所有中国人都意识到，中日战争的爆发只是时间迟早而已，而国力远不如日本的中国只能依靠西北、西南等战略大后方与敌周旋，因此，了解西部、开发西部成为当时的社会热点。正如范长江在《中国的西北角》中说的："东北事变以后，一般国人的眼光又注意到'西北'上来，从报章杂志宣传讨论，到要人的视察、专家的设计，以至于实际建设工作的进行。'开发西北'的声浪震动了一般国人的耳鼓。农林、牧畜、卫生、水利，几乎应有尽有。"这个判断，与范长江后来在"文革"中的"我的自述"是相吻合的，他说："将来抗日战争爆发后，中国沿江沿海城市一定守不住，抗战的大后方一定在中国的西部（西北和西南），而这是中国最落后的地方，应当有些人去考察，发表文章，引起人们的注意，促进这些地方的改革。"① 范长江于1935年7月到达成都后，原"本来打算先作环川旅行"，因得到且爱惜"一个由成都经松潘北上兰州的旅行机会"，故"放弃了过去准备，决定和朋友们先行到兰州。"②

自1934年发起成立中国青年西部考察团以来，范长江一直在寻找采访西部的机会，直到1935年年初他在新闻界初步站住脚跟后才得以实现。他给胡政之"提出到

---

① 《范长江新闻文集》，中国新闻出版社1989年9月版，第1114页。
② 范长江：《中国的西北角》，新华出版社1980年4月版，第1页。

中国西南西北去旅行，为《大公报》写通讯，又不要他们出差旅费和工资，只要他们的稿费，对他们也没有什么负担，只要给我一个证件，一个名义，介绍一些地方旅馆和社会关系就行了。胡政之同意了我的要求，但我没有告诉他，我要去研究红军问题。"①　足见，范长江1935年7月到成都，主要是为了实现采访西部的愿望。他先打算环川旅行也罢，后改主意北上兰州也罢，都不妨碍他的目标的达到。他当时的想法与他当时的行动以及他当时遇到的社会关注热点，具有一致性，没有出现矛盾。

可是，到了1961年，事情发生了变化。范长江谈到他当年西北采访时，说是"怀着两个目的：一是研究红军北上以后中国的动向；二是当时抗战即将开始，抗日战争爆发后，敌人肯定会占领我们的若干大城市，那么，我们的后方——西北、西南的情况怎么样呢？这两个问题，也是当时群众迫切需要回答的重大问题。"在"文革"中写的"我的自述"中，范长江对第一个目的又作了进一步的回应性解释。

对于范长江西北采访的第二个目的，我从来就没有怀疑过，而对于他的"研究红军北上以后"的目的，我曾经提出过质疑。我认为，从当时的采访时间、采访行程、采访对象、采访文字来看，它都构不成两个主要目的之一的分量。不错，范长江是报道过红军，但这不过如同他采访青海必然要碰上马步芳一样，仅此而已！总不能把采访

---

① 《范长江新闻文集》，中国新闻出版社1989年9月版，第1116页。

"二马"说成是西北采访的主要目的吧!

仔细考察范长江西北采访的第一个目的,发现有许多言行不一致的地方。

首先,时段不吻合。既然是研究红军北上以后,那就应当跟在红军后面,可范长江处处走在红军前面。当中央红军与红四方面军两大主力会师川西,正在就南下还是北上进行热烈争论时,范长江已于1935年9月3日到达兰州。而中央红军主力毅然甩掉张国焘,单独北上时,却是在同年的9月9日晚上。

其次,行程不吻合。范长江北上到达四川松潘时,正值红军撤退于松潘城下不过几天,按照某些论者说的"当年长江的任何一个行动,均与红军的行动紧密相连"的说法,范长江理应西进草地,直入红军。可是,令人不可思议的是,一向善于抓住机会的范长江却放弃了这一千载难逢的机会,没有"力图接近红军",而是坚持继续北上兰州。反过来想,其实也无所谓什么令人不可思议,因为范长江一开始就没有想过这个问题,所以才会有这个结果。即使在"文革"期间写的"我的自述"中,范长江对松潘遭遇的机会也没有作出过任何解释。他确实无法解释,只能回避。

最后,有意曲解"北上"。范长江后来说:"1935年春,红军主力已达四川西部,北上行动已经证实。"[①] 他的弟弟范长城也撰文说:红军从皎平渡到毛儿盖的1000

---

① 《范长江新闻文集》,中国新闻出版社1989年9月版,第1115页。

公里行程，只要翻看地图，"低年级的小学生，可能都会说出，这决不是南下，而是北上。"① 这里所说的红军北上，指的是中央红军的北上。可是，人们要须知，此时此刻还有一支红军正在南下，即红四方面军由北向南，急与中央红军会师。我们总不能只注意红一方面军的行踪，而不注意红四方面军的动作吧！另外，无论是中央红军的北上，还是红四方面军的南下，当时都是一种战术行为，这与后来红军内部发生的南下与北上的争论乃属战略行为是不可同日而语的。我们所说的"北上"，是战略性，而不是战术性的。否则，中央红军实行战略转移后，一直不停地往西奋进就不好理解了。

到达兰州后，范长江本来还有一些可以更深入地采访红军的机会和活动，如类似采访一位红军伤兵——范长江整个采访红军中唯一一位直接采访对象或直接访谈对象那样的活动，但他都放弃了。红军三大主力的行动即中央红军进入陕北、红四方面军再度南下、红二方面军战略西移等，都跟范长江无缘了。在这种情况下，范长江又怎么能够做到"研究红军北上以后的动向"呢？

有人曾经含糊其辞地说：范长江到兰州后放弃采访红军的机会是因为范长江当时的一切活动受到当局监视，准备必要时"如何如何"，故范长江只好离开西安去青海。我以为这个解释是讲不通的。要说危险和触怒当局程度，范长江在完成西北采访后，千方百计地单身闯陕北之举可

① 《新闻学论集》第16辑，中国人民大学出版社1992年12月版，第187页。

比西北采访时要严重多了，厉害多了，那范长江为何西北采访时惜命，而西北采访后就不惜命了？我们解释历史人物的行为时，不能只顾一头而不顾另一头，缺乏逻辑和连贯，是要让人笑话的。

五

我第一次阅读《中国的西北角》，是新华出版社1980年版本。后无意借阅到一本香港三联书店出版的《中国的西北角》，仔细一看，发现这两个版本略微不同，有些未在前者出现的文字却在后者出现了。在获悉前者是删节本后，我决心一定要找到原版《中国的西北角》阅读。藏书丰富的中国人民大学图书馆为我提供了便利，我先后在馆中发现了新中国成立前出版的4个不同版本，但内容完全一样。

当我将新华社版本同新中国成立前版本进行一字一句的校对后，我才明白为什么会出现删节本，因为不删的话，肯定会破坏范长江的形象；因为那些删去的话，确实严重地损害了党和红军在当时群众中的印象。也正是在这时，方才大悟范长江曾经说过的一段话："我三十年前写的东西，有很多是不成熟的，有些甚至有严重的错误……凡是人家提起我过去的文章，我都说，错误很多，不愿再去看它。新中国成立后，不少人主张我重新出版过去的几本小册子，我都根据上述理由加以拒绝了。有人说可以修改出版，我说修改后就不是原来的面貌，也不合乎历史的真实性。错了就错了，不要乔装打扮，借以骗人。"① 范长江的这段话，真诚坦荡，光明磊落，不愧为丈夫气节。倒是令人费解的是，某些论者竟然不顾"历史的真实性"，煞费苦心地为范长江当年可以理解和可以原谅的过错进行"乔装打扮"的掩饰，表面上似乎是维护了范长江的形象，实际上却是玷污了历史，违反了实事求是的精神。

我读硕士生时，范长江之子范东生正好和我同屋。当时我就建议他们家以后最好出版原貌的《中国的西北角》，以供后人了解真实的范长江。范东生深明大义，同意此举，并嘱我将校对好的《中国的西北角》"恢复原文"稿交给他，以便中国新闻出版社出版。当时东生还让我看了范长江在"文革"中写的亲笔手稿"关于我的反共经历的交代"（大意如此），阅后觉得照此题目出版甚为不妥，建议不妨学习一位著名"走资派"的高明手法，改为"我的自述"，东生拍手称好。

范长江夫人沈谱先生曾为《范长江新闻文集》写了一篇持论公允的"前言"，说："在编辑这本文集的时候，我仍然认为没有任何理由违背长江生前的主张。特别是在这个改革与开放的新时代，更应该坚持实事求是的精神。因此，除了个别文字的技术性处理之外，我尽量保持了这些历史作品的原貌。我想这样做，是会得到广大读者赞同的。至于这些作品的是非功过，还是留待后人去评说吧。"沈谱先生是非常清楚长江的历史作品必定会引起后

① 范长江：《关于"反共老手"问题》，《人物》1980 年第 3 期。

人是非功过的评论的。在仔细阅读《范长江新闻文集》中的"中国的西北角"之后，我发现仍有个别删改。例如：

目前政府在陇东庆阳一带，**目前负责陇东庆阳一带的**地方政治责任的胡抱一先生因为久于政治生活，深切**了解于民众与军事的关联，他毫无宦气地率领着一批干部，**针对着刘志丹的政治工作，作两种政治设施：第一，在消极方面，澄清吏治；**如收押私收烟款、滥用毒刑之宁县县长王家楣，一时大快人心。他有两句精明的标语，是"铲去一个贪官，胜于建筑五千碉堡"。这是一针见血的记识。**其次，在积极方面，他著力于交通、保甲、道路的举办，这是希望配合军队，对赤色运动的制裁。**至今庆阳以南还没有成为刘志丹的群众，不能不说是他和他干部们的力量。**

平心而论，出于保护范长江的好意，上面那些黑体字的话不能不删改，因为他歌颂了国民党官员的政绩，且有为国民党政府出谋划策、推广经验的嫌疑。但我还是坚持认为，保留原汁原味，可以使我们看清历史变化中的范长江，而不是一成不变的范长江。

六

范长江的红军长征报道曾经被人捧得神乎其神。其实，在我看来，他的西北报道无论在论说质量上还是在内容深刻上，都大大超过了他的红军长征报道，更具震撼力。从当时的社会评价看，人们更看重的也是他的西北报道。他的红军长征报道里边的东西，基本上都被别人报道过（一位红军伤兵除外），甚至还有其他重大新闻是范长江没有报道过的，如中共两河口会议情况、刘志丹与徐海东会合、朱毛与刘徐会合等消息；也有一些重大新闻是别人先报、范长江后报的，如朱毛徐的分裂、朱毛先入甘等消息。既然消息滞后，范长江就只能在细节上和综合上下更大工夫，或透露一些别人未曾报道过的可读性强的东西，如《岷山南北剿匪军事之现势》之类。

然而，就是这篇捧得太过的《岷山南北剿匪军事之现势》，也有露怯之处。在这篇报道中，范长江曾经预言红军主力在一个月内要北上甘青（注意：类似预言他人报道也有过），结果呢，除部分中央红军北上外，大部分红军主力反而一齐南下了。预言落空，那红军下一步的打算是什么？范长江判断是"进图四川"，他在后来的报道中写道：红军在江油中坝立了一块大石碑，"两面共镌了八个大字，一面是'平分土地'，一面是'赤化全川'，记者过中坝时，此碑尚未拔去。徐向前过涪江向岷江推进的时候，是希望与朱毛会合后，进图四川，从'赤化全川'的石镌大标语上，也可以得到若干的佐证。"① 这个判断，最后证明还是不准确的。

对徐海东率领的红二十五军的行踪，范长江也有判断失误的地方。他在《徐海东果为萧克第二乎？》一文中写

---

① 范长江：《中国的西北角》，新华出版社1980年4月版，第6页。

道："岷县南之封锁线被突破以后，最近消息毛泽东已到通渭县境，这益证明与徐海东之行动，有其亲密的关联。"他认为：徐海东西进的种种表现，不为别的，正是为中央红军北上做"完成侦察道路和收拾人心的工作"。为此，范长江还寻找了大量材料以论证。实际上，中央红军北上与徐海东部西进，二者毫无关联。范长江后到延安采访时，曾专门就此询问毛泽东，毛答："徐海东之由陕南经陇东入陕北，乃偶然作为中央红军之向导，并非如萧克之有预定计划。"① 我们应当允许和理解范长江的判断失误，但对有的论者的过分拔高，如说什么"惊人的分析和判断"云云，则是不敢苟同的。

范长江的红军长征报道究竟有多大威力？这里，我们可以找到一位有力的佐证。众所周知，美国著名记者埃德加·斯诺曾于1936年6月到10月深入陕北红区，遍访红军要人。然而，或许我们不清楚，当初为了实现这一目的，斯诺曾经做了怎样长时期的准备。斯诺急于搞清很多问题，如中国共产党人究竟是什么样的人？他们的领导人是谁？红军依靠什么力量抗击拥有极大优势的敌人达9年之久？中国苏维埃是怎样的？共产党怎样穿衣、怎样吃饭、怎样娱乐、怎样恋爱、怎样工作？红军兵力有多少？中国共产主义运动的军事和政治前景如何？它能成功吗？共产党究竟有没有对外政策等等。斯诺头脑中装了几十个这样的问题，一直在寻求答案。可惜，当时没有人能回答

---

① 范长江：《塞上行》，新华出版社1980年9月版，第199页。

他，以至于斯诺在《西行漫记》第一章第一节中禁不住悲伤地写道：

"相当一个时期以来，竟没有一个非共产党观察家能够有把握地、准确地、或是用亲身调查过的事实解答这些问题，这似乎是荒唐可笑的。因此，这里有一个日益使人感到兴趣和日益变得重要的值得采访的消息，正如记者们在无关紧要的枝节问题上发出电讯之余相互承认的一样，这是中国的唯一值得采访的消息。然而，我们大家对它却一无所知，实在令人可悲。"

《大公报》当时的社会地位颇高，影响力很大。我们设想一下：既然如此，为何范长江的红军长征报道竟没有吸引住一直苦苦关注的斯诺的眼球呢？一种可能是：在斯诺看来，范长江的红军报道不过是重复了多少次的国民党官方报道，没有新意而搁置一旁；另一种可能是：斯诺根本看不到《大公报》。哪一种可能性大呢？依常理推断，显然是前者可能性大。由此推知，范长江的红军长征报道在当时的影响力实在一般。

1936 年 6 月，正当范长江到达包头，行将结束西北采访之际，斯诺却冲破险阻，悄然踏上陕北之路，成为第一位进入陕北红区采访的记者，也是第一位外国记者。斯诺的经历证明，只要真正下定决心，是能够做到直接采访红军及其领导人的。有人爱把范长江同斯诺比较，我以为不然。从显示的文字看，当时范长江的思想立场有斯诺进步吗？明眼人一比便知。

罢笔之时，正值中央电视台热播《走向共和》电视连续剧。剧中的一些著名人物李鸿章、袁世凯、慈禧太后、李莲英、孙中山、盛宣怀、康有为、张謇等表现出与以往书本评价中完全不同的言行，而据一些评家和史家说，恰恰正是这些言行，才是历史的本来面目。见仁见智，诸端蜂起。由此联想到这些年来对范长江西北采访的争论，深感实事求是地评价历史人物是多么地不易，尤其是要否定自我，摆脱个人恩怨等有损于学术研究的不利因素，那更是难之又难矣！好在时代进步，惠风和畅，气象更新，学术争鸣恰如万类霜天竞自由也。

范长江前的几位西北考察者[*]

过去我和许多人一样，认为范长江是"第一个只身独闯充满神秘感的西北地区的中国新闻记者"。前些日子，我在中国人民大学图书馆偶然翻到几本有关西北的旅途通讯，才发现以前的认识是不对的。因为这几本书明白无误地说明：在范长江去西北采访之前，至少有7名爱国志士有过西北考察的壮举。

下面，我把这7名先行者及其西北考察的情况概略地介绍一下。他们是：

林鹏侠，女，福建莆田人，东南亚华侨，长于新加坡，后留学欧美。曾在美国学习航空，有"女飞行家"之称。1932年闻淞沪抗战爆发，她兼程归国，志切请缨。"适值停战约成，一腔热血，无处可洒"。在父母的支持和帮助下，她毅然决定考察西北，周历边塞。从1932年11月底出发，至第二年夏返回，历时半载有余，其路线

---

* 原载《新闻研究资料》第35辑。

大致为：上海—西安—咸阳—兰州—西宁—门源—张掖—酒泉—嘉峪关—酒泉—武威—兰州—宁夏—五原—包头—张家口—北平，行程万余里。当时上海、西安和西北几家报纸都为她作过报道。她于1936年7月自费出版《西北行》一书，约18万字，由叶恭绰封面题签，章太炎扉页题字，江亢虎、孙慕迦、诸青来等人题词作序。

刘文海，甘肃酒泉人，曾留学欧美10年，回国后于大学任教，后又到南京国民党中央政府任职。从1928年年底到1930年1月，他借还乡奔丧之机，实地考察了陕西、甘肃、新疆、内蒙古、河南等省，历时一年多。1933年出版《西北见闻记》一书，约11万字，国民党元老于右任为该书作序。

薛桂轮，曾在美国考劳拉度矿业大学学习。1919年回国，献身于祖国的地质勘探事业，长年奔波在白山黑水之间。1933年7月，随南京国民政府某宣抚团乘飞机、坐火车、驾汽车，进入新疆、青海、宁夏、甘肃、陕西等省考察，间时仅一月有余，行程1万余里。1934年出版《西北视察日记》一书，约3万余字，由黄炎培封面题签。

郭步陶，四川隆昌人，上海《新闻报》记者。1929年9月，应南京国民政府赈灾委员会约请，前往陕西、甘肃等省视察，行期仅49天。1932年出版《西北旅行日记》一书，约8.5万字，由著名报人李浩然作序。

吴震华，山西太原人，曾当过军人。1935年春，以欧亚通讯社记者的名义，孤身闯入大西北，途经西安、天水、陇西、岷县、卓尼、拉卜楞、循化、西宁、玉树、兰州、武威、张掖、酒泉、玉门、敦煌、靖远、中卫、宁夏、磴口、五原、包头等地，历时5个月，行程万余里。1935年出版《西北徒步之一瞥》一书，约8.6万字，邓宝珊、杨积庆、马步芳、马鸿逵、王靖国、傅作义等为此书题词。

陈赓雅，上海《申报》记者。西北采访前，曾有赣皖浙鄂之行，写成《赣皖浙鄂视察记》一书，风行一时。从1934年3月至1935年5月，他从上海出发，途经北平→张家口→大同→包头→宁夏→青铜峡→兰州→西宁→武威→张掖→酒泉→敦煌→哈密→天水→咸阳→西安→洛阳等地，行程万余里。他的旅途通讯在《申报》发表后，"备受读者之欢迎，并屡以发行单行本为请"。1936年10月出版《西北视察记》一书，约30万字。

马鹤天，山西芮城人。20年代中期开始注意研究西北问题，曾结合同志，成立西北协会，发行《西北月刊》。他曾在10年之内，三至陕西，二至甘肃、宁夏、绥远、察哈尔，一至青海、内蒙古、西康、西藏，足迹遍及西北、西南。1936年3月出版《西北考察记·青海篇》，于右任为该书封面题签。此外还著有《内外蒙古考察记》、《东北考察记》等书。

我阅读了这7本旅途通讯，觉得有必要指出三点：

第一，尽管以上7名先行者和后来的范长江在去西北的时间和路线的选择上有着很大的差别，但在考察主题的落脚点上，却是惊人的一致：考察西北在未来抗战大业中的地位、作用和承受力。

这种巧合，绝不是偶然的。徐旭在《西北经济建设论》（1939 年版）一书中曾概括地指出："近十年来，国人注意西北问题，已有过好几次。第一次是在民国十八年（即 1929 年）国民革命军北伐成功之后，当时因为对西北军事及赈灾的关系，大家才注意到开发西北的问题；第二次是在'九一八'失掉东北四省的刺激之后，于是如何建设西北的课题，重新又被大家重视而提出来，而且盛极一时；第三次是在'七七'事变，决定长期抗战国策之后，开发西北和建设西北的旗帜，又高树起来。"关于这一点，在林鹏侠等人的作品里，也可以得到印证。如吴震华在《西北徒步之一瞥·序》中说："九一八事件发生以来，上自政府要人，下至各界人士，咸知开发西北为我国目前刻不容缓之要图。于是特派专员之视察也，学术团体之考究也，以及新闻记者与专门学者之涉险耐苦实地采访也，莫不振刷精神，为细密之调查，作有力之宣传，以期开发事业之早日实现，而收失之东隅，得之西榆之效果。"范长江也说："东北事变以后，一般国人的眼光，又注意到'西北'上来，从报章杂志宣传讨论，到要人的视察，专家的设计，以至于实际建设工作的进行。'开发西北'的声浪震动了一般国人的耳鼓。农林、牧畜、卫生、水利，几乎应有尽有"。由此可见，30 年代的西北考察热是有着深刻的社会历史背景的。无论是林鹏侠，还是吴震华，是陈赓雅，还是范长江，他们毅然决定到艰苦的西北地区考察，决不是冲动、好奇，或忽发奇想，而完全是出于时代的召唤、祖国的召唤、民族前途的召唤。正是这种甘愿为祖国、为民族献身的高尚的使命感，鼓舞着、鞭策着他们不畏人世间的任何艰难险阻，踏上了考察西北的万里征途。

尤其值得一提的是林鹏侠女士。按她的家庭、地位、身份、学识，完全可以做一个锦衣玉食的小姐或夫人，但她抛弃了舒适温暖的家庭生活，决然西行。她的亲友闻讯纷纷劝阻，林女士慨然答道："一己之生命至微，牺牲固所不惜，生当此土，不幸而遭危时，既忝列于知识一流，奈何安于目前之逸境，常人所目为一身应有之幸福，余因自乐捐除，虽剑树当前，义无反顾。"从书中看，林女士在西北遇到的艰难困苦，并不亚于大家所熟悉的范长江的险历。

第二，这7名西北考察者写的书，有一个明显的共同之处，就是：同范长江的《中国的西北角》一样，他们都尽了自己的最大努力和可能，来揭露西北的弊政和民生的痛苦、经济的衰败、文化的贫困、教育的落后、民族之间的矛盾冲突，以及西北的风土人情。

然而，尽管他们对西北地区的黑暗作了无情的揭露，但还不能说明他们就是革命的，因为当时的西北处于地方军阀的统治之下，南京国民政府的势力刚刚伸进甘肃、青海、新疆、宁夏、内蒙古等广大地区尚在马步芳、马鸿逵、盛世才等地方军阀之手，揭露西北的黑暗，无损于南京政府的形象，反而有利于国民党势力的伸张，所以国民党当局能容忍这些报道。读者可以明显地感到，民族、民生、民权的三民主义思想是贯穿这 7 本书的精神骨髓。如此看来，这 7 名西北考察者的政治态度，当是进步的、爱国的。

第三，按照通常的惯例，历史总是把荣誉和胜利的桂冠，戴在"第一个"身上；可是，这一次却"一反常态"，作为后来者的范长江及其《中国的西北角》一书，独享其功，而那 7 名先行者及其作品却鲜为人知。这里面的原因究竟在哪里？换句话说，历史为什么选中了范长江？对这个问题。笔者拟另辟专文探讨，此处不赘述。

另外，著名学者顾颉刚于 30 年代中期考察西北后，曾说："长江所著的《中国的西北角》，他所到的地方实在也是中央区，并不能称'西北角'。"① 对范长江的书名，委婉地提出了中肯的批评。

归纳上述，我认为：范长江决不是当年西北考察的第一人和唯一的记者，他只是其中的佼佼者；范长江的《中国的西北角》一书，并不是有关西北的唯一的旅途通讯，只是其中的优秀作品。而那些先于范长江的西北考察者，应当重新提出来，给他们应有的地位和"待遇"，受到后人的敬仰。历史不应遗忘他们！

---

① 　顾颉刚：《考察西北后的感想》，载《西北史地》1985 年第 2 期。

斯诺:伟大的中国革命与
建设的忠实记录者[*]

在中国新闻界人物的灿烂夜空中，斯诺无疑地当属亮度最高的那颗星。作为一名记者，斯诺对中国革命产生的深远影响，对于 20 世纪所有的中国记者和海外驻华记者而言，恐怕是无人能够企及的，更不用说超越了。斯诺以他特别优秀、特别突出的新闻业绩，赢得了他在中国现代新闻史上无法比拟的特殊地位和豪华声誉。他把自己一生中最有生命力的黄金岁月，贡献给了中国人民的解放事业。没有任何美国人能够像斯诺那样，把自己的生命和事业同中国的前途与命运紧密地联系在一起。斯诺以深邃的眼光和优美的文笔，不但忠实地记录了伟大的中国革命的艰辛历程，而且还忠实地记录了中国的社会主义建设事业。

斯诺不仅属于美国，而且也属于中国；他在美国的历

＊ 原载《陕西师范大学学报(哲学社会科学版)》2005 年第 6 期。

史天平上可能分量一般，但在现代中国新闻史中却是举足轻重，可以说是中国新闻记者心中的一个伟大图腾。

一、斯诺的命运选择

斯诺与中国并没有天生的缘分。1928 年，22 岁的斯诺揣着在华尔街投机中赚下的几个钱，踏上游历世界的路程。在夏威夷和日本住了 3 个月后，他来到上海。原想在中国逗留 6 周，谁知这一留竟住了 13 年之久！是什么魔法般的缘由居然粘住了一个异国游历者的行囊？

首先，中国现实的未来前景震撼了斯诺的心灵。初到中国，斯诺便游历了中国东北和西北。在西北的萨拉齐，斯诺目睹了成千上万的儿童死于饥荒，那场饥荒最终夺走了 500 多万人的生命。"死人如此之多，只能在城墙外挖一个浅沟掩埋了事，即使这样，要找到有气力挖沟的人也很困难，往往尸首还来不及掩埋就不翼而飞了。有的村子里，公开卖人肉。"[①] 斯诺后来就此写道："这是我一生中一个觉醒的起点。在很长时期内，我见识过各种战争、贫困、暴力和革命的惨象，这一情景是最令我震惊的一幕。"[②]

斯诺看到了旧中国的积贫积弱，看到了肆无忌惮的人间剥削悲剧和毛骨悚然的死亡地带，看到了农民倾家荡

---

① 《斯诺文集》第 1 卷，新华出版社 1984 年版，第 9 页。
② 《斯诺文集》第 1 卷，新华出版社 1984 年版，第 2 页。

产，妇女受侮辱，越来越多的农民失去土地；看到了无耻的官府怎样逼民造反等等。另一方面，作为外国人，斯诺又享受着过于舒适的超国民待遇生活，这使他看到了中国现实社会的另一面。斯诺所住的上海法租界和公共租界，占地很大，环境幽雅而宁静，很像美国东海岸或法国城镇的最好的住宅区。"宽阔的街道两旁，顶上嵌满玻璃碎片的高墙围着很有气派的宅邸和大草坪。墙内有外国人开设的酒店、餐馆、城郊俱乐部，有世界上酒柜最长的酒吧间及现代化的公寓房子，都是供高等民族享用的。中国人除了当听差者外，是不准进入这些地方的。中国人缴纳大部分税款，却不许进入城里的公园和外滩公园。上海充斥着欧洲人警察和长头发的锡克人交通警察，他们用警棍打人力车夫，吓唬他们。"[①]

生活在这富有吸引力的罪恶渊薮，斯诺亲身感受到旧中国巨大的贫富差距和城乡差距以及地域差距，他已看出：情况并非如国民党政府所宣称的那样，事实上这个国家远未统一，真正的革命未必已经开始；它必定要为自己的过去付出令人震惊的代价。斯诺认定：中国总会有一天要爆发革命，而且这将是历史上最残酷的革命。因此，斯诺赞成这样的判断：今后 20 年里在中国发生的事情，将会是举世轰动的大消息。斯诺希望能亲眼目睹这一过程的发生，并决定要亲身投入到这一伟大事件的过程之中。

其次，与宋庆龄、鲁迅等著名进步人士的友谊，也帮

---

① 《斯诺文集》第 1 卷，新华出版社 1984 年版，第 19 页。

助斯诺进一步认识了中国、理解了中国。宋庆龄的言传身教，消除了斯诺身上的一些蒙昧无知。通过与宋庆龄的交往，斯诺不仅体验到中国最美好的思想和情感，而且还认识了一些未来的历史创造者——年轻的作家、艺术家和战士，了解了孙中山的为人及其未竟的抱负，了解了宋庆龄为什么拒绝与宋氏家族一起和蒋介石政府合作以及其他许多斯诺无法从书本上知晓的事实。对此，斯诺深有感触地写道："多亏早结识了宋庆龄，使我领悟到：中国人有能力从根本上改革他们的国家，并且迅速地把地位很低的中国提高到凭其历史和众多人口在世界上应占有的地位。"①

斯诺曾经问宋庆龄："你现在还是不相信中国的任何政治家吗？"宋庆龄摇了摇头，说："比起他人来，我对毛泽东还是信任的。"② 正是依靠与宋庆龄的友谊和心灵沟通，斯诺才非常信任宋庆龄；宋庆龄也非常乐意地为斯诺作了精心安排，帮助斯诺踏上了神秘的西北采访红军之旅。

斯诺因打算将《阿Q正传》翻译成英文，而结识了鲁迅。斯诺深情地说："正是通过鲁迅，我结识了许多杰出的中国青年作家和编辑。""尽管他们大多数不为外国人所知，但是我发现他们在思想较为严肃的年轻人中间，是极有威望和影响的。他们当中许多人和鲁迅一样四下避难，他们办的刊物和出的书遭到查禁。就我所知，当时他

① 《斯诺文集》第1卷，新华出版社1984年版，第99页。
② 《斯诺文集》第1卷，新华出版社1984年版，第112页。

们中只有极少数人是共产党员。他们在思想上是社会主义者，想要获得宣传西方早已实现的改革的自由，并且在他们的一些文章中涉及了被国民党认为是危险思想的一些问题。"① 与宋庆龄、鲁迅等人的友谊，与通过宋庆龄、鲁迅而认识的中国优秀分子的交往，斯诺身上的中国味越来越浓，斯诺精神世界的中国化趋势也越来越强。斯诺越想了解中国，他就越愿意待在中国。

再者，周游亚洲各地，使他认识到只有中国才具备真正的东方魅力。来到中国不久，斯诺又游历了越南、缅甸、印度、新加坡等国家，仅是印度，他就待了 4 个多月。在这些国家中，如同在中国一样，斯诺遍访精英人物。譬如在印度，斯诺先后拜访过泰戈尔、甘地和尼赫鲁等人。斯诺承认，尼赫鲁的一些社会主义思想曾对他产生过影响。对于甘地的非暴力主义主张，斯诺不能理解和接受，他说："这和印度革命的冷酷的现实并不相干。我不知道他通过谈判能有什么成效。我认为这样的谈判无异于在成功在望时刻屈膝投降。"② 斯诺曾与甘地面对面地交谈，在涉及中国时，斯诺惊异地发现：甘地对中国最新发生的情况知之甚少，极为淡漠。斯诺写道："中国面向东方，而印度却把眼睛盯住西方。"③ 更有意思的是与几位印度共产党员的接触，斯诺发现："对中国人来说，马克思主义主要是一种伦理学和哲学，而对印度人来说，它是

---

① 《斯诺文集》第 1 卷，新华出版社 1984 年版，第 158 页。
② 《斯诺文集》第 1 卷，新华出版社 1984 年版，第 88 页。
③ 《斯诺文集》第 1 卷，新华出版社 1984 年版，第 82 页。

一种宗教。"本来，从了解角度讲，印度、缅甸这些国家对斯诺来说，应当更为容易，因为这些国家是英国殖民地，社会主流价值观念和主要语言都与美国相近，因而可以尽快融入这些国家的社会之中。然而，斯诺还是又来到中国，尽管他在这些国家游历了一年多的时间。对于斯诺来说，中国比其他任何亚洲国家更具东方魅力。斯诺深情脉脉地写道："北京是亚洲无与伦比的、最雄伟、最吸引人的都市。它是一个具有将近三千年连绵不断的历史文明古国的中心。市内的紫禁城宽敞美丽，有几分像巴黎，而有着玫瑰色墙壁的寺庙宫殿却又给人以古色古香的感觉。……北京是一座设计建造得很宏伟的城市，是一个艺术的宝库，堪称钟灵毓秀，文雅所在……然而，这里也突发过暴力行为，勇敢的青年学生喊出了全国性的战斗口号。"①

　　综上所述，斯诺最终把命运选择在中国，绝不是一个简单地去留行为，而是一个深思熟虑、经过反复比较的结果。斯诺的直觉是准确的，如果不是选择中国而是别国的话，斯诺的成就会有后来这样辉煌吗？中国犹如一块威力强大的磁石深深地吸引住了斯诺的全部身心。

二、斯诺的政治选择

　　实际上，政治选择也是与命运选择紧密相关的一个话题。两个选择互为前提，互为条件，谁也离不开谁的影

---

① 《斯诺文集》第1卷，新华出版社1984年版，第141页。

响。如果说，命运选择只是决定了一个人的奋斗与否的话，那么，政治选择则是决定了一个人的奋斗方向。命运之绳将斯诺拴在中国，但用怎样的眼光、怎样的态度来见证中国的历史进程，则要依赖于斯诺的政治选择。

斯诺心地善良，富有同情心和正义感，憎恶强权暴力，笃信平等自由。虽然是美国人，但斯诺反对本国的海军舰队"开到离本国五千英里之遥的中国海面上去耀武扬威"；斯诺家庭与爱尔兰有着很亲近的血缘关系，但这并不妨碍斯诺对英国帝国主义和殖民主义的指责："凡是英国人在那里当太上皇的地方，道义和上帝总是站在叛逆者一边。"① 更难能可贵的是，斯诺将软利益置于硬利益之上。当时中国，"在为数不多但有影响的美国人中间，曾有过一种时髦的观念，即无论你在国外住多久，都要记住：美国的利益（俗称硬利益）在任何地方都应高于当地居民的利益，而当地居民似乎只有软利益。"斯诺当然不会忘记他的祖国，但是，他更加同情灾难深重的中华民族，更加同情饱受帝国主义列强欺侮和凌辱的中国人民。

斯诺并非天生的亲共分子。初到中国，斯诺认为："道义是在蒋介石一边。"他甚至觉得，蒋介石血洗上海而造成共产党人的牺牲是必要的。但是，经过一段时间的观察、了解和接触之后，斯诺的观念渐渐发生了动摇。在华南诸城采访，斯诺听到了人们议论国民党贪官污吏的劣迹，如非法没收他人财产，不经审讯就把人投入监狱和施

---

① 《斯诺文集》第 1 卷，新华出版社 1984 年版，第 29 页。

行枪决、对工会实行镇压以及煽起排外情绪等等。在国民革命发祥地广州，当地官员的巧立名目和横征暴敛，彻底摧垮了国民党在斯诺心目中最后残存的几丝美好印象，他写道：广州决不是国民党民主的橱窗，广州就是在腐败之中繁荣起来的。

斯诺还发现一个有意思的现象。虽然欧洲和美国的新思潮都比俄国的新思潮更早地来到中国，但是，俄罗斯文学大师们已在中国产生了大多数西方观察家所料想不到的巨大影响，他们的作品已在中俄两国之间建立起了前所未有的文化联系。并且，这种文化联系实际上已演变为一种政治影响和社会影响，演变为对中国未来前途的巨大影响。

日本军国主义咄咄逼人，步步紧逼，而国民党政权一味妥协屈膝退让的态度，也让斯诺对蒋介石深感失望。在这民族存亡的危急关头，斯诺写道："国民党由于根本起不到领导、鼓舞的积极作用，因而成了悲观、停滞和镇压的象征，而且，在其后的生死存亡的年代里，把大批最有才能、最爱国的青年男女赶到了中国最后的希望——红旗之下。在他们当中，有一批就是司徒雷登博士所主持的燕京大学的最优秀的基督教徒学生。"[1] 应当说，知识青年对现政权完全丧失信心，也是引起革命的一个不可或缺的因素。

中国的出路和希望究竟在哪里？深深挚爱中国的斯诺

---

[1] 《斯诺文集》第1卷，新华出版社1984年版，第175页。

在痛苦地探索："中国不可能产生墨索里尼或希特勒，欧洲和中国的问题不大相同，中国是一个落后的农业国，要么进行深刻的改革，要么就灭亡，必须当机立断。综观中国的历史，就像在基督诞生前两年的秦始皇时代，中国为了求得生存，需要有革命的政权一样，中国现在也必须要有革命的领导。然而，不论蒋介石在其他方面怎么样，他反正不是革命者。"①

否定旧的意味着肯定的新开端。为了破解心中的疑团，斯诺开始从无意识到有意识地读了一些马克思列宁主义的基本教材和欧亚共产主义史。斯诺的政治观念逐渐向左转移，譬如他承认接受了这样一种普遍的观点：现今的历史乃是人类在通往世界大同的道路上的最后的疯狂的即兴作品。只有世界大同，文明方能开始。

马克思主义观念开启了斯诺的新想法："难道共产党人真比国民党独裁或日本人侵占还要坏吗？我当时并不了解，但仍然雄心勃勃地想要掌握第一手材料解答这一问题。当时，还没有任何记者到过红区。"② 于是，在1936年6月，正当蒋介石宣布准备第六次对北方的红军进行"围剿"的时候，斯诺踏上了秘密前往西北红区采访的非凡旅程。斯诺后来说："此行将对我的一生产生深远的影响。"③

在陕北红区，斯诺采访了4个月时间。他满怀激情地

---

① 《斯诺文集》第1卷，新华出版社1984年版，第163页。
② 《斯诺文集》第1卷，新华出版社1984年版，第161页。
③ 《斯诺文集》第1卷，新华出版社1984年版，第183页。

写道："我和红军相处的四个月，是一段极为令人振奋的经历。我在那里遇到的人们似乎是我所知道的最自由最幸福的中国人。在那些献身于他们认为完全正义的事业人们身上，我强烈地感受到了充满活力的希望、热情和人类不可战胜的力量。自那以后，我再也没有过那样的感受了。"① 斯诺为中国共产党人的崇高理想所深深折服："我所知道的当政的寡头和少数贪婪的占有集团，不论是白种人还是黄种人，都是腐败堕落的。共产党人却与他们形成了对照，他们都是些正直、无私的人。相比之下，他们的同胞，虽然也鄙视日本人和国民党，却忍气吞声过着受压迫的生活，而共产党人则随时准备为他们的理想而献身，他们把这一理想看得比个人的生命还重要。"②

陕北红区的成功采访及其撰写出版的反映人类历史上伟大革命之一的基本历程的《红星照耀中国》一书，使斯诺名声大振，《红星照耀中国》也轰动一时。这就充分表明，斯诺已经成功地完成了他的政治选择，自此以后，他的政治信仰就再也没有动摇过。正如他自己宣示的那样："现在中国的事业也就是我的事业了，我把这份感情同反对世界上的法西斯主义、纳粹主义和帝国主义的责任联系起来了。"③

---

① 《斯诺文集》第 1 卷，新华出版社 1984 年版，第 212 页。
② 《斯诺文集》第 1 卷，新华出版社 1984 年版，第 213 页。
③ 《斯诺文集》第 1 卷，新华出版社 1984 年版，第 217 页。

三、斯诺的重要贡献

毛泽东曾在给斯诺夫人的唁电中说：斯诺一生为增进中美两国人民之间的相互了解和友谊进行了不懈的努力，作出了重要贡献。

斯诺一生热爱中国，关注中国，关心中国人民的革命和建设事业，为中国人民的解放事业作出了许多贡献。然而，就其重要贡献而言，我认为主要有以下几个方面：

第一，斯诺第一个也是第一次向全中国、全世界正面报道了中共高层领导人和处于艰难奋斗中的中国工农红军。去西北采访红区前，斯诺精心地准备了大量问题，如"共产党怎样穿衣？怎样吃饭？怎样娱乐？怎样恋爱？怎样工作？他们的婚姻法是怎样的？他们的妇女真的像国民党宣传那样是被'共妻'的吗？中国的'红色工厂'是怎样的？红色剧团是怎样的？他们是怎样组织经济的？公共卫生、娱乐、教育和'红色文化'，又是怎样的？"[1] 斯诺一共列举了类似 79 个问题，占了整整 4 个页码。斯诺说："关心东方政治及其瞬息万变的历史的人，都有这样一些感兴趣而未获解答的问题。"然而，斯诺又不免伤心："相当一个时期以来，竟没有一个非共产党观察家能够有把握地、准确地、或是用亲身调查过的事实解答这些问题，这似乎是荒唐可笑的。因此，这里有一个日益使人

---

[1] 《斯诺文集》第 2 卷，新华出版社 1984 年版，第 5 页。

感兴趣和日益变得重要的值得采访的消息，正如记者们在无关紧要的枝节问题上发出电讯之余相互承认的一样，这是中国的唯一值得采访的消息。然而，我们大家对它却一无所知，实在令人可悲。"①

斯诺清楚地知道，陕北红区是一个新闻富矿，又是一个新闻大矿，在那里挖掘出来的矿石，一定会提炼出震惊世界的新闻精品。也有好心的同行劝阻斯诺，不要拿生命去冒险，"没有谁能够进了红区后活着回来的"。但是，斯诺并不相信"多年来关于共产党暴行的恐怖故事层出不穷地充斥于中国那些领津贴的本国报纸和外国报纸"。面对旅途可能发生的一切危险，斯诺坦然地说："在这些年的国共内战中，已经有千千万万的人牺牲了生命。为了要探明事情的真相，只拿一个外国人的脑袋去冒险，没有比这更值得的了。"② 英勇无畏的斯诺决心冒险，跨越雷池，抓住机遇，以设法打破对红区已经持续了9年的新闻封锁。斯诺采访红区的新闻意义在于：在这之前，许多外国记者可能想做而未做的，斯诺做到了——他是第一个进入红区采访的西方记者；在这之前，许多中国记者可能想做而未做的，斯诺也做到了——他是第一个进入红区采访的新闻记者。

只要能够做到这些，连上帝也不会不同意让他一举成名。《红星照耀中国》的连续报道及其汇编成书，给当时

---

① 《斯诺文集》第2卷，新华出版社1984年版，第6页。
② 《斯诺文集》第2卷，新华出版社1984年版，第7页。

的中国和世界以很大的震动。在数星期内，就已经发行了
5版、销售10万册以上。此书在美国的销售量，"比迄今
出版的任何描写远东的非小说都大"。连斯诺本人也说：
此书的大受欢迎，是他自己"始料不及的"。我认为，斯
诺关于红区采访报道之所以引起轰动效应，理出根由：一
是它忠实而详细地介绍了中国共产党人的政治观念、奋斗
目标和中共高层领导人的许多生活细节，让人感到可信、
可亲；二是揭开了神秘的面纱，客观公正地描写了许多鲜
为人知的中共内幕和真相，让人感到新奇、新鲜；三是如
实记录了中国共产党主要领导人的早期活动和中国工农红
军的早期奋斗历程，使此书成为当时、过去、现在和将来
都是研究早期中共历史的不可或缺的首要权威资料，让人
感到真实、诚服。

《红星照耀中国》一书，内容丰富，资料翔实，视野
开阔，纵横捭阖。我在此仅举一二例证：譬如，关于毛泽
东的描写。斯诺写道："毛泽东还是一个精通中国旧学的
有成就的学者，他博览群书，对哲学和历史有深入的研
究，他有演讲和写作的才能，记忆力异乎常人，专心致志
的能力不同寻常，个人习惯和外表落拓不羁，但是，对于
工作事无巨细都一丝不苟，他精力过人，不知疲倦，是一
个颇有天才的军事和政治战略家。许多日本人都认为他是
中国现有的最有才干的战略家。"①

又如，关于红军长征的描述。斯诺写道："不论你对

---

① 《斯诺文集》第2卷，新华出版社1984年版，第66页。

红军有什么看法，对他们的政治立场有什么看法（在这方面有很多辩论的余地），但是，不能不承认他们的长征是军事史上伟大的业绩之一。在亚洲，只有蒙古人曾经超过它，而在过去三个世纪中从来没有发生过类似的举国武装大迁移，也许除了惊人的土尔扈特部的迁徙以外，对此斯文·赫定在他的著作《帝都热河》一书中曾有记述。与此相反，汉尼拔经过阿尔卑斯山的行军看上去像一场假日远足。另外一个比较有意思的比较是拿破仑从莫斯科的溃败，但当时他的大军已完全溃不成军，军心涣散。红军的西北长征，无疑是一场战略撤退，但不能说是溃退，因为红军终于到达了目的地，其核心力量仍完整无损，其军心士气和政治意志的坚强一如往昔。"①

　　从新近出版的《陈云传》获知，当时在社会上影响颇大的关于红军长征的书籍有两本，一是陈云化名廉臣写的《随军西行见闻录》，二是斯诺的《红星照耀中国》（当时又叫《西行漫记》）。当时有一家大文出版社曾于1939年1月将这两本书一起编辑出版，说："这是两篇现代史上难得的史料，也是出人意外的'特种游记'。"正如《陈云传》评价《随军西行见闻录》那样，《红星照耀中国》也"对广泛宣传当时鲜为人知的中国共产党领导的工农红军及其英勇的长征，起了不可替代的作用。不少国民党统治区的青年读过这本书，成为他们奔赴延安、走

① 《斯诺文集》第2卷，新华出版社1984年版，第186页。

上革命道路的一种动力"①。斯诺也意识到他的作品所带来的重大影响，他说："我个人感到，有许多中国人是受了我有意或无意的影响而把个人的安危置之度外的。当我听到我的一些朋友和学生在战场上牺牲时，我开始意识到我的写作是有政治行动的性质。"②

可以说，《红星照耀中国》一书是斯诺给中国共产党和中国人民的一份特大贡献。斯诺起到了当时任何中国共产党人都无法起到的作用，从这个意义上讲，斯诺是中国人民的朋友，又是中国共产党人的同志。无论我们给予斯诺多么高的荣誉和多么大的回报，恐怕都不会过分。

第二，"煽风点火"，催发了著名的"一二·九"运动，有力地推动了抗日浪潮。斯诺是这样说的："1935年，燕京大学的学生自发在北京街头举行了示威游行，从而触发了全国性的抗议浪潮，也许正是它使华北免于陷入日本之手。这次爱国示威就是在我们的起居室里酝酿和筹划的。"③当时，日本人施计，强逼宋哲元将军脱离国民党政府。燕京大学学生张兆麟、王汝梅等人知道后，便找斯诺夫妇商量对策。几经反复讨论，权衡利弊得失，最后决定由学生领袖们去发动北平各校学生，举行一次让日本人猝不及防的游行示威；由斯诺去发动中外记者到现场采访，并予以详细报道。

12月9日，北平的学生们开始了声势浩大的游行，向

① 金冲及、陈群：《陈云传》，中央文献出版社2005年版，第188页。
② 《斯诺文集》第1卷，新华出版社1984年版，第231页。
③ 金冲及、陈群：《陈云传》，中央文献出版社2005年版，第166页。

当局递交了请愿书。果然，全世界各地的报纸头条新闻报道了北平的示威游行，中国各地的报纸也冲破新闻检查禁令发表了消息。斯诺欣喜地说："这是我和尼姆第一次看到大批中国知识青年表现出来的政治勇气"，"中国正在苏醒"。然而，斯诺同时还注意到另一个现象：组织游行示威的那些燕京大学的学生领袖们，后来几乎全部加入了共产党，都成了著名人物。

斯诺夫妇参与和组织的著名的"一二·九"运动，为我们研究这段历史提供了一个新视角和新资料，有助于我们更加丰满地认识这段历史。顺便再多说一句，当今社会许多人以蔑视的口气称呼的"小日本"这句口语，据考证是斯诺夫妇最先脱口而出的。斯诺说："在天津，我们与理查兹夫妇和英国诗人威廉·恩普森饮上好的法国啤酒消遣，并为在华的日本人起了一个现在颇为流行的绰号：'小日本'。"[①]

第三，客观、公正、全面、翔实地报道了中国的社会主义建设事业。1941 年 2 月初，离开中国前夕，斯诺又一次会晤宋庆龄，宋庆龄说："你会回来的。我们算你是弟弟。你在美国是不会幸福的，你是属于中国的。"斯诺深为宋庆龄的诚挚情谊所感动，同时又感到："亚洲确实是我真正的故乡，美国反而是一片茫茫。虽然我的形骸离开了，但是我的心却依然留在中国。"[②] 如果说，斯诺1941

① 《斯诺文集》第 3 卷，新华出版社 1984 年版，第 21 页。
② 《斯诺文集》第 1 卷，新华出版社 1984 年版，第 296 页。

年离开的中国是旧中国的话，那么，当他事隔将近20年之后再访中国时，展现在他面前的，已是一个全新的中国了。宋庆龄说得对，斯诺还会回来的。他的确又回来了，不是一次，而是多次。

如同1936年采访红区一样，斯诺1960年6月重访中国也是历尽艰难。不过，这次设置重重障碍的不是国民党政府，而是美国政府。1936年采访红区之后，斯诺写下了《红星照耀中国》一书；同样地，1960年重访中国之后，斯诺又写出了《大河彼岸》（又名《今日红色中国》）一书。前者反映的是革命时期的中国，后者显示的是建设时期的中国。所不同的是，后者的轰动效应不如前者，毕竟新中国不像以前红区那样鲜为世界所知。

同样是耗用了4个月时间，1936年那次只采访了陕北一隅，而1960年这次却足迹踏遍大半个中国。凡是以前去过的，这次都去了；凡是以前未去过的，这次也去了不少地方。以前采访过的肤施（即延安）人物，这次几乎全都重见。以前涉及的领域主要是政治、军事，而这次就更加广泛，除政治、军事外，还有工业、农业、科技、教育、医疗、文化、卫生等领域，采访范围大大扩充。

由于本篇论文不可能一一分析斯诺笔下的中国建设事业，因此，我们只能选取一个很有意思的话题来进行解剖，看看斯诺是怎样观察和研究处于建设时期的中国问题的。我们且以人口问题为例。

斯诺注意到中国存在着重重困难的人口问题。他认为：人口过度稠密并非是共产党人的创造，而是历史遗留下来的。相反，由于大量地增加了群众的雇用率，采用了中国有史以来最有效的粮食配给制度，共产党目前已成功地防止了由于广泛灾荒而引起的传统性人口毁灭。矛盾的症结在于：人口与粮食供应的不平衡。难道中国人没有做过节育工作？斯诺是这样回答很多美国人的问题的："有，但无疑是不够的。然而，中国政府在这方面所做的已较美国政府多得多。"① 斯诺注意到：1956 年，中国政府"为了减少非生产者在目前的社会主义建设时期的消耗"，认为有必要开展节制生育。于是，一个全国性的运动将现代"计划生育"的知识，传播到了每个城市和农村。可是，经过一段试验后，发现这项运动遭到广泛反对。斯诺敏锐地抓住这个线索，到各地妇联采访会谈。经过归纳和综合，斯诺认为其反对原因如下：一是农民以及带有农民观点的工人"并未做好思想准备"，他们仍然将后裔与养老的问题并列（法律上，孩子们必须负责父母的生活）。二是很多人认为性与生育问题是私人的事，不愿意由国家管制。三是虽然婴儿死亡率已大大降低，但是由于过去的婴儿死亡率确实太高，以致在农民们心中留下了不可磨灭的印象，所以他们需要较多孩子作为保险。四是有些农民询问若不利用他们生殖子女的权利，生活在一个没有福利国家中对他们有何利益。五是具有说服力的节制生育指导人员尚未大规模培养出来。六是潜伏在人们意识中的孝道思想及多世纪来的男权思想，尚不可能在短短

---

① 《斯诺文集》第 4 卷，新华出版社 1984 年版，第 313 页。

十年内完全被马克思和恩格斯的家庭观念所遮盖。①

　　斯诺的这些分析，是中肯的、深刻的，也是实事求是的。我们从中还可以获得这样一个印象：中国共产党和中国政府在20世纪50年代中期就已经具备了先进的人口思想，并初步进行了人口政策的推广，遗憾的是，当时社会的大多数或绝大多数对此不理解、不接受，因而遭到强烈反对，无法在现实中得到贯彻执行。可见，一个正确的思想和正确的政策，如果触犯了社会大部分成员的利益，或者没有得到社会大部分成员的认可和支持，那也是无用的。

　　1970年8月，斯诺第四次访问中国时，又受到毛泽东的接见。斯诺对毛泽东谈到人口问题，说：在节制生育这个问题上，"中国现在同五年或者十年以前比较起来，有了很大的变化"。毛泽东回答说：你斯诺可能受骗了。在农村，重男轻女思想依然盛行，一个妇女若没生儿子，她一定会不断地生，直到不能生育为止。这种情况必须改变，但是需要时间。②

　　斯诺在这次中国采访活动中注意到：中国政府正在开展大规模的节制生育运动。在老朋友、著名妇科医生林巧稚的陪同下，斯诺高兴地拍摄到一位正在做流产手术的妇女的全过程。林巧稚告诉他：这种流产手术很简便，利用电吸引器操作，不太痛、不出血、不会产生副作用。斯诺还了解到：在中国的城市，官方劝告人们最多要两个孩

---

① 《斯诺文集》第4卷，新华出版社1984年版，第315页。
② 斯诺：《美国友好人士斯诺访华文章》，三联书店1971年版，第15页。

子，结婚的理想年龄是女25岁，男28岁。然而，这种劝告尚未被所有的人接受。但是，谁要是不接受这种劝告，人们就会以不赞同的眼光来看待他。在中国的农村，所有的医疗组织，从巡回医疗队到赤脚医生，到军医，都要宣传节制节育，散发避孕药。避孕药的需求超过了目前的生产水平。林巧稚大夫告诉斯诺：她正在领导计划生育研究组，研究新的长期避孕办法，如研制一种一个月只吃一次或三个月吃一次的理想避孕丸，还想搞一种有效期为一年的避孕丸或注射剂等。①

　　斯诺对中国人口问题的观察是长期的、深入的、细致的。这也反映出作为优秀记者的一个宝贵品质：一旦咬住，锲而不舍，不出头绪，决不罢休。斯诺对中国人口问题的报道，使我联想到另一个问题：曾经有一段时间，社会上广泛流行着一个所谓的经典说法，叫"错批一人，误增三亿"。意思是说，毛泽东反对马寅初的人口思想，致使中国人口暴增至改革开放前的10亿之多。然而，从斯诺的报道来看，事情却不是这样。事实的真相是：中国政府在20世纪50年代中期就已经具有先进而正确的人口思想，并进行了人口政策的试验（在错批马寅初之前）；在60年代以后，中国政府开始实施了计划生育，以后规模和范围逐渐扩大，"文化大革命"期间控制人口增长政策已遍及全国城乡，深入人心。说实话，假如没有这些努力，中国80年代的人口恐怕已不止10亿。

---

①　斯诺：《美国友好人士斯诺访华文章》，三联书店1971年版，第24—25页。

总之，自 20 世纪 60 年代初期中苏交恶以后，中国的国际环境越来越不利。在这个时候，我国先后 3 次邀请斯诺访华，也是希望借助斯诺的如椽巨笔打开对外宣传与交往的窗口。斯诺本着忠于事实、忠于真理的立场，忠实地记录了中华人民共和国的茁壮成长，其中既有欢歌，也有悲伤，还有感叹，毫无疑问，斯诺的《大河彼岸》一书和《漫长的革命》一书以及 70 年代访问中国后的几篇报道，都是研究这一时期中华人民共和国史的不可多得的重要参考资料。

四、斯诺与中美关系

1965 年 1 月 9 日，《人民日报》登载了一幅毛泽东与斯诺在一起的大照片，说斯诺是《西行漫记》的美国作者。斯诺认为：以这种形式报道会见，"显然加重了这件事的分量，它绝不是什么普通的旧友重逢。在我看来，多半是毛想通过这种方式，把中国对战争与和平的见解尤其是对越南问题的看法通知美国。"[1] 在会见中，斯诺问毛泽东："我从未见过约翰逊总统，但是我想，如果你有什么信息要给他，我也许能够带去交给他。你有什么话要对他讲吗？"毛泽东停了一下，说："不需要。"[2] 可能当时毛泽东认为时机还不成熟，说了也无用。

---

①　斯诺：《漫长的革命》，上海人民出版社 1975 年版，第 194 页。
②　斯诺：《漫长的革命》，上海人民出版社 1975 年版，第 225 页。

1970 年 12 月 25 日，《人民日报》头版刊登了毛泽东于同年 10 月 1 日在天安门城楼会见斯诺的大幅照片，称斯诺是"美国友好人士"，照片约占头版版面的 3/4，足见重视程度。在这之前，时任美国总统的尼克松已 3 次公开发出了愿意友好的信号，又两次委托别国元首转达愿意友好的口信。深谙内情的原外交部高级官员熊向晖评论道：1970 年 12 月 25 日《人民日报》的头版版面安排，"是对尼克松多次发出的美国要同中国和解的信号的首次公开回应。"① 斯诺后来谈到这件事情时说过："凡是中国领导人公开做的事情，都是有目的的。"原美国国务卿基辛格博士在《白宫岁月》一书中也谈到这件事情，说："这是史无前例的：哪一个美国人也没有享受过那么大的荣誉。这位高深莫测的主席是想传达点什么。"

1970 年 12 月 18 日，毛泽东约见斯诺，进行了一次长达 5 个小时的谈话。其中谈到中美关系时，毛泽东表示：欢迎尼克松访华，他当做旅行者也行，当做总统也行。毛泽东的这些谈话，尼克松几天后就知道了。熊向晖说："至于斯诺采取什么办法这么快地就使尼克松知道了，这是难以查考也无需查考的事。"②

富于洞察力和穿透力的斯诺于 1971 年 1 月 18 日在意大利《时代》周刊发表文章，他天才地预言："考虑到国内外的形势，尼克松可能被迫不等到 1972 年的总统选举

---

① 熊向晖：《我的情报与外交生涯》，中共党史出版社 1999 年版，第 213 页。
② 熊向晖：《我的情报与外交生涯》，中共党史出版社 1999 年版，第 221 页。

就设法同北京进行认真的谈判，这种谈判将不一定只局限于台湾问题了。"① 果不其然，一年以后的 1972 年 2 月 12 日，美国总统尼克松来到北京，开始了震动世界的访华之旅。行前，尼克松曾给生命垂危的斯诺写了一封热情洋溢的信，称赞"你那举世瞩目的卓越事业"。由此可见，斯诺为打开中美关系大门，改变世界的战略格局，作出了非同小可的重大贡献。中国人民将永远铭记斯诺的这一功绩。

斯诺 20 世纪 60 年代初访华时，周恩来总理曾对他说过这样一句话："我们认为你是一个作家和历史学家，绝不是记者。""那有何分别呢？每一个优良的史学家就必定是一个优良的记者，无论你从都西第特或司马迁开始，情况也是一样。"②

不能不说斯诺的回答是准确而贴切的。新闻记者的敏锐和历史学家的深邃，在斯诺身上得到了最完美的统一、最充分的诠释和最成熟的结合。斯诺将这些可贵的品质，作用于和再现于他所热爱的中国大地上，写出了一篇篇震撼中国与世界的新闻作品，而这些新闻作品并没有因时死亡，反而又精练成可信度深、权威度高的历史档案。请记住，研究现代中国历史的人们，不可不看斯诺笔下的篇章，它既是新闻，也是历史。从这个意义上说，斯诺既是伟大的中国革命和建设的真诚见证者，又是它的忠实记录者。

---

① 斯诺：《美国友好人士斯诺访华文章》，三联书店 1971 年版，第 69 页。
② 《斯诺文集》第 4 卷，新华出版社 1984 年版，第 67 页。

解析斯诺身份：从作家到友好人士[*]

　　1941 年年初，当已经把人生最美好、最充满活力的 13 年青春岁月贡献给了中国的斯诺准备返回美国前夕，他又一次拜会了他十分崇敬的宋庆龄女士，宋庆龄动情地对他说："你会回来的。我们算你是弟弟。你在美国是不会幸福的，你是属于中国的。"顿时，斯诺深深地为宋庆龄的真挚情谊所感动。尤其是当飞机腾空起飞的那一刹那，斯诺猛地掂出了宋庆龄那番话的分量，他突然意识到："亚洲确实是我真正的故乡，美国反而是一片茫茫。虽然我的形骸离开了，但是我的心却依然留在中国。"①

　　确实，正如宋庆龄所预言的那样，以后斯诺曾 3 次访问中国。因为斯诺不仅属于美国，他更属于中国——中国成就了他的事业和功名，中国重塑了他的思想和灵魂。斯诺一生中的炫目之处，都与中国息息相关。

---

　　* 原载《党的文献》2006 年第 4 期。
　　① 《斯诺文集》第 1 卷，新华出版社 1984 年版，第 295 页。

最令人意外的是，斯诺在新中国成立后的每次访华都有特别身份。品尝和解读这些不同身份，可以使我们能够更好地理解和透视大历史视野之下的中美关系。

一

1960 年 6 月 28 日至 11 月 15 日，斯诺重返中国，这是他第一次访问新中国，身份是美国作家。由于中美之间当时"实际上处于半战争状态"，因此美国国务院不可能"委派"任何新闻媒介或记者，到一个它未承认的国家；而中国方面坚持关系未正常化之前，将不会寻求双方互派记者。在这种尴尬的前提下，斯诺只能以作家的身份才能获得美国的"合法"批准。中国方面似乎也认可这一点，周恩来总理对斯诺讲过："我们认为你是一个作家和历史学家，绝不是记者。"

显然，作家重游旧地，绝不仅仅只是寻故访友。仔细考察当时的国际背景，便会发现：此次斯诺应邀访华，有着中国方面的深长思考。首先，国际形势日益不利于我。从中美关系看，自 1958 年"八·二三"炮击金门后，美国不断侵犯我国领空领海，截至 1960 年 5 月 25 日，中国外交部已向美方提出了 100 次警告。自 1955 年 8 月 1 日开始的中美大使级华沙会谈，到斯诺访华前，已经举行了 100 次会议，但毫无进展。与此同时，美国不断制造"两个中国"的阴谋。就在斯诺走进北京的前 10 天，美国总统艾森豪威尔于同年同月的 17 日到 19 日"访问"台湾。

对此，毛泽东立即作出强烈反应，下令福建前线所有火炮轰击金门、马祖岛屿，史称：万炮齐发送"瘟神"。至此，中美关系仍是解不开的死结。从中苏关系看，两党关系越来越僵，就在斯诺访华期间的 7 月 16 日，苏联政府突然通知中国：从 1960 年 8 月起，苏联将撤回所有在华专家。对此，中国表示强烈不满，却又无可奈何。从周边国家看，印度、印尼、马来西亚、菲律宾等都对我国制造着程度不同的麻烦。

其次，国际反华势力日趋联合行动。1960 年 5 月 21 日，朝鲜劳动党领袖金日成秘密访华，在与毛泽东会谈时，他透露：早在 1955 年赫鲁晓夫就叫他们不要反对美帝国主义。联系到美苏越走越近，联系到苏联和美国均支持印度反华，联系到东南亚国家反华都有美国的背后支持，中国方面判断：这是帝修反的反华大合唱。

面对黑云压城城欲摧的恶劣国际环境，愤激的毛泽东一方面表示不怕鬼、不信邪，另一方面又冷静地积极寻找外交突破口，以打破不利于我国发展的生存空间。于是，历史把机缘的绣球抛给了斯诺。中国方面想通过斯诺这位唯一能够同中共上层保持着良好关系的美国人传话给美国政府，恐怕这才是中国邀请斯诺访华的真正原因。当然，也不排除还有其他的考虑，这就是：鉴于苏联和东欧社会主义国家对中国的报道越来越负面，中国方面想通过斯诺的渠道和影响，让西方国家和国际社会了解到真实的中国。否则，就没有人能够听到来自中国的真实声音。

访华期间，周恩来分别于 8 月 30 日和 10 月 18 日两次会见斯诺，周恩来强调：中美关系的解决办法最终会找到，它只是时间问题。中美两国人民之间没有根本的利害冲突，而友谊则是长存的。为了表达中国方面改善关系的诚意，周恩来甚至将"中苏大辩论"的一些内部情况也给斯诺交底，并要求斯诺把他的谈话"一字不漏否则一字不提地发表"。此举表明，中国外交的"一边倒"政策正在发生戏剧性转变。10 月 22 日，毛泽东在中南海颐年堂会见了斯诺。谈话中，斯诺问：你还想到黄石公园和密西西比河游泳吗？毛泽东道：我当然还想去。我想你不会反对，但华盛顿方面不会同意。斯诺又问：如果他们同意呢？毛泽东高兴地说：如果那样，我可以在几天之后就去美国，完全像一个游泳者。我们不谈政治，只在密西西比河游泳，并且在河口游游而已。①

　　然而，毛泽东、周恩来对改善中美关系的善意释放，竟然没有得到美国方面丝毫的积极回应。当斯诺将周恩来的谈话一字不漏地在美国著名杂志《展望》刊登出来后，却受到华盛顿某些人士的抨击，理由是中国的报刊绝不会刊登有美国高级官员参加的会谈。稍后，中国方面在《人民日报》上以刊登肯尼迪总统与赫鲁晓夫女婿会谈详情作为回答。

　　美国政府敢于如此无礼地对待中国的示好，用毛泽东的话讲，是因为"美国人非常自高自大，他们是寸土不

---

　　①　邸延生：《"文革"前夜的毛泽东》，新华出版社 2006 年 1 月版，第 91 页。

让的。"① 第一，信奉实力的美国看不起中国。中国虽是大国，但又是弱国穷国，不是强国富国，没有多少钢铁，更没有原子弹，所以美国不怕得罪中国，你中国发出的信号，我美国可以不屑一顾，你也奈何我不得。正如毛泽东50 年代中期所说："我们是弱国，不是强国。美国怕苏联，但是不怕我们，它知道我们的底子。"（同前）第二，中国和美国结怨太深。一场朝鲜战争，中国把美国打得太痛。美国人这口气还未咽下去，中国人又来想讲和，美国人能答应吗？不可能！第三，超级大国的面子搁不下。我美国有本事在全球呼风唤雨，你中国有什么本钱？这个地球上，只有我美国想怎么样就能怎么样，不是你中国想怎么样就怎么样的。要是应了你中国，其他国家怎么看我？

美国方面强硬而无礼的态度，使中美双方失去了一次机会，也使斯诺无法完成自负之使命，正如他后来所抱怨的："过去 10 年（指 1960 年到 1970 年），我的报告中的那些有用的信息未能渗透到高层决策部门中去。"②

二

1965 年 1 月 10 日，《人民日报》刊登了一张毛泽东与斯诺的大照片，斯诺的身份被介绍为《西行漫记》的作者。就在头天晚上，斯诺应邀与毛泽东会谈，斯诺将这

---

① 《毛泽东外交文选》，中央文献出版社 1994 年版，第 426 页。
② 斯诺：《漫长的革命》，新疆大学出版社 1994 年版，第 7 页。

次话题广泛的会谈称之为"山南海北"。自然，中美关系是整个会谈的核心问题。

让我们先审视一下当时的国际环境，就能更加明了斯诺第二次访问新中国的意义所在。斯诺是 1964 年 10 月中旬来到中国的。这一年，国际舞台上出现 3 起重大事件。一是美国约翰逊政府制造了所谓的"北部湾"事件，悍然扩大侵越战争，大规模轰炸越南北方，战争的硝烟燃烧在中国的南大门；二是赫鲁晓夫下台，但中苏关系继续恶化；三是中国成功爆炸了第一颗原子弹，意味着中国有了核盾牌和核打击能力。

从某种意义上讲，越南战争是朝鲜战争的继续。自恃全球实力第一的美国不甘心吃了朝鲜战场的败仗，所以它一定要寻机另辟战场，再同中国人较量，以挽回面子。斯诺非常清楚，美国人在越南的战争升级是对中国的一种恐吓、一种挑衅、一种侮辱。既然美国人把苏联人在古巴安装导弹视为对美国国家安全的威胁，不惜以核战争恐吓，逼使苏联撤回了古巴的导弹，那么，美国的战争机器在越南运转，难道不也是直接威胁着中国的国家安全吗？

在美国实施大规模轰炸越南北方后仅两个月，斯诺就访问了中国，他急切地想知道中国领导人是怎么看待这件事情的。当斯诺与毛泽东会谈时，他问毛：我从未见过约翰逊总统，但是我想，如果你有什么信息要给他，我也许能够带去交给他。你有什么话要对他讲吗？毛泽东停了一下，回答：不需要。

5 年前，毛泽东主动发出了愿意改善中美关系的信号，但美方轻蔑地置之不理。不仅如此，5 年后的今天，竟然变本加厉地继续恶化两国关系，胆敢在中国的家门口放火、叫板，是可忍，孰不可忍也！斯诺读懂了毛泽东的拒绝：在毛泽东看来，"美国人在畏途难通、知道他们无法用军事暴力把他们的政治意志强加于革命的越南之前，是不会罢手的。"①

虽然毛泽东拒绝了给美国高层领导人的传话，但他还是向斯诺谈了自己的外交构想：越南冲突一个可能的解决办法，仍然是召开一次新的日内瓦会议来结束战争，并保证印度支那的独立。斯诺将这个信息传给了美国国务院，但态度强硬的约翰逊政府将这个有价值的信息利索地剔除了。

细心而精明的斯诺注意到，此次访华与 5 年前的访华相比，有两个不同。上次中国报纸没有报道，而这次却报道了；上次与毛泽东的谈话不能公开发表，而这次却告知斯诺，"只要不是直接引用，大部分都可以发表"。斯诺抓准了问题的要害，他写道："这次谈话获得发表，又在政府和党的机关报上加以报道，这显然加重了这件事的分量，使它绝不仅是重叙旧谊。在我看来，毛泽东很可能想通过这种方式，把中国对战争与和平的条件的看法，特别是对越南问题的看法通知美国。"② 斯诺此次与毛的谈话及访华报道，后来先后在巴黎的《新直言报》、东京的

---

① 斯诺：《漫长的革命》，新疆大学出版社 1994 年版，第 178 页。
② 裘克安：《斯诺在中国》，三联书店 1982 年版，第 273 页。

《朝日新闻》、汉堡的《明星报》、罗马的《欧罗巴》、伦敦的《泰晤士报》、华盛顿的《新共和》杂志等西方国家报刊发表，但美国各大报纸包括《纽约时报》，却都拒绝刊登。

斯诺还与周恩来分别于 1964 年 10 月 22 日和 12 月 16 日进行了两次会谈。周恩来明确告之：他对中美之间紧张关系的立即缓和不抱希望，除非美国放弃敌视中国的政策。周恩来相信，中美和解的这一天迟早会到来。

总之，60 年代中期的国际环境，对中国而言，依然是"高天滚滚寒流急"。美国仗着自己拥有最强大、最先进的军事装备，仗着自己是强国和富国，仗着自己是世界"老大"，可以为所欲为；中国不仅同美国敌对，而且还同苏联、印度、日本等国敌对，中国的被孤立状态，更加助长了美国的肆无忌惮。然而，不畏强暴的中国没有被吓倒，而是坚决与之抗衡。虽然毛泽东拒绝发出改善关系的友好信息，但是，毛泽东还是通过公开发表与斯诺谈话的独特方式，告诉了美国关于中国政府对越南战争的看法和态度的框架。

值得注意的是，美国在越南的军事行动大体上是在中国规定的框架内进行的。譬如，它的地面部队就从未越过中方警告的北纬 17 度线。有的美国军人自嘲地说：我们像遵守美国宪法那样遵守中国的规定。由于中国已经拥有了原子弹，美国还是不得不有所顾忌，否则，美国在越南的几十万大兵将是中国核武器的人质。

三

又过了 5 年。

1970 年 12 月 25 日，《人民日报》头版刊登了一张约占版面 3/4 的特大照片，照片的主角是毛泽东和斯诺，斯诺的身份被出人意料地介绍为"美国友好人士"。

全世界立刻读懂了这张照片的背后含义：中美要和解。斯诺说："1970 年国庆节检阅游行队伍时，周恩来领着我的妻子和我站在毛主席的身边，并照了相，没有一个美国人曾受到过这样的重视。明眼人看得出，新鲜的事正在发生。"①

中美双方走到这一步，主要在于国际战略格局在短短几年内发生了重大变化。首先，美国陷进了越南战争的泥潭，虽然动用了一切最先进的常规武器，但越南人仍不屈服，并越战越勇，美军不但根本看不到胜利的希望，相反，国内的反战运动如火如荼，越闹越大。其次，苏联趁机扩张，咄咄逼人，美国越来越采取战略守势，而苏联则越来越采取战略攻势。美国为调整全球战略，改变被动态势，只能尽快从越南撤出，并拉拢中国一起遏制苏联的扩张态势。再次，中国实力进一步增强，包括核导弹和运载工具的稳步发展（斯诺语），从而加强了对美谈判筹码。显然，从美国的国家利益而言，最为紧迫的是尽快摆脱因

---

① 裘克安：《斯诺在中国》，三联书店 1982 年版，第 312 页。

越战而陷入的战略困境。斯诺写道："美国一旦决定了从越南撤出，显然就不可避免地要同中国达成谅解。"① 而从中国的立场上看，中国也非常愿意寻机同美国和解，毕竟苏联百万大军压在北部中苏边境上，直接对中国的国家安全构成了最为严重的威胁。也就是说，来自苏联的威胁压倒和超过了一切问题。此时此刻，中国需要美国，美国也需要中国。

国际形势的深刻变动，迫使中美两个大国最终靠拢。更何况1969年1月就任美国总统的尼克松，就其政治胆识而言，他超过了1960年的肯尼迪和1965年的约翰逊这两位前任美国总统。尼克松清楚，毛泽东10年前曾经发出过示好信号，但美国不理不睬，因此，这一次应该由美国首先主动示好，才能双方扯平。刚刚上任不久，尼克松就开启了和解的慢板，他知道：信号的起初不能太强烈、太招眼，但又必须是明确无误的，然后逐渐地由慢到快，由小到大，由弱到强，自然而然，水到渠成。

这一年的夏秋间，美国停止了第七舰队在台湾海峡长达近20年的巡逻；到年底，美国又停止了军用飞机对中国内地的侦察和挑衅。据不完全统计，从新中国成立到1969年年底，美国间谍飞机对中国内地的侦察活动共计出动3370批、6078架次。中国人民解放军原空军副司令员林虎中将曾说："这种空中间谍活动，在持续时间、批次、使用的机种、侦察活动方式和范围，都大大超出了世

---

① 裘克安：《斯诺在中国》，三联书店1982年版，第311页。

界历史上此前空中间谍活动的记录，它实际上是美国对我国发动的一场持久的空中侵略活动。"① 从 1964 年 8 月美军开始大规模轰炸越南北方，到 1969 年年底美军飞机停止侵入我国领空的 5 年零 4 个月间，我空军部队共击落入侵美军无人驾驶高空侦察机 20 架，击落入侵美国各种战斗轰炸机 13 架、击伤 2 架，俘虏美国飞行员 2 名。② 对于这些低层次上发出的重要示好信号，可能中国方面认为那是美国人本来就应该做的事情。

　　与此同时，1969 年 2 月，尼克松总统提交给美国国会的报告中说："中国是伟大的生气勃勃的民族，不应该继续孤立于国际社会之外，从长远来说，如果没有这个拥有七亿多人民的国家出力，要建立稳定的持久的国际秩序是不可设想的。"③ 尼克松后来说：这是"对华主动行动的第一个认真的公开步骤"。应当说，这是尼克松公开发出"美国要同中国和解"的第一个信号。

　　1970 年 10 月初，尼克松会见了美国《时代》周刊记者，他说："如果说我在死以前有什么事情想做的话，那就是到中国去。如果我去不了，我要我的孩子们去。"应当说，这是尼克松公开发出"美国要同中国和解"的第二个信号。

　　同年 10 月 26 日，罗马尼亚总统齐奥塞斯库到达美国进行国事访问，在欢迎宴会上，尼克松一改过去共产党中

---

① 林虎：《保卫祖国领空的战斗》，解放军出版社 2002 年 1 月版，第 10 页。
② 林虎：《保卫祖国领空的战斗》，解放军出版社 2002 年 1 月版，第 317 页。
③ 熊向晖：《我的情报与外交生涯》，中共党史出版社 1999 年版，第 212 页。

国的称呼，而有意地正式称呼为中华人民共和国。尼克松说："这是一个意味深长的外交信号。"应当说，这是尼克松公开发出"美国要同中国和解"的第三个信号。

同年11月10日，来华访问的巴基斯坦总统叶海亚·汗向周恩来总理转达了他上月访美时尼克松总统捎来的口信。周总理请示毛主席后，又托叶海亚·汗给尼克松带回中方的口信。应当说，这是尼克松发出"美国要同中国和解"的第四个信号。

这一年，除了因美国入侵柬埔寨，一度使北京怀疑尼克松的诚意外，尼克松还向中国方面作出了一系列友好姿态。譬如，美国撤销了对中国的贸易禁运；解除了两国间旅行的禁令；等等。对于尼克松的"主动敲门"（周恩来语），中国方面也相应地作出了一些友好表示，譬如释放被俘美军飞行员等。

美国人心情急切，中国人也同样心情急切。当毛泽东连连不断地收到尼克松的和解信号后，并判定后者的态度是认真的，便于同年12月18日在中南海书房会见了斯诺，长谈5个小时。毛泽东告诉斯诺：中国政府不久将让能代表美国广泛的政界和新闻舆论界的右、中、左三方面的一些人访问中国。斯诺问：是否应当让代表垄断资本家的尼克松这样的右派来呢？毛泽东回答：应当欢迎他来，目前中美两国之间的问题要跟尼克松解决。毛泽东表示，他将高兴地同尼克松晤谈，无论是作为旅行者还是作为总统都行。

过了7天，《人民日报》刊登了前面提过的那张毛泽东与美国友好人士斯诺同在天安门城楼的著名照片。从以上中美高层之间秘密的和公开的联络信息的情况来看，那张著名照片的刊登，实际上是中方对美方发出和解信号的"首次公开回应"（熊向晖语），它显示了中方对中美必然和解的把握以及对中美关系必将正常化的一种自信表达。斯诺后来在谈及这件事情时，也说过："凡是中国领导人公开做的事情，都是有目的的。"这番话，是对这件事情的最好诠释。此时的斯诺已从一些外交官朋友那里了解到，除了他这条渠道之外，北京方面还开辟了若干其他渠道，与美国方面进行私下沟通。

斯诺最后一次访华是 1971 年 2 月 6 日离开广州的。然而，令人奇怪的是，他与毛泽东的那次长谈，尼克松说：我们在几天后就知道了。可是，当时斯诺人还在中国，且中美之间尚无热线，那他又是怎样迅速传递信息的呢？人们至今也没有搞懂，以至于中共情报高手熊向晖也不无幽默地写道："斯诺采取什么办法这么快地就使尼克松知道了，这是难以查考也无需查考的事。"①

同年 4 月，中国方面出乎意料地邀请美国乒乓球队访华，小球开始转动大球。斯诺抓住时机，于同月 30 日在美国《生活》杂志发表了题为"与毛泽东的一次谈话"的文章。这篇报道立即轰动世界，成为全球许多媒体的头版头条新闻，争相传播。日本一家报纸为此评论道：这是"中国又向世界投出了一颗新'炸弹'"，它的"影响之

---

① 熊向晖：《我的情报与外交生涯》，中共党史出版社 1999 年版，第 221 页。

大，不仅在美中关系方面，在全世界范围内，也将是超乎想象的"。这篇"独家内幕新闻"，实际上也是斯诺辉煌新闻生涯的最后绝唱。晚年的斯诺又一次赢得了世界。

四

新中国成立后的斯诺三次访华，都有不同的身份，实际上是时代的大格局与大环境所致。斯诺的每次访华，背后都隐藏着重大事件，或具有特殊背景，这是斯诺访华的显著特征。

这位美国人确实有一股倔劲，就是一心要使中美两个大国和解。为了达到这个目的，他不停地工作，不懈地努力，国人的误解、同行的讥讽、高官的压制等等诸多困难，他都不在乎、不畏惧，依旧执著地奋力前行。斯诺夫人洛伊丝曾经伤心地写道："这么多年，在华盛顿不被接受，不予承认，不当做桥梁，也不予以任何重视。"1961年年初，斯诺刚从中国回去就直奔华盛顿，新上任的国务卿腊斯克敷衍了事地见了他10分钟，就把他撇在一边了。后来斯诺称：这是一次屈辱性的会见。

历史上的伟大先行者在初始阶段注定要历尽磨难，斯诺也不例外。当中苏关系处于蜜月时期时，斯诺就预言："中国将会成为第一个不听莫斯科发号施令的共产党统治的大国。"在中美关系紧张时期，斯诺就肯定地说："中美两国之间的差异决不能证明双方发生大战或彼此持续强烈仇恨是合理的。"当中美两国的和解大门刚刚露出一线天光，斯诺就预见到："考虑到国内外的形势，尼克松可能被迫不等到 1972 年的总统选举就设法同北京进行认真地谈判，这种谈判将不一定只局限于台湾问题了。"历史给予斯诺的最高奖赏，就是用事实证明了他的先见之明。1971 年 7 月 16 日，尼克松发表电视讲话，正式宣布：他愉快地接受了中国方面要他到北京访问的邀请。此时，斯诺正生病卧床。听到这个消息后，他兴奋地大叫起来，对妻子说："啊！亲爱的，我们终于盼到了这一天！亲爱的，两个伟大的国家终于要握手了。洛伊丝，这将是东方与西方的一次伟大的握手！"

可惜的是，凶恶的癌症埋葬了斯诺还来不及实施的一些美好想法。1972 年 2 月 15 日，正值中国农历的正月初一，这位中美关系最伟大的拓荒者，带着最后一丝遗憾告别了人间。尼克松曾写信给生命垂危的斯诺，说"您的卓越事业已经广泛受到尊重和珍惜。"毛泽东的唁电说：斯诺"一生为增进中美两国人民之间的相互了解和友谊进行了不懈的努力，作出了重要贡献。"周恩来的唁电说："斯诺的一生，是中美两国人民诚挚友谊的一个见证。……他一生为之努力的中美两国人民之间的友谊一定会日益发展。"由此可见，促进中美友谊，是斯诺一生中最关键的词语。

一个星期后的 2 月 21 日，尼克松总统的专机降落在北京西郊机场。这是美国历史上第一位到一个尚未正式建交国家进行访问的美国总统。

自此，中美关系的大门打开了。恐怕再也不会有人想把它关上；即使有个别人，恐怕也是没有这个力量的。

历史已经表明，毛泽东是中美关系和解强有力的推动者，而斯诺为打开中美关系大门作出了重要贡献。对于斯诺的这一历史功绩，中国人民将怀着感激之情永远铭记。

——写于尼克松总统首次访华 34 周年前夕

四、三国史研究

SANGUOSHI YANJIU

赤壁之战辨[*]

赤壁之战是我国历史上的一次著名战役，一些史书记载，5万人马的孙、刘联军打败了拥有80万（一说20多万）人马的曹军，对三国的产生和形成起了决定性影响。50年代末，我国历史学界有的史学家对历史上究竟有没有这样一场大战大胆地提出了质疑，他们的根据是《三国志·吴书·周瑜传》注引《江表传》上的一段话：

"曹公曰：'孤不羞走'。后书与权曰：'赤壁之役，值有疾疫，孤烧船自退，横使周瑜虚获此名'"。

史学研究最忌孤证，但幸亏这条记载不是孤证。因为《三国志》本身为我们提供了许多史料根据，迫使我们重新研究赤壁之战，重新提出新的见解。

---

* 原载1981年3月31日《光明日报》。

一

赤壁之战发生在建安十三年（公元 208 年）。这年 9月，刘表病亡，其少子刘琮继父位，领荆州牧。刘表长子刘琦和刘琮是异母兄弟，素不辑睦，军中诸将，各有彼此，使新遭大丧的荆州政权发生了严重的政治危机。

称雄北方的曹操，虎视东邻的孙权，卧榻之侧的刘备，对这一切都看在眼里，他们都想据有荆州。曹操先发制人，还在刘表病危未亡之际，就和群臣商议，制定了"可显出宛、叶而间行轻进，以掩其不意"的军事行动方针，亲率精军南征。孙吴重要谋臣鲁肃假借吊丧之名，匆匆前往荆州探听虚实。到夏口时，听说曹操已向荆州进军，便昼夜兼程赶路；至南郡时，得知刘琮已投降了曹操。曹军进兵速度之快，连身在荆州的刘备也未料到，吃惊之余，匆匆南逃。

曹操占领荆州后，以江陵有军实，恐为刘备据之，乃释辎重，亲率从大军抽出的骑兵五千追之，"一日一夜行三百余里"，在当阳长坂追上了刘备、诸葛亮等人，一阵冲杀，刘备战败。恰巧这时鲁肃至当阳，他劝说刘备改奔孙吴。刘备当即派诸葛亮随鲁肃往柴桑会见孙权，双方始结联盟。孙权马上派遣周瑜、程普等率水军三万佐刘备还击曹军。刘备在樊口听说曹军已顺江东下，非常焦急。吴水军很快同刘备会合，然后逆水西上，迎击曹军。

曹军五千轻骑在长坂击败刘备后，继续南下，直趋江陵，缴获了大量作战物资。于是乘船东下，不期在赤壁突然同数量上占优势的孙、刘联军相遇了，发生了赤壁之战。由此可见，这次战争是在紧迫的时间内发生的，古代交通运输困难，曹操纵有天大的军事才能，也无力完成一次大规模的军事集结。这就从时间上排除了发生赤壁大战的可能性。

再者，曹军征荆州之时，正值南方暑热季节，强行军的劳累使部队染上了可怕的疾疫①。这又是研究赤壁之战问题的关键所在。既然南征曹军大多数人，病倒的病倒，病死的病死，作为三国时代杰出的军事家曹操难道会在明显的事实面前主观行事，把一群群疾病之夫驱往赤壁，同孙、刘联军进行一场大决战吗？曹操即使"意气骄横"也决不至如此。这样又从军事的角度排除了发生赤壁大战的可能性。

赤壁虽然没有大战，但小战却发生了。正如上面所说，是五千而不是八十万曹军同孙刘联军在赤壁相遇，从而不可避免地发生了一场遭遇战。

有人说，曹军东下是为了征服东吴。不错，曹操曾给孙权写过一封信，说："近者奉辞伐罪，旄麾南指，刘琮束手。今治水军八十万众，方与将军会猎于吴。"②曹军从未达到过八十万众，更不用说水军。显然，这是一封政治讹诈信。曹操深知孙权也对荆州十分感兴趣，这就等于

---

① 《三国志·魏书·蒋济传》。
② 《三国志·吴书·吴主传》注引《江表传》。

警告孙权：你不要干涉我在荆州的行动！其实，曹操只是虚张声势而已。孙权也明白这一点，一直在柴桑拥兵坐观成败。只是在鲁肃的反复劝说之下，在诸葛亮的巧妙激怒之下，他才毅然决定出兵佐刘备，给曹操多树一个敌人，以此来减轻给孙吴政权的压力。赤壁之战就是这样发生的。

二

《三国志》上，有关赤壁之战的记载如下：

（一）"公（曹操）至赤壁，与备战不利。于是大疫，吏士多死者，乃引军还。"[1]

（二）"先主遣诸葛亮自结于孙权，权遣周瑜、程普等水军数万，与先主并力，与曹公战于赤壁，大破之，焚其舟船。先主与吴军水陆并进，追至南郡，时又疾疫，北军多死，曹军引归。"[2]

（三）"瑜、普为左右督、各领万人，与备具进，遇于赤壁，大破曹公军。公烧其余船引退，士卒饥疫，死者大半，备、瑜等复追至南郡，曹公遂北还。"[3]

（四）"权遂遣瑜及程普等与备并力逆曹公，遇于赤壁。时曹公军众已有疾病，初一交战，公军败退，引次江北。瑜等在南岸。瑜部将黄盖曰：'今寇众我寡，难与持久。然观操军船舰首尾相接，可烧而走也'。乃取蒙冲斗

---

① 《三国志·魏书·武帝纪》。
② 《三国志·蜀书·先主传》。
③ 《三国志·吴书·吴主传》。

舰数十艘，实以薪草，膏油灌其中，裹以帷幕，上建牙旗，先书报曹公，欺以欲降。又豫备走舸，各系大船后，因引次俱前，曹公军吏士皆延颈观望，指言盖降。盖放诸船，同时发火。时风盛猛，悉延烧岸上营落，顷之，烟炎张天，人马烧溺死者甚众，军遂败退，还保南郡。备与瑜等复共追。曹公留曹仁等守江陵城，径自北归。"①

（五）"孙权遣兵佐先主拒曹公，曹公引军退归。"②

（六）"太祖征荆州还，于巴丘（巴丘即巴陵，今岳阳，赤壁西南不远）遇疾疫，烧船，叹曰：'郭奉孝在，不使孤至此'。"③

从以上史料可以看出：历史上关于赤壁之战的记载是比较混乱的，这一点前人早已看出。裴松之就说过："或同说一事而辞有乖杂，或出事本异，疑不能判，并皆抄内以备异闻。"④ 不管怎么说，曹操在赤壁失利主要不是被击败，而是军队遇疾疫，迫使曹操烧船，主动撤退。但曹操确确实实也是吃了一个小亏。还是裴松之说得好："至于赤壁之败，盖有运数。实由疾疫大兴，以损凌厉之锋，凯风自南，用成焚如之势。天实为之，岂人事哉？"⑤

我否定的是赤壁大战，肯定了赤壁小战。而赤壁小战是在紧促情况下，曹军和孙、刘联军发生的一场平常的遭

---

① 《三国志·吴书·周瑜传》。
② 《三国志·蜀书·关羽传》。
③ 《三国志·魏书·郭嘉传》。
④ 《三国志·上三国志注表》。
⑤ 《三国志·魏书·贾诩传》。

遇战。它的过程是这样的：曹操率五千轻骑部队占领江陵后，又乘船顺江东下，于赤壁突遇数量优势的孙、刘联军，仓促应战，退往江北。当时这支曹军部队亦受疾疫侵袭，无力继续作战，黄盖乘虚又烧掉一部分船只，曹操便烧其余下的大部分船舰，主动撤退。

三

再从赤壁之战以后的情况看，也可说明它不是一场大战。

历史上著名的大战役，一般都是战争双方倾全力进行的战略大决战。而战败的一方或是以军事上的崩溃导致政权的倾覆，如新汉昆阳之战、秦晋淝水之战；或是一蹶不振，声名扫地，如晋楚城濮之战、袁曹官渡之战。许多史学家也把赤壁之战归为类似的大战役，那么，让我们看看赤壁战后究竟出现了什么样的事情吧。

众所周知，自古到今，提拔军事将领一向是以军功大小作为标准。黄盖建策火攻赤壁，打败了曹操大军，理应获授非次擢拔，可是孙权仅仅把他从丹阳都尉提为武锋中郎将。而赤壁大战的主将周瑜却不见提升，只是攻下南郡后，才把周瑜从前部大都督提为偏将军。东吴另一重要将领程普也担任过丹阳都尉的职务，后因数次讨贼有功，就把他提升为荡寇中郎将，领零陵太守。还有一个重要将领潘璋因参加合肥之役有功，孙权把他从武猛校尉（跟都尉差不多）一下提为偏将军，比周瑜还升得快。孙权的亲信将领凌统因破皖有功，也从校尉提为荡寇中郎将。可见，在东吴人的眼中，赤壁之战可以同数次讨"贼"，或者同攻占一个小小的皖城放在同等位置，比不上合肥之役激烈壮观。单从黄盖升迁职务这点着眼，赤壁之战的规模岂不是可以略窥一斑了吗？

诸葛亮著名的"前后出师表"，其中有这样一段文字："曹操智计，殊绝于人，其用兵也，仿佛孙、吴。然困于南阳，险于乌巢，逼于黎阳，几败北山，殆死潼关。……四攻昌霸不下，五越巢湖不成。"诸葛亮在此列举了曹操军事生涯中所有的大过失。按通常见解，"赤壁大败"当然是曹操所有过失中的最大过失，奇怪得很，诸葛亮竟没有列举"赤壁大败"，是他忘了吗，疏忽了吗？都不是，因为本来就没有赤壁大战，又怎么列举得出呢？

曹操手下谋士如云，战将千员，而在整个赤壁之战过程中，那些曾在官渡之战发挥了重大作用的许多重要谋臣竟无任何良策和建议，几十员大将如许褚、张辽、张郃等竟未参加这场大战，岂非咄咄怪事？

建安十六年，即赤壁之战后的第三个年头，曹操又发大军征讨汉中张鲁，益州震动。张松对刘璋说："曹公兵强无敌于天下。"① 如果真有几十万曹军被五万孙、刘联军击败的事实，曹操必然威信顿损，一落千丈，张松还敢说曹军无敌的话么？刘璋居然对此也不表示任何疑义和反

---

① 《三国志·蜀书·先主传》。

诘。还应指出：倘若真有赤壁大败，依据古代的条件，曹操不可能在三年内恢复生机，再次投入远征。

四

赤壁之战，本来是历史上一次极为普通极为平常的两军对垒事件，但由于古代某些史学家的歪曲，才被雕塑成今日模样。这在历史科学领域中是罕见的，就像他们渲染赤壁大战是罕见的一样。加上历史学界长期因袭司马光的观点，对赤壁之战的问题墨守成见。只是到了50年代末，少数有影响的马克思主义史学家才勇敢地正视了这个问题。

郭沫若同志说："以赤壁之战而言，在史籍就有不同的说法。曹操遗孙权书云：'赤壁之役，值有疾疫，孤烧船自退，横使周瑜虚获此名'，《魏书·武帝纪》也说'公至赤壁，与备战不利，于是大疫，吏士多死者，乃引军还。'到底哪一边是历史真实呢？我们很难判断。"①

翦伯赞同志说："根据历史记载，曹操从小就很机警，又有权数。到了赤壁之战的时候，曹操已经是在政治和军事活动中经过了严重考验的人物，他不会那样愚蠢，以至对敌人丧失起码的警惕性。实际上，对于曹操来说，战争就是他的诗歌，他不会在强渡长江的号角声中，失掉

---

① 《郭沫若全集·历史编》(3)，人民出版社1984年8月版，第473页。

节奏的。"①。

吴晗同志说："公元 208 年赤壁之战这一仗打得不好的事实，但也有不同说法，我们不能听片面之词，打官司也得有原告被告。"②

本文就是在这些思想的启发之下，开始了对赤壁之战的初步探讨。

---

① 翦伯赞：《应该替曹操恢复名誉》，《光明日报》1959 年 2 月 19 日。
② 吴晗：《灯下集》，三联书店 1960 年版，第 187 页。

赤壁之战再辨[*]

数年前，拙作《赤壁之战辨》（刊于 1981 年 3 月 31 日《光明日报》史学版）发表后，曾在史学界引起争论。现在仅就其中几个问题再作探讨，如有偏颇之论，不当之处，仍盼师长和方家们多多指教。

一、关于曹军参战兵力的数量多少问题

曹军参战兵力的数量多少，是直接关系着赤壁是大战还是小战的重大问题。曹操自称"治水军八十万众"，显然是诡诈之辞，不足为凭为信。周瑜曾说：曹军全部兵力不过十五六万，加上投降的刘表的军队七八万，合计二十余万。^① 因为这个看法比较合乎实际情况，因而被历来的研究者首肯。但是，在这里，我们必须强调指出：周瑜的

---

* 原载《学习与探索》1990 年第 1 期。
① 《三国志·吴书·周瑜传》注引《江表传》。

统计是指曹军拥有的全部兵力，而不是指赤壁的参战兵力；全部兵力和参战兵力是两个完全不同的概念。我认为，正是因为历来的研究者混淆了这两个概念，所以才对赤壁之战的规模发生了极大的误会。事实上，当时曹操并没有、也不可能把全部兵力投入到赤壁之战。

说"曹军五千精骑部队"占领了江陵，这是大家都没有异议的，因为史书上有明确记载。问题出在从江陵到赤壁这段过程中，即在这段时间内，曹操究竟纠集了多少兵力。第一个疑点，有人肯定会说：曹操难道不会率领投降的刘表军队（包括水军）一同东下吗？我以为不然。因为荆州刘表政权有两大敌人，一是北方曹操，二是东面孙权。这种政治格局相应地决定了刘表政权的军事态势：以陆军对付曹操，部署于曹、刘交界的新野一带；以水军对付孙权，部署在刘、孙交界的夏口一带。江陵地处荆江腹心，是安全而可靠的后方，根本无须部署数万大军；即使有军队，也只能是少数战斗力较弱的后勤部队。况且，刘表陆军新近投降，尚未来得及对他们进行一番必要的洗脑和整编工作，依曹操之明智，他是绝不会带任何一名刘表士兵一同东下的！从江陵"有军实"这点来判断，它当是一个拥有大量军用作战物资的后勤基地。正因为如此，曹操率领的精骑部队占领江陵后，轻易地就获得了蒙冲斗舰。

第二个疑点，有人还会说：难道曹操就不会在江陵重新集结大军，然后再乘船东下吗？关于这一点，史书并无记载，但我们可以从另一个角度来探讨出结果。史称：曹军五千精骑部队以"一日一夜行三百里"的速度向前推进，飞抵江陵，曹军数万南征部队被甩在后面老远。此刻刘备等人从当阳斜向东逃，为着逃命，他们的行军速度肯定不会次于曹军速度。刘备等人逃至夏口后，便和先期到达的关羽会合在一起。这时，曹操已占领了江陵，本来汉南已收，曹操完全可以渡过长江，再进而征服长江以南的荆江土地，但是曹操考虑到江夏一带还未安抚和收降，他惧怕有"天下枭雄"之称的刘备残余势力串通刘表长子刘琦掌握的荆州水军，威胁荆州地区的安定，便决计东下，以求彻底消灭刘备集团。正如《武昌志》所说的："曹操自江陵追刘备至巴丘，遂至赤壁，遇周瑜兵。"[①] 诸葛亮料到曹操会跟踪而至，所以他恐慌地说："事急矣，请奉命求救于孙将军。"刘备同意了诸葛亮的请求，便赶紧派他随同鲁肃前往柴桑（今九江），晋见了孙权。诸葛亮以巧妙的外交手腕和辞令说服了孙权，孙权当即决定遣兵佐刘备。此时在夏口一带的刘备又听说曹操已经率军东下，心里万分焦急，天天派人到江边等待和迎候孙吴援军。孙吴水军同刘备很快就会合了，然后一同逆水而上，于是不期而在赤壁碰上了顺流而下的曹军，接着双方打了一场小小的遭遇战。全部过程就是这样，正因为它如此简捷明了，所以我曾说过："这次战争是在紧迫的时间内发生的，古代交通运输困难，曹操纵有天大的军事才能，也无力完成一次大规模的军事集结"，道理就在这里。

---

① 《资治通鉴》第五卷。

第三个疑点，或许有人还会说道，曹操赤壁初战失利后，难道就不会等待援军，以便同孙吴水军进行战略决战吗？我认为，这不可能。理由如下：曹操从南征大军中抽出的五千精骑部队虽然初期具有高昂、勃发的战斗力，但长时间的强行军劳累和正值南方暑热季节，使来自北方的曹军士兵染上了可怕的流行病，从而严重地摧残了曹军士兵的战斗意志。诸葛亮聪敏地看出了这一点，他说：曹军已是"强弩之末，势不能穿鲁缟者也。"① 这样，到达赤壁的曹军无论在数量上，还是在质量上都远不如孙吴水军。从孙吴方面看，既然他们自己已经在局部上获得了军事优势，那么当然应该再接再厉，迅速打败羸弱的曹军，倘若持久对峙，等待对方从容增援力量，岂不是天字第一号傻瓜？从曹操方面看，既然已来不及调遣援军，又无力继续作战，唯一最明智的合乎逻辑的选择，只能是这样：烧船，尔后撤退。

综上所述，曹军投入到赤壁之战的兵力并不是曹军全部，而只是曹军的小部分或极少部分，因而赤壁之战就不是大战，而只是小战。

证明赤壁之战是小战的根据，除了我在《赤壁之战辨》一文中列出的那些史料之外，我们还可以列出几条，进一步补充说明：其一，曹操赤壁撤退后，周瑜率军数万进围江陵，留屯江陵的曹军大将曹仁从守军中募得三百壮

---

① 《三国志·蜀书·诸葛亮传》。

士与孙军大战，多次打退了周瑜的进攻①。这条记载说明：首先，曹仁率领的守军无疑是在曹操顺江东下后，作为后续部队进驻的，而且数量并不多；其次，曹仁军队的战斗力强于孙军，不然就不能多次打退数量居优的孙军。试想：如果真有曹军赤壁大败，几十万大军死的死、伤的伤，那么曹仁部队的战斗力能丝毫不受影响、不被波及吗？这简直是不可思议的，须知"兵败如山倒"啊！其二，曹操从江陵撤退后，留下一大片"真空"地带，孙权亲信鲁肃主张把这些地方借给刘备，他说："将军虽神武命世，然曹公威力实重……"②请看，在所谓的"赤壁大战"刚刚过去不久，作为赤壁之战的主要参加者之一的鲁肃却依然承认曹操"威力实重"，这不是足以证明曹操并没有因赤壁之战而蒙受很大的损失，他不是仍然"威力实重"吗？倘若真有曹军20余万部队溃败，那鲁肃也根本用不着提出"借地与刘备，多树曹操之敌"的上策了，孙吴军队何尝不可以趁势进军襄阳，拿下许昌，为"汉家除秽扫残"（周瑜语），建立恢复汉室的彪炳业绩呢？何故偏偏要守此江东一隅，终其一生呢？其三，赤壁之战的另一主要参加者刘备也曾说过："议者见曹操失利于赤壁，谓其力屈，无复远志也。今操三分天下已有其二，将欲饮马于沧海，观兵于吴会，何肯守此坐须老乎？"③这段话表达了两层意思：曹操是"失利于赤壁"，

---

① 《三国志·魏书·曹仁传》。

② 《三国志·吴书·鲁肃传》注引《汉晋春秋》。

③ 《三国志·蜀书·先主传》注引《献帝春秋》。

而非大败于赤壁；尽管赤壁之战使曹操吃了点小亏，但曹操仍然拥有不可小视的政治和军事实力。其四，《三国志·魏书·满宠传》上说："建安十三年，从太祖征荆州。大军还，留宠行奋威将军，屯当阳。"这说明，曹操大军虽然参加了平定荆州，但未介入赤壁之战，从而又证实了曹操投入在赤壁之战的兵力只是小部分，而非全部兵力，否则曹军主力又怎能得以安然归还呢？

综观所有的历史性或决定性的大战役，都必须具备以下几方面的条件：战争的全部过程，一般要经过长时间的准备和酝酿；一般地要有"序幕"或前奏；战场发生地一般选择在具有战略价值或战术价值的地方；战争双方均有大量的、复杂的、频繁的背景活动。而赤壁之战就不是这样。因此就难以说赤壁之战是一场历史性或决定性的战役，是什么以少胜多的典型战例云云。

至于过去许多人把赤壁之战说成是"对魏、蜀、吴的形成产生了决定性的影响"，"具有划时代的意义"等等，那也是缺乏根据的看法。因为赤壁战后，还有好些军阀势力及其地盘存在，益州有刘璋，汉中有张鲁，西凉有马超、韩遂等；而刘备当时仅得弹丸之地，立国的希望尚遥遥无期，怎么能以此作为划分三国时代的分水岭呢？只有孙刘彝陵之战前后，魏、蜀、吴三国才先后亮出国号，各自成为独立的政治、军事、经济的实体，各自的势力范围也基本明确，具备鼎立局面所需的种种条件才完全成熟。现在，有的学者主张把彝陵之战作为三国鼎立的标志，我完全同意，它符合历史的真实状况。

二、关于赤壁之战是否遭遇战的问题

对这个问题，我们应当从曹操和孙权两个方面探讨。曹操方面的情况，上边已述；下面，我们再来看看孙权方面的情况，以期获得全面的认识。

荆州刘表死后，鲁肃闻讯，主动进说于孙权："夫荆楚与国邻接，水流顺北，外带江汉，内阻山陵，有金城之固，沃野万里，士民殷富。若据而有之，此帝王之资也。今表新亡，二子素不辑睦，军中诸将，各有彼此；加刘备天下枭雄，与操有隙，寄寓于表，表恶其能而不能用也。若备与彼协心，上下齐同，则宜抚安，与结盟好；如有离违，宜别图之，以济大事。肃请得奉命吊表二子，并慰劳其军中用事者，及说备使抚表众，同心一意，共治曹操，备必喜而从命。如其克谐，天下可定也。今不速往，恐为操所先。"① 荆州是块"肥肉"，曹操想吃，刘备想吃，孙权也想吃。鲁肃的高明之处在于，他富于远见地看到了孙刘结盟的可能性及其战略意义，他第一个看到，也是他第一个着手实施；尽管结盟之事，当时还只是孙权方面的一厢情愿，尚未成为现实，但它毕竟朝着正确的方向迈出了有价值的第一步。

鲁肃走后不久，传来了刘表次子刘琮举众以降的消息，孙权急忙召集群下，商讨对策，多数人主和，少数人

---

① 《三国志·吴书·鲁肃传》。

主战。主和派认为，曹操本来就强大，现在又得刘表水军，蒙冲斗舰乃以千数，实力更为强大，因此和为上。主战派周瑜等人认为：曹操军队加上投降的刘表军队，共二十余万："今北土既未平安，加马超、韩遂尚在关西，为操后患。且舍鞍马，仗舟楫，与吴越争衡，本非中国所长。又今盛寒，马无藁草，驱中国士众远涉江湖之间，不习水土，必生疾病。此数四者，用兵之患也，而操皆冒行之。将军禽操，宜在今日。瑜请得精兵三万人，进驻夏口，保为将军破之。"① 过去许多研究者都把以上议论作为"赤壁之战"的发生依据，我认为这是一种错觉。因为：第一，无论是主和派，还是主战派，都是从全局的、战略的高度，而不是从战术的角度来全面分析曹、孙两家的优劣与短长，不管有无赤壁之战，只要曹操的势力触及孙权的势力范围边缘，孙吴内部都会发生那样的分析和争论。第二，无论是主和派，还是主战派，他们议论的基础均是建立在整个荆州已经完全掌握在曹操管辖势力范围的前提之下，而实际上呢，控制荆州水军的刘琦并未屈从于曹操，但当时孙权、张昭、周瑜等人都未能获悉这一重要情报。第三，周瑜提出率军"进驻夏口"，这说明他本人当时根本未料到会发生赤壁之战，他只是想御敌于国门之外，故他设想曹孙之战的战场极有可能发生在曾经是刘表水军和孙权水军长期争战不休的荆州门户——夏口一带，而根本没有想到会在夏口上游的荆州内部，譬如赤壁地区

---

① 《三国志·吴书·周瑜传》。

发生战斗，周瑜向孙权表明了主战决心后，就急急忙忙地赶回鄱阳湖练兵去了，孙权本人也拥兵于柴桑，坐观成败。

就在这时，出使荆州的鲁肃回到了柴桑，并且还带来了能言善辩的刘备使者诸葛亮。碰巧，也是在这时，曹操给孙权发来了那封著名的恐吓信，估计曹操猜测到了孙权的口味，想对他进行讹诈，企图阻止孙权插手荆州事务的可能行径。但是，孙权并没有后退。鲁肃、诸葛亮的到来，使他了解到更多更具体的荆州内幕、细节和信息。尤其是荆州水军未落入曹操之手，而是掌握在同盟者手中，则更是额手称庆之事。孙权派鲁肃追回了正在返回鄱阳湖途中的周瑜，他们决定立即改变军事方针，以攻为守，主动迎击曹军。当时孙权对周瑜说："五万兵难卒合，已选三万人，船粮战具俱办，卿与子敬、程公便在前发，孤当续发人众，多载资粮，为卿后援。"[①] 孙权政权长期同刘表政权作战，保持着一支三万人的军队，是毫不奇怪的。然而，从孙权这段话里，我们却可看出：当时的孙权政权根本没有做好打一场大战的精神准备和物质准备。依孙权政权的控制能力和统治技巧，只要有一段比较宽裕的时间，选拔和训练一支五万至十万人以上的军队是毫无问题的。但是，当时军情紧迫，急需为刘备解难，就显得有些接力不济。可见，曹方、孙方、刘方，都在抢时间，争取主动。还要指出，周瑜水军能够通过属于荆州水军防线的

① 《三国志·吴书·周瑜传》注引《江表传》。

夏口一带，如果事先没有得到昔时对手、今日战友的刘琦的同意和认可，他们是无法过去的。由此看来，赤壁之战确实为一场小型的遭遇战。实际上，无论曹方，还是孙方，都没有料到他们之间的首次武装冲突会发生在赤壁，并且双方都没有做好一场大战所必需的全部精神准备和物质准备。

我认为，曹操赤壁失利，其内在原因是曹军遇疾疫，主动撤还；其外在原因是：尽管曹操表明了他东下的目的不在吞孙，而在灭刘，但曹操没有充分认识到荆州地区对于孙权政权的生存有着直接的重大利害关系，因而低估了孙权干涉荆州事务的决心和能力。他原以为一纸恐吓信就能稳住孙权，加上曹家和孙家还是儿女亲家（即曹操之弟的女儿嫁给了孙权之弟孙匡，曹操二子曹彰娶来了孙权的侄女），谁知孙权不吃这一套，更不给曹操面子，毅然出兵佐刘备。结果，让曹操碰上了他始料未及的孙权军队，使眼看就要打进江夏一带的曹操势力，被迫缩了回去。

三、关于曹操南征荆州的军事策略

对刘表荆州政权的政治危机，曹操、孙权、刘备等人都看在眼里，他们各自暗中摩拳擦掌，跃跃欲试，随时准备摘取这颗桃子。论摘取条件，刘备最佳，他近在卧榻之侧，身居荆州多年，熟悉各种内幕；孙权次之，他和刘表军队战事多年，军队始终处于最佳战备状态，又在荆州门边；曹操再次之，他虽有强大的政治、军事实力，但距离较远，有鞭长莫及之势。为了抢在刘备和孙权的前面，曹操和群臣悉心研究，制定出了南征大军"显出宛、叶，而间行轻近，以掩其不意"的军事行动方针。这就是说，大部队声势浩大地沿着宛、叶大道前进，而另遣一支精锐部队"间行轻进"，攻其不备，直扑襄阳，拿下荆州。曹军这种古代闪电式的战术确实成功了。曹军的进军速度之快，连身在荆州里的刘备也未曾料到，惊愕之余，匆匆东逃。曹操占领襄阳一带后，又释辎重，以五千精骑军队继续追击刘备残余势力。

　　然而，随着曹军战果的不断扩大，它的弱点也越来越突出，越来越暴露，这就是补给线越来越长，兵力越来越分散，战线上的漏洞亦越来越多。有一条史料说，赤壁曹军"士卒饥疾"，[1] 指曹军又饿又病。这完全可能，因为赤壁曹军是以丢掉辎重的代价去追击刘备的，没有后勤保障，没有接上牢固的补给线，加上当时的气候条件和地理条件，使曹军的战斗力遭到了极大的削弱。相反，孙权军队以逸待劳，处于内线作战，靠近己方补给基地，补给线短，因而兵力密度大，冲击力强。

　　曹军初战失利，曹操便很快意识到自己所处的不利态势，他迅速调整，部署撤退工作，尽快摆脱被动局面。留屯江陵的曹仁部队虽然多次打退了占优势的周瑜军队的进攻，但曹操考虑到江陵远离己方补给基地，若要坚守江陵，就必须维持一条强有力的补给线。然而，这条补给线

---

① 《三国志·吴书·吴主传》。

却非常容易被周瑜军队切断，加上政治的和外交的因素等等，所以曹操又退了一步，干脆撤出曹仁部队，缩短防线，把江陵丢给了周瑜。对于这件事，阮瑀的《为曹公作书与孙权》一文中说得很明白："昔赤壁之役，遭离疫气，烧舰自还，以避恶地，非周瑜水军所能抑挫也；江陵之守，物尽谷殚，无所复据，徒民还师，又非瑜之所能败也。"①

在三国时代，可靠的后勤保障和牢固的补给线，是关系到军队胜败与存亡的大问题。我们在考察赤壁之战时，也不能不注意到这个不容忽视的军事因素。

四、关于因袭司马光观点的问题

我在《赤壁之战辨》一文中说过：赤壁之战是"由于古代某些史学家的歪曲，才被雕塑成今日模样。这在历史科学领域中是罕见的，就像他们渲染赤壁大战是罕见的一样。加上历史学界长期因袭司马光的观点，对赤壁之战的问题墨守成见。"即迄今为止的赤壁之战观，几乎无一不受司马光撰写的《资治通鉴》中有关章节的影响。明代著名历史小说家罗贯中在《三国演义》一书中，也是循着司马光的思路，大力渲染赤壁之战，不惜花费了 8 个章回的篇幅。这在中国古典小说史上，也是绝无仅有的。

打开《资治通鉴》，阅读有关赤壁之战的章节，我发

---

① 《曹操集》，中华书局 1974 年 11 月版，第 72 页。

现：司马光在撰写时，有意识地把不利于曹操的史籍记载，汇集拢来，加以精心组织和巧妙编排。例如《资治通鉴》上写道"刘备在樊口，日遣逻吏于水次候望权军。吏望见瑜船，驰往白备，备遣人慰劳之。瑜曰：'有军任，不可得委署；倘屈威，诚副其所望。'备乃乘单舸往见瑜，曰：'今拒曹公，深为得计，战卒有几？'瑜曰：'三万人。'备曰：'恨少。'瑜曰：'此自足用，豫州但观瑜破之。'备欲呼鲁肃等共会语，瑜曰：'受命不得妄委署；若欲见子敬，可别过之。'备深愧喜。"这段话出自《三国志·蜀书·先主传》注引《江表传》，原文是这样："……（前面相同，略）瑜曰：'受命不得妄委署，若欲见子敬，可别过之。又孔明已具来，不过三两日到也。'备虽深愧异瑜，（注意下面删节）而心未许之能必破北军也，故差池在后，将二千人与羽、飞具，未肯系瑜，盖为进退之计也。"刘备真不愧为"天下枭雄"，临到生死存亡的关头，还对慨然相助的盟友半心半意，还在耍小动作。可是，司马光为了维护和不损害刘皇叔的"仁义"形象，断然删去了后面的文字。

　　《资治通鉴》上另有一处写道："操引军从华容道步走，遇泥泞，道不通，天又大风，悉使羸兵负草填之，骑乃得过，羸兵为人马所蹈藉，陷泥中，死者甚众。刘备、周瑜水陆并进，追操至南郡。"这段话出自《三国志·魏书·武帝纪》注引《山阳公载纪》，原文是这样："……（前面相同，略）羸兵为人马所蹈藉，陷泥中，死者甚众。（注意下面删节）军既得出，公大喜，诸将问之，公曰：'刘备，吾侪也，但得计少晚；向使早放火，吾徒无类矣。'备寻，亦放火而无所及。"由于原文后面出现了显示曹操智慧而贬低刘备才干的文字而被删去。

然而，对于刘备犯错误的地方，司马光却加以掩饰。例如：在夷陵之战期间，蜀国究竟动用了多少兵力，对这件事，《三国志》上有两条记载，出入很大。其一，《魏书·文帝纪》注引《魏书》曰："癸亥，孙权上书曰：'刘备支党四万人，马二三千匹，出秭归，请往扫扑，以克捷为效。'"其二，《魏书·刘晔传》注引《傅子》曰："权将陆议大败刘备，杀其兵八万余人，备仅以身免。"司马光在《资治通鉴》一书里，对蜀国出兵的多少，采用了"四万"之说，对蜀军被歼人数则采用了《吴书·陆逊传》上的"万人"之说，而舍弃了《傅子》之说。显然，这样的取舍是袒护刘备的。

可是，在诽曹名声时，司马光却是毫不手软，竭力短曹。例如，曹操征伐陶谦时，《三国志》上说他杀死徐州百姓数万，以后《后汉书》变成了"数十万"，一下子扩大了数十倍。这完全可能是后人笔误。但治史一向严谨的司马光却大胆采用了《后汉书》之说，这么一来，曹操给后人的印象，无异等同于暴君。司马光要的正是这个！

曹操写的《让县自明本志令》一文，本来是研究曹操生平、经历和思想的重要文献。但是，司马光在收入《资治通鉴》一书时，竟删去了原文的2/3，许多精华被抛弃，严重地损害了曹操思想的原貌。例如，曹操在此文中讲过袁术僭号，建天子之制，后来被曹操率军全部击杀之事。这说明，曹操当时是力图维护统治秩序和道德观念的。但是，如果把这段文字照录进《资治通鉴》，那曹操岂不是成了汉家功臣，而不是"汉贼"了吗？这与司马光的主张相悖，所以这些文字的命运只能是被删掉。相反，诸葛亮的《出师表》一文，司马光却一字不挪地全文收录，这倒不是因为诸葛亮的文章比曹孟德的文章写得更漂亮一些，也不是缘于《资治通鉴》的篇幅有限，而是司马光的"反曹拥刘"的思想在作祟。如果说，"春秋笔法"是以择字来显示其褒贬的话，那么，司马光则是通过有意识地选择和裁剪史料，以此来表达爱憎喜恶和政治倾向。

从荆州争夺战看
三国前期的外交斗争[*]

　　三国时代的政治斗争、军事斗争历来引人注目。但是人们往往忽视了三国时代的外交斗争。实际上，它同政治斗争、军事斗争一样地出色和卓越，一样地波澜起伏而又惟妙惟肖，一样地绘声绘色而又威武雄壮。三国时代不仅诞生了一批大政治家、大军事家，同时也涌现了一批大外交家。这些外交家们有魄力，富智慧，处事果断，讲求高超的外交斗争艺术，善于化被动为主动，遇死路求活路，扬己之长，克己之短，调动有利因素，利用矛盾去孤立敌人，打击敌人，捍卫自己的利益。可以毫不夸张地说，三国时代的外交斗争是我国外交史上一枝奇葩异花，它继承和发展了我国古代外交斗争艺术的特点。研究这段时期的外交斗争，不仅有助于了解三国的产生、形成和发展过程，而且还可以启迪后来者的我们。

---

　　[*]　原载《文史哲》1981 年第 5 期。

一、孙权的选择

一天，曹操正在兴致勃勃地写字，忽然有人报告他，孙权把荆州三郡借给了刘备，曹操闻听，顿感丧魂落魄，不觉地毛笔掉在地上。

曹操何故至于此呢？

荆州"外带江汉，内阻山陵，有金城之固，沃野万里，士民殷富，若据而有之，此帝王之资也。"[1] 刘表在时，孙权与之发生多次战争，互有胜负，未见分晓。曹操因遇疾疫，从赤壁撤退还北，孙权才得以占领了长江以南和南郡等荆州土地。这对孙权来说，既是胜利，又是危机。因为孙权马上面临着他一生中最重大的选择：要么同曹操直接对抗，这是他难以办到的。当时曹操已占天下2/3，有强大的政治军事优势和经济实力，孙权不能以一方之力同天下十方已据八方的曹氏抗衡。要么借荆州给刘备，壮大其实力，减轻曹操给孙吴政权的压力，从而更有效地保全自己。孙吴政权内的杰出外交家鲁肃认定前者是下策，后者是"计之上也"。[2] 鲁肃的这一番见解是颇有道理的。第一，夺取荆州，鼎足江东，以观天下之变，这是孙吴的基本国策。让出荆州，表面上是从基本国策退后了，实际上是前进了。因为占领荆州是为着符合东吴的最

---

① 《三国志·吴书·鲁肃传》。
② 《三国志·吴书·鲁肃传》注引《汉晋春秋》。

大利益；借出荆州也同样是为着符合东吴的最大利益。第二，刘备雄心勃勃，人所共知，所以刘备在袁绍、刘表处，都只是一位座上客而已。借荆州与刘氏，岂不是养虎在旁吗？虽亦如此，但刘备同曹操的矛盾之深大大超过了孙权的防刘之心，曹操是刘、孙两家的共同敌人，依刘备的三郡力量也不足以威胁东吴，一句话，放心大于忧心。第三，曹操与刘备是不共戴天的仇敌，扶植刘备势力，对东吴来说，是把曹操这股"祸水"往刘氏身上引，能够分散曹操军力。同时刘备手下有一批能干的文臣武将，有希望也有可能成为一支新兴的抗曹力量。第四，多树曹操之敌，加强孙刘之间的联盟是孙权、也是刘备集团生存和发展的不可缺少的条件。鲁肃的这一正确主张，遭到了孙吴大部分大臣的反对，但孙权明智聪达，毅然采纳了鲁肃的意见。

　　当初刘备奔吴时，曹操手下不少大臣以为孙权必杀刘备。独程昱持异议，他说：孙权虽有谋，但不能独挡曹公，他一定会支援刘备，共同抵抗。这样就难解难分，出现复杂局面了。[1] 曹操不以为然，孙权顶多不过像袁绍、刘表那样把刘备养起了事。不料他最怕的一着棋，孙权果然走了，以至于经历丰富的政治家也显得惊慌失措起来。

　　正如从来的外交决策只对当时的形势负责，而不考虑对历史负责一样，孙权的这一决定性选择，无疑改变了当时的政治格局和力量对比，险些倾覆的天平重新摆向平

---

[1]　《三国志·魏书·程昱传》。

衡，对三国的形成和发展产生了巨大的影响，使得一个趋向统一的历史局面无法按照正常的逻辑进行而姗姗来迟了数十年之久。从此，公元3世纪初的中国大地，豪放地奏出了以孙刘联盟为一方反对曹操一方的外交斗争的主旋律。

二、孙刘联盟之间的明争暗斗

孙权把荆州租借给刘备，已经算很够朋友了，但他觉得还不够味，又把自己的妹妹嫁给刘备，以固秦晋之好。孙权之妹"才捷刚猛，有诸兄风"，刘备心常凛凛，但为了求得生存和发展，他不得不同意这门婚事。用婚姻的方式来加强联盟友好关系，扩大社会势力，共同捍卫双方利益，这是中国传统的外交手法。吴蜀结盟不过几个月，就快快乐乐地进入蜜月时期。

但是，任何联盟内部都有其不稳定因素。假如这些不稳定因素，没有涉及根本利害关系，通过友好协商是可以顺利解决的，假如不是这样，随着时间的推移，不断发展变化的形势会站出来挑开矛盾，迫使双方摊牌：或破裂、断交，或发生大规模的军事冲突。

吴蜀之间的不稳定因素产生于双方在战略方针上的矛盾对峙。我们知道，刘备集团的战略方针是以诸葛亮的"隆中对"为依据的，概括起来，"隆中对"无非就是两条：一是据有荆州，二是占领益州，然后从两个方向朝曹操发起进攻，恢复汉室。孙权政权也有一个同"隆中对"

极为相似的战略方针，这就是周公瑾制定的：首先取蜀，尔后吞并张鲁，再西与马超结援，然后一路出汉中，一路出襄阳，夹击曹操，"北方可图也"。①

这种不稳定的因素，反映到孙吴政权内部，很自然地就形成以鲁肃为首的亲刘派和以周瑜、吕蒙为首的疏刘派。亲刘派认为，只有结成坚强的联盟，才能避免吕布、袁术、袁绍那样被各个击破的悲剧重演。疏刘派始而反对借荆州，继而主张趁刘备来京口同孙权举行"最高级会谈"时，软禁刘备。孙权何尝不晓得刘备枭雄，难于卒制，寄寓荆州，有似养虎呢？但顾及到曹公在北，大敌当前，"只可与援，不可与图"。他又一次否定了疏刘派的意见。孙策临死前对孙权说过："举江东之众，决机于两阵之间，与天下争衡，你不如我；举贤任能，各尽其心，以保江东，我不如你。"孙权的确是在煞费苦心地力保江东事业。

刘备集团内部也分成以诸葛亮为首的亲吴派和以刘备、关羽为首的疏吴派。诸葛亮同鲁肃一样，都是三国时期杰出的外交家，早在刘皇叔从新野落荒南逃时，俩人就结下了深交，以后多次交往，在抗魏大路上，所见相同。刘备的态度则不然，孙权是想利用联盟这张牌保住江东，而他是想利用这张牌，发展自己的势力，志吞巴蜀。

结盟不久，孙权向刘备提出东吴打算攻取刘璋，进讨张鲁，刘备当然不愿东吴染指这块宝地，但又不便明说，

---

① 《三国志·吴书·周瑜传》。

伪装托词，假惺惺地说："备与刘璋托为宗室，翼凭英灵，以匡汉朝"，① "刘璋虽弱但益州人民富强。土地险阻，足以自守。"并声称："汝欲取蜀，吾当被发入山，不失信于天下也。"② 孙权不听，派遣奋威将军孙瑜率水军进驻夏口，刘备立即作出相应的军事部署，派关羽屯江陵，派张飞屯秭归，诸葛亮据南郡，刘备自住夷陵，阻止孙吴水军西上。孙权无奈，只得忍气罢军。建安十六年（公元 211 年），刘备勾结蜀郡张松西上图刘璋，留诸葛亮、关羽等人镇守荆州。孙权闻听，勃然大怒："猾虏，乃敢挟诈！"③ 一气之下，召还其妹。刘备本来就不感兴趣，没加阻拦，只派赵云、张飞截路夺回阿斗，放妻回吴。这一戏剧性动作表明，孙权已经不再相信奸诈的刘备；刘备为了自己利益也顾不得"友谊"了。孙刘联盟出现了大裂痕。

裂痕在双方利益发生矛盾的催化作用下，继续加深扩大。建安十九年，刘备定益州。孙权认为，既然刘备已借手于益州，就应当还荆州于孙吴。即派诸葛瑾从求荆州诸郡。刘备不许，诡称："我得到凉州后，就把荆州还给你们。"④ 这显然是赖账。孙权上当一次，当然不相信，谈判不成，只好付诸武力，在战场上捞取东西。孙权大将吕蒙奉命领兵二万，夺取了长沙、零陵，桂阳三郡。刘备闻

---

① 《三国志·吴书·鲁肃传》。
② 《三国志·蜀书·先主传》注引《献帝春秋》。
③ 《三国志·吴书·鲁肃传》。
④ 《三国志·蜀书·先主传》。

之，引兵五万，从益州下公安、令关羽入益阳，一场大战眼看就要爆发。

坐在一旁的曹操以为孙刘两家火并无疑，趁刘备主力东下之机，率兵入汉中。谁知这一下反而好了。刘备因初定益州，恩信未行，恐怕丢失，被迫承认既成事实，双方决定：荆州以东长沙、江夏、桂阳属于孙权；荆州以西南郡、零陵、武陵属于刘备。处理完毕，刘备匆匆率师西上，与曹军进行汉中争夺战。

孙刘两家仗虽未打，但却记在各自账上，吴蜀联盟进入了低潮。

三、魏蜀汉中之战同魏吴合肥之战

曹操荡平汉中，益州震动，"一日数十惊，备虽斩之而不能安也"。① 谋士刘晔进言："今举汉中，蜀人望风，破胆失守，推此向前，蜀可传檄而定"。② 司马懿也劝进军巴蜀，曹操解嘲地说："既得陇，复望蜀？"不从，留大将夏侯渊镇守汉中，自率军回。

一向善于捕捉战机的曹操为何在良机面前退缩了呢？原来孙权在东方发动了合肥之役。曹操西征张鲁时，曾准确地预见到孙权要在合肥有所动作，所以他派护军薛悌给屯守合肥大将张辽、李典、乐进送去密计。果然，孙权以

---

① 《三国志·魏书·刘晔传》注引《傅子》。
② 《三国志·魏书·刘晔传》。

为曹军主力西征张鲁，便率兵十万，企图踏平镇守合肥的七千曹军。曹军在曹操密计的正确指挥下，奋力作战，致使吴人丧气，折其盛势。待曹操主力从汉中赶至合肥时，孙权已撤军退走。

次年（建安二十二年），曹操在濡须同孙权会战，击败孙权，但未能越过居巢。正当曹、孙两家在合肥打得难分难解，曹操无暇西顾的时候，刘备又在西方发动了汉中之役，大破曹军，斩夏侯渊及曹操所署益州刺史赵颙等。曹操又率主力，千里跋涉，征讨刘备，刘备以逸待劳，敛众拒险，终不交锋。数月后，曹军引退，刘备遂有汉中。

汉中之战和合肥之战实质上是外交斗争在军事斗争上的反应。试想：没有孙权在东方吸引和牵制曹军主力，刘备能保住益州吗？并能在以后得到汉中吗？肯定地说，不可能，绝不可能。反过来说，没有刘备在西方恶狠狠地盯住曹操，孙权的日子也是不好过的。

汉中之战和合肥之战彻底暴露了曹操的弱点。他虽有广大土地，众多人口，兵精粮足，但在两个仇敌密切配合的夹击下，他不得不疲于奔命，东跑西颠，在两个方向、几个战场同时作战，从而削弱了军事优势，加重了本国的经济负担。任何一个强大国家不管是在古代，还是现代，不管是在中国，还是外国，无不惧怕在不同的两个方向同时作战。这是放之四海、量之古今的普遍原则。

经过汉中之战和合肥之战后，曹操由战略进攻转入了战略防御。吴蜀联盟依靠了巧妙的外交斗争和正确的军事斗争，互相支援，互相协同，互为犄角，终于遏制了曹操席卷四海、一统天下的势头。

四、孙刘联盟的破产同魏吴结成联盟

刘备西入蜀，留下关羽镇守荆州。关羽一介武夫，刚愎自用，不懂政治，更不懂外交。当时东吴派鲁肃镇守益阳，与关羽相邻。鲁肃是亲刘派，尽管双方边境经常发生小摩擦，鲁肃以"曹公尚存，祸难始构，宜相辅协，与之同仇，不可失也"。[①] 常以欢好抚之，大事化小，小事化了。鲁肃死后，孙权派吕蒙接任，吕蒙与鲁肃不同，是疏刘派。他看到刘备集团一天天强大，从长江上游威胁着东吴安全。"且羽君臣，矜其诈力，所在反复，不可以腹心待也"。[②] 东西虽为一家，联盟名存实亡，已是公开的秘密，吕蒙积极主张攻取荆州，"全据长江，形势益张"。臣合君心，此时的孙权又变成忧心大于放心，非常赞成吕蒙之策。把东吴最得力的将领派驻吴蜀边境，而不派驻魏吴边境，这说明吴蜀联盟已发生质的变化了。

吕蒙上任，表面同关羽维持友好关系，背地里积极准备，等待时机。时机终于到了。建安二十四年，关羽乘汉水暴溢，生擒曹操大将于禁，围曹仁于樊城。关羽威震华夏，曹操不安，司马懿和蒋济献计道："刘备、孙权外亲

---

① 《三国志·吴书·吕蒙传》。
② 《三国志·吴书·吕蒙传》。

内疏，关羽得志，孙权肯定不愿意。可以遣人说动孙权从后方偷袭关羽，并同意事成后，把长江以南土地封给他，那么，樊城之围就可以解除了。"可见，曹魏君臣闻悉到孙刘之间的矛盾之所在，了解到孙权的口味，从而提出了中的之策。对此，孙权表示同意，但提出不要泄露偷袭之密，令关羽有所防备。曹操和群臣分析了情况，认为：泄密"可使两贼（指孙、刘）相对衔持，坐待其弊；秘而不露，使权得志，非计之上"。①

　　孙权先是假惺惺地表示想娶关羽之女做儿媳，关羽却辱骂使者："虎女安肯嫁犬子？"不同意结亲。孙权大怒，决计发兵。提出一个对方不能接受的要求，来激怒对方，然后名正言顺地征战，把战争的责任推卸给对方，这是孙权经常使用的外交手法。关羽开始从魏军那里听说吕蒙要偷袭后方，不大相信；后来确知后方丢失，匆忙撤军南还，樊城解围。曹仁同诸将会集，议定追击关羽，曹操亲信谋士赵俨坚决反对，他说："孙权之所以顺辞求效，主要是害怕两虎相斗，我坐观成变，从中渔利。现在应该让关羽存在，使其继续同孙权作对。如果我们深入穷追，孙权可能改变主意，重新同关羽和好，两家矛头又对准我们。"② 恰巧这时曹操听说关羽退走，鉴于以前火候未拿准，提早入汉中，反倒促使孙刘两家眼看就要打的仗却平息了的教训，恐诸将追杀关羽，急忙派人阻止，任其自相

---

① 《三国志·魏书·董昭传》
② 《三国志·魏书·赵俨传》。

残杀，不要侵犯孙权利益。三国时期的外交家们在善于利用敌人的矛盾来为自己服务的方面，真是达到了炉火纯青的地步。

孙权杀关羽，荆州全部重归旧主。曹操立即表奏孙权为骠骑将军，授节领荆州牧，封南昌侯，承认荆州是他的势力范围。孙权又把关羽首级送给曹操，曹操以诸侯礼葬其尸骸。① 曹操这几手很高明，他无非是向刘备表明：我对得起关羽，你不要把仇恨记在我身上，那是孙权的责任。荆州争夺战的结束为夷陵之战的爆发埋下了伏笔。

五、夷陵之战同吴蜀重新结盟

孙权占领了荆州，他深知刘备不会就此罢休，便开始了紧张、积极而又主动的联魏外交。除上奉献关羽首级外，他还释放了原曹魏皖城太守朱光；他降低身份，同曹操降将于禁并马同行，招摇过市。并且不顾一些老臣的强烈反对，坚持为于禁设宴送行。② 这一系列的外交姿态，显然是做给曹操看的，以博取欢心，释去两国间过去的不快。投之以桃，报之以李。孙权上表称藩，曹丕封他为吴王，另加九锡，比曹操还进了一步。东吴许多大臣反对受魏封，孙权不然，反对沛公受项羽封汉王为自解。对于魏国的要求，孙权更是尽力而为，即使苛求，也竭力忍受。

① 《三国志·蜀书·关羽传》注引《吴历》。
② 《三国志·吴书·虞翻传》。

魏文帝曹丕遣使求雀头香、大贝、明珠、象牙、犀角、玳瑁、孔雀、翡翠、斗鸭、长鸣鸡等异物，这一要求遭到东吴群臣反对，他们说，魏国求珍玩之物，是极不礼貌的行为，不给他们。孙权解释说："他们所求的，不过是我们的瓦石耳，何必痛惜呢？"① 孙权为了专力对蜀，争取外交主动，"假中国之援，以强其众而惑敌人"，低三下四，费尽了心机。

孙权积极开展联魏外交的目的，魏国是很清楚的。魏文帝曾问众臣：刘备会不会伐吴？如刘备伐吴，魏国应该采取怎样的对策？刘晔断定刘备会伐吴，主张魏国也趁机伐吴。曹丕说，吴称臣而伐之，其殆不可。何不暂且接受吴国的投降，袭取蜀国呢？刘晔又道："蜀国闻我伐之，便会撤军回国，徒劳无功。而现在刘备已怒，大举伐吴；如果蜀听说我们也伐吴，知吴必亡，一定会高兴地同我们争割吴地"。② 曹丕没有采纳刘晔的联蜀政策而实行了联吴外交。但是，尽管魏吴双方往来频繁，使节不绝，但这个联盟是很松散的，就浓度而言，它不及吴蜀联盟来得火热。它给吴国带来的好处是：在夷陵之战期间，没有分散东吴的兵力，相反，却分散了刘备的兵力。这既是孙权所希望的，又是联魏外交的结果。

章武元年（公元 221 年）下半年，刘备大举伐吴。为什么在东吴夺取荆州两年后，刘备才在为关羽报仇的名

---

① 《三国志·吴书·吴主传》注引《江表传》。
② 《三国志·魏书·刘晔传》注引《傅子》。

义下伐吴呢？首先，两年前时机不成熟，曹操尚存，刘备不敢动；曹丕践祚，刘备认为曹操正忙于国内政务安排，无暇他顾，再说刘备并不把曹丕放在眼里。其次，刘备排除了国内亲吴派的意见。当然蜀汉政权内反对伐吴的人居多，连赵云这样的亲信大将也持异议。再次，他在政治上建立了汉政权，在军事上完成了伐吴准备，名既正，言已顺，刘备自信可以打败孙权，夺回荆州。

东吴方面在年青大将陆逊的正确指挥下，坚守数月，以逸待劳，避锐击怠，火烧连营七百里。刘备夷陵战败，退住白帝。东吴将领徐盛、潘璋、宋谦等人上表刘备可擒，乞复攻之。孙权以问陆逊，陆逊等人以为曹丕大合士众，外托助吴讨刘备，内实有奸心，决计辄还。① 处于胜利的陆逊表现得极有头脑，远见卓识，能从全局考虑问题。他懂得蜀之存亡同吴之存亡的关系，因此他只是想教训刘备，而不想消灭蜀国。难怪后人叹道："曹公不追关羽，陆逊不再攻刘备，其所见固同也，以智遇智，三国所以鼎立。"②

东吴夷陵全胜，并没有加强魏吴之间的联盟，相反却引起了曹丕的嫉妒，从而加剧了他们的矛盾。曹丕这时又一次提出要吴太子孙登入侍，实际是做人质，力图控制东吴政权。孙权不干，又一次虚与委蛇，辞让不受。曹丕旋即换上硬的一手，发三路大军伐吴。东吴刚刚结束夷陵之

① 《三国志·吴书·陆逊传》。
② 《资治通鉴》第五卷。

战，时扬、越蛮夷多未平息，内难未弥、精疲力竭，孙权不得不卑辞上书，求自改厉，说什么"若罪在难除，必不见置，当奉还土地民人，乞寄命交州，以终余年"。①言词之下贱，活像大难临头的亡国之君，战战兢兢，坐等处置。曹丕毫不让步，扬言：如果"登身朝到，夕召兵还。此言之诚，有如大江。"② 外迫内困的孙权一方面军事上积极防御，外交上仍与魏保持藕断丝连的往来，另一方面遣使入蜀，重与盟誓。

刘备夷陵战败后，无以面目回成都，住在白帝永安宫内，前思后想"已深引咎"，也有与吴求复旧好之意。③刘备临死托孤于孔明，固然是蜀中人才无出于其右者，同时也承认诸葛亮联吴政策的正确。诸葛亮全面接管蜀汉政权之初，办的第一件大事就是迅速恢复蜀吴的外交关系。他派遣邓芝带上良马二百匹，蜀锦一千端，修好于孙权。邓芝是一位能干的外交家，他出色地完成了使命。邓芝入吴，孙权碍魏，不见他，他上表激孙权，说："我今天来不但是为蜀，也是为吴"。孙权这才召见他，说了真心话："我是真诚地愿与蜀国结成联盟，但恐蜀主幼弱，国小势逼，为魏所剩，不自保定，所以犹豫不决"。邓芝说道："蜀有重险之固，吴有三江之阻，合此二长，共为唇齿，进可兼并天下，退可鼎足而立，此理之自然也。大王若委质于魏，魏必上望大王之入朝，下求太子之内侍，若

---

① 《三国志·吴书·吴主传》。
② 《三国志·吴书·吴主传》。
③ 《三国志·吴书·吴主传》注引《江表传》。

不从命，则奉辞伐叛，蜀必顺流，见可而进，如此，江南之地非复大王之有也。"① 这一席剖明心迹、直率诚恳的表白，字字如锤，击中了孙权要害。受够了曹丕侮气的孙权默然良久，承认邓芝言之有理，与其附魏称臣，不如联蜀保国，孙权下决心断绝了同魏国的一切关系，重新走上了同蜀汉结盟的老路。孙权在写给诸葛亮的信中，高度评价邓芝，说："丁厷掞张，阴化不尽，和合二国，唯有邓芝。"②

荆州易主，刘备病故，不利于吴蜀联盟的矛盾和不稳定的因素消失殆尽，三国时代的外交斗争又掀开了新的一页！

六、经验和教训

惊心动魄的荆州争夺战从公元二〇八年开始，至公元二二二年以夷陵之战而结束，长达 14 年之久。在这 14 年中，魏、蜀、吴三国时而握手言欢，信誓旦旦，时而铁马金戈，号角齐鸣，时而化敌为友，拔刀火并，三国时期的外交斗争就是这样地风云变幻，气象万千！

人们会问：为什么吴蜀能够结盟，而魏吴或魏蜀却不能结盟？为什么吴蜀联盟破裂后仍然复原，尽管身上带有夷陵之战那样大的创伤？而魏吴联盟，寿命却那么短暂

---

① 《三国志·蜀书·邓芝传》。
② 《三国志·蜀书·邓芝传》。

呢？通过以上史实分析，我们可以看出，"鼎立"是三国时代最突出最重要的外交思想，用现代的外交术语讲，就是保持均衡。魏吴或魏蜀不能结盟是因为魏国是大国，吴蜀都是小国，小国之间才有相连的命运，小国同大国结盟既难于保持独立自主的地位，又有随时被吞并的危险。而吴蜀之所以能够结盟，完全是为着互相需要和共同利益，对方的存在也是自我存在的不可缺少的条件。一个小国或弱国要单靠自己的力量是难以抵抗大国或强国的，只有与命运相连的其他小国或弱国共为唇齿，才能化劣势为一定程度的优势，保持一种政治格局上的均衡态势。吴蜀两国都正确地认识到：汉室不可复兴，曹操不易卒除已成定局。他们既不能消除曹操势力，也无力阻止曹操势力的增长。唯一的上策就是筑起一道坚强的联盟堤坝，抵挡曹操势力的吞并浪潮，吴蜀两国力图保持这种均衡，而魏国力图打破这种均衡，这种矛盾斗争构成了整个三国时期外交斗争的主要内容。实践证明，一个小国或弱国在有限实力的基础上，只要施展巧妙的外交斗争策略、方法、手段，这就等于增加了自己的物资力量，加强了自己与大国或强国争衡的地位。

既然吴蜀两国都遵循"只可以援，不可与图"的联盟外交原则，那么他们之间为什么又发生了荆州争夺战和亲痛仇快的夷陵之战呢？上面已述，夺取荆州，全据长江，鼎足江东，一直是东吴坚定不移的方针，或者说是基本国策。当初借荆州给刘备，纯属权宜之计，只是希望刘备作为一支抗魏力量而存在。这一点刘孙两家心里都明白。刘备夺取益州后，力量空前增强，孙权越来越感到盟友已从长江上游威胁着东吴的安全，因而数次提出归还荆州的问题。刘备依据"隆中对"的要求，不肯还荆州，想赖；赖不掉就拖。这就表明蜀汉的基本国策同东吴的基本国策存在着根本的对立和尖锐的冲突。

刘备集团的一些清醒人士看到了这一点，庞统等人曾劝刘备："荆州荒残，人物殚尽，东有吴孙，北有曹氏，鼎足之计，难以得志。今益州国富民强，可定大事。"①主张放弃荆州，专心治蜀，走汉高祖的老路。而刘备等人却主张走汉光武的老路，打出恢复汉室的旗帜，招揽人心。"隆中对"正是反映了这种思想。在诸葛亮未出茅庐之前，"隆中对"在一定程度上是正确的。但随着时局的变化，"隆中对"同它所要求的社会条件的差距越来越大，完全有必要修改，但刘备却死抱着不放。相反，"隆中对"的制定者诸葛亮本人在思想上有了变化，不然他决不会在辅政之初就迅速恢复了与吴邦交正常化。另外，"隆中对"规定"外结于孙权"，却又赖着借人家的荆州不还，道义上说不过去，又不深切地体谅人家的处境，从根本上危及联盟大厦的基础。这本身就反映了蜀汉的基本国策同现实的不一致，同外交政策的严重不一致。正是由于以上的原因，吴蜀之间才爆发了荆州争夺战和夷陵之战。假如刘备适时地归还了荆州，就不会有关羽被杀；假如刘备及时地修正了"隆中对"的某些观点，使之与外

---

① 《三国志·蜀书·庞统传》。

交政策一致，与盟友的利益一致，就不会有夷陵之战。三国鼎立的时间极有可能延长。

孙权是三国时期首屈一指的外交家，他老谋深算，纵横捭阖，常作惊人之举。只要是为了吴国利益，他能辱，能屈，能伸，能强，善观火候，见机而行，伺机而退。陈寿忍不住称赞他："屈身忍辱，任才尚计，有勾践之奇英，人之杰矣。故能自擅江表，成鼎峙之业。"①

曹操是聪明的观望者，他明知荆州是矛盾焦点，故安于旁观，静待事态发展，不插一根指头，因为他一进去，吴蜀就会互相妥协，同心对曹。即使在魏吴联合进攻关羽的情况下，由于事态不明朗，他便退了一步，让吴蜀之间的仇恨加深加重加浓。他同孙权的结盟是由于关羽威胁着两国的利益，在这个前提下，才使两个冤家一度结成盟友。随着这种威胁的消失，各自又回到了原来的堡垒里。曹丕写文赋诗还够得上上乘，办外交简直是下乘，刚愎自信，为孙权所利用。孙权卑辞奉章，主动联魏，曹丕虚荣心得到满足，不加深思就答应了。夷陵战后，他气势汹汹地要挟孙权送子入侍，他以为吴蜀联盟已彻底破裂，孙权无路可走，只有乖乖地听他的话，服从他的意志。谁知孙权掉回头去，同坚定的联盟首领诸葛亮重新结盟。曹丕失算于前，败策于后，落得两头皆空，好气煞人也。倘若曹丕稍为聪明一点，夷陵战前伙同蜀一起伐吴；或者夷陵战后，趁蜀元气大伤伐蜀，三国鼎立的时间又是极有可能缩

---

① 《三国志·吴书·吴主传》。

短的。

三国时期的鼎立有其政治和军事的因素，但外交斗争不能不是一个重要的因素。弄清魏、蜀、吴三国之间错综复杂的矛盾和非常微妙的关系，对于我们探讨和研究三国历史是大有帮助的，对于我们正在从事的外交斗争也是大有教益的。

作者附记：文中有些史料引文，为便于读者方便，译成了白话文，如为了更确切地把握含义，可照原书查对。

论蜀国的灭亡[*]

公元 3 世纪，中原大地上，魏、蜀、吴三国展开了剧烈而复杂的争夺统一中国的斗争。经过近半个世纪的较量，魏国（即后来的晋）终于在血与火、刀与剑的搏斗中，先灭蜀，次吞吴，一统华夏！

摆在我们面前的问题是，蜀国为什么首先灭亡？在历来的史学家眼中，蜀国是三国中治理最好和最成功的国家，因而也该是最有可能去完成统一大业的。可惜，历史偏偏给了人们一个出乎意料的答案。关于这一点，连明末清初著名史学家王夫之也疑惑不解。于是，后人们找出种种原因，力图解释它：一、蜀国太小，力量有限。二、诸葛亮去世过早，刘禅昏庸误国。三、宦官黄皓专权。四、蜀中无人。以上诸说，我们都不敢苟同。下面，我们从蜀国的政治、军事、外交、经济等方面，对蜀国灭亡的原因，略作探讨。

---

* 原载《文史哲》1982 年第 5 期。

一

　　刘备入蜀前，益州的最高统治者乃刘焉父子。刘焉，江夏竟陵人。汉灵帝末年，刘焉目睹"政治衰缺，王室多故"，"欲避世难"①，上奏请求出任益州牧。刘焉入川时，亲戚故旧跟随他入川的很多，同时他还把南阳、三辅等地流入益州的数万家流民，收以为兵，"名曰东州兵"。以刘焉父子为首的东州地主集团的势力在益州侵入和发展，必然会触犯和损害当地土著地主集团的既得利益，引起主客不睦，互相争长的尖锐矛盾。刘焉上任后，一方面"招纳离叛（黄巾军残部），务行宽惠"，另一方面借故杀掉益州豪强王咸、李权等十余人，"以立威刑"②。这样一来，激起了由益州人担任的犍为太守任歧和贾龙的武装叛乱。刘焉依靠东州兵击杀了任、贾势力，使东州地主集团同益州土著集团的关系进一步恶化。兴平元年（公元194年），刘焉卒，少子刘璋继任益州牧。"璋性宽柔，无威略，东州人侵暴旧民，璋不能禁，政令多阙，益州颇怨"。③刘璋见益州大族赵韪深得人心，便委之与大权，企图拉拢益州土著集团。哪里知道，赵韪心怀异计，企图趁此赶走东州地主集团。他一面"阴结州中大姓"，一面

① 《三国志·蜀书·刘二牧传》。
② 同上。
③ 《三国志·蜀书·刘二牧传》注引《英雄记》。

"厚赂荆州请和"①，起兵倒刘璋，蜀郡、广汉、犍为三郡立即响应，声势浩大，惊动朝廷，刘璋政权一时几乎岌岌可危！东州地主集团面临着生死存亡的关头，"咸同心并力助璋，皆殊死战"，大破赵韪军，并斩杀赵韪，好不容易才把大规模的内乱平息下来。此后，刘璋为了消除反侧之心，滥施恩惠，妄加爵位，弄得"德政不举，威严不肃"，"君臣之道，渐以陵替"。② 这就是刘备入蜀前益州的政治形势。

建安十三年，刘璋遣张松诣曹操。当时曹操军情匆匆，急于追击刘备，对张松有所怠慢，使张松非常怨愤。回去之后，张松便在刘璋面前疵毁曹操，力劝刘璋与刘备"交通"。建安十六年，曹操进讨张鲁，益州恐惧。张松再次敦促刘璋请刘备入蜀，刘璋从之。张松和刘璋各有各的想法和打算，张企图借外来力量打击东州集团，使益州地主集团的势力有抬头之日；刘因内受州中"骄豪"的挤压，外有张鲁、曹操的威胁，企图驱使刘备为自己的利益卖命，以巩固东州集团的统治。他们都错了！刘备是抱着夺取益州统治权的野心而入蜀的。尽管刘璋待他极厚，他并未改志，却在下面釜底抽薪。"先主北到葭萌，未即讨鲁，厚树恩德，以收众心"。③ 这样做，东州地主集团同益州土著集团的矛盾暂时退居第二位，而同荆州地主集团的矛盾却越来越激化，越来越上升。在刘备入蜀的第二

---

① 《三国志·蜀书·刘二牧传》注引《英雄记》。
② 《三国志·蜀书·诸葛亮传》。
③ 《三国志·蜀书·先主传》。

年，两个外来势力集团就矛盾挑开，刀枪相见，展开了争夺益州统治权的战争。经过3年的火并，以刘备实现了他多年来梦想称雄一方的政治野心而告结束。刘备的胜利，对东州地主集团来说，并非灾星；对益州土著集团来说，亦非福音。

"豫州入蜀，荆楚人贵"，① 这句话比较真实地说明了刘备建立蜀汉政权后，大量任命和重用荆州地主集团人士的情况。多少年来，荆楚人士跟随刘备东奔西颠，南征北战，今天总算捞到好处了。然而，刘备、诸葛亮、法正等人也没有忘记积极主动地通过各种方式拉拢东州地主集团。例如，东州地主集团的实力派人物吴懿之妹，原是刘璋兄刘瑁的妻子，刘瑁病死后，懿妹寡居。荆州集团的人士极力怂劝刘备娶她，起初刘备还顾忌到刘瑁是自己的同族，最后还是同意结合了。对刘璋旧部董和、黄权，李严、刘巴等人，刘备也"处处显任，尽其器能"。刘备、诸葛亮等人清醒地认识到：尽管他们和东州地主集团昨天还是势不两立的仇敌，但他们两者都是外来势力集团，同样都受着具有严重排外性和独立性的益州土著集团的威胁。因此，他们之间有必要消除陈见和隔阂，联合并肩，对付益州土著集团。不然，益州土著集团的势力成长壮大，就没有他们两个集团的立足之地了。所以，共同的经历，共同的命运，共同的利益，还有内部和外部的共同敌人，使得东州地主集团抛弃仇恨，完全倒向了荆州地主集

① 《华阳国志》卷9。

团一边。

对于益州土著集团，刘备、诸葛亮等人则采取压制、排斥、打击和限制使用的政策。鉴于刘璋政权"以宽治蜀"的失败教训，刘备、诸葛亮等人反其道而行之，实行"以严治蜀"。由于荆法峻急，盘剥百姓，引起怨恨。有人不得不劝阻诸葛亮考虑"主客之义"，诸葛亮却干脆地答道，"我们不能走刘璋的老路!"[①] 翻开《三国志·蜀书》，除刘氏家族外，立传者有五十九人，其中外来势力集团的有四十人，土著集团的只有十九人。而在这十九人中，所授予的官位也不过是一般的郡守，将军的谏议大夫，没有一个人进入了蜀汉政权的最高决策机关，因而也没有一个人能够代表益州土著集团的利益说话。本来东州地主集团的侵暴已使他们难以忍受，现在又来了一个新的更强大更有手腕的荆州地主集团，等于又增添了一股分赃势力，"狭小的空间更加拥挤"，因而益州土著地主集团同这两个外来势力集团的矛盾斗争更加复杂，更加曲折，更加尖锐。这种矛盾斗争深刻地影响和制约着蜀汉政权的干部路线、军事路线和外交路线。抓住这个矛盾斗争的环节，才找到了研究蜀国的关键钥匙；正是因为蜀汉政权在处理这种矛盾时的失策，才使他们陷于首先败亡的灭顶之灾！这一致命弱点，不管诸葛亮及其接班人具有怎样的政治才能和军事才能，也不管他们本人怎样地人格高尚，怎样地正身律己，也无力挽救这一必然趋势。

---

① 《三国志·蜀书·诸葛亮传》注引《蜀记》。

但是，若说诸葛亮等人一点不启用益州人士也未免冤枉了他们。例如，刘备争汉中时，"急书发兵增援，诸葛亮征求益州人士杨洪的意见，杨洪说："汉中则益州咽喉，存亡之机会，若无汉中则无蜀矣，此家门之祸也。方今之事，男子当战，女子当运，发兵何疑？"① 诸葛亮见杨洪同他们一条心，高兴地将他破格提为蜀郡太守。但不久，还是出于对益州人的不放心，又把杨洪调离。后来杨洪立有战功，确实愿为蜀汉政权效劳，诸葛亮才重新让他复职。又如，益州名士杜微，刘备定蜀后，请他出仕，他伪称耳聋，闭门不出诸葛亮领益州牧后，又亲自登门，再三请他出仕，杜微仍"乞老病求归"。最后干脆给了他个闲职——谏议大夫。益州土著集团中参与蜀汉政权的好些人都弄了这么个官职，既为蜀汉政权撑了门面，又堵住了益州土著集团人士的口。对于益州土著集团中的稍为越轨分子，诸葛亮等人毫不留情地加以镇压。例如彭羕，他是比较有才气的，刘备入蜀，他也立过一定的功劳，但他"姿性骄傲，多所轻忽。"诸葛亮看不惯他，屡次向刘备告状，便把他外放为江阳太守。彭羕私情不悦，向马超发牢骚，说："卿为其外，我为其内，天下不足定也。"② 马超本来就不得志，"羁旅归国，常怀危惧"，闻言大惊，生怕牵连自己，立即报告了刘备，彭羕被关进监狱。他不服，狱中上书给诸葛亮，为自己申辩："至于内外之言，

---

① 《三国志·蜀书·杨洪传》。
② 《三国志·蜀书·彭羕传》。

欲使孟起立功北州，戮为主公，共讨曹操耳，宁敢有他志耶？孟起之说是也，但不分别其问，痛人心耳！"尽管陈述痛彻，彭羕仍被杀掉。

由此可得出结论，坚定地依靠荆州地主集团，团结和信任东州地主集团，排斥和控制地使用益州地主集团，并且不让后者进入政权的中枢机关——这就是刘备、诸葛亮等人所制定的和他们的接班人蒋琬、费祎、姜维等人所遵循的组织路线。

诸葛亮及其接班人压制和不信任益州土著集团，益州土著集团也对蜀汉政权保持沉默、不合作、抵抗，有时也采取激进行动，主客之间的敌对和仇视情绪日渐加深。刘备病逝于永安宫后，益州土著集团中的豪强大姓黄元、朱褒等人以为时机已到，像他们的先辈那样，举兵反抗，但先后遭到失败。益州土著集团巴不得蜀汉政权尽快灭亡："先主讳备，其训具也；后主讳禅，其训授也；如言刘已具矣，当授与人也。"[①] 意思是，刘备名"备"，就是已经尽头；刘禅名"禅"，就是政权应该交出。景耀五年，即临近蜀亡的头一年，宫中大树"无故自折"，益州名士谯周在宫柱上写道："众而大，期之会，具而授，若何复？"[②] 含蓄地说明蜀国应该灭亡，魏国应该统一。益州土著集团身在蜀汉心在魏，他们巴不得魏国早日"解放"他们，益州名士杜琼经常在他们当中散布："古者名官职

————————

① 《三国志·蜀书·杜琼传》。
② 《三国志·蜀书·杜琼传》。

不言曹。始自汉以来，名官尽言曹，吏言属曹，卒言待曹，此殆天意也。"应当说，实行九品中正制后的曹魏政权对他们确实有吸引力的。所谓九品中正制就是中央政权为了吸收人才，扩大统治集团的社会基础，由中央选择"贤有识鉴"的大族名士，担任其本郡的"中正"，负责察访与他们同籍的散在各地的士人，评列为九品，作为吏部除授官职的依据，从而加重了大族在地方上的威权。可是，蜀汉政权却不敢实行这样的政治改革，因为他们是外来势力，在益州没有根基，如果效法魏国，加强地方上的权力，他们既得的利益和权力完全有可能被益州土著集团的大族名士逐步夺去。相反，益州土著集团却高兴这样做，因为他们可以通过这条途径打入最高领导阶层，扩大和发展自己的势力。连年战争消耗了荆州和东州联合地主集团的大量有才之士，但他们始终又不愿意大量地启用和提拔益州土著集团的人士，所以蜀汉政权出现所谓的"人才匮乏"现象也就没什么奇怪的了。责任并不在诸葛亮及其接班人身上，而在他们那条致命的组织路线。

景耀元年（公元358年），益州土著集团的代表人物谯周抛出著名的《仇国论》。这篇文章实质上是30多年来，荆州和东州联合集团同益州土著集团的政治斗争的产物。文章就三国时代的政治形势和蜀汉政权的政治策略、军事路线提出了益州土著集团的系统看法，他们认为：蜀汉政权"可为文王，难为汉祖"，"如遂极武黩征，土崩势生，不幸遇难，虽有智者将不能谋之矣。""夫民疲劳则骚扰之兆生，上慢下暴则瓦解之形起！"① 费祎、姜维等人看出益州土著集团意在挫损外来势力集团，贬低他们的能力，发展自己的势力，便拒而不睬，依然"咸承诸葛之成规，因循而不革。"② 不过，从这件事也可看出，谯周敢于提出《仇国论》，而费祎、姜维等人却不采取任何轻微的惩罚，说明益州土著集团在蜀汉政权内部已有一定的势力和市场，它为后来刘禅的投降，奠定了基础。

在这里我们不得不提提宦官黄皓的作用。过去一些史学家把蜀汉的衰亡归咎于黄皓，这未免太抬高了他。黄皓干预朝政，始于景耀元年，离蜀汉灭亡有6年光景，这时的蜀汉政权，其政治、军事危机已公开化、表面化。费祎死后，姜维接管大权，但接着参政的还有诸葛亮之子诸葛瞻、董厥和樊建。姜维同黄皓矛盾极深，他密报后请杀黄皓，后主不许。景耀五年，黄皓因姜维久战无功，企图以荆州集团的右卫大将军阎宇代替姜维。史书曾称赞阎宇"宿有功干，于事精勤"。③ 诸葛瞻、董厥等人也上表后主，要求召还姜维，夺其兵权。④ 姜维知道后，吓得不敢回成都，只好屯驻沓中，从而造成蜀汉最高领导权的分裂状态。及至后来邓艾入蜀，诸葛瞻痛心疾首地说："吾内不能除黄皓，外不制姜维，进不守江油，吾有三罪，何面

---

① 《三国志·蜀书·谯周传》。
② 《三国志·蜀书·费祎传》。
③ 《三国志·蜀书·马忠传》。
④ 《华阳国志》卷7，《三国志·蜀书·诸葛亮传》注引孙盛《异同记》。

而返!"①

景元四年九月，即蜀景耀六年，魏国大举伐蜀。此刻的蜀汉政权已陷于危机四伏、四面楚歌的地步，犹如纸糊的巨人，一捅即破即倒。外交：早就失去吴国的支援。内政：政权分裂，政令无出；益州土著集团袖手旁观。邓艾入蜀后，百姓"惊迸山野"，"众皆离散"，② 益州人士谁也不抵抗，唯有诸葛瞻上阵迎敌，他还想为自己的政权尽最后一点力，终于战死。邓艾如入无人之境，直驱至成都。刘禅急忙召集群臣商议，又是那个益州土著集团的代表人物谯周公开主张投降。因为"在益州土著集团看来，蜀汉政权并不能代表他们的全部利益，它的覆亡，也不会给他们带来更大的灾害，相反，这一政权的覆亡反可驱逐荆楚等外来地主势力于益州之外，而使益州土著集团更能获得长足的发展"。③ 刘禅听从了谯周的建议，投降了魏国，时值 11 月。也就是说，魏国发动平蜀之役，只花了短短两个月的时间，蜀汉政权的腐朽，可想而知了。

魏大将军司马昭洞悉蜀汉政权矛盾斗争的焦点和引起蜀汉政权崩溃的症结。唯恐外来势力集团和益州土著集团又发生冲突和纠纷，不利于整个统治的稳定性，便从另一个角度来解决主客之间的矛盾。平蜀之后，他下令把荆州地主集团和东州地主集团的文武官吏全部迁往中原，从而满足了益州土著集团的"蜀人治蜀"的要求，换句话说，

---

① 《诸葛亮集》，中华书局 1959 年版，第 158 页。
② 《华阳国志》卷 7，《三国志·蜀书·诸葛亮传》。
③ 王仲荦：《魏晋南北朝史》（上），上海人民出版社 1982 年 2 月版，第 97 页。

外来势力集团已随着蜀汉政权的覆灭而撤出益州了。

"能攻心则反侧自销，自古知兵非好战；不审势即宽严皆误，后来治蜀要深思。"这是挂在成都武侯祠堂前的著名对联，后一句话，即批评了刘璋"以宽治蜀"的败着，又批评了诸葛亮等人"以严治蜀"的失策，的确令人深思！

二

蜀汉政权的军事路线主要表现在北伐，而北伐的失败和无功效，也是导致蜀汉政权首先灭亡的重要原因之一。

人们是怎样看待诸葛亮、姜维等人的北伐的呢？这个问题历来有三种说法：一、以攻为守。根据是"主闇而敌强，改图以为保蜀之计耳"。[①] 二、完成统一大业的准备。根据是《隆中对》提出的思想："西和诸戎，南抚夷越，外结好孙权。"当时诸葛亮已完成"南抚夷越，外结好孙权"的工作，就差"西和诸戎"的任务了。三、浪战。因为"光复汉室"已成为过时的口号，益州山地险阻，足以自守。

军事路线是服从于政治路线，并同政治上的利害关系紧密联系在一起的。我认为，蜀汉政权之所以坚持北伐，究其原因：首先，过去刘璋政权的东州地主集团惧怕张鲁和曹操，为益州土著集团所瞧不起，于是他们各怀鬼胎，

---

① 王夫之：《读通鉴论》，中华书局出版 1975 年 2 月版，第 314 页。

请来了荆州地主集团。现在，鉴于刘璋的教训，蜀汉政权
为了加强向心力，避免离心力，只有北伐，打击强魏，才
可以显示它是有力量的，提高它在益州土著集团中的威
信，维持和巩固政权的统治。诸葛亮认识到这一点，所以
他说："此诚危急存亡之秋也。"① 其次，荆州地主集团所
具有的强烈扩张性。刘备等人入蜀，等于在有限的利益范
围之内，多增加一股分赃势力。因此，只有通过战争，掠
夺人口、物产、地方，才能满足他们不断增长的物质要
求，平衡主客之间的利益关系，缓和矛盾。再次，夺取陇
西，断魏之右臂，方可渐窥秦川，为蜀汉政权建立一道防
御地带。还有，诸葛亮本身性格争强好胜，"每自比管
仲，乐毅"，"是以用兵不戢，屡耀其武"。② 姜维是外来
人士，投靠荆州地主集团的，他一方面想完成诸葛丞相未
竟之事业，另一方面企图建立功名，巩固自己的地位和权
势。

　　北伐达到目的没有呢？基本上没有。得的少，失的
多，这又是为什么呢？作为政治家的诸葛亮，他的才能是
第一流的；作为军事家的诸葛亮，他的才能仅仅是二流或
三流的水平。《三国志·诸葛亮传评》曰："应变将略，
非其所长"，这种评价是中肯的。他数次北伐，几乎每次
都以粮尽而退兵，作为一个军事家，同类型的错误只犯一
次足矣，为何他屡犯屡不改呢？诸葛亮在军事战术方面，

---

① 《三国志·蜀书·诸葛亮传》。
② 《三国志·蜀书·诸葛亮传》。

其能力也是平常的。魏青龙二年（公元234年），诸葛亮进行他生前最后一次北伐。当时司马懿屯兵渭南，魏将军郭淮判断诸葛亮必争北原，主张兵先据之，许多将领不以为然，但司马懿支持他的意见。郭淮屯兵北原，堑垒未成，蜀兵大至，郭淮立即出兵迎击。隔了几天，诸葛亮派大军西行，诸将又认为蜀兵将攻西围，唯独郭淮认为这是声东击西的手法，诸葛亮是想攻取阳遂。果然，当天夜里，蜀兵进攻阳遂。由于郭淮事先有准备，蜀军又未能得逞。郭淮并非魏军最出色的将领，居然对蜀军动向了如指掌，算无遗策，诸葛亮的军事能力岂不可见一斑了吗？长期同诸葛亮打交道的司马懿说过："亮（诸葛亮）志大而不见，多谋而少决，好兵而无权，虽提卒十万，已堕吾画中，破之必矣！"[1] 此是实话。

蒋琬继诸葛亮后，执政为12年，除有一次准备北伐外，没有进行过一次认真的实际的北伐。过去，诸葛亮北伐，蒋琬搞后勤，足食足兵，以相供给，诸葛亮高兴地称赞他："托志忠雅，当与吾共赞王业者也。"（《三国志·蜀书·蒋琬传》）诸葛亮选定蒋琬做接班人，很大程度上是因蒋琬赞成北伐事业。结果，实际上蒋琬另有自己的看法，并非"全心全意"。费祎执政后，又恢复北伐，但每次用兵不超过一万人，用他的话来说，就是."保国治民，敬守社稷。"[2] 姜维执政后，又开始兴师动众，大举

---

[1] 《晋书·宣帝》。
[2] 《三国志·蜀书·费祎传》注引《汉晋春秋》。

北伐，姜维的军事才能不及诸葛亮，对他来说，"不克而还"的战果简直是必然的。吃了败仗的姜维也效法诸葛亮"谢过引负，求自贬削"，仍"行大将军事"。① 出身益州的将领张翼"以为国小，不宜黩武，必为蛇画足"。张翼当然是从益州的利害关系角度来看待这个问题的。诸葛亮的儿子诸葛瞻后来也认识到北伐的危害性，企图停止它，以缓和国中愤激，但这时的蜀国已如一辆奔向悬崖的战车，待意识到它的危险时，已经来不及转身了。

北伐，"空劳师旅，无岁不征，未能进咫尺之地，开帝王之基，而使国内受其荒残，西土苦其役调"。建兴五年（公元227年），广汉、绵竹"山民"张慕等发动起义，反对沉重的兵役和军赋。诸葛亮命都尉张翼"将兵讨之"，张翼设计诱杀起义领袖，进行血腥屠杀，起义终被镇压下去。蜀国人民不仅经常逃避兵役，就是参加了军队的，也常常开小差逃跑，漏报户口的人，有时达万数以上。② 这种不满状况，诸葛亮在世时如此，诸葛亮死后也是如此。为了解决兵力和役力不足的问题，诸葛亮发明了木牛流马。与其说这是一项重大科技成果，还不如说是蜀国运输线太长，不得不另寻出路的产物。北伐，严重地损害了益州土著集团的利益，引起他们的强烈不满。诸葛亮死后，益州人士李邈公然说："今亮（诸葛亮）殒没，盖宗族得全，西戎静息，大小为庆"。③ 魏灭蜀后，点察全

---

① 《三国志·蜀书·姜维传》。
② 《三国志·蜀书·吕乂传》。
③ 《三国志·蜀书·李邵传》注引《华阳国志》。

蜀九十四万人中，"带甲将士十万二千，吏四万人"。[①] 按照这个比例，蜀国平均每九个人就负担一个士兵，七家民户就养活一个吏士，蜀国人民的役调负担已经到了不可忍受的地步了。金银财产更加可怜，只剩下各两千斤。想当初刘备定益州后，单是一次赏给诸葛亮、法正、张飞和关羽等人的计金有二千斤，银有四千斤，其他功臣的赏赐还未计算在内。昔日富饶的天府，已被折腾得山穷水尽。在此，我们要说明，蜀汉政权的官员们一般还是比较廉洁、俭朴的，诸葛亮且不论，姜维也是"宅舍弊薄，资财无余，侧室无妾媵之亵，后庭无声乐之娱，衣服取供，舆马取备，饮食节制，不奢不约。"[②]

劳而无功的北伐，是蜀国人民的沉重负担，引起他们普遍的不满，从而动摇了统治基础，搞垮了蜀国有限的经济力量，反过来又加剧了政治危机的演化过程。这当然不是诸葛亮及其接班人所意愿的，但他们又不得不这样干下去，这实在是一出大悲剧！

三

彝陵之战的结束，标志着三国时代进入了新的阶段，掀开了三国后期外交斗争的新篇章。

尽管蜀国受了吴国的重大打击，但蜀汉政权仍然需要

---

① 《三国志·蜀书·后主传》注引《蜀记》。
② 《三国志·蜀书·姜维传》。

与吴国保持正常的外交关系。因为一个友好的盟国，对于作为外来势力集团的掌权者是相当重要的，它可以借此巩固自己的国内地位，提高声望。同时，像蜀国这样的小国和弱国，它实在经不起两个敌对邻国的夹击，只有拉住其中一国，才能有利于自己的生存和发展。基于此点出发，诸葛亮执政后，立即派邓芝出使东吴，表示和解，吴蜀两国外交关系上的冰期开始解冻。但是两国外交家明白，不管他们怎样努力去填平横在吴蜀两国之间的鸿沟，重温昔日热热闹闹的旧梦，则是永远不可能了。

蜀建兴七年，即吴黄龙元年，孙权在武昌南郊即皇帝位，蜀汉政权的群臣大为不满，认为同吴发展外交关系已无意义，主张"绝其盟好"。一贯以正统自居的诸葛亮对此极为理智，表现了坚定的原则性和灵活性，他说，"权（孙权）有僭逆之心久矣，国家所以略其衅情者，求犄角之援也。今若显绝，仇我必深，便当移兵东伐，与之角力，须并其土，乃议中原。……若就其不动而睦于我，我之北伐，无东顾之忧，河南之众不得尽西，此之为利，亦已深矣。权僭之罪，未宜明也。"[1] 诸葛亮派遣卫尉陈震入吴庆贺。这次出使，使吴蜀两国的外交关系达到彝陵之战以来的新高潮。经过两国仔细磋商，达成上百条协议，"皆如载书"。最重要的成果是两国同意三分天下，"豫、青、徐、幽属吴，兖、冀、并、凉属蜀；其司州之土，以函谷关为界。"两国还举行了隆重的升坛宣誓仪式："自

---

① 《三国志·蜀书·诸葛亮传》注引《汉晋春秋》。

今日汉、吴既盟之后，戮力一心，同讨魏贼，救危恤患，分灾共庆，好恶齐之，无或携贰。若有害汉，则吴伐之；若有害吴，则汉伐之。各守分土，无相侵犯，传之后叶，克终若始。"① 这完全是一纸军事互助同盟条约。划分争夺的势力范围，一方面是为了密切关系，鼓励双方抗魏的积极性，另一方面也是为了牵制对方行动，不得有所越轨。

信誓旦旦的宣言，代替不了实际行动。魏吴、魏蜀之间征战数十载，吴蜀两国主动协同作战有记载的却仅有二三次。一次的吴嘉禾三年，即蜀建兴十二年，"权（孙权）与蜀克期大举"。诸葛亮出斜谷，屯渭南，孙权率军自向合肥新城，遣陆议、孙韶将兵入淮、沔。魏东西二线作战，对蜀取守势，对吴取攻势。东线："权遁走，议、韶等亦退"；西线：诸葛亮心力交瘁，竟病逝于五丈原，蜀军撤退。另一次是吴建兴二年，即蜀延熙十六年，吴太傅诸葛恪派司马李衡往蜀说姜维，"令同举"，并说："若大举伐之，使吴攻其东，汉入其西，彼救西则东虚，重东则西轻，以练实之军，乘虚轻之敌，破之必矣！"② 姜维也好战，求之不得。于是诸葛恪率军又围合肥新城，姜维"亦出围狄道"。魏对诸葛恪取守势，对姜维取攻势，又一次瓦解了吴蜀两国的并举攻势。

吴蜀两国虽然再次邦交正常化，但猜疑和互不信任的

---

① 《三国志·吴书·孙权传》。
② 《三国志·吴书·诸葛恪传》。

乌云时时笼罩着他们。吴国重臣步骘、朱然等人曾以"蒋琬守汉中，闻司马懿南向，不出兵乘虚犄角之"为根据，要求对蜀国保持警惕。诸葛亮死后，吴国害怕魏国乘机伐蜀取而代之，增兵万人于巴丘，"一欲以救援，二欲以事分割也"。① 蜀国知道后，也增兵永安，"以防非常"。永安七年，吴闻蜀亡，起兵西上，"外托救援，内欲袭"永安城。晋王司马昭闻报，遣将军胡烈攻西陵，吴军方退。吴国这样的盟友也够意思了，平常少相帮，危时来打劫。

　　概括起来说，尽管吴蜀两国都意识到"吴不可无蜀，蜀不可无吴"，但他们仅仅停留在口头上，没有把这种外交思想在行动上具体化、现实化。随着三国鼎峙局面的正式形成，吴蜀两国各自有一番打算，相互依赖性减小，联盟的重要性越来越退化。当诸葛亮、孙权这些老一代大外交家相继逝世后，他们后辈不如前辈热心了，因而后期外交斗争不如前期生龙活虎而富有特色，两国的外交关系越来越淡漠。这样就为魏国各个击破创造了绝好的机会和条件，长达数十年的三足鼎立局面，终被打破了。

　　综上所述，我们可以看出，蜀亡的原因并不是哪一个人的功过得失，而是一个集团、一个政权的路线问题；不是单一的或一元的因素，而是多元的或多方面的综合效应。正是由于政治、军事、经济、外交等诸因素的互相纠合，互相牵制，互相影响，最终导致了蜀国的崩溃。

---

① 《三国志·蜀书·宗预传》。

论诸葛亮首次北伐[*]

诸葛亮数度北伐之事，已是众所周知。近重翻三国史籍，沉浸品呷，含英咀华，再思前贤精识，颇感妙论高远，然又略嫌不足。固然，北伐是在"兴复汉室，还于旧都"的大旗之下进行的军事行动。然而，屡试不爽的史实告诉我们，向来以表象的名义展开的行动，总是掩盖着若干不能以名义展开的东西；恰恰正是这些深藏不露的非名义的东西，在有力地推动着和左右着事物的发展进程。由此看来，北伐决不单纯只是一般性的军事行动，在它的背后必然蕴涵着许多深刻而重大的因素，包括政治的、宫廷内部的、权力斗争的和个人性格的因素等等。揭示这些矛盾关系，不仅有助于我们把握北伐的丰富内涵，而且也有利于我们更加全面而准确地认识北伐及其发起者。

本文重点将放在矛盾关系表现最为突出和集中的首次

---

* 原载《军事历史》2003 年第 3 期。

北伐。

一

蜀汉建兴五年（公元 227 年），诸葛亮率军北驻汉中地区的沔阳（今陕西勉县），准备北伐。临行前，诸葛亮发表了千秋凛然的《前出师表》。对于《前出师表》，历来赞誉甚多。然而，在我看来，《前出师表》的字里行间所埋藏着的一些极富政治价值的密码式信息，直到今天尚未完全破解出来。对此，我很奇怪。依历代中国文人的聪明和精细，应该说破译这些密码式信息是毫不费劲的。莫非是为尊者讳的心理在作祟：既然已把诸葛亮抬到昆仑般的高度，那么，有损于或可能有害于他名声的东西，要么故意装作视而不见，要么有意地掩饰。我认为，虽然这样做在相当长的历史时期内，确实起到了维护诸葛亮形象的作用，但同时也付出了相当的代价：人们未能全方位地多侧面地认清诸葛亮的真实面目，也因此而妨碍了人们对北伐、乃至对整个三国史的真正透视。必须指出，这种非正常现象，近些年来已经得到比较明显的改观。

从《前出师表》中时常冒出的一些不谐音符就可以看出，刘禅与诸葛亮之间的君臣关系，说得好听点，是相当微妙的；说得不好听一点，则是大成问题的。譬如，诸葛亮说："诚宜开张圣听，以光先帝遗德，恢弘志士之气，不宜妄自菲薄，引喻失义，以塞忠谏之路也。"又强调说："宫中府中俱为一体，陟罚臧否，不宜异同。"进而特意指出："若有作奸犯科及伪忠善者，宜付有司论其刑赏，以昭陛下平明之理，不宜偏私，使内外异法也。"暂且不究诸葛亮的这些说法是否有理，他一连讲了这么多"宜"怎么样，"不宜"怎么样，其口令之严厉，完全不像人臣之语，而像上级对下级的训词，犹如一个严肃的父亲在冷峻地调教不听话的儿子。尤其是"宫中府中俱为一体"，把自己府中的地位同皇帝宫中的地位并列和等同，而实际上则是凌驾于皇帝之上，这便严重地违反了蜀汉王朝及其封建体制的朝廷纪律和政治秩序。连皇帝都敢教训，对其他手下大臣那就更不用说该是怎样地张狂了。诸葛亮喜欢一个人说了算的霸道和专横，岂不是可以从窥《前出师表》之一斑而见其全貌了吗？

或许有人说，诸葛亮有托孤之命，刘备生前亦曾叮嘱刘禅兄弟以"父事丞相"。但是，即便如此，诸葛亮也不能肆意践踏刘备的信任，目无君主，一手遮天。何况刘备生前还要求刘禅"与丞相共事而已"，即并没有让刘禅把所有权力都拱手交给诸葛亮而自己撒手不管。从这个角度讲，诸葛亮显然是违背了刘备的临终遗言。

或许还有人说，刘备不是曾说过"若嗣子可辅，辅之；如其不才，君可自取"吗？[①] 对刘备的这番话，我是这样理解和分析的：第一，从蜀汉政权的结构背景看，它是由三大势力集团组成，即刘备所属的荆楚集团，占据着政权的主导地位；而原刘璋所属的东州集团和当地的益州

---

① 《华阳国志》卷6。

土著集团分别居于第二、第三把交椅。由于刘备采取了团结和拉拢东州集团，争取益州土著集团的方针，故刘备在世时，三大势力集团基本上相安无事，但各大势力集团的利益摩擦和矛盾冲突并没有完全消除，事实上也无法消除。刘备夷陵战败后，荆楚集团元气大伤，刘备一怕曾与之拼死争夺益州最高领导权的东州势力集团不甘于"二把交椅"的地位，趁机翻转，重新夺回失去的最高领导权；二怕排外性强烈的益州土著集团趁机举旗造反，一如他们过去反抗东州集团那样（事实正是如此。汉嘉太守黄元听说刘备病重于永安，即起兵闹独立，诸葛亮赶紧派兵镇压下去。刘备死后，又发生数起益州土著集团叛乱的事件）。故此，刘备担心刘禅控制不住局面，便从最坏打算，希望届时诸葛亮能够作为荆楚集团的忠实代理人，挺身而出，取刘禅而代之。这样做，既可以保住刘备家族的利益，又可以保住整个荆楚集团的利益。

需要指出的是，在群雄割据、军阀混战的三国时代，一个势力集团或政治实体的首领，由于本人的软弱或无能而被强有力的下属所排挤、放逐和取代之类的事情，是屡见不鲜、习以为常的。因为在大动乱的年代，一个势力集团的整体利益高于一个家族的利益，只有保住了整个势力集团的利益，才能最终保住家族的利益。根据这种历史的大背景来考察刘备的"君可自取"之说，实际上并没有什么特殊之处和特别意义。

由此，我们再联想到江东政权的同类情形：孙策临死前，将其弟孙权寄托于谋臣张昭，说："若仲谋不任事者，君便自取之。正复不克捷，缓步西归，亦无所虑。"①
即是说，若孙权无能，不能保住孙氏所属淮泗势力集团在
江东的利益，那么，作为同一集团的谋臣张昭可以取而代
之，进而率领整个淮泗势力集团退出江东，西还淮泗地
区。历史的确常常具有惊人的相似之处：孙氏淮泗集团和
刘备荆楚集团都是"反客为主"。在同样的环境下，都面
临着如何在当地站稳脚跟的同样难题，都有着在政权交接
的关键时刻如何协调和处理家族利益与整个势力集团利益
的矛盾关系的重大难题。正因为如此，孙策和刘备才会在
不同的时间、不同的地点和不同的势力集团内，提出了几
乎一模一样的"君可自取"的遗言。

　　第二，从刘禅的自身条件看，并不存在才与不才的问
题。刘禅即位时，年已 17 岁。他可能天赋不高，但也不
笨。诸葛亮曾在刘备面前感叹他"智量甚大，增修过于
所望"②，故刘备临终前放心地表示："审能如此，吾复何
忧？"刘禅可能比较暗弱，但"无猜险之性"③；他比较大
度，比较能够容人，易于采纳多数人的意见，否则，他早
就同诸葛亮闹翻了。诸葛亮北驻汉中后，"虑后主富于春
秋，朱紫难别"，④特派亲信董允为侍中，领虎贲中郎将，
统宿卫亲兵，掌管御林军。他在《前出师表》中专门推
荐董允等人，说："愚以为宫中之事，事无大小，悉以咨

---

　　① 《三国志·吴书·张昭传》注引《吴历》。
　　② 《三国志·蜀书·刘备传》。
　　③ 《三国志·蜀书·诸葛亮传》注引《孙盛评说》。
　　④ 《三国志·蜀书·董允传》。

之，必能裨补阙漏。"直接听命于诸葛亮的董允直接监督着刘禅的一举一动，弄得刘禅左右不是，横直不是，没有一丝一毫的权威，活像一个傀儡。依历代赞美诸葛亮忠君大义的逻辑，似乎诸葛亮不应该如此这般摆弄和控制刘禅吧？

诸葛亮首次北伐之年，刘禅正值青春有为的 22 岁之际。按理说，诸葛亮应当还政于刘禅，但诸葛亮揽权心甚，他不愿意让权和放权，更不愿意、甚至想都没想过把刘禅从一个"实习"皇帝辅佐成一个"正式上岗"的皇帝。他从未为此努力过，因为查遍史书也找不到这方面的史料根据，故亮终之前，刘禅始终不能亲理朝政。从诸葛亮来讲，倡导和实施北伐，正是他揽权和抓权的大好时机。在北伐中原、光复汉室的极为冠冕堂皇的号召下，谁还敢反对诸葛亮的集权呢？谁还能够找出让诸葛亮交权或放权的借口和理由呢？北伐开始后，诸葛亮统率大军长期驻扎汉中地区而很少待在成都，不正是很好地说明了这个问题吗？依诸葛亮的性格分析，他不可能自己坐镇成都，而把蜀汉政权的大部分精兵委托给他人指挥。否则，他本人的军事才能又怎能显现出来呢？

二

当然，诸葛亮决策北伐的考虑，还有李严的因素。

实际上，刘备永安托孤不是一人，而是两人，即诸葛亮和李严，前正后副。刘备做这样的政治安排，乃是深谋远虑的结果。诸葛亮是刘备荆楚势力集团的代表，自不用说；李严则是原刘璋所属东州势力集团的代表。刘备企盼在他死后，这两个具有共同处境、共同命运的外来集团，能够继续坚持以荆楚势力集团为核心，团结起来，一道对付蜀汉政权的外部（主要指曹魏）和内部（主要指益州土著集团的不满者）的共同敌人。

诸葛亮聪明过人，不可能不了解刘备的这番良苦用心。然而，在处理与李严的关系上，诸葛亮显然又是严重地违背了刘备的意愿。刘备永安病逝后，不知是什么原因，或许是处理善后事情的需要吧，李严留在了永安，而诸葛亮则扶刘备灵柩回成都，办完白喜，便"开府治事"。自此，诸葛亮独揽了蜀汉的朝中大权，"政事无巨细，咸决于亮"。① 而"并受遗诏辅少主"的李严却被晾到了一边，有心辅佐，无力展才。从此，李严远离和告别了政治权力中心的成都，他的政治舞台被限制在川东一隅。对于一个有志气、有抱负的政治家来说，遭受如此大起大落的不公平待遇，一定是相当痛楚的。

《三国志·蜀书·李严传》说：章武三年，"先主疾病，严与诸葛亮并受遗诏辅少主；以严为中都护，统内外军事，留镇永安"。就是说，李严在刘备逝世前的一段时间内，位置相当显赫，执掌着蜀汉军事大权。这也许是特殊的情况所造成，因为刘备伐吴，永安是最重要的军事重镇，这里既是蜀军伐吴的出发点，又是蜀军防止吴军报复

---

① 《三国志·蜀书·诸葛亮传》。

性入侵的最前线。刘备败退于此后，首先召李严到永安宫，"拜尚书令"，经过一段时间的朝夕相处，刘备更加了解和信任李严，授之以军事大权。然后，再召诸葛亮来永安，确立了两人的政治地位和位次。按刘备的设想：由诸葛亮主政，李严掌军，一文一武，共同支撑蜀汉大局。

李严的军事才能曾经得到刘璋和刘备的首肯。刘备入蜀时，刘璋以李严为护军，率军拒刘备于绵竹。不料，李严见风使舵，阵前投降。刘备定成都后，任李严为太守、兴亚将军。建安二十三年（公元218年），盗贼马秦、高胜等聚众闹事，"合聚部伍数万人"。当时刘备正在汉中前线与曹操紧张对峙，李严审时度势，不等救兵，自率郡士五千人讨之，斩马秦、高胜等人首级，"枝党星散"。不久，越西夷帅高定遣军围新道县，李严率军"驰往赴救，贼皆破去"，刘备高兴地加封李严为辅汉将军。刘备从这几件大事中，看出了李严对蜀汉政权的忠心耿耿，看出了李严敏捷的反应能力和果断的办事能力以及突出的才干。所以，在政权新老交替的关键时刻，刘备想到了李严，让他"统内外军事"；再加上李严一直"以才干称"、"有能名"，足以任大事，故善于识人、用人的刘备决心把他列为极具信任的托孤大臣之一。

自称"恐托付不效，以伤先帝之明"的诸葛亮刚刚上台不久，就破坏了刘备预先安排的政治格局。政治权力，他理所当然地拿在手中；军事权力，他也从李严那里不明不白地夺走了。诸葛亮执政后，全力促使吴蜀邦交恢复正常化，他也很快地达到了目的。很自然地，一度作为军事重镇的永安随着刘备的逝世和吴蜀重新结盟，其地位亦随之下降。至少永安的军事力量要退到吴蜀破裂前的部署规模，至少永安这个地方极不适合让李严这样的托孤大臣来担任最高长官，否则，孙吴方面将会认为蜀汉仍对其持敌视或不友好态度。正因为如此，李严不久便"移屯江州，留护军陈到驻永安，皆统属严"。但是，永安军事地位的下降，不等于非削去李严的军权不可，也不等于李严不适合执掌军权。难道李严的军事才干只能表现在对吴作战而不适合于对魏作战？问题的关键和实质在于，自诸葛亮把持朝中大权后，李严作为托孤大臣没有获得他应有的地位、待遇和荣誉，没有进入他本来最有资格进入的权力核心圈，更没有作为主要副手参与决策，治理朝政。他硬是被诸葛亮排斥在外！譬如，在诸葛亮南征这样一个重大的军事行动中，李严竟然没有任何有作为的表现，这与李严托孤副手的声名是极不相称的。

既然李严能为刘备所看中，这也说明李严决非等闲之辈。诸葛亮执政后，调走了永安的相当军事力量。李严为此不满，嫌留下的兵少，且又多是老弱残次。诸葛亮写信解释说："兄嫌白帝兵非精炼，到所督，则先帝帐下白毦，西方上兵也。嫌其少也，当复部分江州兵以广益之。"（《诸葛亮集》，此信一直被认为是诸葛亮写给兄长诸葛瑾的，今北大历史系田余庆正确地辨认为是诸葛亮写给李严的）意即接替李严到永安任职的护军陈到所率兵马，乃是刘备生前的帐下卫队，属精锐部队，不是稍加训练的新兵或战斗力弱的老兵和残兵。如果嫌兵力不够，那你李严就把自己管辖的江州地区的兵马调往永安吧。诸葛、李二人之间表面上谈的是永安防务的兵员数量与质量问题，实际上是李严对诸葛亮削去其兵权的借机发泄。此事不久，李严又一次向诸葛亮的权威发起挑战。李严都督江州后，"求以五郡置巴州"，即以巴郡、巴东郡、巴西郡和宕渠、涪陵属国等地区，组成巴州，由他任长官，这等于几乎将蜀汉政权的东部地区全部纳入李严的管辖范围内，诸葛亮看出李严的胃口太大，当然"不许"。① 诸葛亮也只能仅仅限于"不许"，而没有其他招数。倘若换上别的胆敢伸手要官位要地盘的官员，恐怕诸葛亮就不会光是"不许"而饶过他了，非给他严处重罚不可。顺便多说一句：在诸葛亮执政期间，李严是唯一的一个屡次向诸葛亮发出"挑衅"的官员，他之所以敢于这样做，完全是因为他自恃手里有托孤大臣这张王牌。

在李严自己，他是以拥有托孤副手的资本而引为自豪的。他曾在给处于投蜀还是降魏的犹豫不决状态的新城太守孟达的信中说："吾与孔明俱受寄托，忧深责重，思得良伴。"据此推知，李严是经常向别人有意识地炫耀他的托孤资本的，并经常倚仗于此，表现出与诸葛亮相颉颃和相抗衡的态度。

诸葛亮时时排挤和处处压制李严，势必激化他与李严之间的矛盾。不知是出于故意嘲弄还是讽刺挖苦，或是为了缓和与改善同诸葛亮的紧张气氛，李严居然劝诸葛亮

---

① 《华阳国志》卷1《巴志》。

"宜受九锡，晋爵称王"。诸葛亮不得不回答说："吾与足下相知久矣，可不复相解。足下方诲以光国，戒之以勿拘之道，是以未得默已。吾本东方下士，误用于先帝，位极人臣，禄赐百亿，今讨贼未效，知己未答，而方宠齐、晋，坐自贵大，非其义也。若灭魏斩叡，帝还故居，与诸子并升，虽十命可受，况于九邪！"① 诸葛亮这番话的口气相当大，完全不像出自一个"谨慎"的人之口，说得难听些，反倒像一个乱臣贼子所言。当初有人劝曹操接受九锡时，曹操道："夫受九锡，广开土宇，周公其人也。汉之异姓八王者，与高祖俱起布衣，创定王业，其功甚大，吾何可比之。"② 前后三让，方才受命。相比诸葛亮，曹操的风度显得高雅多了。看来，诸葛亮的人格双重性表现得相当突出，刘备在世时，他是一副面孔，刘备去世后，他又是一副面孔。他的这一特征，不仅表现在这一事情上，同样还表现在其他事情上。不管怎样，从以上诸葛亮与李严关于九锡问题上的交锋，就可以发现，他们之间的矛盾关系已经开始表面化和公开化了。

总之，作为蜀汉政权内才干相当优秀的李严，既是原刘璋所属东州势力集团的代表人物，又是对刘备所属荆楚势力集团最忠诚的官吏，他为蜀汉政权拼死卖力效命的出色表现，促使刘备对他另眼相看，选择他为托孤副手。然而，李严的才干和资本，又构成了对他人的威胁，成为诸

① 《三国志·蜀书·李严传》注引《诸葛亮集》。
② 《三国志·魏书·武帝纪》。

葛亮打击、排挤、压制的缘由。卧榻之侧，岂容他人鼾睡？诸葛亮特别惧怕李严入成都，因为李严一入权力中心的所在地，诸葛亮就会觉得浑身不自在，就不能够随心所欲地使用权力。诸葛亮在《前出师表》中一再强调"亲贤臣，远小人"，实际上这里的贤臣主要是指刘备从荆楚带来的"忠贞之士"，诸葛亮列举出的郭攸之、费祎、董允、向宠等人，正是其有力的证明；这里所说的小人主要是指对蜀汉政权怀有二心的原东州势力集团和益州土著集团的官吏。所以，为防不测，诸葛亮不想让出身这两个势力集团的官吏接近和靠拢后主，不想让出身这两个势力集团的官吏进入最高领导层和核心决策圈。在这种亲疏有别的政治格局下，李严只能无可奈何地待在江州，自哀英雄无用武之地。显而易见，诸葛亮的气魄和肚量不如刘备宽广。

刘备去世前，诸葛亮的政治和外交才能得到比较充分的发挥，而军事才能则表现平平，不及李严突出和优秀。诸葛亮执政后，为巩固自己的地位和权势，为表现具有比李严更高超的军事才能，从而在与李严的政治权力较量中占上风，出路唯有北伐，同强魏争斗。否则，李严看不起他，东州势力集团看不起他，连益州土著集团也看不起他。

由此可见，诸葛亮及其荆楚集团要表现和证明自己的实力与信心、胆略与气魄，只有进行北伐，也只能进行北伐。唯其如此，才能树立起自己的声誉和威望，才能显示出自己的存在和价值，才能表现出自己的强有力和不示弱，最终在气势上和心理上压倒和镇服李严与东州、益州等势力集团。这就是诸葛亮北伐中原的又一主要政治因素，也是蜀汉政权内部各派势力集团斗争及其微妙人事关系的必然结果。

三

平定南中是诸葛亮北伐中原前最重大的一次军事行动，它以诸葛亮的凯旋班师而告终。南征胜利的意义，并不仅仅限于安定了后方，"军资所出，国以富饶"，而是在于：这是诸葛亮独掌大权以来第一次单独统兵作战的精彩亮相；这是北伐中原前的一次成功预演。它有力地表明：诸葛亮是有军事才能的，是能够打大仗、打胜仗的。可以说，诸葛亮是带着胜利之师的骄傲姿态北驻汉中的。

汉中的地理位置极有利于诸葛亮就近考虑和选择北伐中原的最佳攻击方向和首轮打击目标。为此，他在这里等待和思考了一年时间，"治戎讲武，以俟大举"。从地理上看，由汉中北进中原，主要有三条跨越秦岭的路线：一是东面的子午谷通道，全长300多公里，北谷口正好在曹魏关中重镇长安南面不远；二是中间的驻谷道，全长200多公里，北出口即是长安西面的武功县；三是西面的斜谷道，全长近250公里，北出口即是陕西眉县西边。斜谷道中段有一条西出折北的支道，叫箕谷，从箕谷北出散关，即达陈仓。需要说明的是，这几条道路都是途经崇山峻岭，深沟峡谷，艰险异常。当初曹操从关中南下征讨割据汉中的张鲁时，因见路途深险，多次感叹"南郑直为天狱，中斜谷道为五百里石穴耳"。①

诸葛亮与属下谋臣、将军议论北伐路线时，曾经镇守汉中多年、且又熟悉当地情况的蜀汉汉中太守魏延主张："今假延精兵五千，负粮五千，直从褒中出，循秦岭而东，当子午而北，不过十日可到长安。……比东方相合聚，尚二十许日，而公从斜谷来，必足以达。如此，则一举而咸阳以西可定矣。"② 诸葛亮以为此计悬危，"不如安以坦道，可以争取陇右，十全必克而无虞，故不用延计"。魏延则认为诸葛亮怯弱，"叹恨己才用之不尽"，对诸葛亮意见很大。

诸葛亮与魏延关于北伐路线之争的公案，引起了后世史家的极大兴趣，争论不休。一些史家认为，魏延出的是奇招，假若诸葛亮采纳之，很可能北伐已经成功，可惜诸葛亮谨慎得近乎胆小；而另一些史家则支持诸葛亮的意见，认为北出子午谷虽是捷径，但危险系数大，一旦魏军卡住谷口，轻则劳而无功，重则全军覆没。后来，魏大司马曹真亦从子午谷南下伐蜀，"已逾月而行裁半谷，治道功夫，战士悉作。是贼偏得以逸而待劳，乃兵家之所惮也"；③ 又"兵行数百里而值霖雨，桥阁破坏，后粮腐败，前军悬乏。姜维深入，不待辎重，士众饥饿，覆军上

---

① 《三国志·魏书·刘放传》注引《资别传》。
② 《三国志·蜀书·魏延传》。
③ 《三国志·魏书·王朗传》。

邦"。① 可见，利用子午谷达到奇袭的目的是一条死路。在古代交通与科技条件下，对任何一支军队来说，子午谷确实是一道难以逾越的天险。再退一步讲，即便魏延顺利地到达了子午谷北口的长安，也未必能取得胜利。魏军长于平原作战，骑兵凌厉，且以逸待劳，魏延的疲惫之师极容易被其歼灭和打垮。所以，魏延之奇策胜算极小，成功概率极低，故不能采纳，也不敢采纳。

如此看来，诸葛亮首次北伐确定以出祁山而取陇右为主攻方向，乃是唯一正确的决策，或者说是利多弊少的决策。显然，作出这样的决策，不能光是以单纯军事观点出发，还必须考虑政治的、经济的和其他方面的诸种因素，甚至诸种因素的分量要重得多。

当初法正力劝刘备夺取汉中地区的理由是："上可以倾敌覆寇，尊奖王室，中可以蚕食雍、凉，广拓境土，下可以固守要害，为持久之计。"② 这一战略思想对蜀汉政权影响至深，以至于诸葛亮首出祁山，就选择了"蚕食雍、凉"的进攻路线。曹魏阵营里的谋臣将士后来也看出了诸葛亮的战略企图："断凉州之道，兼四郡民夷，据关陇之险。"③ 司马昭还嘲笑诸葛亮"常有此志"，可惜未能如愿。

当时雍、凉二州的政治局势完全有理由吸引住诸葛亮的目光。雍州和凉州位于关中平原长安的西面，地势高

① 《三国志·魏书·王基传》注引《司马彪战略》。
② 《三国志·蜀书·法正传》。
③ 《三国志·魏书·陈泰传》。

耸，犹如一只居高临下的猛虎俯瞰着富饶的关中地区。东汉末年，天下大乱，华夏崩沸，雍、凉二州也不可避免地卷入了这场空前罕见的大动荡、大分裂的历史大漩涡之中。眼见皇京烟埃，王纲废弛，一些地方实力人物和自命不凡之士纷纷拥兵自重，招降纳叛，自立为王。如雍州陇西郡宗建就自称"河首平汉王"，聚众抱罕，改元建号，设置百官，割据一方达30余年。远离西陲的敦煌郡因"丧乱隔绝"，郡无太守达20年之久，致使当地"大姓雄张"，地方秩序混乱不堪。

曹操战胜群雄夺取中原后，开始注意关中及其以西地区。从建安十六年（公元211年）起，他率军先后击败了韩遂、马超、张鲁等军阀和地方割据势力，平定了关中、汉中、陇西、武都等广大地区。于是乎，这些地方混乱不堪的政治局面和社会秩序逐渐得到了纠正和廓清。为了加强对这一地区的治理和整顿，曹魏政权开始划小行政区域，在魏文帝之前，"不置凉州，自三辅距西域，皆属雍州"；① 曹丕即位后，始置凉州。

虽然曹魏在这些地区逐步建立了政权机构，但由于根基不深，更由于它采取了一些过激政策，使它的政权基础很不稳固。譬如，曹魏为了填补中原和关中地区的人口空缺，往往在新征服的边远地区采取强行迁徙的政策。史载：曹操讨平张鲁后，"拔汉中民数万户，以实长安及三辅"；"是时，太祖徙民以充河北，陇西、天水、南安民

---

① 《三国志·魏书·张既传》。

相恐动，扰扰不安"；"徙氐五万余落出居扶风、天水界"；① 武都太守杨阜"威信素著，前后徙民、氐使居京兆、扶风、天水界者万余户"。② 曹魏政权这样做，自然有它的道理：一则雍、凉二州与蜀汉边境交接，假若不强行迁徙，这些战争中最宝贵的资源——人口，极有可能被敌方所开发和利用；二则"丧乱之后，吏民流散饥穷，户口损耗"；曹魏虽有九州之地，"计其户口不如往昔一州之民"，"统一州之民，经营九州之地，其为艰难"，③ 故曹魏不惜一切手段，掠取人力。当然，其中也有主动和自愿迁徙内地的，如"武都氐王杨朴率种人内附，居汉阳郡"；④ 汉中地区百姓经曹魏官吏杜袭"绥怀开导，百姓自乐出徙洛、邺者八万余口"。⑤ 此外，曹魏在平定雍、凉二州时，有时军事手段过于残酷，如夏侯渊曾屠抱罕（陇西郡）和兴国（天水郡）二城，在当地百姓中间落下强烈积怨和极大反感；一有风吹草动，他们极容易倒向敌方一边。后来诸葛亮首伐祁山时，不正是南安、天水、安定三郡立即叛变曹魏，响应蜀汉大军的吗？

雍、凉二州"民夷杂处"，豪强大姓势力庞大，离心力大于向心力，这些情况也使得曹魏在这些地区的基层政权极易被倾覆。曹丕即位不久，张掖郡张进执郡守起兵造

---

① 《三国志·魏书·张既传》。
② 《三国志·魏书·杨阜传》。
③ 《三国志·魏书·杜畿传》。
④ 《三国志·魏书·文帝纪》。
⑤ 《三国志·魏书·杜袭传》。

反，酒泉郡黄华和西平郡麹演"各逐故太守，举兵以应云"。① 接着，"武都三种胡并寇钞，道路断绝"。② 时雍、凉二州诸豪皆驱略羌胡跟随张进等人闹事。面对着如此大规模的叛乱，魏凉州太守张既和金城太守苏则奋力反击，斩杀叛军首领及其支党，河西遂平。不久，"凉州卢水胡伊健妓妾、治元多等反，河西大扰"，又是凉州太守张既主动出击，大破叛胡，"斩首获生以万数"。随后，酒泉郡苏衡反，"与羌豪邻戴及丁令胡万余骑攻边县"，还是由张既率兵击破之。其后，"西平郡麹光等杀其郡守"，张既又设计斩杀麹光。魏明帝太和元年（公元227年），西平郡麹英反，"杀临羌令、西都长，遣将军郝昭、鹿盘讨斩之"。③

以上所述曹魏政权在雍、凉二州的影响和势力伸张状况，诸葛亮不是不知道；雍、凉二州地方豪强势力和羌、氐、胡等少数民族对曹魏政权的不满和反抗程度，诸葛亮不是不清楚；曹魏政权在雍、凉二州的政策得失和基层组织的强弱状况，诸葛亮不是不摸底。何况蜀汉政权还有一位曾在雍、凉二州纵横驰骋几十年，"有信、布之勇，甚得羌胡心，西州畏之"的马超，④ 以及曾"率羌、胡余骑与夏侯渊战"，败后从西南退入蜀汉的白项氐五千万。诸葛亮完全可以从他们两人及其宗族那里了解到雍、凉二州的许多内情；并且通过和利用他们两人的影响力和号召

---

① 《三国志·魏书·张既传》。
② 《三国志·魏书·苏则传》。
③ 《三国志·魏书·明帝纪》。
④ 《三国志·魏书·杨阜传》。

力，还可以使雍、凉二州的羌、氐、胡势力能够从政治和军事方面与蜀汉政权遥相呼应。

由此看来，正是基于以上这些因素的深思熟虑，诸葛亮才决心把首次北伐的攻击目标和方向选择在陇右一带，"分裂蚕食，先摧其支党"①。诸葛亮认定这个地区是曹魏势力范围中最薄弱的环节，也是最容易攻占的地区，且一旦夺取成功，不但可以断曹魏右臂，陇上诸郡，非曹魏之有也，使蜀汉拓展境土，获得维持战争所急需的大量人力和物力资源，而且还可以截断曹魏与河西走廊及其西域地区的脆弱联系，使蜀汉处于进退有资、高屋建瓴、直逼关中的有利战略地位。公允而论，诸葛亮的这个抉择是英明而正确的。从当时的情况看，还没有发现和找到有比这个更好的抉择了。

对于这个抉择，诸葛亮是满怀信心的。这一点，从首次北伐前夕，后主刘禅下诏的诏书中就可以看出。诏曰："诸葛丞相弘毅忠壮，忘身忧国，先帝托以天下，以勖朕躬。今授之以旄钺之重，付之以专命之权，统领步骑二十万众，董督元戎，龚行天罚，除患宁乱，克复旧都，在此行也。"其中特意点到："凉州诸国王各遣月支、康居胡侯支富、康植等二十余人诣受节度，大军北出，便欲率将兵马，奋戈先驱。天命既集，人事又至，师贞势并，必无敌矣。"② 请看，在首次北伐前夕，诸葛亮就已经同凉州

---

① 《三国志·蜀书·蒋琬传》。
② 《三国志·蜀书·后主传》注引《诸葛亮集》。

的羌、氐、胡等 20 余位地方豪强建立了地下联系，他们做好了积极响应的准备，只待蜀军出山的时机成熟，即将出其不意地"奋戈先驱"。有这些优越的地利与人和条件，诸葛亮又怎能不把夺取雍、凉地区作为首攻方向呢！

四

蜀汉建兴六年（公元 228 年），诸葛亮故意"扬声由斜谷道取郿，使赵云、邓芝为疑军，据箕谷"，而他自己则"身率诸军攻祁山"。① 自此，从建安二十五年（公元 220 年）以来沉寂了 9 年之久的魏蜀战场，又开始了你死我活的龙争虎斗。

《三国志·诸葛亮传》注引《魏略》中写道："始，国家以蜀中惟有刘备。备既死，数岁寂然无声，是以略无备预；而卒闻亮出，朝野恐惧，陇右、祁山尤甚，故三郡同时应亮。"这段史料所包含的信息量说明：首先，诸葛亮当时的知名度远低于刘备，魏国朝野普遍对诸葛亮的军事能力不摸底。当初曹操与刘备展开汉中争夺战时，曹操发现刘备的军事才能骤增，断定其左右有高人指点，后知是法正所教，说："固知玄德不辩此。"又说："吾收奸雄略尽，独不得正邪！"② 对未把法正这样的人才挖走而深为惋惜；连诸葛亮自己也"每奇正智术"。③ 可见法正的谋

① 《三国志·蜀书·诸葛亮传》。
② 《华阳国志》卷 6 《刘先主志》。
③ 《三国志·蜀书·德正传》。

略能力超过了诸葛亮，社会知名度也盖过了诸葛亮。当时魏国谋臣在议论蜀中诸种人才时，只承认"诸葛亮善治国"，"诸葛亮明于治而为相"，① 并未发现他有什么军事才能。其次，诸葛亮首次北伐实现了战役的突然性和隐蔽性，收到了出其不意、攻其不备的初步效果。再次，首次北伐的攻击方向选择准确，雍、凉二州确系曹魏势力范围和防务系统链条中的最薄弱的环节，蜀军出手一击，正中要害，故曾深受曹魏屠城和强迁之苦的天水、南安、安定三郡同时"叛魏应亮，关中响震"②。

在诸葛亮的统率下，蜀汉大军"戎阵整齐，赏罚严而号令明"，来势汹汹，大有志在必得之概。然而，出乎意料，这次经过多年精心准备的北伐却令人痛心地失败了。而造成失败的罪魁，正是诸葛亮亲自选拔的先锋马谡。

马谡，襄阳宜城人，从荆州随刘备入蜀，"才器过人，好论军计"，但善于识人的刘备认为他"言过其实，不可大用"，告诫诸葛亮"察之"。诸葛亮执政后，以马谡为参军，"每引见谈论，自昼达夜"，③ 两人私交甚厚，犹同父子。诸葛亮南征时，马谡送之数十里。针对南中险远，蛮夷易反复的情况，他建议诸葛亮"攻心为上，攻城为下；心战为上，兵战为下"。④ 诸葛亮采纳了他的谋

---

① 《三国志·魏书·贾诩传·刘晔传》。
② 《三国志·蜀书·诸葛亮传》。
③ 《三国志·蜀书·马谡传》。
④ 《三国志·蜀书·马谡传》注引《襄阳记》。

略，获得成功。首次北伐前，在谁为蜀军先锋的人选上，大家都看好魏延和吴壹，岂料诸葛亮出人意料地选中了马谡。这样，作为诸葛亮亲信的马谡，被诸葛亮以幕后的丞相参军即军事参谋，推到了前台任大军先锋。诸葛亮的用意无非是给马谡一个表现的机会，为以后进一步提拔和重用创造条件。可惜得很，马谡不争气，辜负了诸葛亮的一片好心和满腔希望，街亭一仗，大败而归。让我们看看史书是怎样记载的：

1. 亮使马谡督诸军在前，与郃战于街亭。谡违亮节度，举动失宜，大为郃所破……

——《三国志·蜀书·诸葛亮传》

2. 建兴六年，亮出军向祁山，时有宿将魏延、吴壹等，论者皆言以为宜令为先锋，而亮违众拔谡，统大众在前，与魏将张郃战于街亭，为郃所破，士卒离散。亮进无所据，退军还汉中。

——《三国志·蜀书·马谡传》

3. 建兴六年，属参军马谡先锋。谡舍水上山，举措烦扰。平连规谏谡，谡不能用，大败于街亭，众尽星散。惟平所领千人鸣鼓自持，魏将张郃疑其伏兵，不往逼也。于是平徐徐收合诸营遗迸，率将士而还。

——《三国志·蜀书·王平传》

4. 亮使参军襄阳马谡、裨将军巴西王平及张休、李盛、黄袭等在前，违亮节度，为郃所破，平独敛众为殿，而云、芝亦不利。亮拔西县千余家还汉中，戮谡及休、盛以谢众，夺袭兵，贬云秩，长史向朗不时臧否免罢；超迁平参军，进位讨寇将军，封亭侯、统五部。

　　　　　　　　——《华阳国志·刘后主传》

　　5. 朗素与马谡善，谡逃亡，朗知情不举，亮恨之，免官还成都。

　　　　　　　　——《三国志·蜀书·向朗传》

　　6. 太和二年，蜀相诸葛亮出祁山，遣将军马谡至街亭，高详屯列柳城。张郃击谡，淮攻详营，皆破之。

　　　　　　　　——《三国志·魏书·郭淮传》

　　7. 诸葛亮出祁山，加郃位特进，遣督诸军，拒亮将马谡于街亭。谡依阻南山，不下据城。郃绝其汲道，击，大破之。南安、天水、安定郡反应亮，郃皆破平之。

　　　　　　　　——《三国志·魏书·张郃传》

　　从以上史料获知：第一，马谡这位先锋官至少掌握着5支部队，除本部兵马外，还直接指挥着王平、张休、李盛、黄袭等部兵马，曾是刘备别将的高详似乎也在他的统辖之内，马谡手下兵多，正所谓"统大众在前"。第二，马谡失败的原因在于"舍水上山"，被魏将张郃截断了水源，造成军心动摇，"士卒离散"，张郃乘虚击破之，蜀军全面溃败。张郃乃曹魏著名五大将之一，具有卓越的军事才能，史称他"识变数，善处营阵，料战势地形，无不如计，自诸葛亮皆惮之"。[①] 第三，说马谡"违亮节度，举动失宜"，这种指责恐难成立。难道前方指挥员连一点自主权都没有吗？退一步讲，即使这种指责能够站住脚，

---

　　① 《三国志·魏书·张郃传》。

那么，高详、张休、李盛、黄袭等人不也是一触即败吗？在箕谷的赵云、邓芝军队不也照样吃败仗吗？由于历史给我们留下的史料遗缺甚多，使我们确实无法窥视蜀军真正失败的原因所在。

不过，据现有史料推测，其过程很可能大致是这样：张郃和郭淮分别击败马谡和高详后，张休、李盛、黄袭等部闻讯胆裂，赶紧后撤。由于马谡临阵脱逃，无人指挥撤退工作，致使兵失将，将失兵，溃退如山倒。唯有王平部队在魏军兵锋来临时，临阵不乱，"鸣鼓自持"，使魏军不敢相逼。这样，王平部队徐徐后退，同时不断收拢马谡、张休、李盛、黄袭、高详等部的惊散士兵，从容撤还。

张郃与马谡街亭大战，诸葛亮在哪里呢？就在附近。据《三国志·诸葛亮传》注引《袁子》载："亮之在街亭也，前军大破，亮屯去数里，不救；官兵相接，又徐行，此其勇也。"《三国志·明帝纪》亦证实此点："蜀大将诸葛亮寇边，天水、南安、安定三郡吏民叛应亮。遣大将军曹真都督关右，并进兵。右将军张郃击亮于街亭，大破之。亮败去，三郡平。"就是说，马谡军营与诸葛亮军营相距不过数里，大概当时诸葛亮兵少，不能前往相救。从战后王平"特见崇显"来看，很可能王平鸣鼓自持之举，既遏止了张郃的军锋相逼，又在一定程度上拯救了诸葛亮的困境，掩护其平安后撤，所以，诸葛亮破格提拔了王平。

街亭之败，引起蜀军全线溃退，造成蜀军开战初期创立的大好局势丢失殆尽。街亭，乃兵家必争之地，是古代连接陇右与关中地区的咽喉地段。谁控制了它，谁就拥有

了控制陇右的主动权。所以，街亭一失，诸葛亮感到
"进无所据"，只好退军还汉中。至于南安、天水、安定
三郡，按照晋人的说法：若当时诸葛亮进军速度再快些，
这三郡非曹魏之有也，① 而现在也只好眼睁睁地看着曹魏
重新据之。于是，声势浩大的首次北伐急速地降下了帷
幕。

　　诸葛亮首次北伐的唯一收获是带回了姜维，史称：
"会马谡败于街亭，亮拔将西县千余家及维等还。"② 姜
维，天水冀城人。在天水，姜姓家族极有势力。《三国志·
王朗传》注引《魏略·薛夏传》云："天水旧有姜、阎、
任、赵四姓，常推于郡中。"姜姓为四大姓之首，故势力
在天水郡当为最大。在东汉时代，大姓子弟在当地各级行
政机构中，通常享有优先任用为官的特权。姜维之父曾为
郡功曹，死于战场后，姜维又被选拔为官中郎，参本郡军
事，后仕郡上计掾，州郡为从事。姜维入蜀后，经过一番
考察，被认为"凉州上士也"。显然，诸葛亮还有更深的
考虑。抓住姜维，等于抓住了天水，凭借姜姓大族的影
响，一则可以更好地贯彻《隆中对》提出的"西和诸戎"
的政策，二则可以为以后的北伐减少障碍，扫除麻烦。对
此，姜维也信心十足，"自以练西方风俗，兼负其才武，
欲诱诸羌、胡，以为羽翼，谓自陇以西可断而有也"。③

---

　① 《三国志·蜀书·诸葛亮传》注引《袁子》。
　② 《三国志·蜀书·姜维传》。
　③ 《三国志·蜀书·姜维传》。

五

诸葛亮在首次北伐前夕发表的《前出师表》中曾经气壮山河地表态："愿陛下托臣以讨贼光复之效；不效，则治臣之罪，以告先帝之灵。"既然承诺已经发出，就必须兑现。诸葛亮的"治臣之罪"是，自贬三等，"为右将军，行丞相事，所总统如前"；而"告先帝之灵"的呢，却是马谡的首级。

马谡该不该杀，也是后世争论较多的问题。马谡有错有失，这是毫无疑问的，任何人也否认不了。问题在于：他的过失是否到了必须掉脑袋的地步？据史书记载，当时诸葛亮手下有两位跟他相当亲近的人就对此表示过反对意见，一个是丞相参军李邈，刑前苦谏；另一个是留在成都丞相府为诸葛亮管家的参军蒋琬，深表惋惜。诸葛亮解释道："孙武之所以能制胜于天下者，用法明也。是以杨干乱法，魏绛戮其仆。四海分裂，兵交方始，若复废法，何用讨贼邪！"① 诸葛亮的这番表白，不知感动了多少后人，他们据此把诸葛亮捧为治军严明的典范，而可怜的马谡则成为这个祭坛上的供品。其实，诸葛亮执法也有提起来千斤、放下去四两的时候。譬如，他对法正的纵容，就是人所共知的事实。这与他后来在马谡问题上的义正词严，简直判若两人。

---

① 《三国志·蜀书·马谡传》注引《襄阳记》。

　　真正开始比较深层次探讨诸葛亮杀马谡缘由的是清朝人何焯。他说："魏延、吴壹辈皆蜀之宿将，亮不用为先锋，而违众拔谡，其心已不乐矣。今谡败而不诛，则此辈必益哓哓，而后来者将有以借口，岂不惜一人而乱大事乎？"① 何焯的这个看法，应该说是有一定道理的。轰轰烈烈的首次北伐为何失败？诸葛亮若拿不出像样的答复和交待，不但在刘禅面前说不过去，在满朝文武大臣面前说不过去，就是在荆楚集团内部也说不过去。魏延之流本来就对诸葛亮"违众拔谡"意见很大，只是苦于没有口实发难，现在既然把柄送上门来了，他们岂肯放过？

　　在我看来，还有一层更深的原因需要揭示出来。前面我们已经指出，诸葛亮与李严两位托孤大臣之间的矛盾冲突已经日渐公开化和表面化。诸葛亮首次北伐的全过程，李严均未参加。他对北伐持何态度，是支持还是反对，史无记载，就像诸葛亮对刘备伐吴是支持还是反对，史无记载一样。估计李严是冷眼旁观，静待事情发展。但是，既然两人关系紧张，诸葛亮又千方百计地压制和排挤李严，依李严之政坛经历和能力，他肯定会寻机反扑的。如今，诸葛亮倾全国之力而发动的首次北伐遭到失败，李严势必会抓住而大做文章：马谡是谁点的将？诸葛亮丞相究竟负多大的责任？李严甚至还会进而相逼：你诸葛亮究竟有没有能力治军？究竟能不能打仗？须知，李严不仅是托孤副手，而且背后还站着整个东州集团，再加上魏延之流，代

---

① 《三国志集解》注引《何焯评说》。

表着一股强大的政治势力。我认为，来自李严的挑战，对诸葛亮构成的威胁性才是最强大的，也是根本性的。

虽然诸葛亮在检讨首次北伐失败的原因时，承认"授任无方，明不知人"，但他知道，这种隔靴搔痒的解释瞒不过那帮老练的政客们，也平息不了反对派的强烈不满情绪；唯有牺牲马谡——把失败的责任统统推到马谡及其将领身上，诸葛亮自己才能摆脱困境。这就是说，尽管马谡犯下了相当大的过失，但并没有构成杀头的必要。然而，若不杀他，反对派就不会放过诸葛亮，诸葛亮自身的威信和地位也很难稳定和巩固。只有舍掉马谡这个车马，才能最终保住诸葛亮这个主帅。马谡聪明过人，深切了解诸葛亮的难处和苦衷，知道诸葛亮已经顶不住各方面的压力，他临终前上书诸葛亮："明公视谡犹子，谡视明公犹父，愿深惟殛鲧兴禹之义，使平生之交不亏于此，谡虽死无恨于黄壤也。"诸葛亮十分清楚马谡实际上是替他受过，从而使他平安地渡过了险些由军事危机而诱发出的更大的政治危机。所以，马谡死后，内心充满内疚的诸葛亮亲自临祭，"待其遗孤若平生"。[①] 在很大程度上讲，马谡被杀乃是权力斗争的必然结果。

首次北伐的失败，给诸葛亮的信心以相当沉重的打击。关于这一点，可以从《后出师表》中看出。譬如，他说："曹操智计，殊绝于人，其用兵也，仿佛孙、吴，然困于南阳，险于乌巢，危于祁连，逼于黎阳，几败北

----

① 《三国志·蜀书·马谡传》注引《襄阳记》。

山，殆死潼关，然后伪定一时耳，况臣才弱，而欲以不危而定之，此未解三也。"曹操那样智谋高超的人都吃过多次败仗，而我这个才弱的人首次北伐失败，又算得了什么呢？他又说："曹操五攻昌霸不下，四越巢湖不成，任用李服而李服图之，委夏侯而夏侯败亡，先帝每称操为能，犹有此失，况臣驽下，何必能胜？"既然曹操看人、用人都有过失，那我选错马谡为先锋，又有什么大不了的呢？难道就不可以原谅吗？总之，整个《后出师表》给人的感觉是，以承认曹操为能，并犯有种种过失的前提下，为自己的首次北伐失败反复地进行辩解和开脱，其基调的低下，与《前出师表》形成鲜明的对照。也许正是因为如此，有些后人怀疑《后出师表》不是诸葛亮所作，但从诸葛亮的性格、心态和官场处境来看，我认为确系诸葛亮所作，因为只有诸葛亮本人才写得出这样的东西，任何他人都无法获得和取代诸葛亮那样身临其境的经历和感受。

首次北伐的失败，还暴露出诸葛亮治军能力和指挥能力方面的许多弱点。晋人评价道：诸葛亮"持本者也，其于应变，则非所长也"。[1] 自刘备去世后，蜀军基本上是诸葛亮一手训练出来的，很自然地，这支军队也就烙印上了诸葛亮本人的性格特征。虽然首次北伐期间，蜀军多于魏军，但蜀军行动迟缓，过于求平求稳，不如魏军作风疾厉，灵活多变。故此，诸葛亮回师后，强调"校变通之道于将来"，决心"减兵省将"，改变呆板的战略战术，

---

[1] 《三国志·蜀书·诸葛亮传》注引《袁子》。

增强灵活性和变通性。另一方面，诸葛亮还号召下属"勤攻吾之阙"，"考微劳，甄烈壮，引咎责躬，布所失于天下，厉兵讲武，以为后图"。① 积极准备再次北伐。不过，对诸葛亮来说，北伐的最好时机，已经永远地丧失了。因为诸葛亮不可能再次获得突然性和隐蔽性的战役效果，他的对手再也不可能措手不及。从关中震响中清醒过来的曹魏政权将会迅速改变雍、凉二州软弱的军事状况，将会把两国边境上所有方面出现的所有漏洞，竭尽全力地补齐和填实。诸葛亮再也难以找到空隙可钻了。所以，诸葛亮首次北伐的潜台词是：它只能成功，不能失败；一旦失败，就昭示着灰暗的前景，就意味着永远被封杀在巴山蜀水之间。

六

诸葛亮原想通过北伐，一则化解蜀汉政权内部的各种矛盾，譬如通过战争来掠夺财富和人口，以缓解蜀汉政权内"三大山头"的利益分割冲突；二则转移朝廷内外的注意力，在兴复汉室的旗帜下，增强全国上下的凝聚力和向心力；三则树立个人威望，强化和突出他个人的中心地位，正如前人所说："在于时立功以自存。"② 诸葛亮的这些目的，有些达到了，有些就没有达到。例如，他与李严

的矛盾依然存在着，并且恶化的趋势日益明显。李严决不是一盏省油的灯，作为负有托孤使命的副手，既不让进入权力中心的成都，又不让参与任何重大决策，仅仅充当一个地区的行政长官，他能满足吗？他能服气吗？诸葛亮决心北伐的缘由之一，就是要证明自己的军政能力都超过李严。而今首次北伐失败，他就更需要证明自己，也就更需要再次进行北伐，以挽回政治败局和政治面子。不然，他将以何面目正视那充满嫉恨眼光的李严？

　　首次北伐前，因兵力不够，诸葛亮欲借调李严掌管的江州兵来镇守汉中，以便把自己控制的全部兵力调往祁山前线。李严不干，"穷难纵横，无有来意"，反而借此要挟诸葛亮答应以五郡为巴州，他自己当刺吏。诸葛亮看出李严企图以江州为根据地，营造和根植个人势力的"野心"，故没有同意。首次北伐后的第三年即蜀汉建兴九年（公元 231 年），魏大司马曹真三道伐蜀，诸葛亮施调虎离山计，下令李严主督汉中，欲置李严于自己直接控制之下，李严不从，上书诸葛亮说：曹魏托孤大臣司马懿、陈群等都"开府辟召"而蜀汉托孤大臣中只有你"开府"，我却没有，要求享受与诸葛亮同样的政治待遇，一如曹魏托孤大臣那样。李严的这一手，是对诸葛亮权威的严峻挑战，表明了李严决心以托孤副手的资格来与诸葛亮相抗衡的坚定态度。可以说，这是李严对诸葛亮长期闲置他不重用他的一次总发泄。面对着李严如此张狂和露骨的要求，诸葛亮毫无办法，作为妥协方案，诸葛亮上表后主，以李严之子李丰为江州都督，认可江州仍是他们李家的势力范围，李严这才统率着两万江州兵北上汉中。诸葛亮看得很清楚，李严一下子就拿出两万兵力，可见李严在江州的权势之重和能量之大，若再不把李严从江州调出来，然后打下去，他自己"将致祸败"。[①] 果然，李严一到汉中就犯下"大错误"，工于心计的诸葛亮趁此把他赶下政治舞台，李严最终还是没有斗过诸葛亮。李严的垮台，标志着诸葛亮最具竞争实力的政治对手及其势力的彻底完蛋，诸葛亮成为蜀汉政权中真正唯一的权威中心，诸葛亮再也不用担心会出现李严这样够档次、够级别的政敌了。而所有这一切，都是在北伐的名义下完成的。

对于诸葛亮来说，北伐是一辆坐上去就下不来的战车，加之诸葛亮对自己的才能又一向高估："自以为无身之日，则未有能蹈涉中原、抗衡上国者，是以用兵不戢，屡耀其武。"[②] 诸葛亮连年动众，兴师北伐，胜少负多，"入不敷出"，引起了蜀国百姓的普遍不满。《三国志·吕乂传》曰："丞相诸葛亮连年出军，调发诸郡，多不相救。乂募取兵五千人诣亮，慰喻检制，无逃窜者。徙为汉中太守，兼领督农，供继军粮。亮卒，累迁广汉、蜀郡太守。蜀郡一都之会，户口众多，又亮卒之后，士伍亡命，更相重冒，奸巧非一。乂到官，为之防禁，开喻劝导，数年之中，脱漏自出者万余口。"可以看出，蜀中百姓是不愿意打仗的，故被征募的新兵经常出现逃跑事件。诸葛亮

---

① 《三国志·蜀书·李严传》。
② 《三国志·蜀书·诸葛亮传》。

死后，军队士兵和基层干部又跑掉不少，吕乂几年工夫就查出上万隐匿人口，足见蜀中百姓对北伐的厌恶情绪之大！很有意思的是，除姜维外，诸葛亮亲自挑选的接班人蒋琬、费祎，甚至包括诸葛亮之子诸葛瞻都对北伐不积极、不赞同、不支持。怪不得诸葛亮死后，李邈上疏曰："吕禄、霍光未必怀反叛之心，孝宣不好为杀臣之君，直以臣惧其逼，主畏其威，故奸伪萌生。亮身杖强兵，狼顾虎视，五大不在边，臣常危之。今亮陨没，盖宗族得全，西戎静息，大小为庆。"① 后主发怒，下狱诛之。我认为李邈的这番话，倒是真实地反映了蜀中一般官员和百姓的思想倾向。接替诸葛亮的蒋琬在执政的 12 年间，不是就从未进行过一次北伐吗？李邈之所以被杀，倒不是因为他说了诸葛亮的坏话，而是他的某些言词，如"主畏其威"之类，强烈地刺痛了刘禅的自尊心。直至西晋初年，晋扶风王司马骏在关中召见当时的一些有识之士议论诸葛亮北伐优劣时，"谈者多讥亮托身非所，劳困蜀民，力小谋大，不能度德量力"。②

　　或许有人会问：诸葛亮为何非要北伐？不北伐就不行吗？对这个问题，诸葛亮在《前出师表》中是这样回答的："今天下三分，益州疲弊，此诚危急存亡之秋也。"诸葛亮把形势估计得非常严峻而紧迫，认为"不伐贼，王业亦亡，惟坐而待亡，孰与伐之？"所以，必须北伐，

---

① 《三国志·李邵传》注引《华阳国志》。
② 《三国志·蜀书·诸葛亮传》注引《蜀记》。

不北伐不行。在《后出师表》中，诸葛亮又从人才多寡的角度，进一步阐述了北伐的理由："自臣到汉中，中间期年耳，然丧赵云、阳群、马玉、阎芝、丁立、白寿、刘郃、邓铜等及曲长、屯将七十余人，突将、无前、賨叟、青羌、散骑、武骑一千余人，此皆数十年之内所纠合四方之精锐，非一州之所有，若复数年，则损三分二也，当何以图敌？"平心而论，诸葛亮的这个看法还是比较合乎情理的，因为荆楚集团是一个扩张性、好战性较强的武装集团，倘若这些骨干一批批地逝世和阵亡，以后诸葛亮又靠谁进行北伐，又去哪里找这些忠贞之士呢？尽管诸葛亮也吸纳一些益州人士参加蜀汉政权，但骨子里他是瞧不起益州人士的，可以"用"，但不能"重"。所以，如要仅以荆楚骨干的存活率来看，所谓"危急存亡之秋"的强调，还勉强说得过去。然而，从客观现实看，不进行北伐也是可以的。蒋琬没有北伐，费祎不支持北伐，姜维的北伐规模小得多，蜀汉政权自诸葛亮逝世后不也继续支撑了30年之久吗？

作为一个表现欲极强的政治家，首次北伐不过是诸葛亮掀开了后半生事业的第一页。也许结局如何是次要的，重要的是诸葛亮通过北伐这种方式向当时的华夏社会宣告了自己的存在和价值："亮之素志，进欲龙骧虎视，苞括四海，退欲跨陵边疆，震荡宇内。"① 几乎所有的目光都被陇右地区魏蜀边境的战事吸引过去了，昔日荒寂的山岭

---

① 《三国志·蜀书·诸葛亮传》。

而今成为世人关注的热点。毫无疑问，这是诸葛亮创造的杰作。如果说，首次北伐前的大量准备工作，只是表现了诸葛亮的政治才能、谋略手腕和权力技巧的话，那么，首次北伐的过程则是显露了诸葛亮军事能力的长处和短处。在这段人生横截面上，包藏着如此丰富的信息，人们又怎能不对诸葛亮的首次北伐充满特别的兴趣呢！

亲魏倭王及其他[*]

——三国时代中日关系初探

在中国和日本的友好关系史上，三国时代的中日关系是极其重要的一页，占有独特而显著的地位。很早以来，中日两国的学者们对这段友好关系史进行了深入而广泛的研究，花费了大量心血，得出了许多富有价值的成果和观点。这无论对于已逝的古者，还是在世的今人，或是未来的后辈，都是大有益处的。

当然，这里面还存有一些尚未解决、争论激烈的问题，例如关于邪马台国的九州说和大和说之争，本文不打算在这些方面有所推进，而是想具体地考察和探讨：三国时代的中日关系所产生的背景和条件是什么？中日两国发生关系的原因又是什么？基于什么样的目的？说明了什么问题等等。一句话，就是揭示这段历史过程。限于学生的才力所至，若有疏漏之处，偏颇之论，不足之据，望专家

---

* 原载《历史学刊》1986 年第 5 期。

和同行们批评指正；笔者诚惶诚恐，敢不遵教？

　　下面，我们开始展开论述。

一

　　三国时代的中日关系是在特定的历史条件下产生的。

　　东汉光武帝中兴之后，中国与四周邻国的藩属关系重新建立起来。在通往都城洛阳的大道上，各国朝贡来使络绎不绝。正如范晔在《后汉书》中所说："自中兴之后四夷来宾，虽时有乖叛，而使绎不绝。"那时中国与日本就有了最初的官方接触。据记载，汉光武中元二年（公元57年），当时日本的倭奴国奉贡朝贺，光武帝刘秀赐以"汉倭奴国王"的金印①，这枚金印于1784年2月，在日本九州筑前国那珂郡志贺岛叶崎（现福冈县）的地方出土。随着东汉政权的日益黑暗、腐朽，国内政治经济危机加深，党锢之狱混着权力之争，导致了黄巾起义的大爆发。国内阶级矛盾和阶级斗争突出，并以激烈的方式进行，各派政治势力和社会集团致力于国内问题的解决，因而无暇也无力顾及东汉帝国属下的藩属各国。这样中国与各国的交流往来，在东汉末期的几十年中，实际上由于中国的大动乱而中止了。到公元221年止，中国大陆上相继出现了三个鼎峙而立的政权：魏国、吴国、蜀国。当魏、蜀、吴三国将天下十州分割完毕，划分了各自的势力范

---

　　① 《后汉书·东夷传·倭传》。

围，三国之间战场上暂时处于相对平静状态时，他们各自便把自己的眼光转向了外国，开始了向外发展，相互争夺东汉帝国遗留下来的"遗产"。这样做，对他们各自本身是十分有利和必要的，一则可以建立广泛的战线，壮大声势；二则可以从臣服国和地区的身上榨取油水，获得人力、物力、财力，增强自身抗衡敌国的力量；三则多交往一个国家，也等于多给敌国树立一个敌人，增其一分不安。

于是，便出现了这样的必然发展的态势——

蜀国：向南。诸葛亮率军先后平定越巂、建宁、牂柯、永昌等广大土地，获得大量"耕牛战马、金银犀革，充继军费，于是费用不乏"。① 表面上看，诸葛亮南征是为北伐准备，而实际上呢，倘若他不去夺取南中，孙权势力必定伸进来。事实亦是如此。益州土著豪强雍闿趁刘备薨于永安，蜀汉政权忙于内部政务安排之机，反蜀降吴，"吴遥署闿为永昌太守。"② 只是由于诸葛亮的南征，才阻止了孙权的扩张，削除了威胁，保证了蜀汉政权安定而可靠的后方。

魏国：向西和向东。建立一个西至大月氏国，东至倭国的庞大的亲魏势力范围，扶植亲魏国家，保护背部和西冀，使其无后顾之忧，专力与吴蜀逐鹿于中原。

吴国：向北和向南。孙吴的向外发展主要是通过其强

---

① 《三国志·蜀书·李恢传》。
② 《三国志·蜀书·吕凯传》。

大的水军进行的，南进的目的是培植亲吴国家，掳取人口、物力等战争物资；北进的目的则是企图开辟第二战场，从东侧威胁魏国，使魏两面受敌，减轻吴国正面战场的压力。吴主孙权是非常懂得怎样从各个方面搜集力量打击敌人，有效地保卫自己生存的。

　　正是由于魏国的东进政策和吴国的北进政策"相撞"，在东北亚展开角逐，才有力地推进了中日关系的发展进程。

二

　　从史籍记载上看，三国以前，中国和日本虽有正式往来，但它是间接的，不是直接的；是稀少的，不是频繁的。据有关专家们考证，那时日本和中国的经济文化交流，主要通过朝鲜半岛各国间接进行，很大可能是在乐浪郡和带方郡一带。日本给中国政府的贡物先交给派驻地方机构的代表，再由后者送往中国京城；中国政府的赏赐如汉朝的"汉倭奴国王"的金印等物，也是先交给派驻地方机构的代表，再由后者转送给倭人们。[①] 当时的倭人们不用说辉煌壮丽的洛阳城见不到，就连雄伟宏大的长城也只能遥望感叹而已。由此可见，三国时期以前，乐浪、带方二郡在中日关系史上有着重要的地位和起着重要作用，既是汉民族转换给大和民族各种先进"信息"的不可缺

---

① 　汪向荣：《邪马台国》，中国社会科学出版社1982年3月版，第149页。

少的枢纽，又是连接中日两国关系的决定性环节。没有这一交通站，中日两国关系的发展和交流往来是很难想象的。

三国初期，辽东郡所属玄菟、乐浪、带方三郡掌握在"土皇帝"公孙度一家手里。公孙度，字升济，辽东襄平人，原是玄菟郡小吏，经同乡董卓中郎将徐荣推荐，受任辽东太守，但"为辽东郡所轻"。公孙度便"先将襄平令公孙昭笞杀于市，郡中名豪大姓田韶等宿遇无恩，皆以得罪，所夷灭百余家，郡中名震慄。"然后，"东伐高句丽，西击乌丸，威行海外。"① 汉祚将绝，中原扰攘，海内大乱，野心勃勃的公孙度见时机已到，便自立为辽东侯，平州牧，"籍田治兵，乘鸾路九旒，旄头羽骑"，俨然皇帝矣！他对手下亲信柳毅、阳仪说："《讦书》云孙登当为天子，太守姓公孙，字升济，升即登也。"② 野心毕露，溢于言表！曹操控制汉王朝中央大权后，曾表奏公孙度为武威将军，封永宁乡侯。公孙度大为不满，曰："我王辽东，何永宁也！"把印绶扔在武库，蔑视之。公孙度死后，儿子公孙康嗣位。建安十二年，曹操北征三郡乌丸，袁绍儿子袁尚等逃奔辽东，公孙康审慎地权衡利弊后，斩袁尚等人，把首级送给曹操。曹操大喜，封公孙康为襄平侯，拜左将军。魏昭帝时拜公孙康之子公孙渊为扬烈将军，辽东太守。

---

① 《三国志·魏书·公孙康传》。
② 《三国志·魏书·公孙度传》注引《魏书》。

　　公孙渊也是一个大野心家，较之其祖父有过之而无不及，他处心积虑地采取各种手段，企图摆脱魏国的控制，达到称雄一方，割地为王的目的。魏太和六年即吴嘉禾元年（公元232年），孙权主动出击，遣将军周贺、校尉裴潜浮海前往辽东，"招诱公孙渊"。孙权了解到公孙渊的野心及其同魏国中央政府的尖锐冲突，存在着控制与反控制的矛盾斗争，企图借此选为突破口，拉拢和争取公孙渊，令辽东听命于吴，在魏国的后侧安下一颗钉子，终日扰攘，两面受敌，使魏不能专力对吴。魏昭帝知道后，也意识到问题的严重性，决定出军"邀讨之"①。派魏将田豫"要击"，斩周贺于成山，大破吴军。估计残余吴军仍然到达辽东，并向公孙渊转达了孙权的意思。同年10月，公孙渊遣校尉宿舒、阆中令孙综南通孙权，称藩于吴，并献貂马，往来赂遣。孙权见使大喜，立公孙渊为燕王，在遣宿舒、孙综回辽东的同时，另派遣太常张弥、执金吾许晏、将军贺达等率兵前人赍金玉珍宝、九锡备物，一同乘船，浩浩荡荡，前往辽东。当时吴国"举朝大臣，自丞相雍以下皆谏，以为渊未可信而宠待太厚，但可遣数百护送宿、综，权终不听"。②

　　孙权真的上当了。他不了解公孙渊之所以称藩于吴，不过是利用吴国来挟持魏国，实现其自立为王的野心罢了，并非真心诚意，慑服孙吴天威，"私从一隅永瞻云

---

①　《三国志·魏书·刘放传》。

②　《三国志·吴书·吴主传》。

日"。公孙渊也知道吴国遥远，终不可恃，便对吴使臣分割治之，斩杀张弥、许晏等人，没其兵资，遣属下公孙珩前往洛阳，"奉送贼权所假臣节印绶、符策、九锡、什物，及弥等伪节、印绶、首级"。① 公孙渊这一招实在太毒，孙权气得发抖，怒曰："朕年六十，世事难易，靡所不尝，近为鼠子所前卻，令人气涌如山，不自截鼠子头以掷于海，无颜面复临万国。就令颠沛，不以为恨。"② 欲亲自将兵征伐公孙渊，吴尚书仆射薛综等人极力规谏，及止。

对于公孙渊的"表忠"，魏国虽然给了他过高的赏赐——拜公孙渊为大司马，封乐浪公，持节、领郡如故，但魏国朝臣的有识之士却识透了公孙渊之心，而没有为他的举动所麻痹。中领军夏侯玄就一针见血地指出：公孙渊昔年敢违王命，废绝计贡者，实挟两端。既恃阻险，又怙孙权，故敢跋扈，恣睢海外。宿舒亲见贼权军众府库，知其弱少不足凭恃，是以决计斩贼之使。又高句丽、涉貊与渊为仇，并为寇钞。今外失吴援，内有胡寇，心知国家能从陆道，势不得不怀惶惧之心。因斯之时，宜遣使示以祸福。"③

从魏国的对外关系来看，当时魏周围的邻邦如涉貊、扶余、焉耆、于阗、鄯善、龟兹、匈奴南单于、鲜卑，连远在中亚的大月氏国都遣使奉献，上表臣服。一度冷落的

---

① 《三国志·魏书·公孙渊传》注引《魏略载渊表》。
② 《三国·吴书·吴主传》。
③ 《三国志·魏书·公孙渊传》注引《魏名臣奏》。

丝绸之路，又重新开始热闹了。魏国政府还设置戊已校尉和匈奴中郎将等职，加强对外工作。也就是说，魏国的西部和北部是安全而可靠的，唯有东部患有"毒瘤"。如果不把辽东牢牢地控制在中央政府的手里，进而统治辽东所属各郡的广大土地、水域，那么，魏国不仅将失去东部屏障，而且那一带的小国和部落民族也有可能落入孙权之手，给魏国的左侧翼造成严重威胁。尽管从实用角度讲，征伐辽东，价值不一定大，"得其民不足益国，得其财不足为富"，① 但从战略和全局来看，控制辽东乃是不可缺少的重要环节。

魏国的忧虑不是没有现实依据的。吴国因地理和军事上的需要，建立了三国中，也是我国古代海军史上第一支具有远洋作战能力的强大水军。它北可抵辽东、朝鲜半岛等地方，南可进扶南（今柬埔寨）、林邑（今越南南方）等东南亚一带，控制着中国沿海的广大水域。吴水军舰队出海远征一次多达 3 万人，少则亦有 1 万人。据史籍记载，当时孙吴有侯官（今福建福州市）、临海（今浙江平阳县）、番禺（今广州市）等三大造船基地。造出的船，"大者长二十余丈（46—50 米），高出水三二丈，望之如阁道，载六七百人，物出万斛（千吨）"，② 可以想见当时造船的规模之大，技术之高。魏国对吴水军的作战能力的范围是非常清楚的："吴虽在远，水道便利，举帆便至，

---

① 《三国志·魏书·蒋济传》。
② 《太平御览》卷 769 引万震《南州异物志》。

无所隔限"，① 对其扩充和发展水军实力的意图也是明了
的："此年已来，复远遣船，越度大海，多持货物，诳诱
边民"。② 魏国还了解到，孙吴不仅与公孙渊有联系，而
且还企图控制高句丽。那是在吴嘉禾二年（公元 233
年），两名曾随张弥、许晏等人出使辽东，而被公孙渊大
肆捕杀东吴使臣时得以逃脱的官吏，狼狈逃至高句丽。他
们十分大胆，竟"宣诏于句丽王宫及其主簿，诏言赐为
辽东所攻夺"。看来高句丽王宫当时还不知道中国已分裂
成三国，亦不知这两人代表哪国，竟也奉表称臣，贡貂皮
千张，鹖鸡皮十具，送两人返吴。第二年，孙权又派人到
高句丽，"拜宫为单于，加赐衣物珍宝"。③ 从所封名称上
看，孙权也弄错了，他误认为高句丽是匈奴人或鲜卑人。
谁知这时高句丽王宫已经从魏幽州刺史那里知道了一切情
况，明白了事情原委，便不愿接受吴国封号，双方大闹一
场完事。孙权讨了没趣，但不死心，吴嘉禾五年（公元
236 年），又派使者胡卫等人前往高句丽，结果被高句丽
王宫斩首，转报魏国。④ 在魏、吴争夺高句丽的回合中，
魏国算是胜利了，但魏国不敢掉以轻心。

　　鉴于公孙渊的野心和反复无常，吴水军的远征能力，
辽东各郡的重要位置等种种因素，魏国最终下决心从公孙
渊手里夺回辽东，巩固东部侧翼的安全。魏景初元年，魏

---

① 《三国志·魏书·公孙渊传》注引《魏书》。
② 《三国志·魏书·公孙渊传》注引《魏略》。
③ 《三国志·吴书·吴主传》注引《吴书》。
④ 《三国志·魏书·明帝纪》。

国政府同公孙渊的矛盾已公开化和尖锐化，公孙渊"遂
自立为燕王，置百官有司"，"称绍汉元年，遣使者持节，
假鲜卑单于玺，封拜边民，诱呼鲜卑，侵扰北方。"① 第
二年，魏遣太尉司马懿率大军征伐公孙渊。公孙渊远非司
马懿的对手，几个月内，魏军数次大败公孙渊军，攻破襄
平城，"斩相国以下首级以千数，传渊首洛阳，辽东、带
方、乐浪、玄菟悉平。"

辽东之役的胜利，使魏国获得了辽东所属各郡的控制
权，保证了魏国的东部安全和稳定，从而也为中日关系的
发展创造了有利的条件和前提。

三

魏景初二年（公元 238 年）六月，也就是魏国平定
公孙渊叛乱的那一年，倭女王国遣大夫难升米等诣郡，求
诣天子朝献，带方郡太守刘夏遣吏将人送往京都。② 可以
肯定，倘若那时辽东所属各郡仍在公孙渊手里的话，他决
不会将倭国使者送往京城洛阳。好者，则如前辈已为那
样，将贡物送往京城，然后厚款来使，打发回国；次者，
则没其礼物，仅通报中央，或者干脆隐之。新任带方太守
刘夏是理解魏全局战略的官吏，所以他一反常例，将倭国
使者直接送往洛阳。这一决定性的改变，从此敞开了中国

---

① 《三国志·魏书·公孙渊传》注引《魏晋春秋》。
② 《三国志·魏书·倭人传》。

的大门，日本使节再不会只能从门缝里翘足窥华，而是又惊又喜地踏上通往中国内地的宽阔大道。而汉民族的先进经济文化技术给予了日本使节以直接的生动的印象，这些印象带回去，必将推动日本民族的文明与进步。日本著名史学家和田清写道"海东的倭，也分为百余国，和中国通贡的有三十余国。其中占据今筑后川流域，统治九洲北部的倭女王卑弥呼势力最强，恐怕也与公孙氏交通。公孙氏灭之后，她就直接与魏相通，魏明帝封之为亲魏倭王。"①

其年十二月，魏明帝诏封倭女王国卑弥呼为亲魏倭王，假玺印紫绶。又封首席使节难升米为率善中郎将，副使都市牛利为率善校尉。倭女王国向魏奉献男生口四人、女生口六人，班布二匹二丈。作为报答，魏国回赠绛地交龙锦五匹、绛地绉粟罽十张、蒨绛五十匹、绀青五十匹；又特赐绀地句文锦三匹、细班华罽五张、白绢五十匹；金八两、五尺刀二口、铜镜百枚、真珠、铅丹各五十斤，这些诏书、印绶和回赠礼品、礼物于正始元年（公元240年），由带方郡太守弓遵派遣中校尉梯儁等人送往倭女王国，"拜假倭王"。"倭王因使上表，答谢恩诏。"②

就分量和价值而言，魏国的礼品、礼物大大超过了倭女王国的贡物，充分显示了一个封建强国和先进民族的胸怀和气量。大概是倭女王国受到感动，于正始四年（公元

---

① 和田清：《中国史概说》，商务印书馆 1964 年 5 月版，第 64 页。

② 《三国志·魏书·倭人传》。

243年）又遣大夫伊声耆、掖邪狗等八人，上献生口、倭锦、绛青、縑、绵衣、帛布、丹木、狖、短弓矢等物，比上次丰富多了；掖邪狗等人皆被魏封为率善中郎将。正始六年公元245年，"诏赐倭难升米黄幢，付郡假绶。"正始八年（公元247年），又一任带方郡太守王欣派遣塞曹椽史张政等人将诏书、黄幢送往倭女王国，后者又遣大夫率善中郎将掖邪狗等二十人护送张政等人返回魏国，并"献上男女生口三十人，贡白珠五千孔、青大句珠二枚、异文杂绵二十匹。"①

但是，我们所要探讨的问题是：这种频繁往来的背景是什么？难道仅仅是礼尚往来的一般交往吗？如果是那样的话，作为一个先进民族和中国大陆上最强大国家的魏国只消遣人将封号、礼物、诏书托来使带回国就够了，如汉光武帝那样，又何忙必派员回访，劳此大驾呢？显然，这不符合封建时代汉民族的自大心理和"中央王国"的传统自尊。那么这里面的动因究竟是什么呢？让我们简略地回顾一下三国以前的对外关系吧。西汉帝国时期，汉武帝刘彻二次派遣著名使节张骞出使西域各国，长途跋涉，历尽千难万险，目的就在于拉拢和争取西域各国，断匈奴右臂，击败和消灭匈奴势力，捍卫西汉王国。如果西汉不去争取西域各国，那么西域各国势必屈服于匈奴的铁蹄。

三国时代的情况是否可以与之类比呢？我们说，有极相似之处。魏、吴两国势不两立，每一方都在谋求壮大自

---

① 《三国志·魏书·倭人传》。

身力量，打击对方。对于东汉帝国的"遗产"，你不争，他必争；你不夺，他必夺。吴国的水军实力和远航能力，魏国是深知的，因而魏国深怕吴倭有交通往来，于魏不利。从以后日本出土的吴赤乌元年（公元238年）和赤乌七年（公元244年）制造的铭镜看，吴倭之间可能有了初步的接触。[①] 因此，魏国必须摆出于魏有失身份、屈尊就下，于倭显示亲密、隆重的外交姿态和行动，才能巩固和发展魏倭之间的友好关系，防止吴从中插手，拉倭倒吴。在这种情况下，也只有在这种情况下，魏国才两次遣使入倭，就像张骞两进西域一样。从《三国志·魏书·倭人传》上所记载的史料看，魏国所遣的入倭使臣也决非等闲人物，他们详尽地考察了倭女王国及其诸国的政治、经济、风俗、礼仪、特产、农作物、军事武器等等，这就充分说明了魏使负有重大的政治使命，隐藏着深刻的外交背景；那些获得的政治、经济、军事情报对魏国判断和掌握倭国的动态，相应地作出正确的决策，是极有价值的参考材料。总而言之，由于存在着魏、吴争倭的可能，促使魏使首先在日本土地登陆；尽管在主观上魏国是力图建立和加强东部侧翼，但在客观上却为中日关系的发展作出了划时代的贡献，为中日两国人民的相互了解大大推进了一步。

至于"亲魏倭王"这一封号，也不是一般的含义。它昭然表明：魏国已把当时的日本纳入了自己的舆国范

---

① 苏振申编著：《中日关系史年表》，台湾华冈出版公司1997年版，第1页。

围，拉拢日本加入了自己的联盟行列；而对日本来说，它意味着只承认同中国大陆上的魏国政权有藩属关系，只认定魏国是代表当时中国的"合法"政权，从而使自己卷进了中国大陆上的三国之间的外交斗争，并鲜明地站在魏国一边。它是亲魏的，不是亲吴的，更非亲蜀的。这就是"亲魏倭王"的全部内涵。

我们还必须认识到，在整个中日关系史上，由于三国时代产生的特定环境和特殊原因，中国方面派遣了第一个官方使节（魏国的）抵达日本（倭女王国）访问；日本方面的使节也第一次踏进了中国内地的文明大道，结束了在中国边境徘徊的历史；中日两国有了第一次的直接性的政治交流；在中国官修的史书上，日本第一次被比较详细地全面地记载入史册。这就是三国时代中日关系的全部价值和巨大意义。

决定三国时代战争胜负的
致命处:粮食与补给线 *

在中国封建社会的王朝史上,从来没有哪一个时期有像三国时代那样,在那么短的历史时期内,发生了那么多次的战争,导演出那么宏伟的战争场面;在三国时代众多的战争中,又涌现过不少被后来兵家们视为典型战例的战争,其比例之高,在整个古代中国封建社会战争史上,亦属罕见。

在三国时代的多次战争中,尽管它们各不相同——在战争规模方面,有大小之分;在兵力动员方面,有多少之差;在时间方面,有先后之序;在战争激烈方面,有程度之别;但是,有一个特点却是共通的,这就是:它们对于粮食与后勤补给的依赖性,都表现出同样的极为强烈和极端重要。三国时代的军事家和谋略家们在筹算和策划战争得失以及分析有利与不利因素时,他们总是把很大一部分

---

* 原载《甘肃社会科学》1991 年第 1 期。

眼光投向粮食与后勤补给的身上，并围绕着粮食与补给线大做文章。正因为如此，我们甚至可以说，三国时代的多次战争在很大程度上打的是一场大大小小的粮战，而有无粮食或拥有粮食的多寡，不但能够决定战争的深度和胜负，而且还能够影响战争的进程和方向。从后人的角度讲，研究和揭示粮食与补给线在三国时代战争中的作用和地位，不但可以使我们更清楚地理解和把握三国时代战争与战略的关系、特点和性质，而且还可以使我们对于三国时代的战争规律获得一般性和较高层次的认识。

下面，我们结合一些战例来具体地加以说明和阐述，就能够明了了。

一、官渡之战与粮食

在许多人看来，被兵家称为古代战争史上以少胜多的著名战例——官渡之战是历来被史家研究得烂透了的战役，似乎再无新意可解，新说可道。然而，我觉得，历来史家在讨论和分析袁败曹胜的原因时，总是把过多的注意力放在政治和军事的背景上，而往往忽视了后勤方面即粮食与补给的极端重要性，或者说对粮食与补给在官渡之战的地位和作用强调得相当不够。不错，在政治上，曹操确实很有优势，他挟天子以令诸侯，纵横捭阖，借此拉拢、争取和安抚盟友，打击敌人；在军事上，曹操本人对兵法造诣颇深，指挥艺术高超，用兵如神，雄才远略；在谋略和性格上，曹操也比袁绍远胜一筹。正如曹操谋士郭嘉曾说的：袁绍有十败而曹操公有十胜，即道胜、义胜、治胜、度胜、谋胜、德胜、仁胜、明胜、文胜、武胜。但是，这些宏观的、全局的、整体的分析，多少有点先验的味道，它仍然不能证明这些分析同官渡决战中曹胜袁负之间有着必然的联系，也不能为袁败曹胜打包票，并且它更不能代替具体的战争进程。历史的经验告诉我们，拥有政治、经济、军事等各种优势的一方，因为在战争的具体进程中处置不当，技巧失措，却反而被劣势的一方抓住战机，击中要害，以至最终被打败，这种例证在战争史上，是屡见不鲜的。我们注意到，在整个官渡之战过程中，始终缠绕着曹操心病的、令曹操感到格外头痛的难题，不是军事指挥上的乏术和谋略上的无招，而是后勤补给和粮食。官渡之战的主动权实质上就是掌握在拥有更多的粮食一方身上，谁拥有充足的粮食，谁就能够赢得这场战争。

袁曹会战官渡始于建安四年（公元 199 年），此时袁绍已灭公孙瓒，跨据翼、幽、并、青四州，力量相当强大，拥有"精兵十万，骑万匹"。曹操虽然也有二三万军队，但整体实力大不如袁绍。这年 8 月，曹操为抗击袁绍，率军进驻黎阳，企图把黎阳作为抗袁的军事最前线，御敌于国门之外。不料一个月后，曹操又挥师南下，移屯官渡。曹操为什么要从黎阳移屯官渡，过去史家从未对此加以深究。其实，曹操的这一行动完全是精心之着。要认清这一点，只需看看地图就明白了。当时曹操的大本营在许都（今河南许昌）；官渡（今河南中牟县东北）位于许都正北稍偏东；距许都约 200 里；黎阳（今河南浚县东北）位于官渡东北方向，距官渡约 250 里，距许都约 450 里，由此便知，曹操尚未交手，就将防线大踏步后撤，其深远目的是：首先，它缩短了防区，增强了兵力密度和冲击力；其次，减少了辎重兵员，增强了战斗兵员；第三，缩短了防线，加强了侧翼保护。曹操在撰写《孙子法·作战篇》中写道："石者，120 斤也。转输之法，费 20 万得 1 石。……言远，费也。"① 这就是说，运输军粮的规律是每运送 1 石军粮，就要耗费 20 石之多，所以远途运粮，耗费必大。可见，曹操一下子往后撤退 250 里，完全是从方便运输粮食，缩短补给线，增强自身实力的角度来考虑的。

接着，袁曹双方发生了白马之战。在这次战斗中，虽然曹操袭斩了袁绍两名大将，振奋了军心士气，救出了被围困于白马的全部军民，但曹操仍然未能扭转战局，仍然抵挡不住袁军攻势的强大洪流，双方遂持于官渡一带。袁军"依沙堆为屯，东西数十里"，曹军"亦分营与相挡，合战不利。"袁军谋士沮授看穿了曹军的弱点，他建议袁绍说："南军谷少，而资储不如北，南幸于急战，北利于缓师，宜徐持久，旷以日月。"果然，双方相持了两个多月后，曹操就感到有些吃不消了。考虑到自己粮食不如袁军多，曹操打算再退一步，将防线撤至许昌一带，进一步向补给基地靠拢。曹操谋士荀彧坚决反对，力劝曹操耐心等待，以求变化。曹操采纳了荀彧的建议，咬牙拖住。过

---

① 王雅轩：《历代百家论后勤》（上），解放军出版社 1986 年 2 月版，第 298 页。

去史家们说：曹操从白马撤退，是一种诱敌深入的战术，我以为这是为曹操捧场。须知，诱敌深入是一种有目的有安排的军事行动，它是占有优势或局部优势的一方为围歼敌方或敌方的部分军事力量而设计的策略和诱惑措施。可是，当时的曹操一没有安排敌人进入预伏战场的资本，二没有歼灭全部袁军的实力，所以曹军虽然获得了白马之战的胜利，但继续后撤，完全是为了缩短防线，集中兵力起见。倘若曹操真的是诱敌深入的话，那他的军队就不可能在官渡被袁军团团围住，甚至被袁军打得"大惧"，让身经百战的曹操都感到有些顶不住了。

　　曹军的第一个转机是谋士荀攸之计。荀攸侦知袁绍军粮数千车运至官渡，其担任押运任务的大将韩猛锐而轻敌，他建议出兵烧粮。曹操当即采纳，派大将徐晃率兵偷袭，烧其全部辎重。计谋成功了，但是袁军依旧岿然不动，大概袁军储粮甚丰，烧掉几千车算不了什么。相反，曹军却因为粮食短缺，处于岌岌可危的边缘，史称："公与绍相拒连月，虽此战斩将，然众少粮尽，士卒疲乏。"① 为此，曹操不得不亲自出面，安抚运输军粮的士卒说："欲十五日为汝破绍，不复劳汝矣。"② 曹操保证 15 天内击破袁绍，完全是"一张空头支票，根本没法兑现，事实上也没有兑现，它只能对当时"众少材尽，士卒疲乏"的曹军来说，暂时起到一丝安慰作用。

---

① 《三国志·魏书·曹操传》。
② 《三国志·魏书·曹操传》。

　　官渡之战的第二个转机即决定性转机是由叛逃的袁绍谋士许攸带来的。许攸家人犯法，为袁绍重要亲信审配收杀之，许攸恐牵连自己，遂改换门庭，投奔曹操。据说，曹操闻许攸来降，高兴得连鞋也顾不上穿，光着脚丫就跑出门去迎接，抚掌大笑道："子卿远来，吾事济矣。"曹操断定许攸会给他捎来葬送袁军的绝密情报。果然，两人一坐下，许攸便问曹操："袁氏军盛，何以对之？今有几粮乎？"曹操不愿泄露军机，诓答："可支一年。"许攸不信，曹操又敷衍他："可支半年。"许攸见曹操不吐实话，反问道："足下不欲破袁氏耶？何言之不实也？"曹操料许攸知道实情，便说："向言戏之耳。其实可一月为之，奈何？"许攸见曹操讲了真话，便道出了破袁天机："公孤军独守，外无救援，而粮谷已尽，此危急之日也。袁氏辎重万余乘，在故市乌巢，屯军无严备，若以轻兵袭之，不意而至，烧其积聚，不过三日，袁氏自败也。"[①]曹操顿时大喜，亲自率领精骑五千人，衔枚缚口，夜从间道出，人抱束薪，急趣乌巢，围屯大放火，袁营惊乱，大破之，尽燔其粮谷，斩杀袁绍运粮官、大将淳于琼。当曹军袭击乌巢的消息传到袁绍大营时，众谋臣、将士议论纷纷，各说不一，大将张郃看出了粮食对袁军生死存亡的重要性，坚决主张火速出兵救乌巢，他说："曹公兵精，往必破琼等；琼等破，则将军事去矣，宜急引兵救之。"[②]

　　① 《三国志·魏书·武帝纪》。
　　② 《三国志·魏书·张郃传》。

但袁绍不听，反而派兵直攻曹军大营，曹营坚固不能下，这时乌巢被毁的消息传遍袁军，全军将士皆惊惧，因之惊扰大溃，曹军一举赢得了全局的胜利。

在官渡之战的全过程中，论军队兵力人数，曹不如袁；论武器装备，曹亦不如袁；论战争的相持能力，曹仍不如袁，因为曹军粮食远不如袁军丰盈。面对着强大优势的袁军，曹操一直小心谨慎地坚守营垒，决不轻易同袁军交手，以免白白耗费兵力。在整个官渡之战中，曹军主动出击的次数，总共才两次，但是这两次都同粮食紧密相关，并且两次出击的目的都是以烧毁袁军粮食而不是以歼灭敌方兵力为主要目的。因为曹操深知粮食对军队生存的极端重要性和依赖性，没有粮食的军队，是不能打仗的军队；再强大的军队，一旦没有饭吃，它的战斗力就会顷刻瓦解。假如不是许攸来降，假如袁曹双方再相持一个多月，假如曹操在短短的两个月内，不是两次，而是只有一次烧毁袁军粮草，那么，极有可能官渡会战的胜利者，就不是曹操，而是袁绍。

从袁绍一方来看，他基本上没有大的过失，在双方相持的半年中，袁绍一直掌握着战争的主动权，破绽露得不多，战略战术也基本上运用得当。袁绍既不怕正面交锋的阵地战和野外会战，因为他兵多将精；也不怕坚壁守营的消耗战，因为他粮草充足。无论是战是拖，都对袁有利，而于曹不利。可是，在最后的关键时刻，袁军粮草却不幸连续两次被烧。如果说，第一次被烧是疏于大意的话，那么第二次则是疏于用人不当，乌巢粮屯守兵万余，不可谓不多；督运官淳于琼乃河北名将，不可谓不威；可惜"将骄卒惰"，空隙为曹军所乘，铸成全军溃败的大错。又由于袁绍的大本营远在邺城（今河北临漳县一带），距官渡前线有400里之遥，补给线太长，相当于曹军长度的两倍。补给线过长，势必造成运输困难（这就不难理解为什么袁军一次性运粮到官渡前线不是数千车，就是万余车），所以粮草一旦被曹军焚尽，军队就只有陷于两难选择之厄运：要么投降，要么溃散。据说，在官渡之役末期，曹操曾坑杀了投降曹军的数万士兵。对此，历来史家颇有啧言，说曹操过于残酷。我细思之，觉得此乃实为曹操不得已之举。试想：曹操本身粮食有限，一下子过来这么多要饭吃的降兵，他那里招架得住，他养得起吗？养得了多久？曹操肯定养不起，但他又不愿意把降兵放回去壮大敌人，所以只好全部坑杀。恐怕就是换上别人，也得这么干。在这里，粮食的制约作用，又一次影响了曹操的决策。

　　综上所述，我们从中看出，不是靠曹操军队的勇猛战斗力打败了袁绍，而是靠粮食摧垮了10万袁绍大军。

二、赤壁之战与补给线

　　传统的看法认为，赤壁之战也是三国史上一次以少胜多的著名战例，说是只有3万人马的孙刘联军打败了拥有号称83万的曹操大军。然而，根据我研究的结果，赤壁之战并非是这副模样，我曾将我的看法，写成《赤壁之战辩》一文，后刊登于 1981 年 3 月 31 日《光明日报》史学专刊上。我至今还是认为，赤壁之战并非一场大战或历史性的战役，它只是一场小战，是 5000 曹军快速部队与 3 万人马的孙刘联军打的一场遭遇战；由于初战不利，曹操便烧船自动撤退了。过去我仅是从史料的分析中展开研究，现在我们再从军事学的角度进行辨析，就更清楚了：曹操赤壁失利不是由于孙刘联军的东风和火攻，而是由于军队遇疾疫和后勤补给线过长的缘故。

　　造成曹军补给线伸得过快、过远、过长的原因，主要有两个：一是客观的军事形势迅速变化，需要及时抓住战机。曹操南征荆州之前，针对刘备、孙权亦对荆州怀有不轨之心的蠢蠢欲动，就与群臣商议，制定出了"显出宛、叶，间行轻进，以掩其不意"的军事行动方针。如果曹操不采取迅捷的反应，那么卧榻之侧的刘备和近在身边的孙权就完全有可能抢在曹操之前占领荆州；二是曹军追击敌人的速度太猛。曹操抢占荆州时，刘备近在咫尺，竟一点没有觉察；鲁肃假借吊丧刘表之名，实为侦察之动机，前往荆州。他到夏口时，听说曹军已往荆州，再至南郡，又传来刘琮投降，曹操占领荆州的消息，可见曹军进军速度之快。尔后，曹操又唯恐刘表屯集在江陵的军实被刘备夺走，立即组织五千精骑，追歼刘备，一日一夜行三百里。曹军占领江陵后，因为没有抓获刘备（他在当阳时斜向东逃），曹操又率领精骑部队舍马登船，顺江东下，继续追歼刘备。曹操以为五千人马足以对付狼狈逃窜的刘备等人了，但曹操绝没有料到，在这紧急关头，孙权同刘备为了共同的利益，已经迅速结成联盟，并且孙权决定派周瑜率兵 3 万支援刘备抗曹。待曹操率领 5000 快速部队在赤壁地区突然碰到意想不到的孙权水军时，方才感到自己正处于严重不利的位置，即因进军过快过猛，使得补给线伸得太远太长，缺乏必要的后勤保障，同时曹军快速部队的士兵因连续多日作战，疲惫不堪，又赶上夏季炎炎，使得许多人染上了传染病，军队丧失了战斗力而又得不到及时的补充。相反，孙吴水军处于内线作战，后勤基地近，补给线短，兵力密度大，几乎所有优势都在他们这一边。在这种形势下，曹操的选择只有一条：烧船自退，被迫撤出荆州东部地区。

可是，周瑜并未罢休，他率军西上，围攻荆州重镇江陵。当时江陵由曹操大将曹仁镇守，这里的曹军似乎没有受到疾疫的传染，战斗力颇强，多次打退周瑜的攻击。从曹仁部队的战斗热情和意志来看，守住江陵是完全没有问题，但曹操考虑到江陵远离己方后勤基地，若要保住江陵，就必须维持一条强有力的补给线，但这条补给线又很容易被周瑜切断，陷曹仁于围困之地。具有丰富军事经验的曹操干脆又撤出曹仁军队，进一步缩短防线，化被动为主动，正如阮瑀在《为曹公作书与孙权》一文中所说的："昔赤壁之役，遭离疫气，烧舡自还，以避恶地，非周瑜水军所能抑挫也；江陵之守，物尽谷禅，无所复据，又非瑜之所能败也。"从当时情况判断，这是实话。

可见，在赤壁之战和江陵之战中，曹军不是输在战场上，而是因没有可靠的后勤保障和牢固的补给线所致。

三、夷陵之战与补给线

其实，摊开地图一看，稍有军事常识的人就明白刘备在夷陵之战中是必败无疑的事。你想想看：从奉节到夷陵，约七百里长，沿途全是崇山峻岭，高峡深谷，一不利于行军作战，二不利于转运军粮，可刘备军队居然沿长江南岸缘山截岭，步步推进，处处结营，"树栅连营七百里"。这种行军作战的方式造成了严重的恶果，即后勤补给线伸得实在太长，又实在太细。蜀军出峡时拥有 4 万人马，行军 7 个月，才抵夷陵城下，为了维持这长长的补给线，沿途需要扔下多少士兵？这样蜀军到达夷陵时，他们的冲击力还能剩多少？究竟还有多少士兵可以继续战斗？蜀军在夷陵一带同吴军相持了近半年之久，这么多的士兵，这么长的补给线，已经超过了蜀国所能承担的负载力，它又怎能不被拖瘦、拖疲、拖垮?！即使在现代的今天，任何一个游历过三峡的人，都会触景长思：在如此险恶的地理环境里，要想维持住 700 里长的补给线，依当时蜀国的经济基础和经济力量，那是极其吃力的。虽然刘备为此做了两年多的准备，那也只能支撑短暂的时间；时间稍长，破绽就会露出来了。

陆逊是一位非常聪明的统帅，他一开始就不打算在峡口堵住蜀军，而是有目的地节节退让，连丢巫山、秭归等城。陆逊不在乎一城一地的得失，而是遵循集中兵力，缩短了补给线的原则，从而有效地积聚最大战斗力和冲击力。陆逊明智地看出，在三峡地区建立一条补给线，无论对哪支军队来说，都是一个巨大的包袱，谁背上它，谁就要倒霉。陆逊把夷陵一带定为抗蜀前线，显然也是深谋远虑的一招，他说过："夷陵要害，国之关限。"因为一过夷陵，富饶的江汉平原就展现在眼前，如果不在此地顶住蜀军，那么蜀军就能克服补给线过长的大弊，就地取粮，使军队能够及时地补充能量。

与补给线太长的蜀军相反，吴军基本上处于内线作战，补给线很短。而补给线越短，冲击力就越强，兵力密度也越大，士兵战斗意志也越坚。所以相持越久，就越对蜀军不利。陆逊看出蜀军已被折磨得"兵瘦意沮，计不复生"，便瞅准机会，率领吴军大举出击，一仗就把蜀军打得个落花流水，一败涂地，蜀军一溃就溃回了白帝城。由此可知，对于一个经济实力不很强的国家来说，不允许它在战争期间竭力维持一条负担超载的补给线，因为这样会极大地削弱军队的战斗力，甚至还会使国家的元气大伤。夷陵战后的蜀国，不是在诸葛亮多年的精心调理之下，才得以逐渐恢复过来的吗？

四、汉中争夺战与补给线

曹操与刘备曾经在汉中一带发生过激烈的争夺战，曹操为此还损失了大将夏侯渊，但最后还是放弃了汉中。有的史家评说，这是曹操失败所致。然而，稍为深入分析，就会发现，那种评说失之于肤浅。

　　汉中一带，地处秦巴山区，穷乡僻壤，地广人稀粮少。这一地区，对曹操来说，利害不大，可有可无；但对刘备来说，则是非争不可的，因为"若无汉中，则无蜀矣，此家门之祸"。依曹操的军事才能和魏国的经济实力，曹操是有能力有优势同刘备拼到底的。然而，要做到这一点，就必须在汉中留下一支数量强大的兵力和一条长长的强有力的补给线，但曹操又觉得汉中好比鸡肋，"食之无味，弃之可惜"，得到汉中，意思不大；守住汉中，又不划算；丢掉汉中，又有点可惜。思来思去，曹操最后还是决定把汉中扔给刘备。

　　曹操这一决定的正确性，直到多年以后，才显示出来。诸葛亮六出祁山，北伐中原时，也是经过这一地区。如同曹操当年一样，这一地区也把诸葛亮给坑苦了。后来的历史学家们注意到，诸葛亮每次北伐出兵，但每次都是因为粮尽而退兵。当时蜀军的粮食和给养都是从成都平原运送到剑阁，再由剑阁转运到祁山前线，这样千里运输，势必造成费时耗工，既不能保证数量，也不能保证及时。蜀军粮少，利在急战和决战，但魏军识破了蜀军的谋略，坚守不出，意在拖累蜀军，故蜀军每次北伐差不多都是无功而还。为了解决山区运粮的巨大困难，为了让更多的辎重兵转为战斗兵，诸葛亮殚精竭虑，设计和制造出了木牛流马，但从效果上看，似乎收效不大，未能解决根本性问题。如果说，千里补给线曾经比秦巴山区还要厉害地阻止了曹操巩固汉中的军事行动；那么，它也同样地造就了诸葛亮北伐中原的失败。

五、三国时代战争与战略的一般规律

事实上，类似以上那种因没有粮食和缺乏后勤保障补给而败溃或自退的战争，在三国时代的战争史上，还有许多例子。譬如，刘表在同袁术争夺荆州时，刘表进逼南阳，切断了袁术的粮道，造成袁术主力不战自溃；曹操同吕布争夺兖州时，有一次因为双方都缺乏军粮，无力继续作战，双方悻悻地各自罢手，还有一次也是因为缺粮，曹操军队全靠吃人肉过日子；[①] 袁绍军队在河北时，曾一度缺粮，只有采摘桑葚充饥；[②] 曹操进攻张鲁时，亦曾一度因缺粮而想罢兵；……当时许多军阀的军队往往不是被敌人打败的，而是因为自身无粮，不能维持军队凝聚力，就"瓦解流离，无敌而自破"。

由此可见，在三国时代，粮食和后勤补给对于战争和战略是极其重要的，它不仅规定着战争的规模和战役的力度，而且还制约着军事家们的战略决策和战斗目标。谁违背了这条法则，谁就会在战争中失利，吃大败仗。

三国时代的军事家们从丰富的军事实践中，提炼出许多具有指导意义的战争经验和军事理论。曹操在《孙子注·虚实篇》中，曾认为断敌粮道，乃攻战之要，他指出攻敌的三个要害之处是"绝其粮道，守其归路，攻其

---

① 《三国志·魏书·程昱传》注引《世语》。
② 《三国志·魏书·武帝纪》注引《魏书》。

君主也"。曹操把切断敌人的补给线摆在首位，他本人就是善于断敌粮道的军事专家。诸葛亮曾指出："粮谷，军之要最。"① 武乡侯也同样把粮食置于最高地位。孙权父亲孙坚认为：粮食在战争中非常重要，只要切断敌人的粮食供应线，定能取得战争的胜利，他曾说过："贼城中无谷，当外转粮食。坚顾得万人，断其运道，将军以大兵继兵，贼必困乏，走入羌中，并力讨之，凉州可定也。"② 魏国名将王基在总结蜀国大将姜维北伐失败的原因时，指出：姜维败在军队没有建立补给线，缺乏保障，致使全军覆没，他说："昔子午之役，兵行数百里而值霖雨，桥阁破坏。后粮腐败，前军悬乏，姜军深入，不待辎重，士每饥饿，覆军上邦。"③ 另一魏国名将辛毗也认为，国家无粮存，行军无粮吃，就不能打胜仗，他说："国无囷仓，行无裹粮，天灾应于上，人事困于下，民无愚智，皆知土崩瓦解，此乃天亡尚之时也。"④

　　既然三国时代的军事家们充分意识到军粮对于战争胜负有极大的影响力，那么，他们就必须想尽一切办法来解决军粮短缺的重大难题。最先发现新招的是曹操，他在自己的辖区大力倡导和开展大规模的屯田运动。经过几年的努力，曹操基本上解决了军队吃饭难的问题。由于缺粮和粮食来之不易，曹操非常爱惜庄稼和粮食，史称：曹操

---

① 《诸葛亮集·与陆逊书》。
② 《廿一史战略考·东汉》。
③ 《三国志·魏书·王基传》。
④ 《三国志·魏书·辛毗传》。

"尝出军，行经麦中，令士卒无败麦，犯者死"。① 曹操不仅在后方屯田，后来也发展到在前线屯田。军队前线屯田至少有两大好处：一是平时训练和生产，战时集中打仗，军队亦农亦军，两方面结合起来，既锻炼了军队，又减轻了中央的负担；二是可以缩短补给线，免除长途运输之劳苦，抽出更多的壮丁去充当战斗兵，减少辎重兵和后勤人员。在三国时代，军队为了保障补给线的畅通和安全，曾投入相当的兵力。袁绍在官渡之战中，单是负责押运和保护军粮的士兵就有一万余人，平均每七名士兵中，就有一名辎重兵，足见维持补给线的负担是何等的沉重！补给线越长，负担就越重，包袱也越沉！当时其他军阀见屯田很有成果，亦纷纷效尤，孙权在合肥前线，诸葛亮和姜维在汉中前线，也进行过不同程度、不同规模的屯田。

现代西方著名军事学家利德尔·哈特在其名著《战略论》一书中，根据西方近现代大量的战争事例，总结出一条著名的原则，即间接路线战略。所谓间接路线战略，就是不用"直接位"去进攻敌人，也不是单纯地强调"集中优势兵力"，而是采取间接路线，攻击敌人的指挥系统或后勤保障系统，摧毁敌人的稳定性，从而使敌人在心理上和物质上丧失平衡，最后彻底打败敌人。第二次世界大战中的德军名将隆美尔在北非战役中，曾巧妙地运用间接路线战略，时而大退，时而猛进，时而穷追，一度打得数量上和装备上占绝对优势的英军丢盔卸甲，险些进

---

① 《三国志·魏书·武帝纪》注引《曹瞒传》。

抵尼罗河。同样，英美联军亦曾运用间接路线战略，对法西斯德国实行大规模的战略轰炸，旨在瘫痪敌人继续战争的能力，摧毁敌人的战斗意志，逼使敌人尽快投降。有趣的是，当我们把西方现代军事学家总结出的间接路线战略拿去考察和审视三国时代的战争及其一般规律时，发现它们二者之间非常相似。曹操在官渡之战中，尽量避免同袁军直接决战，却千方百计地烧毁了关系 10 万袁军储存的粮食，不正是起到了使整个袁军在心理上和物质上都丧失了平衡，从而导致袁军全面崩溃的巨大震撼作用吗？吕布同曹操交战时，陈宫建议吕布用游骑去切断曹操粮道，使曹军给养补充困难，这样"不过旬日，操军食必尽，击之可破"，[①] 不也是间接路线战略的充分体现吗？由此可以看出，我们的祖先是何等地聪敏和智慧，他们早在三国时代就已经结晶出这条天才的军事法则和军事理论，并把它经常地运用到军事实践之中去了——难道我们还不应当为他们超前的军事战略感到特别地骄傲和自豪吗？

---

① 《三国志·魏书·吕布张邈臧洪传》。

长沙走马楼简牍与
三国时代书写材料[*]

1996 年长沙走马楼三国简牍的发现轰动了整个学术界。然而，这批简牍所蕴涵的学术价值尚有待于专家学者们逐步地解读和揭示。笔者拟从传播学的角度，窥探这样一个问题：既然纸张早在西汉时期就已经诞生，为何在此后 400 年之久的三国时代，作为社会上经常使用和流通的书写材料，仍然是简牍和纸张并存？它们当中究竟谁唱主角？

一

从有关古籍的记载中获知，三国时代的书写材料主要有纸、简、牍、帛等，其中记载最多的当是简牍（木简、竹简、木牍的统称），其次是纸张，再次是帛书。这种排列秩序，或许是现实状况的真切反映。在三国时代，简牍

---

[*] 原载 1997 年 10 月 7 日《光明日报》。

的使用范围是相当广泛的。试证如下：（1）用于军队士兵的花名册。曹植《白马篇》诗云："名在壮士籍，不得中顾私。捐躯赴国难，视死忽如归。"这里所说的"壮士籍"，即是兵卒名册，指在大约一尺二寸的简牍上详细记录士兵的姓名、年龄、籍贯、相貌等。（2）用于皇帝诏令。《三国志·魏三少帝纪》注引《汉晋春秋》曰："帝乃出怀中版令投地。"版令即是书于简牍上的诏令。（3）用于官吏作文奏事。《三国志·曹植传》注引《典略》曰："尝亲见执事握牍执笔，有所造作。"又《三国志·张既传》注引《魏略》曰："自惟门寒，念无以自达，乃常畜好刀笔及版奏，伺诸大吏有乏者辄给与，以是见识焉。"（4）用于官吏之间的通信。《三国志·谯周传》曰："咸熙二年夏，巴郡文立从洛阳还蜀，过见周。周语次，因书版示立曰……。"又《三国志·崔琰传》曰："时未立太子，临菑侯植有才而爱。太祖狐疑，以函令密访于外，惟琰露板答曰……。"这里的"书版"和"露版"均是指用于通信的简牍。（5）用于军情急书。《三国会要》曰："魏武奏事，边有警，辄露板插羽以檄，急之意也。"又《三国志·董昭传》曰："昭厚之，因用为间，乘虚掩讨，辄大克破。二日之中，羽檄三至。"又曹植《白马篇》诗云："羽檄从北来，厉马登高堤。"颜师古对"羽檄"的解释是："檄者，以木简为书，长尺二寸，用征召也。其有急事，则加以鸟羽插之，示速疾也。"这里的"羽檄"和"露版"实际上都是一回事，其书写材料均用简牍。（6）用于书籍誊抄。《三国志·钟会传》注引

《博物记》曰:"蔡邕有书近万卷,末年载数车与粲。"又《晋书·张华传》称张华"雅爱书籍",某次搬家,仅书籍就"载车三十乘"。蔡邕和张华分别是东汉末年和西晋王朝的著名学者,既然他们的书籍搬迁需要动用这么多车,这就从一个侧面证实,夹在这两个时代之间的三国时代,其书籍的书写材料,恐怕大多或主要也是简牍。

此外,长沙走马楼简牍的发现还证明,不但经济类文书常常是写在简牍上,而且许多未削治篾皮的短简,其主要用途也是用来记载户籍内容。这些实物,从不同的角度补充了现代人们对简牍的认识,从而更加清楚和丰富了简牍的使用范围。并且,它们同历史文献的记载相互印证,相互弥补,共同支撑着前人记录的可靠性、准确性和权威性。

虽然纸张在三国时代也被使用着,但其使用范围有限,一般来说,它主要用于高级、庄重和礼节性场合。试证如下:(1)《三国志·魏文帝纪》注引《吴历》曰:"帝以素书所著典论及诗赋饷孙权,又以纸写一通与张昭。"按:素书即帛书,这种以丝织品为材料的书写物,价格十分昂贵,非帝王之室和超富之家都不敢使用,故社会上流通很少。曹丕把自己的文章分别抄在帛和纸上,送给孙权和张昭二人,主要是表明一种尊重,因孙、张是君臣关系,故采用了两种书写材料,以示区别对待。这就说明,纸是仅次于帛的奢侈品。(2)《三国志·吕凯传》曰:"都护李严与闿书六纸,解喻利害,闿但答一纸曰……"按:南中豪帅雍闿叛蜀应吴,李严为争取他,专门用纸而不是用简牍写信给他，以示认真和郑重。（3）《三国志·孙权传》注引《吴历》曰："权为笺与曹公，说：春水方生，公宜速去。别纸言：足下不死，孤不得安。"按：孙权和曹操之间的交道属于高层次往来，讲究礼节，故通信不用简牍而用纸张。（4）《三国志·刘放传》曰："帝纳其言，即以黄纸授放作诏。"又《三国志·陆凯传》注引《江表传》曰："臣释纸诏，伏读一周。"按：皇帝的重大决策之内容，一般都用黄纸书写，特显慎重和典雅。

实际上直到西晋年间，纸张仍然是上层社会和富豪家庭中的高档生活用品，未能进入百姓家。《晋书·左思传》亦云：左思为写《三都赋》，"构思十年，门庭藩溷皆著纸笔，遇得一句，即便疏云。……于是豪贵之家竞相传写，洛阳为之纸贵。"请注意，史料特别点明的是由于少数豪贵之家而不是多数平民之家的竞相传写，才引起了纸价上涨。这说明，作为西晋王朝政治和文化中心的洛阳都城，其纸张市场的需求量不大，不然为何一个不起眼的因素，居然可以带动纸价的浮升呢？据说，连当时的著名书法家王羲之练字时都不敢用纸，而是用家中的白布白绢："凡家之衣帛，必书而后练之"，练完字后，再把衣帛拿去染色制服，可谓一物多用。西晋王朝的某些官员还以在私家活动中不用官纸，以此来证明自己为官的清正和廉洁。

综上所述，无论是地上文献的记载，还是地下文物的发现，都证实了三国时代社会上通行的书写材料，应依次列名为简牍、纸张和帛书，而简牍的市场份额占有率大大超过其他。

二

作为书写材料，纸张的优点远远超过简牍，既然如此，我们可以合乎逻辑地推断，简牍之所以在三国时代的书写材料市场上扮演着主角，纸张之所以在这个时代依旧为高档消费品，完全是因为当时的造纸技术尚未成熟到能够满足全社会需求的水平。这个结论大概是比较接近实际的。不过，史籍的某些记载使我们隐约感到，正如事物的发展必然要经过量变到质变的飞跃过程一样，纸张生产技术的革命性变化已经在地平线上出现了成功在即的希望曙光。《三国志·阚泽传》说：阚泽"会稽山阴人，家世农夫，至泽好学，居贫无资，常为人佣书，以供纸笔，所写即毕，诵读亦遍"。会稽距离魏晋时期著名的藤纸产地剡溪（今浙江嵊县）不远。据说，当时剡溪两岸连绵几百里的山上都长满了藤，聪明之士发现这遍地都是的藤可以取代麻来作为纸张生产原料，于是较大规模的批量生产便逐渐地形成了（由生产集群完成）。试想，像阚泽这样一介农夫可以靠抄书来换取纸笔，这说明当地的纸价并不昂贵，而价格不贵的直接原因则又是因为距离产地很近。由此推知，阚泽使用的纸张必是藤纸无疑。

据此，我们更有理由相信造纸史专家的考证：作为纸张生产原料，藤比麻具有更多的优点，生产出的纸张质量更好，因而到鼎盛的隋唐时期，藤纸在江浙地区的生产地已发展到十余处。这样看来，拥有千年历史的藤纸成为当时的名纸和贡纸之一，也就不足为奇了。从科技史的发展眼光看，藤的发现具有相当重大的意义，它不仅开辟了纸张生产的新天地，而且也为以后发现更多的生产原料开阔了思路，同时还为纸张使用的平民化创造了良好的物质条件及基础。

简牍和纸张的角色位置转换大约是在东晋年间完成的。《艺文类聚》记载：东晋大书法家王羲之任会稽令时，当朝太傅谢安向他索纸，王羲之"检校库中，有九万笺纸，悉与付谢公。"数量如此巨大，很可能与会稽地处纸张生产中心有关，同时也说明纸张的普及已经发展到了一个新的阶段。东晋王朝难得知人善任，派遣王羲之这样的书法家出任会稽地区最高行政长官。由于其自身的癖好，他肯定会不遗余力地促使当地的纸张生产增加产量，提高质量，否则他管辖的地区怎么会储存数量惊人的纸张呢？公元403年，东晋权贵桓玄废晋安帝而自立为王，改国号为楚，随即下诏："古无纸，故用简，非主于敬也。今诸用简者，皆以黄纸代之。"（《初学记》）这等于是一道简牍使用的死刑判决令，又是一封简牍由主角降为配角、纸张由配角升为主角的宣示书。自此，纸张开始登上了独领书写材料市场风骚至今的历史舞台，并且它还顽强地渗透于人们日常生活的各个方面和各个角落。

随着现代高科技和多媒体技术的发展，总有一天，纸张也会落入简牍的命运。对此，我们不应怀疑，更不必悲观。何况，这一渐次变更的进程并不影响和妨碍本文对于三国时代书写材料市场的发展给予比较准确的定位：由于生产原料的新发展，造纸技术及其规模和产量正在积聚着和酝酿着新的突破，故此书写材料的发展正处于革命性变化的前夜——简牍即将由书写物而被废除，进而逐渐被人淡忘，变为文物；而纸张即将由奢侈品变为普及品，进而延伸为人们须臾不可离身的日常用品。由此看来，作为革命性变化前夜的书写材料，长沙走马楼简牍不但记录的史料是十分珍贵的，其自身的价值也是十分珍贵的。

三 国 的 魅 力 *

你注意到了吗，在中国历史上，还从来没有任何朝代的历史像三国史这样独特：那么短的历史，却给后朝后代造成那么深远的影响，在悠悠的历史画卷中烙印下那么辉煌的图案；也从来没有任何朝代的人物，像三国人物这样幸运，在狭窄的时空里，拥挤着众多的灿烂群星和传世精英，他们的生平、个性及其经历，为一代又一代的人们如数家珍般地熟悉和评赏，以至于连一些极为普通的将军和官员也居然不可思议地获得了名传千古的荣誉。总之，三国特有的历史风格，赋予了它经久不衰的魅力，宛如一坛陈年美酒，岁月越是久远，散发的醇香就越是浓郁和绵长。

* 原载 1994 年 12 月 19 日《光明日报》史学版。

一、统一的魅力

　　东汉末年，天下分崩；皇权失柄，朝廷播越；群雄并起，中原鼎沸。一个历经近200年统一的政权，在黄巾农民大起义和统治阶级上层相互残杀的双重打击下，迅即坍塌了。从此，作为中华民族政治、经济、文化诸中心的黄河流域地区便陷入了空前的大动荡、大混乱和大分裂之中。割据为王，称霸一方的豪强和军阀，如雨后春笋般地冒出，大者连郡国，中者婴城邑，小者聚阡陌，"家家欲为帝王，人人欲为公侯"。他们相互之间烧杀抢掠，屠城略地，连年攻战不休，正如史书所言，"是时关东州郡，务相兼并，以自强大"。

　　这场极端无序的破坏性极强的大浩劫，给广大人民带来了无穷无尽的灾难和痛楚。曹操因"旧土人民死丧略尽，国中终日行，不见所识"，不禁慷慨生哀："铠甲生虮虱，万姓以死亡；白骨露于野，千里无鸡鸣；生民百遗一，念之断人肠。"（《蒿里行》）面对着这些惨不忍睹、触目惊心的景况，著名的建安七子之一王粲也忍不住低吟道："出门无所见，白骨蔽平原；路有饥妇人，抱子弃草间；顾问号泣声，挥涕独不还。"（《七哀诗》）更有人血泪斑斑地写道："家家有僵尸之痛，室室有号泣之哀，或阖门而殪，或覆族而丧。"（曹植《说疫气》）于是社会良知疾声呼唤统一，人民群众强烈渴望统一。因为他们深知：只有恢复统一的政权，人民才能免除苦难，国家才能井然有序，经济才能发展，生活才能安定，社会才能进步。不错，大混乱的状态常常为有心的人提供了从事政治表演的大好机会。然而，在这个绝妙的政治舞台上，并非人人都是出色的"演员"：有的似过客匆匆一晃而过；有的虚名无实，如守户之犬；有的划境自保，仅恋一隅；有的巧于周旋，以求一逞；有的干大事而惜身，见小利而忘命；有的胸怀大志，腹有良谋，具包藏宇宙之机，吞吐天地之志。一拨接一拨的"演员"砸锅了，下台了，毕竟能在台上站稳脚跟的到底是少数。历史就是这般无情地不断淘汰众多风流，最终显露出真正有本事的英雄豪杰。而正是这些英雄豪杰鲜明地代表着和体现着全社会和全民族的统一意志。是的，追求统一，是他们人生斗争史上最嘹亮的主旋律，也是此后中国所有有作为的政治家的最高政治准则及其行为。

在血与火的残酷磨炼中生存下来并获得发展的曹魏集团、蜀汉集团和东吴集团，尽管他们各自的利益和立场不同，但他们的出发点和落脚点却是惊人地相似，这就是他们都企图依靠自己的力量完成统一中国的大业。诸葛亮六出祁山，表明蜀国决不甘心于坐守天府；而魏国和吴国分别以黄初和黄龙的年号开国（黄色正是五行学说中代汉的颜色），同样说明他们也不愿意做偏安的霸主，也表达出争取华夏一统的强烈愿望。从积极和进步的意义看，魏、蜀、吴三国之间长时期地相互交兵，并不一定完全是坏事，它无异于向世人庄重宣告，三国鼎立的分裂局面，只是暂时的，而中国统一的目标是一定要实现的。

如果说，在公元前221年前中国非常缺乏统一的话，那么，在此之后，统一的理想和观念已作为遗传基因深深地嵌入到我们民族的意识之中而不可动摇，成为中华民族宝贵财富的重要组成部分，成为中华民族最强大的政治内聚力的体现，并因此而享有永恒的魅力。三国史的分、合过程，便是其生动而有力的诠释。

二、人才的魅力

按照某种说法，假如从中国道德和文化的角度审视，三国时代曾荣幸地诞生了中国出类拔萃的3位顶尖级人物，即武圣关羽、智圣诸葛亮和奸雄之首曹操。然而，倘若以科学的历史观来权衡，这种评价显然是失准的和不准确的。因为历史学家盖棺定论历史人物，不能仅凭感情的起伏和眼泪的容量，而主要应该依据历史人物的政绩和贡献来评估其在历史进程中的作用，并给予恰当的位置。

的确，三国时代人才济济，星光闪耀，故此三国的竞争，说到底还是人才的竞争。谁拥有出色的人才，谁就能在错综复杂、你死我活的较量中获得优势，夺取成功的王冠。

毫无疑问，较之蜀汉和东吴集团，曹魏集团拥有更多和更优秀的人才，可谓谋臣如雨，猛将如云。也许有人认为，这是曹操"挟天子以令诸侯"、具有极大政治优势的缘故。其实不然，问题的关键在于：挟天子就能令诸侯吗？如果此举行得通的话，为何汉家天子被董卓及其部将李傕、郭汜等人玩于股掌达6年之久，却没有几个人听他们的呢？董卓不是因此而反倒成为关东十八路诸侯讨伐的罪魁祸首吗？曹操迎汉献帝都许之后，并没有顿生扬眉吐气的感觉，袁绍自恃"据山河之固，拥四州之众"，根本不理曹操的"令"，官渡之战时，曹操属下的郡县纷纷投降袁绍，曹操营垒里的许多官员暗中同袁绍联络感情，通报信息，各地实力派首领对袁、曹之争大都保持中立，首鼠两端。可见，曹操挟天子不假，但令诸侯却着实费劲。没有实力，任谁也"令"不起来。

曹操起兵之初，手下人才寥寥，但他的所作所为，让越来越多的人们逐渐看到了他的才干、谋略和度量，并认定他是一位有希望、有能力平定天下的领袖人物，因而越来越多的人才，甚至包括敌对阵营的人才，如荀彧、郭嘉、贾诩等人，都为他的人格魅力所吸引，进而追随于他，"故天下忠正效实之士咸愿为用"，乐意效劳。正如名士杨阜所言："曹公有雄才远略，决机无疑，法一而兵精，能用度外之人，所任各尽其力，必能济大事者也。"值得一提的是，曹操手下的许多重要谋士并不是在他得势时来投靠的，而是在他困难时加入麾下的。在非但君择臣，臣亦择君的三国时代，这就显得更加难能可贵了。此外，曹操本人也思贤若渴，曾三下"求才令"，主张唯才是举，大力网罗人才。另一方面，曹操还能够大胆使用人才，不念旧恶，用其所长，使"贤人不爱其谋，群士不遗其力"。史称：曹操"知人善察，难眩以伪，拔于禁、乐进于行阵之间，取张辽、徐晃于亡虏之内，皆佐命立功，列为名将；其余拔出细微，登为牧守者，不可胜数，是以创造大业。"确实，像曹操这样一位集大政治家、大军事家和大文学家于一身的杰出人物，在中国历史上，是屈指可数的，在三国时代，更是无出其右者。

三国之中，蜀国最先灭亡。究其原因，很大程度上在于其不会使用人才。蜀国统治阶层中，占主导的是刘备从荆楚带来的人士，所谓"豫州入蜀，荆楚人贵"，其次是刘璋留下的东州人士，再就是本地的益州人士。经过多年的战争，荆楚和东州人士消耗很大，可是，刘备等人却又不敢大胆选拔和重用益州人士，因为益州人士排外心理强烈，深恐他们借机发展势力，难于控制，故对益州人士虽使用但不重用。这条致命的干部路线，使诸葛亮及其继任者选拔人才的范围余地越来越小。从《三国志·蜀书》的记载上看，把持蜀国最高权力机构的几乎全是外来的荆楚和东州人士，而益州人士绝对进入不了决策圈，只能充当徒有虚名的大夫或者中层干部而已。由此看来，不是蜀国没有人才，而是它的最高统治者不敢放手使用益州人才。一个政权不能大量延聘人才，焉有不亡之理？

三国时代人才自由流动的环境和氛围，为人才选择各自认准的明主，尽最大努力地发挥和施展才能，实现自我价值，创造了极好的契机。怪不得清人毛宗岗曾格外赞叹三国的人才景观："炳炳磷磷，照耀史册。殆举前之丰沛三杰、商山四皓、云台诸将、富春客星，后之瀛洲学士、麟阁功臣、杯酒节度、砦市宰相，分见于各朝之千百年者，奔合辐辏于三国之一时，岂非人才一大都会哉！入邓林而选名材，游玄圃而见积玉，收不胜收，接不暇接，吾于三国有观止之叹矣。"诚哉斯言！

三、智慧的魅力

三国者，乃古今争天下之一大奇局也。

争衡于天下，不仅需要斗勇斗狠，更需要斗谋斗智，善于审时度势，运筹演谋。三国的产生、形成和发展过程，在这方面表现出来的严酷和激烈程度，尤为精彩纷呈，威武雄壮。

曹操、刘备、孙权的起点最初都不高，名次也不靠前，但他们依赖自身奋斗，各自充分施展韬略，终于由小到大，转危为安，以弱克强，建立了各自的势力范围。相反，一些原先比他们势力更大、名声更响、也更有希望的人物，如袁绍、刘表之流，却因没能把握住自己，而被历史的大潮席卷出局，成为失败者。袁绍曾问曹操："若事不辑，则方面何所可据？"曹操反问之，袁绍说："吾南据河，北阻燕、代，兼戎狄之众，南向以争天下，庶可以济乎？"曹操则说："吾任天下之智力，以道御之，无所不可。"曹操肯定的"任天下之智力"，就是强调最大限度地调动臣属的智慧，以达到克敌制胜。吴主孙权也表达过类似思想，他说："天下无粹白之狐，而有粹白之裘，众之所积也。……故能用众力，则无敌于天下；能用众智，则无畏于圣人矣。"正因为孙权这般明智聪达，"故能自擅江表，成鼎峙之业"。

固然，三国时代的战争智慧，常常为人们所津津乐道。袁曹官渡之战、吴蜀夷陵之战、曹孙合肥之战、曹刘汉中之战等战役，都是弱势的一方正确地运用战略战术，击退和打败了强势的一方，从中表现出极高的智慧。然而，在我看来，三国时代波澜起伏、风云变幻、气象万千的外交斗争，更具魅力和智慧，也更令后人惊叹和折服。

我们知道，在魏、蜀、吴三国中，魏国是大国，兵强地广，人才众多，占据天下 8/10，而吴、蜀都是小国和弱国，各占其一。面对着实力强大的曹魏，由于惧怕被各个击破，先是孙权借地给刘备，多树曹操之敌，继而吴、蜀两国主动协调，结成同盟，共同抗魏。这样一来，就迫使曹魏不得不在东西两个方向作战，从而分散了兵力，削弱了优势。吴蜀两国的外交家们都正确地认识到：一个小国或弱国单靠自己的力量是难以抗拒大国或强国的，只有命运相连的小国或弱国共为唇齿，相互支持，才能化劣势为一定程度的优势，达到一种均衡格局，保持自身的存在。他们的外交实践也证明，一个小国或弱国在有限的实力基础上，只要善于施展巧妙而高超的外交策略和手段，就等于增强了自己与大国或强国相抗衡的实力地位。

尽管吴、蜀是同盟国，但由于他们各自的战略利益，故而在荆州归属的问题上，发生了尖锐的分歧，进而爆发了严重的军事冲突。关羽被吕蒙袭杀，后刘备率军出峡，又被陆逊打败。此时，为避免两面作战，孙权屈身忍辱，降魏称臣。曹操看出荆州是矛盾焦点，故当关羽从襄樊前线撤军南下时，权衡再三，决定不在背后掩杀关羽，让两位盟友继续自相残杀。司马光为此评论道："曹公不追关羽，陆逊不再攻刘备，其所见固同也，以智遇智，三国所以鼎立。"（《资治通鉴》）

五、中国历史研究及其他

ZHONGGUO LISHI

YANJIU JI QITA

袁崇焕诛毛文龙案考[*]

——兼论毛文龙

对于明朝帝国来说，明思宗崇祯二年（公元 1629
年）不啻是一个政治军事上的双重"灾年"。在这短短一
年里，由于官僚集团内部的摩擦、内耗和举止失措，造成
了两名重要军事将领的相继死亡，从而加速了明帝国的衰
灭过程。这两位将领一为大名鼎鼎的袁崇焕，一为当时名
震朝野的毛文龙。袁崇焕为崇祯皇帝所冤杀，史家早有共
识；而为袁崇焕所诛杀的毛文龙却至今不能得到定论。说
是该杀，属铁案者，有之；说是妄杀，应当翻案者，亦有
之；议论纷扰，各持一据，毁誉不一。之所以出现这种双
峰对峙的分歧局面，我以为这不是缘于史料的判断偏差，
而主要是因为史料的不足带来的。然而，可喜的是，在最
近几年里出版的《袁崇焕资料集录》（上、下）和《东江

---

* 原载《社会科学战线》1990 年第 1 期。

疏揭塘报节抄》这两本书,[①] 为我们研究这段著名的公案提供了不少的新史料和新证据；尤其是后者，它帮助我们澄清了一些有关毛文龙功过是非的重大问题；而毛文龙的功过是非又牵涉到袁崇焕的功过是非。因为要研究明末的政治、军事问题，则不可不提及袁崇焕；而要研究袁崇焕，则又不可不提及毛文龙。因此，弄清毛文龙被杀一案是否属于冤假错案，就显得更有价值和意义了。

根据我所研究的结果，毛文龙确系为袁崇焕所妄杀。现在，我将看法阐述如下，以求教于大方之家。

一、毛文龙功不可没,十二大罪不能成立

明崇祯二年六月，明督师袁崇焕以阅武为名，泛海来到毛文龙辖下之双岛，邀毛文龙观将士射。在双方会见中，袁崇焕以突然袭击的方式当场逮捕了毛文龙。时毛文龙倔强抗辩，袁崇焕厉色叱之，历数毛文龙罪状，道："汝有当斩十二大罪。夜郎自据，专制一方，罪一；冒功欺君，无汗马之劳，罪二；牧马登莱，无人臣礼，罪三；兵马钱粮，不经查核，每岁侵克数十万，罪四；私开马市，潜通岛夷，罪五；命姓赐氏，不出朝廷，走使舆台，滥给扎付，罪六；劫掠商船，身为盗贼，罪七；部将之女，收为姬妾，民间之女，没入为奴，罪八；逃难辽民，

禁勿渡海，令掘参，饥死岛中，草菅民命，罪九；拜魏忠贤为父，迎冕旒像于岛中，罪十；铁山辽人，逃窜皮岛，掩败为功，罪十一；开镇八年，不复寸土，观望养寇，罪十二。"① 袁崇焕列举的这些罪名，当然足以制毛文龙于死命。然而，规范的史学研究告诉我们，对于历史上的那些罪名，必须要以历史的和法律的眼光来审视和检验，看看这些罪名是否拥有足够的证据和证词。不然的话，承担罪名的历史"犯人"是不能被随便处死的；即便是已经被处死的，也应理所当然地为他们恢复名誉，还历史的本来面目。

让我们先概略地介绍一下毛文龙其人其事。毛文龙，字振南，万历 4 年（公元 1576 年）正月 11 日生于杭州钱塘的松盛里。此人美须髯，目光闪闪如电，面有瘢，而黑色黡面，虎步，长裁 5 尺 9 寸。毛文龙自幼家境贫困，却不治生产，随母亲寄养于舅舅沈光祚家。舅舅乃万历年间进士，官居山东布政使司。舅舅学问高深，给毛文龙授经生业，但毛文龙厌之，不想学。舅舅家有一位客人懂孙吴兵法，文龙求其书谛视，顿觉心中一亮，自此好谈兵事。曾与好友饮于酒楼，酒酣时拍案大呼道："不封侯，不罢休！"② 众人皆哂笑之。30 岁那年，毛文龙闻边事日棘，便北入燕中，密走关宁，觇其山川形势，拊髀咨嗟，企图寻求展才机会，然卒无可如何。③ 舅舅探知侄儿的兴趣和

① 《明史纪事本末·毛帅东江》。
② 毛承斗辑：《东江疏揭塘报节抄》，浙江古籍出版社 1986 年 6 月版，第 210 页。
③ 毛承斗辑：《东江疏揭塘报节抄》，浙江古籍出版社 1986 年 6 月版，第 213 页。

志向所在，有意成全他，便向辽东巡抚王化贞推荐了毛文龙，称赞毛文龙是"奇才也，慷慨多大略，且究心时事久矣，试与之一旅，必能为国效力，成功名"。① 王化贞与沈光祚是好友，遂授毛文龙都司职位，"临出鼓吹，簪以花，亲易其所衣，拱揖上马"。毛文龙当时心情非常激动，感泣叩头，折断身上的革带，发誓道："所不矢死以报国者，有如此带。"② 明熹宗天启元年夏五月，毛文龙受命率军丁197人，涉海三千里，直入虎穴，擒叛将佟养真父子于镇江，一举收复了辽东半岛数百里，顿时引起朝野轰动。当时就有人评论道：清兵强盛，所向无敌。"明无一胜，大清无一负，独将军（指毛文龙）受事后，称稍稍敢仰视。"③ 史称："毛镇当全辽沦没之后，孤军东渡，寄寓海上，招集辽民，襁负而至者，前后数十万，亦小邦所仰藉也。"④ 试想，当明军全线溃败，整个辽宁沦陷于清军之手时，独有毛文龙率军抗敌，并取得胜利，这显示出了何等的气魄和胆略！自此，毛文龙开始了他的东江复兴事业（东江即皮岛，位于西朝鲜湾，今朝鲜民主主义共和国之椵岛。毛文龙大本营驻此）。据明末档案中援引18件塘报的统计，自万历四十八年（公元1620年）十月至崇祯元年（公元1628年）十月，在这8年的血战沙场中，毛文龙献上斩敌首级1100余颗，献俘126人，

---

① 毛承斗辑：《东江疏揭塘报节抄》，浙江古籍出版社1986年6月版，第213页。
② 毛承斗辑：《东江疏揭塘报节抄》，浙江古籍出版社1986年6月版，第214页。
③ 毛承斗辑：《东江疏揭塘报节抄》，浙江古籍出版社1986年6月版，第214页。
④ 《明史稿·朝鲜传》。

缴获马匹、器械近 600 余件、匹。① 这个数字很不完全，
而据毛文龙自称： "数年间，屠杀万余奴，献俘数十
次。"② 明朝政府起初对毛文龙的战功非常满意，说他
"浑身是胆，满腹皆兵"，"好大将材也"。③ 不断地给予毛
文龙赏赐和奖励。凭着多少次"冒生死于锋镝之下"的
战功，毛文龙也由一个小小的都司，迅速上升为练兵游
击、总兵官、平辽将军，左都督，并赐尚方宝剑，成为一
名显赫的方面军统帅。毛文龙还是一位个性鲜明的将领，
据说他用兵甚严，赏罚必信，与士兵同甘共苦，有古名将
风，在部下中享有极高的威望。他自恃身正，不肯买权贵
们的账，"于权要绝不肯馈遗。或送白银千两，须人参八
百斤，公但如其银价报之，故怒之者多，亦以此致祸
焉。"④

　　然而，就是这样一位战功卓著、耿介清操的将领却被
袁崇焕泼了大量污水。对这些污水，我们不能不加以清
洗，还其原貌。袁崇焕列举的罪名，其一说毛文龙"夜
郎自据，专制一方"。这条罪名似乎难以服人，因为对所
有的地方行政长官和军事长官都可以拿这根棍子来打他，
而且可以打得不左不右，正好适中。反过来说，难道袁崇
焕本人在关宁前线的所作所为就不算是"专制一方"吗！

　　罪名之二是说毛文龙"冒功欺君，无汗马之劳"。这

　① 毛承斗辑：《东江疏揭塘报节抄》，浙江古籍出版社 1986 年 6 月版，第 152 页。
　② 毛承斗辑：《东江疏揭塘报节抄》，浙江古籍出版社 1986 年 6 月版，第 152 页。
　③ 毛承斗辑：《东江疏揭塘报节抄》，浙江古籍出版社 1986 年 6 月版，第 123 页。
　④ 毛承斗辑：《东江疏揭塘报节抄》，浙江古籍出版社 1986 年 6 月版，第 212 页。

可真称得上是欲加之罪，何患无辞了。前面列举毛文龙战功的有关数字，姑且不论；《东江疏揭塘报节抄》一书中记述毛文龙无数次战斗过程的细节，暂时不讲；我们再举两件事实加以例证，就能够看出毛文龙曾经是怎样地出生入死，怎样地为明朝帝国的江山流血流汗，为此付出了多么重大的代价。其一，在著名的宁锦大战中，作为偏师的毛文龙部，为明军取得宁锦保卫战的胜利，作出了相当的贡献。关于这一点，连袁崇焕自己也承认确有其功，他说：

"自去年秋，河上遂觑成之虚实，故倾巢入犯，视蕞尔之宁远如杌上肉。至兵过锦右一带，彼不知臣之先行撤入，而谓我畏先逃，故一往无复顾忌，直抵宁远城下。臣又偃旗息鼓待之，城中若无人，彼愈易而并力以攻。孰知臣之厚备而奋击也，出其意外，故措手不及而败走。贼已悉戎之伎俩矣，遂弃其无用之攻具归，而造其能为我害者，如版厚一二寸之战车，革以裹之。……故构囊素台吉，而驱卷各营，且请家丁于沈阳，携之以入犯，为一进不退计。孰知毛文龙径袭沈阳，故旋兵相应。使非毛帅捣虚，锦宁又受敌矣。毛帅虽被创兵折，然数年牵掣之功，此为最烈。"①

毛文龙部为了牵制住敌人，耗兵费将，损失惨重。由此可以断定，假若没有毛文龙偷袭努尔哈赤的辽阳老巢，

---

① 阎崇年、俞三乐编：《袁崇焕资料集录》（上），广西民族出版社1984年4月版，第243页。

捣虚牵制，宁锦大战的结局，还不知究竟会怎么样呢！其二，努尔哈赤病死一事，毛文龙部起到了催命的加速作用。据毛文龙疏报：毛部间谍耿仲明于"八月初二日急归报臣：老奴（指努尔哈赤）背生恶疮，带兵三千，现在威宁堡狗儿岭汤泉洗疮，请臣急发精兵一万，竟可取奴。臣时兵皆饥饿，拍手无声，心痒面热。多方设处，随于本月初四差千总石景选、毛永科带兵150名，前往细探。老奴果背生疮，带兵下营狗儿岭汤泉洗疮。石景选、毛永科兵少粮微，不忍失此机会，即于对岭高山顶上，初十黑夜枪炮喊呐，以寒奴胆。奴贼惊恐，次早上船顺水西去。此石景选、毛永科差回确报也。又差千总毛士德直入沈阳探听内情，归报老奴在狗儿岭病体虚弱，被职差兵枪炮惊吓，死而复醒。十一日急急要归沈阳，上船行至辽阳西古城堡河边，本日午时命绝。此毛士德沈阳探归确报也。"[1] 毛文龙派遣的偷袭部队的枪炮声，给病体虚弱的努尔哈赤以很大的惊吓和恐骇，努尔哈赤不知虚实，身边卫兵又不多，只好拖着沉重的病体匆匆返归沈阳。大概由于又气、又急、又惊、又怕，精神上和心理上极度紧张和恐慌，从而加速了死亡的到来。还要指出的是，毛文龙的这份疏报是迄今为止见到的关于努尔哈赤死因的最详细、最准确的珍贵史料。其他史书都说：毛文龙部予清军"时时袭，有所斩获，颇所功"。[2] 连明熹宗也忍不住称赞

---

① 毛承斗辑：《东江疏揭塘报节抄》，浙江古籍出版社1986年6月版，第82页。

② 阎崇年、俞三乐编：《袁崇焕资料集录》（上），广西民族出版社1984年4月版，第76页。

"毛帅能以孤旅抗敌，劲气不挫"。[①] 毛文龙立下了这么多的战功，作出了这么大的贡献，怎么能视而不见，反说他"无汗马之劳"呢！这不是睁眼说瞎话，又是什么呢！袁崇焕为达到目的，不惜出尔反尔，翻云覆雨，以今天之我打昨日之我，实在有些太过分了。

罪名之三说毛文龙"牧马登莱，无人臣礼"。这里面可能多少有些属实成分，因为毛文龙一向与他的上级领导如登莱抚臣武之望、杨国栋等人关系不和，其原因是毛文龙认为他的上级部门没有发放给他足够的粮饷，反而存心卡他、压他。明朝政府知道这个情况，曾为此多次调解。我觉得，上下级关系之间存在一些摩擦和分歧，这在古今中外的衙门里均属自然的和正常的现象，用不着大惊小怪，更不值得去大张挞伐。

罪名之四说毛文龙部"兵马钱粮，不经查核，每岁侵克数十万"。客观而论，当时说毛文龙"冒饷"的官员，不止袁崇焕一个，还有好些人。朝中大臣多次上疏要求查核和落实毛文龙部的兵员数目，明朝政府确也认真对待过此事，也曾多次派员差官前往东江地区查实。第一次派词臣姜曰广、科臣王梦尹二人，裁定兵员为 15 万人；第二次派饷臣黄中色去落实，黄中色是位比较懒散的官员，他只在皮岛一地逐名点查，而对云从、铁山、昌城、满浦、獐鹿、长山、石城、广鹿、三山、旅顺等地，却根

---

① 阎崇年、俞三乐编：《袁崇焕资料集录》（上），广西民族出版社 1984 年 4 月版，第 57 页。

本不去一一实地核校，反而飘然谢去，凭主观想象裁定数目为 6 万；不久，再派道臣王廷式点阅，更裁为兵员为 2.8 万。而事实上毛文龙在东江八年间，招抚辽民数十万，有兵力 20 万左右，故毛文龙坚持要求上级部门按这个数字发饷，但上级部门不干，坚持按 6 万或 2.8 万兵员的数目发饷，因此双方抵触情绪颇大。袁崇焕等人说毛文龙"每岁侵克数十万"，这个数字耸人听闻，毫无根据。据统计，从天启二年至天启七年间，明朝政府总共发给毛文龙饷银 1050969 两，粮食 1024578 石。① 其中，毛文龙手下差官毛应时等三人借公差之机、之便，一下子贪污了饷银达 44 万两之多，故毛文龙实际收到的只有 50 多万两，这就从根本上排除了每岁侵克数十万的可能。② 毛文龙领取的官粮中，水分也很大，因为当时的官粮是从天津或山东半岛运至东江一带，全靠海船，沿途风大浪急，每年必坏 20 余艘粮船，损失粮食占总数的十分之三四。③ 这就是说，毛文龙实际收到的官粮为 60 万至 70 万石。考虑到运粮船夫们的流离困苦，并企望他们来年再运，毛文龙每次都不得不"出与实收"，把损耗部分也算作实收部分，而这些情况是京城衙门的官僚们所无法知晓的。对于冒饷的指责，毛文龙曾经反击道："职受钺 9 年，苦情敌

---

①　毛承斗辑：《东江疏揭塘报节抄》，浙江古籍出版社 1986 年 6 月版，第 124 页。

②　毛承斗辑：《东江疏揭塘报节抄》，浙江古籍出版社 1986 年 6 月版，第 124 页。

③　毛承斗辑：《东江疏揭塘报节抄》，浙江古籍出版社 1986 年 6 月版，第 124 页。

势，其颠末告之数矣。但责职冒饷，在朝臣终于未明，在职心终于未白焉。夫职危处东江，与敌为邻；其归乡人民，每岁不啻万计，各欲奋臂报泄父兄妻子之仇，图复土地田宅之思。职亦忘迹于将士之分，秉心戮力，以答国恩，以副民望。故兵每称 20 余万，岂职以虚报多数而冒粮饷乎！以兵数定饷，而贪金钱耶！不过图恢辽土而疾呼求应。饷得饷具充足，便可乘机扫穴矣。别无他肠，别无他算，此心付之朝廷，质之鬼神，对之天地者也。"① 真是字字血诚，言言血泪。一般来讲，官员冒饷完全是为了一己私利，是为了自家的享乐和蓄财，可是，在毛文龙死后，人们却惊异地发现：毛文龙"室无赢财"，连一点积蓄也没有，清清白白一身。足见，毛文龙已将他的全部身心和精力都贡献给了东江事业和明朝帝国。

罪名之五说毛文龙"私开马市，潜通岛夷"、"劫掠商船，身为盗贼"、罪名之九说毛文龙"逃难辽民，禁勿渡海，令掘参，饥死岛中，草菅民命"等等。对于这些指责，属实成分也比较多，但是，问题的症结不在于指责本身，而在于毛文龙为什么要那样做！毛文龙曾上疏叫苦道："臣自立镇东江以来，官兵岁日增益，然员名历有定额也；粮饷岁蒙增发，然收放历有实数也。度支告匮，叫呼靡应，通商以济运输之岁诎，鼓铸以资泉货之时艰，屯种以赡老幼之生计。慕义者间有捐输之入，即粒米珍为续

---

① 毛承斗辑：《东江疏揭塘报节抄》，浙江古籍出版社 1986 年 6 月版，第 162 页。

命之膏；罹法者设为赃罚之条，分文必充功赏之实。无论浪费不经，倍切天地鬼神之鉴；即省缩时严，犹怀民膏民脂之悲。"[1] 毛文龙有那么多的难民和兵员，军事后勤的开支又那么大，可朝廷发放的粮饷又相当有限，而要求朝廷增发粮饷又很不现实，并且天启七年以后朝廷几乎完全断绝了东江的粮饷供应，怎么办呢？毛文龙在既要坚持斗争，又不能得罪朝廷，还要养活几十万人口的夹缝中寻找生存的出路，途径只有一条：自力更生。第一，向商人借粮借钱。据查核，自天启二年至七年，毛文龙共欠新旧客商粮货计银二百零七万九千五百二十两四钱五分九厘四毫。[2] 正如毛文龙自己所说："以义取朝鲜粮饷，以信括商贾锱铢。"[3] 第二，开洋通市货，以补不给。史载："其在岛上，日市高丽、暹罗、日本诸货物，以充军资，月十万计，尽以给军赡宾客。"[4] 第三，提倡屯田和鼓励铸钱，提高自我生存能力和补充能力。然而，即使是这样多管齐下，也仍然解决不了毛文龙部的温饱问题。袁崇焕来皮岛时，见岛上"白骨如山"，便由此断定这是毛文龙滥杀无辜。其实恰恰相反，那正是由于粮阻饷绝，造成了大批的

① 毛承斗辑：《东江疏揭塘报节抄》，浙江古籍出版社1986年6月版，第105页。

② 毛承斗辑：《东江疏揭塘报节抄》，浙江古籍出版社1986年6月版，第108页。

③ 阎崇年、俞三乐辑：《袁崇焕资料集录》（下），广西民族出版社1984年4月版，第44页。

④ 毛承斗辑：《东江疏揭塘报节抄》，浙江古籍出版社1986年6月版，第219页。

人员饿死和病死。自天启七年以后，毛文龙部从朝廷那里"粮未得一粒，饷未获一分"，使部众面皆菜色，"啼号疾病，白骨满沟"；① 甚至在崇祯二年三月，部众因无粮无饷酿成一场兵变，幸亏毛文龙及时赶到，立斩鼓噪首领，又许诺朝廷粮饷即来，方才安抚住嗷嗷待哺的部众，平息了哗变。袁崇焕杀掉毛文龙后，下令急从山东半岛调米，② 迅速接济东江，又增发饷银18万两。③ 这些不正说明毛文龙部确确实实是粮饷极其短缺吗？由此可知，毛文龙利用休整时间，搞一些经商行为，完全是正当的，是迫不得已而为之。

罪名之十说毛文龙"拜魏忠贤为父，迎冕旒像于岛中。"究竟有无此事，我以为大可怀疑。据毛文龙疏报说："臣自揣八年异域，百战艰危，朝夕拮据，忌妒丛集，曾无愧心一事。而国栋（即登莱总兵杨国栋）诬臣亦附魏珰，独不忆向者明引曹承恩为捷径，手出尚留臣处，而臣置不答乎！独不思为忠贤称颂功德齐天，请建生祠一疏，尚在御前乎！又独不思皇城岛之独创生祠，金碧辉煌，直令其子杨可任祝发守祠乎！假使臣果欲附珰，岂不能效国栋之为忠贤请建生祠，历上章疏？岂不能效国栋之为忠贤称功颂德耶？"④ 可见，根本就没有毛文龙拜魏

---

① 毛承斗辑：《东江疏揭塘报节抄》，浙江古籍出版社1986年6月版，第112页。

② 阎崇年、俞三乐辑：《袁崇焕资料集录》（下），广西民族出版社1984年4月版，第103页。

③ 毛承斗辑：《东江疏揭塘报节抄》，浙江古籍出版社1986年6月版，第181页。

④ 毛承斗辑：《东江疏揭塘报节抄》，浙江古籍出版社1986年6月版，第116页。

忠贤为父那档子事，其他史书也未见类似记载。倒是袁崇焕为魏忠贤建生祠一事，史家是凿凿有据。《明实录·熹宗朝》卷83曾载："蓟辽总督阎鸣泰、巡抚袁崇焕疏颂魏忠贤功德，请于宁前建祠，赐名'懋德'。"谈迁在《国榷》卷88曾言："蓟辽总督阎鸣泰以巡抚袁崇焕颂厂臣，请祠于宁前，赐曰'元功'。"李逊之在《三朝野记》中说："宁远巡抚袁崇焕疏请建祠辽东，祠名'德芳'，总督阎鸣泰、巡抚梁梦环疏同。"实际的情况是，袁崇焕巴结魏忠贤、讨好厂臣的举止，远远超过毛文龙。既然如此，袁崇焕还有什么脸皮装成一副义正辞严的样子去叱责毛文龙呢?!

　　罪名之十二说毛文龙"开镇八年，不复寸土，观望养寇"。这显然完全不是事实。当全辽兽惊鸟散之时，毛文龙率军收复了辽东半岛及其大小岛屿数十个，连绵三千里，招抚逃民五六十万（一说九十余万），罗致各岛，以为犄角，以南蔽登莱，东联属国，北张雕剿，而成牵制之局。清军曾多次大举犯关，但几乎每次都因毛文龙部乘间捣虚终究不能长驱乘胜，饮恨而归。明朝兵部曾正确地评价毛文龙的功绩和作用，道："数月以来，宁前诸处敌未敢以一矢加遗，诚恐长驱而文龙之议其后也。文龙灭敌则不足，牵制则有余。议者弃文龙如沟中梗，敌一意西向，卷甲疾趋，危关孤垒，奚以御之?"[1] 明朝大臣姜曰广形象地说："建虏之有东江也，犹人身上有蚤虱也。……然则无

---

① 　毛承斗辑：《东江疏揭塘报节抄》，浙江古籍出版社1986年6月版，第193页。

关轻重乎？曰：中国能以夷攻夷，则中国重；夷能以中国攻中国，则夷狄胜。使无东江，则彼得用辽人耕辽土矣。[①] 明朝政府根据东江的地理位置和毛文龙部的军事实力，正确地作出了部署：毛文龙的主要任务是让他牵制住清军西向，骚扰清军后方，并不要求他攻城略地。关于这一点，身为要员的袁崇焕不是不清楚，他曾说过："况毛帅尚欲越旅顺、镇江而问敌于辽，且内臣胡良辅等为监纪，自可无恙。大江上之兵，以出没为奇，不必厚与接战，只一路舳舻相接，毛帅可振，鲜气可张，虏必戒心，而我围自固。"[②] 即使在杀掉毛文龙后，袁崇焕也仍旧坚持认为："东江一镇，牵制所必资"，[③] 既然是牵制，就不能以收复寸土多少来衡量和判定成绩大小，而应当看其是否拖住了敌军。只要拖住了，那就是功劳，那就是胜利。舍此，一切指责不是过于苛求，便是存心刁难。

至于其他罪名，如命姓赐氏不出朝廷、收部下之女作姬妾、逃窜皮岛掩败为功等等，我认为这些罪名的弹性较大，若认真查处，重则当斩首充军；若闭眼抬手，轻则可从宽发落。并且，这些"罪名"在当时的将领里普遍存在着，算不了什么大问题。试问：袁崇焕就没有打过败仗吗？如果吃了败仗就列上一条罪名而杀之，那不知有多少

---

① 阎崇年、俞三乐编：《袁崇焕资料集录》（下），广西民族出版社1984年4月版，第22页。

② 阎崇年、俞三乐编：《袁崇焕资料集录》（下），广西民族出版社1984年4月版，第59页。

③ 《明史·袁崇焕传》。

将领要被杀掉，还有多少人愿意当将军?!

　　综上所述，我认为：袁崇焕列举的十二大罪名不能成立，毛文龙功不可没，彪炳史册，他在明末抗清事业上的伟绩是任谁也抹杀不了，人们也不应将他遗忘。据说毛文龙被冤杀后，"铁山、皮岛俱祠祀公，辽左遗民有挈妻子来，竟无所归，号泣，自尽于祠下者"。① 可见，毛文龙生前深得民心，赢得了辽左人们的钦佩和爱戴。

二、毛文龙被杀原因考

　　史称：崇祯皇帝骤闻袁崇焕矫旨杀掉毛文龙后，"意殊骇"。崇祯虽然对毛文龙也有些看法，但远没有达到必除之而后快的地步，所以对袁崇焕擅杀一方大将，内心里非常不满，但此刻"方倚崇焕，乃优旨褒答"，违心地指示袁崇焕道："毛文龙悬踞，糜饷冒功，朝命频违，节制不受，近提兵进登，索饷要挟，跋扈有迹，犄角无资，卿能声罪正法，事关封疆安危，阃外原不中制，不必引罪，一切布置，遵照教谕，听便宜行事。"②

　　显然，袁崇焕杀毛文龙绝不仅仅是那十二大罪状，那只是浮在表面的东西，其中必有深层的诱因。综合许多史料的记述，情况大致是这样：袁崇焕再度出山后，被崇祯

---

　　① 毛承斗辑：《东江疏揭塘报节抄》，浙江古籍出版社 1986 年 6 月版，第 212 页。

　　② 阎崇年、俞三乐编：《袁崇焕资料集录》（上），广西民族出版社 1984 年 4 月版，第 102 页。

皇帝任命为兵部尚书兼右副都御史，督师蓟、辽、登、莱、天津，移驻关门，又赐尚方宝剑，许其便宜行事。崇祯皇帝对袁崇焕寄予很高的期望，曾问他要多久才能平虏？袁崇焕慨然许诺5年时间，"为陛下肃清边陲"。崇祯听后，非常兴奋。但是，袁崇焕心里明白，要靠战场上的较量来打败清军，5年时间是根本不可能的；可崇祯皇帝乃英明之主，不能随便搪塞和欺瞒。袁崇焕"惧上责效"，决定走与清军秘密讲和的道路。

　　然而，袁崇焕对此又顾虑重重，第一，毛文龙在清军内部养了大批间谍，他会不会打听和泄露出袁崇焕与清军秘密谈判的消息？第二，性格倔强而孤傲的毛文龙能不能听从他的指挥和调度？如果服从，秘密谈判的消息自然不会泄露；如果不服从，就很难说了。① 当初袁崇焕离京赴任时，阁臣钱龙锡曾担心毛文龙"未必可得力"，袁崇焕当即应道："可用则用之，不可用则杀之。"② 此时，袁崇焕杀毛之心已经暗暗伏下。

　　凑巧，在这时发生了一件大事，加快了袁崇焕的行动。史载：崇祯即位后，"文龙亦惮上英明，思有以自立。乃通于清，愿捐金二百万，易金、复二卫地，奏恢复功，邀上赏，已成约矣。"袁崇焕获知这个计谋后，怕毛文龙抢了头功，急忙派人入清，愿出更高的价格，换取金、复二卫地，条件是清军解除同毛文龙的成约。但清军

---

① 《明实录·崇祯实录》卷2云："迨再出陛见日，许上五年复辽；既而惧止责效，欲复修款议；恶文龙扰之，乃决计斩文龙；声言折冲，虑毛文龙泄其计。"

② 文秉：《烈原皇小识》卷2，神州国光社1951年版。

最重盟誓，坚持不可，强之再四，不听，使臣献计袁崇焕道："今唯有斩毛文龙耳，在清不为负约，在我可以收功。"于是，袁崇焕急不可待地直到东江，斩杀了毛文龙。①

在我看来，除上述因素外，还有一些个人的恩恩怨怨，也参杂进去，多种情绪合成一股势力，决定了毛文龙的悲剧。我在翻阅史料的过程中，注意到有 3 个人，曾对袁崇焕决定杀掉毛文龙，施加了重要的不可忽视的影响和力量。这 3 个人是：第一个叫陈继儒。《明史纪事本末备遗》中曾有一段写道："时朝议忧皮岛毛文龙难驭，大学士钱龙锡被命入都，过华亭征士陈继儒，继儒定策请诛文龙，龙锡颔之。至是，龙锡与崇焕言边事，崇焕答以从东江做起。"陈继儒劝钱龙锡杀毛文龙，钱龙锡又将这个意思转达给了袁崇焕。问题是：陈继儒为什么坚决主张杀毛？昭梿在《啸亭杂录》卷 10 中回答了这个疑难，说："毛文龙尝求陈眉公继儒作文，陈邀以重价，毛靳不与，陈深恨之，乃备告董文敏，言毛不法专擅诸状。董信之，崇焕为董门生，任辽抚时，尝往谒董，董以陈语告袁，袁故决意为之"。② 陈继儒看来是个极其奸诈凶狠而又卑鄙无耻的小人，因勒索毛文龙不成，便通过各种渠道和各种关系，施加个人影响，企图加害和报复仇敌。第二个叫徐

---

① 阎崇年、俞三乐编：《袁崇焕资料集录》（下），广西民族出版社 1984 年 4 月版，第 39 页、第 54 页。

② 阎崇年、俞三乐编：《袁崇焕资料集录》（下），广西民族出版社 1984 年 4 月版，第 66 页。

敷奏，此人原是毛文龙手下的低级军官，后因过不惯皮岛的艰苦生活，乘粮饷断绝，人心易摇之际，煽动和裹胁一些将领和 3 万名士兵投奔宁远，为袁崇焕所收留。毛文龙得知后，以此例不可开为由，屡次上疏奏请严处叛将。当时徐敷奏正逃亡在宁远围城中，袁崇焕以守城为名，"抗旨宥而用之，而敷奏恨文龙入骨矣。迨夫逆酋以纳款愚崇焕，而必杀文龙以取信，崇焕以碍款图文龙，而遂引敷奏为主谋"。① 与毛文龙不共戴天之仇的徐敷奏自然是坚决主张除掉毛文龙的。第三个叫周锡圭，此人乃袁崇焕手下门客。周锡圭即将告老还乡，行前自请前往东江进行工作考察。到皮岛后，他自以为是袁督师的客人，毛文龙必不敢得罪他，肯定要厚赂于他。谁知"至则设酒醴长享，无牲，具献不过爵帛，"招待很是一般，连荤菜都没有，令周锡圭大失所望，不免怀恨在心，回去便状告袁崇焕，说毛文龙"无礼渺督师。"② 请看，陈继儒（通过钱龙锡和董文敏）、徐敷奏、周锡圭这三个人都同袁崇焕有着很深的交情和利益关系，而他们三人同时又都对毛文龙有着很深的敌视情绪和敌对心理，他们成天在袁崇焕身边唠唠叨叨，煽风点火，袁崇焕怎么能对毛文龙有好印象呢？又怎么能不杀机顿起呢？私人的成见和狭隘的报复心态，常

---

① 阎崇年、俞三乐编：《袁崇焕资料集录》（下），广西民族出版社 1984 年 4 月版，第 101 页；毛承斗辑：《东江疏揭塘报节抄》，浙江古籍出版社 1986 年 6 月版，第 201 页。

② 毛承斗辑：《东江疏揭塘报节抄》，浙江古籍出版社 1986 年 6 月版，第 217 页。

常是促使事情向坏的方面加速转化。这个事例再一次证明了一条历史规律：个人的力量往往影响着和决定着历史的进程。

由此可见，毛文龙并未具备"当斩"的条件，他不过是一场精心设计的阴谋的牺牲品，其中既有政治权谋上的考虑，又有个人报复欲火的因素。它是袁崇焕一手制造的一起重大冤案，也是袁崇焕一生中犯下的最不可饶恕的错误。长此，前人早有断语。著名史学家谈迁曾说："袁氏便宜从事，天下闻之，诧为奇举。居亡何而郊原暴骨者如莽，袁氏身膺不道之罚，则杀岛帅适所以自杀也。才非周公，使骄且吝，又中建虏之诱，杀其所忌，能毋败乎？"① 清朝人士任安亦说：及读《明史稿·朝鲜传》，方知"毛帅之冤，乃如铁案。"②

三、毛文龙"通敌"说质疑

有的研究者看出袁崇焕杀毛文龙的证据不足的弱处，便另找原因，论证其该杀。于是有人根据《满文老档》中的一些材料，断定毛文龙是因为通敌，被袁崇焕发现而被杀。③ 这种观点，经过仔细推敲和研究，我认为根本站不住脚。其理由如下：

---

① 谈迁：《国榷》卷90。
② 毛承斗辑：《东江疏揭塘报节抄》，浙江古籍出版社 1986 年 6 月版，第 187 页。
③ 陈生玺：《关于毛文龙之死》，载于《社会科学辑刊》1983 年第 2 期。

第一，毛文龙与清军有深仇大恨。天启四年底，清军曾引诱毛文龙叛逃，条件是"以文龙族属在辽者，俱加优待"，毛文龙不干。结果，毛文龙家族在辽而避右屯者三百二十七口，被敌搜斩无遗。[①] 这么多的亲属被清军残忍地杀掉，他怎能忘掉这奇耻大辱而去投敌呢？不可思议！

第二，毛文龙的成长经历决定了他不可能萌生投敌意识。毛文龙曾针对其政敌杨国栋所说的"叛逆"罪名，愤怒地反驳道："最可异者，仇家启口，动以叛逆二字压臣。臣虽不多读书，见孤媚之徒，贱如犬豕，贪墨之辈，詈骂不禁，往往以此得过。且不审臣家乡是何根蒂，今妻子业已回南，差官赍奏矣。孰无身家？谁少节气？彼潜人者，不过假此以怯愚夫之胆，断不足以柔壮士之肠也。"[②] 在重视家族观念的明代社会，将妻子送还原籍，正是官吏忠于朝廷的坦诚表现。

第三，毛文龙与清军确实有过一段"通好"的交往，但那是毛文龙的计谋，决非投敌证据。崇祯元年（公元1628年）三月十一日，清军派遣可可孤山与马秀才率人6名，[③] 持貂皮14张，前来求和。毛文龙将计就计，将这几名使者软禁在军中，把马秀才放回，要清军派级别较高的

---

① 毛承斗辑：《东江疏揭塘报节抄》，浙江古籍出版社1986年6月版，第201页。

② 毛承斗辑：《东江疏揭塘报节抄》，浙江古籍出版社1986年6月版，第116页。

③ 我怀疑可可孤山即是满文老档里"科廓"，马秀才即是里面的"马事通"。

官员前来商谈，方信真情。毛文龙的真实目的是企图诱绑
清军高参大海，因为"大海乃奴得力中军，行兵作事，
无不出其调度。职意得此大海，断送奴贼一臂"。① 在这
躲躲闪闪的交往中，毛文龙为了骗取对方的信任，肯定要
说一些过头话，譬如"倘若你取山海关，我取山东，从
两方来攻，则大事可立定，我不与你分利，亦不受你牵
制"② 之类的言词。我们对此不必大惊小怪，看得过于认
真。事实上，清军方面从来就未真正相信过毛文龙，毛文
龙也从来没有干过一件令清军相信其诚意的事情。对那几
名使臣，一方面，毛文龙将汉奸马秀才缚出辕门斩首，另
将可可孤山和牛鹿三名俘解至阙，进京献俘。"其馈臣物
件，除白马二匹功赏官丁外，有嵌金马鞍二副，玄狐皂貂
围子各一件，人参十斤，并前貂皮十四张，逐一解进御
前。"③ 另一方面，毛文龙继续哄骗清军方面，说这几名
使者因误入朝廷委派户部饷臣黄中色的船中，而被饷臣立
即抓获，并将使臣和礼物带到北京去了。④ 毛文龙的这个
谎言撒得实在不高明，明眼人一看就知道其中有诈，试思
之：既然是双方秘密讲和，那就应该秘密进行，一切秘密
措施和手段都应配套跟上，怎么可能会发生误入饷臣之船
的事情？清军后来也看出毛文龙并非真心实意，就再也没

---

① 毛承斗辑：《东江疏揭塘报节抄》，浙江古籍出版社1986年6月版，第112页。
② 阎崇年、俞三乐编：《袁崇焕资料集录》（上），广西民族出版社1984年4月
版，第127页。
③ 毛承斗辑：《东江疏揭塘报节抄》，浙江古籍出版社1986年6月版，第115页。
④ 阎崇年、俞三乐编：《袁崇焕资料集录》（上），广西民族出版社1984年4月
版，第127页。

有进一步与之往来。由此可知，毛文龙的求和文书不足为凭，亦不足为信，它只是斗争策略的产物，而不是一心一意的流露。倘若毛文龙真的有心投敌，他就用不着向朝廷详报，也用不着搞"俘解至阙"的仪式，因为俘虏的口供只会对毛文龙不利。毛文龙敢于献俘，正好表明他心迹磊落，忠于朝廷。

毛文龙与清军的交往，曾引起了朝鲜国王的忧虑和关注。国王问侍臣：毛文龙是否投降清军？侍臣断定不会，他分析道："毛将在此，则享公侯之乐，投奴则为一俘虏，必不及李永芳矣。奴贼亦必知文龙之军不可用，岂汲汲于文龙乎？只虑在此，则或为后患。故毛若投降，想必受之而必不优待矣。"① 这个分析可谓入木三分，透彻而在理，从另一个侧面否定了毛文龙通敌投降的可能性。

还有一件事情亦可说明毛文龙的忠诚爱国：毛文龙被杀后，其养子毛承禄弃官还杭州。袁崇焕派人将其抓获，严刑拷打，硬逼他招供毛文龙搞谋叛，企图借此解脱自己擅杀大将的罪名，毛承禄坚贞不屈，在纸上大写"岳家父子"四个字，史称当时"人皆悲愤，崇焕亦变色"。② 如果真有毛文龙通敌之事，其部下决不会鸣冤叫屈，其养子也决不会自诩为"岳家父子"。明末就有人写诗赞颂毛文龙的英雄壮举，其曰："功业已沉沙碛雨，精灵犹锁海

① 阎崇年、俞三乐编：《袁崇焕资料集录》（上），广西民族出版社 1984 年 4 月版，第 162 页。
② 毛承斗辑：《东江疏揭塘报节抄》，浙江古籍出版社 1986 年 6 月版，第 212 页。

门烟；好收战骨鸥夷里，归葬西湖岳墓边。"①

毛文龙死后，部下人心涣散，分崩离析，他们说："大将军要合义旅，跋涉荒陬，出万死以复疆宇，而卒以冤死。我与尔直若几上肉耳，可郁郁久居此乎?"② 毛文龙手下的好几名战将如耿靖南、孔定南、尚可喜等纷纷率兵投降清军，反倒成为摧垮大明江山的功臣。其状可悲也夫！

毛文龙一死，他首倡和苦心经营的牵制之局也随之完结；牵制之局的完结，则从根本上改变了清军被东西两个方向夹击的被动战略态势，从此清军就可以放心大胆地西向，长驱直入华北和北京了。这个结果，也为明朝政府内部关于有无东江必要的争论，做了一个辛酸而有力的注脚。毛氏后代曾痛心地写道："将军虽牵制，仍厚图进取，以邀于成。而关宁诸大臣，见大清兵不即前，忌牵制之劳，疑大清师本易与，无他长，纷纷讲东事，反谓毛帅跋扈不受节制，将有患。又年饥，国帑不给，岛兵多糜饷，于是分关宁、东江为两局。而欲谄东江者，动之糜饷，裁其兵。久之，即谓其帅亦可裁耳，于是恶之者不至去毛帅不止。而不知八年之关宁，亦即八年之东江，以得有是也。"③ 明末的一些有智之士甚至认为，明朝的覆亡是从毛文龙被冤杀开始的。如明朝官员王在晋曾中肯地指出，袁崇焕"中奴之诱，先杀毛文龙，除奴肘腋之患。

---

① 毛承斗辑：《东江疏揭塘报节抄》，浙江古籍出版社1986年6月版，第145页。
② 毛承斗辑：《东江疏揭塘报节抄》，浙江古籍出版社1986年6月版，第220页。
③ 毛承斗辑：《东江疏揭塘报节抄》，浙江古籍出版社1986年6月版，第215页。

己已，虏遂以蓟镇深入，薄都城，舍山海，而以蓟、宣为屡犯之孔道，向使崇焕不使吊通奴，西夷必不叛；夷不叛则西路不可行；不杀岛帅，则奴顾巢穴，必不敢长驱而入犯。"[1] 另一人士也叹道："向使皮岛不亡，朝鲜有助，明命乌得而讫！"[2]

袁崇焕在一场千古奇冤中被斩杀。但不幸的是，他本人也制造了一场千古奇冤。冤案可以平反，但它所造成的巨大损失，则是永远无法补偿的。后来的史学家们虽然不能品尝"冤冤相报，罪有应得"的味道，但也不得不在史册上痛心地写道：

"初，崇焕妄杀文龙，至是帝误杀崇焕。自崇焕死，边事益无人，明亡征决矣。"

---

[1] 阎崇年、俞三乐编：《袁崇焕资料集录》（上），广西民族出版社 1984 年 4 月版，第 232 页。关于袁崇焕中清军之计，妄杀毛文龙一事，该书（下）第 42 页亦载："先是，降将李永芳献策于大清主曰：'兵入中国，恐文龙截后，须通书崇焕，使杀文龙，佯许通辽。'大清主从之。崇焕答书密允，复以告病回籍乃寝。至是再任，思杀文龙则辽可得。"

[2] 毛承斗辑：《东江疏揭塘报节抄》，浙江古籍出版社 1986 年 6 月版，第 187 页。

谭嗣同就义前的精神心理分析[*]

1898 年 9 月 28 日，著名维新志士谭嗣同英勇就义于北京菜市口。他用自己的鲜血，写下了中国近代改革史上最为悲壮的一页。后来的历史学家在评价谭嗣同之死时，认为他那种不怕牺牲的勇敢精神，"远远超出当时维新派的其他人物"。本文所要探讨的不是问题的结果，而是引发结果的原因：为什么谭嗣同在就义前表现得那么从容镇定、大义凛然？究竟是什么精神力量在顽强地支撑着一个赴死的灵魂？

通常的看法是，谭嗣同就义表明了他决心为变法而献身。其根据是：依当时谭嗣同的处境，他本来完全可以躲掉这场杀身之祸的，但他坚不出亡，友人再三苦劝，他慨然答道："各国变法，无不从流血而成；今中国未闻有因变法而流血者，此国之所以不昌也。有之，请自嗣同始。"对这些事迹的真实性和可靠度，笔者毫不怀疑，只

* 原载《广州研究》1987 年第 12 期。

是想在此提示几点：

第一，在当时的维新志士群中，不乏不怕死的好汉。如"戊戌变法六君子"之一的杨深秀，在政变时，不避艰危，诘问光绪帝被废之缘故，并"援引大义，切陈国难，请西后撤帘归政"。[①] 另一"戊戌君子"刘光第也是在政变发生后，自投于狱中。他们的勇敢行为，并不亚于谭嗣同。应该说，关于生与死的问题，对他们这些在极端险恶的政治风浪中奋力搏斗的人来说，早已想通了，悟透了。如康有为当时就说过，"至于我个人的死活，全置之度外。我将尽我一生的时光，为国人效力。"[②] 谭嗣同在事变前 3 个月就对其夫人说过："夫人盖自勉，视荣华如梦幻，视死辱为常事，无喜无悲，听其自然。"他们决不是在大祸临头之时，才决定生死去留的。并且，如果我们单一地突出谭嗣同的就义，而忽视其他维新志士的壮举，势必会损害戊戌维新志士们的群体形象。

第二，面对着死亡而无所畏惧，这是一回事；选择什么样的时机去死，为何而死等，这又是另一回事。谭嗣同献身固然可敬、可嘉，但康、梁亡命日本，亦并非可耻、可鄙。很明显，保存斗争力量，改变斗争方式和策略，并不等于贪生怕死，它比无谓的牺牲更重要、更有价值。实际上，当时一些理智人士就不理解谭嗣同的行为，如陈叔通曾痛心地说："嗣同天才轶荡，为六君子魁杰，未留身

---

① 梁启超：《饮冰室合集》（第一册），上海中华书局 1936 年版，第 101 页。
② 黄彰健：《戊戌变法史研究》，台湾中研院史语所 1970 年版，第 471 页。

以待，惜哉！"① 在他们看来，依谭嗣同之聪明、智慧、才干，怎么能如此地轻率献身，倘若走别的道路，他完全可以发挥更大的作用。

第三，也有人认为谭嗣同不肯出亡的原因，是怕牵连家庭。我认为这个理由很难成立。首先，谭嗣同家庭观念淡漠，一是他长期和继母关系不和，二是妻子属包办婚姻，他一直不满意。何况早在湖南从事新政活动而遭王先谦攻击时，他就表示"杀身灭族"也决不后退。其次，政变后的3天时间内，谭嗣同整天谋划救光绪皇帝，压根儿没考虑家庭，直到谋救无望的最后一刻，才"代父写家书，信中无非痛戒其子如何如何，以见父教子之严"。信刚写完，缇骑已至，遂被捕。假设谭嗣同真怕连坐家庭，他早就应该写好这封信了。不至于拖到被捕前的最后几分钟完成。总之，家庭的牵连，并不是影响谭嗣同是否出亡的主要原因。

归纳上述，我不否认谭嗣同献身确实很英勇，但是，对谭就义的看法，以往的解释显然是不全面和不准确的，缺乏深层次的分析和探讨。因为同时的人中，如康有为、梁启超、杨深秀、刘光第等也曾达到与谭嗣同同等水平的精神境界，他们之间的唯一差别是，有的就义，有的亡命海外——而亡命者并没有被慈禧太后的屠刀所吓倒，他们继续在国外从事斗争，反抗现政权。问题的关键在于：早就在思想上完成了随时为变法而献身之精神准备的谭嗣

---

① 《谭嗣同全集》，中华书局1981年1月版，第550页。

同，为什么偏偏选择在戊戌政变之时，而不选择别的时机；偏偏选择坐以待捕的方式，而不选择别的更激烈的斗争方式去英勇献身呢？我认为，谭嗣同的献身壮举，主要是为了卸掉沉重的精神负担，以求得心灵的解脱。毫无疑问，它是在高尚的政治情操和至上的伦理观念双重轮子的强烈驱动下完成的。可以说，谭嗣同选择的"死路"，是他自认为找到的一个最好的和最圆满的归宿。

让我们用历史事实来加以说明吧！

1898年9月14日，光绪皇帝召杨锐入宫，赐康有为等人密诏，云："朕惟时局艰难，非变法不足以救中国，非去守旧衰谬之大臣，而用通达英勇之士，不能变法。而皇太后不以为然，朕屡次几谏，太后更怒。今朕位几不保，汝康有为、杨锐、林旭、谭嗣同、刘光第等，可妥速密筹，设法相救，朕十分焦灼，不胜企望之至。"康有为等人见后，捧诏大哭，六神无主，束手无策。在这紧急时刻，谭嗣同建议，"密谋招袁世凯入京，用所部新建军，围颐和园，以兵劫太后，遂锢之"。①康有为顿时大惊，"执嗣同手，瞪视良久"，说："母后固若是，其可劫耶？"嗣同说："此兵谏也。事成，请自拘于司；败，人有行之者矣。"②谭嗣同的这个主意，的确是冒天下之大不韪，康有为连想都不敢想。从只有保住光绪的皇位，才能维持维新事业的生命与发展的前提出发，这又是一个冒险而又

① 胡思敬：《戊戌履霜录》卷2。
② 胡思敬：《戊戌履霜录》卷2。

唯一的拯救办法。用他们的话来说，"诚为孤注一掷"。[①]
于是，他们密奏光绪，请给新军统领袁世凯以恩遇，冀缓
急或可救助。

第二天光绪皇帝召见袁世凯，特赏侍郎。谁知第三
天，林旭从宫中带出光绪赐康有为的著名的"衣带诏"。
诏云："朕今命汝督办官报，实有不得已之苦衷，非楮墨所
能罄也。汝可迅速出外，不可迟延。汝一片忠爱热肠，朕所
深悉。其爱惜身体，善自调摄，将来更效驰驱，共建大业，
朕有所原望也。"光绪要康有为速即离京，积储力量，以利
将来的变法大业。事态急转直下，情况万分紧急。谭嗣同建
议面见袁世凯，出载湉密诏，以激其义愤，发兵相救。林旭
不同意，认为袁世凯不可靠。谭嗣同仍坚持己见，并于当
天深夜拜访了袁世凯。谭、袁二人商谈的细节，前人已累
累见书，这里就不再赘述。商谈的结果，谭嗣同是满意
的。从一开始，谭嗣同就自信他对袁世凯没有看错。拉袁
的主意，是谭嗣同出的；拉袁的过程又是谭嗣同干的。

维新派以为事态正朝着有利于他们的愿望发展，他们
怎么也没想到，就在谭、袁二人商谈之后的第三天，慈禧
太后突然发动政变，囚光绪于瀛台，开始疯狂地抓捕维新
志士。维新派的美梦彻底破产了。政变发生后的 5 天时间
里，谭嗣同在做什么呢？梁启超在《戊戌政变记·谭嗣
同传》中写道：

"至初六日政变遂发，时余方访君寓，对坐榻上，有

---

① 许姬传：《许姬传七十年见闻录》，中华书局 1985 年版，第 29 页。

所擘画，而抄捕南海馆之报匆至，旋闻垂帘之谕，君从容语余曰：昔欲救皇上既无可救，今欲救先生也无可救。吾已无事可办，惟待死期耳。虽然，天下事知其不可而为之，足下试入日本使馆谒伊藤氏请致电上海领事而救先生焉。余是夕宿于日本使馆，君竟日不出门，以待捕者。捕者既不至，则于明日入日本使馆与余相见，劝东游，且携所著书及诗文辞稿本数册、家书、箧记焉，曰：不有行者，无以图将来；不有死者，无以酬圣主。今南海之生死未可卜，程婴杵臼月照西乡，吾与足下分任之。遂相与一抱而别。初七、八、九3日，君复与侠士谋救皇上，事卒不成。初十日，遂被捕。"

　　梁启超的这段文字基本上勾画出谭嗣同就义前的活动及其精神心理状态。政变发生之际，摆在谭嗣同面前的道路有3条：要么与康有为、梁启超一道亡命海外；要么潜回湖南老家，同唐才常一起举兵勤王；要么坐户待捕，以酬圣主。事实上，谭嗣同选择了最后一种可能：死路。

　　我们知道，谭嗣同过去曾强烈地表示过：一旦变法需要，他乐意"求为陈涉、杨玄感，以供圣人之驱除，死而无憾。"按理，他应走举兵勤王的道路，并且他已经具备了一定的实力。可是政变一发生，谭嗣同态度大转弯，他在被抓进监狱的当天，便写信给梁启超，说："嗣同之死毕矣！天下之大，臣民之众，宁无一二忠臣义士，伤心君父，痛念神州，出为平、勃、敬业之义举乎？……"①

---

① 《谭嗣同全集》，中华书局1981年1月版，第519页。

他自己不干了，却希望别人去效法陈平、周勃、徐敬业等历史上的先辈，兴师勤王、剪除国贼。这种前后不一的矛盾现象，恰好说明了谭嗣同前后两种不同的心理状况。这两种心理状况，在不同的前提下，各自具有它的合理性。后一种心理状况否定了前一种心理状况的原因是：光绪被囚，变法流产，是袁世凯告密造成的；而袁世凯告密的材料，又是谭嗣同"提供"的（尽管谭嗣同的主观愿望完全不是这样，但在客观上带来的效果，却是如此）。因此，谭嗣同认为是自己看错了人，因而出卖了光绪皇帝，出卖了变法事业，给维新志士造成了不可饶恕、不可挽回的损失。这样，在他心理上，就产生一种沉重的自疚感和巨大的精神负担。他要获得彻底的解脱，只有用抛弃生命的方式来"赎罪"，来达到倾斜心理的平衡。反过来说，倘若"拉袁说袁"的主意不是谭嗣同的所作所为，他就没有心理负担，也就决不会在这个时刻毅然决然地走上"死路"，他肯定会选择另一种斗争方式。

也许有人还会问：谭嗣同为何不随康、梁一道亡命海外，暂避风头呢？政变发生后，不仅光绪被囚，而且整个维新派陷于灭顶之灾。本来就对袁世凯不抱多大信任的康有为此刻又为谭的"拉袁兵谏"一事发出"悔懊之言"，大概他认为，要是不采纳谭嗣同的"馊"主意，授人以柄，或许事情还不至于这么糟糕；此招不但没有能够拯救皇上和变法大业，反而还加速了维新事业和维新派的危亡迅即到来。谭嗣同过去在维新派内部的声望仅次于康、梁，由于他的这个"馊"主意，无疑砸烂了他自己的形象，也降低了他自己在维新派内部的声誉。在这种情况下，即使谭嗣同追随康、梁去海外，他在那个圈子里，也是难以抬头的，内心有愧啊！谭嗣同个性倔强刚烈、磊落坦荡、重然诺、明大义，颇具古侠风骨；既然是自己的责任，那当然应由自己承担一切。这种性格使他走上宁为玉碎，不为瓦全，杀身成仁的道路。在他自己看来，只有坦然地走向刑场，才能验明他真心诚意地救皇上、为变法的耿耿心迹。谭嗣同的知识、教养、性格推动着他走上了这一步。对谭嗣同来说，这一步无疑是最佳选择！

能够理解谭嗣同心境的，唯有梁启超。当初，谭嗣同提出"兵谏"主意，康有为无可奈何地表示同意，杨深秀反对，独梁启超称善。政变发生后，梁启超没有责备谭嗣同半句，还苦劝他"东游"。谭嗣同谋划就义前，把著作、诗文、辞稿家书统统托付于梁启超而不是其他人，充分表达了谭、梁之间的相互信任和相互理解。

在政变发生后的3天时间内，谭嗣同一直与大侠王五筹划，企图劫出光绪皇帝（这是改变谭嗣同选择死路的唯一希望），但因瀛台防范太严，不能实行，谭嗣同终于绝望了。这时，王五劝谭出逃，并愿意充当他的保镖，可谭嗣同坚决不同意，遂将随身所带的"凤矩"宝剑赠给王五，作为纪念。按照常理，既然此一时不能救，尚可待彼一时，谭嗣同为何不能多等待日子，另择时机呢？还是那个原因：既然是自己的"馊"主意"坑害"了皇上，那么理应自己负责揽过。光绪在谭的眼里，似不失为一位有进取精神的年轻皇帝，何况皇上对他还有"知遇之恩"。倘若谭嗣同随王五出逃，在别人心中，谭嗣同就会被人瞧不起，误认为贪生怕死，纵使谭嗣同有一百张嘴，他也辩解不清。谭嗣同不愿意在已经够沉重的精神负担上面，再蒙上一层不白之冤。唯有一死，一了百了；赤心高悬，昭若日月。总之，"劫持"皇上，是为着表明自己的真诚和心迹；杀身成仁，也同样是为着表明自己的真诚和心迹。两者的起点不一样，但终点却是一样；两者的途径不一样，但归宿却是一样的。

谭嗣同被捕于9月26日，就义于9月28日。在狱中的几天里，谭嗣同"意气自若，终日绕行室中，拾地上煤屑，就粉墙作书。问何为，笑曰：'作诗耳。'"[1] 这时的谭嗣同已是大彻大悟，视死如归。只有达到高度的心理平衡状态，才能显得情绪如此稳定。临刑那天，围观者万余，谭嗣同慷慨神色不变，从容就戮。他给这个世界留下的最后声音是："有心杀贼，无力回天，死得其所，快哉快哉！"——这几句终语，连同他那首著名的绝笔诗篇："望门投止思张俭，忍死须臾待杜根；我自横刀向天笑，去留肝胆两昆仑。"——都是极精确、极贴切地集中反映出谭嗣同获得精神平衡后的快感。正是因为他获得了心理平衡，甩掉了精神负担，才觉得走这条路的确是"死得其所"，也才能够痛快地"横刀向天笑"。由此，我们才准确地找到了谭嗣同的理想与实践、变法与献身、生与死之间的必然联系。

---

[1]　杨廷福：《谭嗣同年谱》，人民出版社1957年7月版，第118页。

　　最后，我要重申一遍，本文无意于贬低谭嗣同的英勇行为，而是力图通过揭示产生这种英雄壮举的原因及其过程，从而使我们能够更准确、更科学、更具体地理解和把握谭嗣同这位著名人物的思想发展脉络。

黑格尔与中国历史[*]

据说，自 17 世纪下半叶到 18 世纪初期，欧洲大陆曾经掀起过一场"中国文化热"的浪潮。那时，西方各国对中国的文化极为推崇，赞誉鹊起，视中国文化为一切文明的样板和楷模。在号称走在欧洲文明前列的法兰西，人们总是兴高采烈地竞相谈论中国的一切：政治、经济、文化、科学、伦理、生活方式、服饰打扮乃至日常用品等等，竭力在各个方面效仿中国，甚至在舞台上也出现了表演中国社会生活的戏剧。当时的法国大思想家、大哲学家伏尔泰高度评价中国，说：作为一个哲学家，要知道世界上发生的事情，就必须注视东方；东方是一切学术的摇篮，西方的一切都是由此而来的。中国之所以成为欧洲人向往的理想之地，说穿了，主要是因为当时的法国和整个欧洲处于大革命的前夜，思想家们正在积极为这场空前未有的大革命制造蓬蓬勃勃的舆论，以唤起人们的觉悟和自

---

* 原载《社会科学战线》1994 年第 4 期。

我意识。因此，这些欧洲人推崇中国历史和中国文化，与其说是出于真诚的钦佩，还不如说是为了借此打击欧洲中世纪的黑暗势力而产生的一种社会需要来得更加贴切和中肯。正是由于这种需要，对中国文化的浓厚兴趣和高度重视，便成为欧洲启蒙时代的一个重要特征。

黑格尔于 19 世纪"崛起"后，决心以全新的立场和观点，冷静地现实地理智地对世界历史和中国历史重新进行审视和品判。黑格尔本人无疑地具备了从事这项工作的优越条件：他经历了法国大革命的思想洗礼，从头到脚焕然一新，站在时代的学术制高点上；18、19 世纪的欧洲商人和航海家带回了大量的有关中国问题的详细资料，使他的视野顿广，从而超过了前人；更主要的是，深厚无比的哲学功底和超群卓越的理论素养，练就了他一双睿智的眼力和惊人的历史感，使他能够高屋建瓴，以非凡的气势，发现和提出同时代的与前时代的人们所不能发现和提出的问题。正如马克思曾经精辟指出过的那样："资产阶级经济只有在资产阶级社会的自我批判已经开始时，才能够理解封建社会、古代社会和东方社会。"①

那么，黑格尔是怎样看待作为东方社会一部分的中国社会和中国历史的呢？

---

①　见《马克思恩格斯选集》第 2 卷，人民出版社 1977 年 4 月版，第 109 页。

一、中国，世界历史的起点

中国，是世界历史的起点，也是黑格尔历史哲学的开篇。这个思想，在黑格尔的历史哲学体系中占有首要而突出的位置。如果把黑格尔的全部历史哲学比作一出戏剧的话，那么，中国历史则是这出剧的精彩序幕。

黑格尔如此地偏好和看重中国，这跟他那庞大的哲学体系的精髓有着密切关系。黑格尔曾卓越地指出："历史哲学只不过是历史思想的考察罢了。'思想'确是人类必不可少的一种东西，人类之所以异于禽兽者就在于此。所有在感觉、知识和认识方面，在我们的本能和意志方面，只要是属于人类的，都含有一种'思想'。但是只凭这层理由，就说历史必须和思想发生联系，还是不能令人满意。就历史来说，'思想'似乎隶属于已存在的事物——实际的事物，并且以这种事物为它的基础和指针；同时哲学的范围却是若干自生的观念，和实际的存在是无关的。抱了这样的思想来治理历史，不免把历史当做是一种消极的材料，不许它保存本来的面目，逼迫它去适合一种思想，就如像一般人所说，以先天论来解释历史了。"① 黑格尔认为，历史哲学的核心，就是"理性"。在他看来，理性是世界的主宰，既是万物的无限的内容，又是万物的

---

① 黑格尔：《历史哲学》，三联书店 1956 年 12 月版，第 46 页。

精华和真相。① 它不但展开在自然宇宙的现象中，而且还舒展于精神宇宙——世界历史的现象中。理性这个东西，说到底，就是贯穿黑格尔整个哲学体系的所谓"绝对精神"，而绝对精神的一切属性又是源于"自由"而成立的，因此自由是绝对精神的唯一真理。但是，"绝对精神"和自由观念不是静止不动的，而是处于不断运动和发展变化的过程之中。历史哲学的任务，就是要揭示这种运动、变化和发展的具体联系。

　　依据黑格尔的历史哲学体系，"绝对精神"的运动必然要有一个起点，它的发展变化必须要有现实性的表演场地。问题正在于此，黑格尔为什么要把"绝对精神"的运动起点选择在东方的中国，而不放置于别国他邦呢？

　　要求解这个答案，我们还是得在黑格尔身上寻找。

　　第一，在黑格尔的历史哲学中，有一个十分突出而鲜明的特征，就是力图证明自然法则和绝对精神的合乎逻辑规律的一致。他认为，自然界的发展阶段是绝对观念的发展阶段的一种反映，只不过是不完全的反映。观念赋予自然以统一性，观念是一切自然界的真实行动者，是唯一发展着的实体。即是说，囊括一切的绝对精神的运动轨迹在自然界是怎样表现的，那么它在人类社会的历史发展过程中，也拥有相对应的表现方式；但后者的表现比前者更丰富、更复杂、更生动。黑格尔看到太阳每天从东方升起，他由此联想到：既然这个外界的物质的太阳是首先照亮东

---

　　① 黑格尔：《历史哲学》，三联书店 1956 年 12 月版，第 47 页。

方大地，那么，不容置疑的，那个内在的精神的"太阳"也肯定是先从东方冉冉上升的。这样，世界历史便从东方，首先是从中国开始了它的漫长行程。于是，黑格尔断言："历史是有一个决定的'东方'，就是亚细亚"；[①] 而"中国是特别东方的。"[②]

　　第二，召唤"自由"，曾经是推动欧洲大革命的强大动力。当时的西方各国思想家们无一不把自由的解放作为社会进步的标志和民族奋斗的目标。理所当然地，自由的意识程度和实现程度便成为人们划分先进与落后的准则。崇尚理性和追求自由的黑格尔毫不犹豫地将这个思想当做标准尺度，并把它放进世界历史的领域内进行考察，他写道：

　　"东方人还不知道，'精神'——人之所以为人的本质（着重号为原作者所加，下同）——是自由的；因为他们不知道，所以他们不自由。他们只知道一个人是自由的。唯其如此，这一个人的自由只是放纵粗野，热情的兽性冲动，或者是热情的一种柔和驯服，而这种柔和驯服只是一种偶然现象，或者一种放纵恣肆。所以这一个人只是个专制君主，不是一个自由人。'自由'的意识首先出现在希腊人中间，所以他们是自由的。但是他们，还有罗马人也是一样，只知道少数人是自由的，而不是人人都是自由的，就是柏拉图和亚里士多德也不知道这个。因为这个

①　黑格尔：《历史哲学》，三联书店1956年12月版，第148页。
②　黑格尔：《历史哲学》，三联书店1956年12月版，第158页。

缘故，希腊人蓄有奴隶，而他们的整个生活和他们光辉的
自由的维持同奴隶制度是息息相关的。这个事实，一方面
使他们的自由只像昙花一现，而另一方面又使我们人类共
有的本性或者人性泯没无余。各日耳曼民族在基督教的影
响下，首先取得了这个意识，知道人类之为人类是自由
的，知道'精神'的自由造成它最特殊的本性。……世
界历史无非是'自由'意识的进展，这一种进展是我们
必须在它的必然性中加以认识的。"①

　　换言之，在东方各国，只有一个人意识到自由，即专
制君主；古希腊和罗马是一部分人意识到自由，即自由
民；而在欧洲，尤其是日耳曼民族，几乎人人都意识到自
由。这个自由意识的发展轨迹，便是划分世界历史的阶段
与进程的依据。这样，通过对"自由"的运动的考察，
黑格尔再次有力地证明：东方，特别是中国，是势在必行
的世界历史的起点。

　　综上所述，黑格尔的论证，如果说第一次是根据自然
法则进行的话，其考察路线是由东往西，那么，第二次则
是根据精神运动的轨迹逆行过去的，其考察路线刚好相
反，由西往东。二者得出的结果，完全一致。

二、探讨中国封建社会"持久稳定"的原因

　　黑格尔认为，"绝对精神"首先选择了中华民族来实

---

　　①　黑格尔：《历史哲学》，三联书店 1956 年 12 月版，第 56 页。

现它的某种发展原则，因而中国便成为世界历史的起点。但是，不久以后，"绝对精神"认为中国人对文明的发展已经不起作用，就按照运动的原定方向，振翅离开中国，循太阳运行的轨迹落脚于南亚大陆的恒河平原。

由于作为发展基础和前进动力的观念离开了中国，所以中国便滞留在一定的发展阶段上，再也不能往前挪动了。黑格尔就此阐述道："这一面的实体性既然没有控制它自己的对峙而加以克服，所以就直接分裂为两个因素。一方面是持久稳定——可以称为仅仅属于空间的国家——成为非历史的历史，例如中国，这个国家就是以家族关系为基础的——一个父道的政府，它那政府是用了谨慎、劝谕、报应的、或者简直可以称为纪律的惩罚，来维持它的机构——一个不合诗意的帝国，因为它的形式无限性、理想性的对峙还没有发展。另一方面，时间的形式和这种空间的稳定截然相反。上述各个国家（指东方各国）本身不必有什么变化，但是它们相互间的地位却在不断变化之中。他们相互斗杀，从不停息，促成了迅速的毁灭。那个相反的个性的原则也加在这些冲突的关系里边，但是那个性本质还长在不知不觉的、仅仅是天然的普遍性之中——这个光明，还不是个人灵魂的光明。这部历史，在大部分还是非历史的，因为它只是重复那终古相同的庄严的毁灭，那个新生的东西，凭借勇敢、力量、宽大，取得了先前的专制威仪所占的地位，随后却又走上了衰退的老圈子。这里所谓的衰退，并不是真正的衰退，因为在这一切不息的变化中，还没有任何的进展"。① 中国是属于空间的国家，它始终处于非历史的历史之中；虽然它也不断地发生变化，但在实际内容上，没有任何有意义的进展，只是在原地不动地重复着庄严的毁灭，陷于循环往复、怎么转也转不出去的老圈子——这就是黑格尔的结论，冷酷而无情。

中国的历史为何落入如此悲惨的境地呢？黑格尔是辩证法的大师，擅长矛盾分析，正是他第一个发现：事物的内在矛盾，是推动事物发展的动力和源泉，没有矛盾，事物的生命也就停止了。既然中国很早就已经进展到了它"今日的情状"，至今也无从发生任何变化，持久而稳定，"永无变动的单一"，那么，用黑格尔的矛盾学说分析，可以肯定地说，这是因为中国社会的内在矛盾被消弭了。

——是什么样的内在矛盾被消弭了呢？黑格尔分析道："在发展的这个阶段上，我们无从发现'主观性'的因素，这种主观性就是个人意志的自己反省和'实体'（就是消灭个人意志的权力）成为对峙，也就是明白认识那种权力是和它自己的主要存在为一体，并且知道它自己在那权力里面是自由的。那种普遍的意志适从个人的行动中表现它的行动：个人全然没有认识自己和那个实体是相对峙的，个人还没有把'实体'看做是一种和它自己站在相对地位的权力——例如在犹太教内，那个'热心的上帝'作为'个人'的否定是大家所知道的。在中国，

---

①　黑格尔：《历史哲学》，三联书店 1956 年 12 月版，第 151 页。

那个'普遍的意志'直接命令个人应该做些什么。个人敬谨服从，相应地放弃了他的反省和独立。假若他这样等于和他的实际生命相分离，那么，在这番分离之后，他既然不反求他自己的人格，他所受的刑罚也就不致于影响他的内在性，而只影响他外在的生存。所以这个国家的总体固然缺少主观性的因素，同时它在臣民的意见里又缺乏一种基础。'实体'简直只是一个人——皇帝——他的法律造成一切的意见。"①

　　这段论述的主要意思是：在中国，"实体"即专制皇帝同成千上万的平民百姓之间没有构成尖锐的矛盾冲突，个人的个性已被"普遍的意志"所消融和吞噬，因而中国历史便停留在空间之中，毫无生气，也毫无特色。这一点，在黑格尔和西方其他思想家看来，似乎是不可思议的事情。因为专制政体和人民之间天经地义地存在着对峙，人民没有任何理由不起来争取天赋的自由和人权。可是中国老百姓却丝毫没有意识到这些，没有意识到他们的利益同专制政体是相对抗的，相反，他们却对专制政体敬谨服从，完全放弃了作为人自身要求的反省和独立，甘愿听任专制政体和皇帝的摆布。

　　——又是什么样的因素使中国的内在矛盾消弭了的呢？黑格尔继续深入分析道：首先，这是由于中国传统而牢固的家庭观念造成的。中国人习惯于把整个国家看成一个大家庭，把专制皇帝看做严父，把自己视为既属于自己

----

① 黑格尔：《历史哲学》，三联书店1956年12月版，第165页。

小家庭的、又属于国家大家庭的儿女，正如黑格尔所精彩描绘的那样："皇帝对于人民说话，始终带有尊严和慈父般的仁爱和温柔，可是人民却把自己看做是最卑贱的，自信生下来是专给皇帝拉车的。逼他们掉到水深火热中去的生活的担子，他们看做是不可避免的命运，就是卖身为奴，吃口奴隶的苦饭，他们也不以为可怕。"① 因此，中国人"缺少独立的人格"，人人一律平等（在皇帝面前），没有任何向往自由的追求，这就造成国家的形式必然是专制主义。而西方不同，欧洲人只承认在法律面前和私人财产的相互尊重上，才是平等的。

其次，中国的哲学思想和宗教思想也在起着重要的催眠作用。黑格尔认为，在处于大家长专制政体下的中国人看来，作为自然主宰的"天"，不仅具有自然的意义，而且还有现实的意义，因为它和万姓主宰的皇帝紧紧连在一起，完全是同一物。如果对上天不敬，对皇上不忠，将会招致各种灾祸和无穷劫数。反之，则可以得福、升官、授禄、发财，中国的法制又忠实地为此服务，使自由的情调更是难以立足，一切政治和经济以及日常生活都由皇帝和他的官僚机构来进行指导和监督，从而把整个民族统治在未成年的状态中。这样一来，中国人就不能有内在的独立性，有关个人主观情绪的一切要求都会立即遭到冷酷的漠视和无情的抹杀，自然地，"东方处于历史的幼年期。"正如黑格尔所雄辩指出的那样："一个世界历史性民族的

---

① 　黑格尔：《历史哲学》，三联书店1956年12月版，第181页。

特殊历史，一方面包含着它的原则的发展，即从它幼年潜伏状态起发展到它全盛时期，此时它达到了自由的伦理性的自我意识而进窥普遍历史；另一方面，它包含着衰颓灭亡的时期，其实，衰颓灭亡标志着在这个民族中出现了一个作为纯粹否定自己的更高原则。这种情况指出，精神过渡到了那个更高原则，而另一个民族获得了世界历史的意义。从这一新时期开始，先前那个民族就丧失了它的绝对利益。诚然，那时它也会积极地接受更高原则，并按这个原则把自己组织起来。但是它对待这个原则，好像对待螟蛉子一样，缺乏内在的生气和活力。"①

概括起来讲，黑格尔的思路是这样认识的：造成中国封建社会长期停滞不前的根本原因是在于古代中国实行的家族统治原则及其建立在这个原则之上的官僚机构。国家在中国人眼中，不过是一个放大了的家庭。在这个大家庭里，皇帝俨然如严父，臣民悌然如儿女；在严父面前，儿女不可能有更多的要求，更谈不上对平等和自由的渴望。法律在这个大家庭里，实际上是不存在的，因为它显然是多余的，皇帝的意志才是法律的最终和一切。既然如此，作为需要法律来支撑和保护的独立人格也就消失了。同时，中国的哲学思想和宗教思想也在不断地强化和巩固家族统治原则，凡是属于个人的主观情绪、内在的独立要求和自由的抒情音调，要么被道德所扼杀，要么被氛围所泯灭。一个从来不向往、不追求自由和自我意识的国家，它

---

① 黑格尔：《法哲学原理》，商务印书馆1982年6月版，第354页。

的机体内，必然滋长着和萌生着衰颓灭亡的因素。它完全
失去了前进的动力源泉，只是凭着自身的惯性在那里缓缓
地、慢慢地移动着。细细思量，我们中华民族的历史难道
不正是这样走过来的吗?!

三、中国的进步,需要外在因素的结合

按照黑格尔的历史观念，世界上任何一个伟大的民族
不可能在历史上出现两次。那么，曾经对古代文明作出过
杰出贡献的古老而伟大的中华民族是不是就没有再生和重
起的希望了呢？黑格尔认为，中华民族具备了再度振兴的
可能，但又必须要有一定的前提和条件，他写道：

"中国实在是最古老的国家，它的原则又具有一种实
体性，所以它既是最古的，同时又是最新的帝国。中国很
早就已经进展到了它今日的情状，但是因为它客观的存在
和主观的运动之间仍然缺少一种对峙，所以无从发生任何
变化，一种终古如此的固定的东西代替了一种真正历史的
东西。中国和印度可以说还在世界历史的局外，而只是预
期着、等待着若干因素的结合，然后才能够取得活泼生动
的进步。"①

黑格尔在他的另一本著作《法哲学原理》中，也阐
述过类似的思想，他说：

"在东方国家，其内部没有固定的东西，凡是巩固的

---

① 黑格尔:《历史哲学》，三联书店 1956 年 12 月版，第 161 页。

东西都已成为化石了；只有在它的对外运动中，它才有生气，而这种运动也会成为原始的怒吼和破坏。它的内部安静是一种私生活的安静，在衰弱疲惫中的沉陷。"①

在黑格尔看来，中国不是巩固的，而是静止的；不是理想的，而是停滞的国度。这个古老的帝国要想获得新的生气和活力，唯有一条道路可行：打破闭关自守、与世隔绝的局面，在对外运动中吸收新鲜血液。可以说，在黑格尔的中国历史观中，最辉煌、最卓越、最有价值的思想就在于：他以惊人的历史直觉，对中国古代社会的发展作出了天才而准确的预言，尔后的中国历史进程恰恰又验证了黑格尔的预言。

一部中国近代史，实质上就是外在因素同中国现状不断结合和纠缠的历史。近代中国所发生的历次规模较大的运动和重大的转折关头，哪一次没有外在因素的刺激、诱引、强入、硬挤？没有外在因素的影响和波及，中华民族至今仍在封建社会的黑暗中徘徊，苦苦地寻找着一线光明。正是十月革命一声炮响，中国人民才终于找到了使中国"能够得到活泼生动的进步"的外在因素——马克思列宁主义。"十月革命帮助了全世界的也帮助了中国的先进分子，用无产阶级的宇宙观作为观察国家命运的工具，重新考虑自己的问题。"② 中国人民在中国共产党的领导下，几经风雨，数番搏斗，终于建立了无数志士仁人所梦

---

① 黑格尔：《法哲学原理》，商务印书馆1982年6月版，第357页。
② 《毛泽东选集》第4卷，人民出版社1991年6月版，第1471页。

寐以求的人民共和国。

　　我们还注意到，黑格尔的这个思想曾给予马克思以深刻的影响，马克思在评价中英鸦片战争时，也曾运用黑格尔的这件思想武器来分析和观察中国问题，他这样写道："……所有这些同时影响着中国财政、道德、工业以及政治机构的破坏因素，于 1840 年在粉碎中国皇帝权威，并迫使天朝与外洋发生接触的英国大炮之下，得到了充分的发展。完全的隔绝曾经是保存旧中国的首先条件，那种隔绝状态既已因英国的媒介而遽遭结束，而随之而来的必然是分崩离析，这同小心谨慎地保藏在密封的棺材内的木乃伊一样，一旦与外界接触，就必然要发生解体"；"看来历史似乎是必须首先麻醉这整个民族，然后才能把他们从世代相承的愚昧中唤醒过来。"① 马克思认为，从感情上讲，鸦片战争作为侵略性战争，给中华民族造成了极大的灾难；但从理智上讲，鸦片战争作为活泼生动的外在因素，同时又给中华民族带来了极大的好处：它粉碎了皇帝的权威，逼迫腐朽的封建王朝面向世界开放，从而永远结束了古代中国与世隔绝的可悲状态。旧中国的灭亡和新中国的萌生的历史性转机，自此肇端。

　　今天，当我们从黑格尔对于中国历史发展大趋势的准确把握，联想到当前中国的现实时，无不真切地感到：党中央实行的改革与开放的政策，是何等地英明，何等地正确啊！它既符合中国国情的愿望，又适宜中国历史自身发

---

① 《马克思恩格斯论殖民主义》，人民出版社 1962 年 7 月版，第 10 页。

展的内在要求，实践已经证明，而且还将证明：没有对外开放，我们的改革事业决不会取得如此累累的硕果，我们国家的社会生活也决不会那样地和谐和健康。倘若我们不是照着这条路走下来，中国岂止只是一个没有诗意的国家，恐怕早已成一个化石般的社会了。由此可见，黑格尔的这个思想不但包含着较高的历史价值，而且还蕴涵着深刻的现实意义。

图书在版编目（CIP）数据

尹韵公自选集/尹韵公著.
－北京：学习出版社，2009.11
（"学习"理论文库）
ISBN 978 - 7 - 80116 - 943 - 3

Ⅰ. 尹… Ⅱ. 尹… Ⅲ. 新闻学 - 文集 Ⅳ. G210 - 53

中国版本图书馆 CIP 数据核字（2009）第 160226 号

尹韵公自选集
YIN YUNGONG ZIXUANJI

尹韵公 著

责任编辑：张大鸣
技术编辑：周媛卿

出版发行：学习出版社
　　　　　北京市西长安街 5 号（100806）
　　　　　010 - 66063020　　010 - 66061634
经　　销：新华书店
印　　刷：北京市新丰印刷厂

开　　本：880 毫米 × 1230 毫米　1/32
印　　张：18.125
字　　数：375 千字
版次印次：2009 年 11 月第 1 版　2009 年 11 月第 1 次印刷

书　　号：ISBN 978 - 7 - 80116 - 943 - 3
定　　价：82.00 元

如有印装错误请与本社联系调换